本书为教育部人文社会科学研究一般项目（教育部示范优秀教学科研团队建设项目重点选题）"习近平总书记系列重要讲话精神和治国理政新理念新思想新战略进思想政治理论课有效机制研究"（17JDSZK010）研究成果

毛泽东思想和中国特色社会主义理论体系概论课重点难点热点疑点问题解析

主　编　　方玉梅

副主编　　陈晓晖　魏晓文

编　者（按姓氏笔划排序）

马轶伦　　王冠文　　朱琳琳　　刘　洁　　刘志礼

李东杨　　肖唤元　　张　灿　　张　晗　　张存达

张新奎　　陈肖东　　屈　宏　　荆蕙兰　　徐成芳

葛丽君

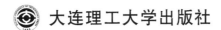

大连理工大学出版社

图书在版编目(CIP)数据

毛泽东思想和中国特色社会主义理论体系概论课重点
难点热点疑点问题解析 / 方玉梅主编. -- 大连：大连
理工大学出版社，2022.6(2023.9重印)
ISBN 978-7-5685-3394-2

Ⅰ. ①毛… Ⅱ. ①方… Ⅲ. ①毛泽东思想－教学研究
－高等学校②中国特色社会主义理论体系－教学研究－高
等学校 Ⅳ. ①A84②D610

中国版本图书馆 CIP 数据核字(2021)第 243509 号

大连理工大学出版社出版
地址:大连市软件园路 80 号 邮政编码:116023
发行:0411-84708842 邮购:0411-84708943 传真:0411-84701466
E-mail:dutp@dutp.cn URL:https://www.dutp.cn
北京虎彩文化传播有限公司印刷 大连理工大学出版社发行

幅面尺寸:170mm×240mm 印张:21.25 字数:375 千字
2022 年 6 月第 1 版 2023 年 9 月第 2 次印刷

责任编辑:邵 婉 张 娜 责任校对:齐 悦
封面设计:奇景创意

ISBN 978-7-5685-3394-2 定 价:96.90 元

本书如有印装质量问题,请与我社发行部联系更换。

前　言

习近平总书记在全国高校思想政治工作会议上强调,"思想政治工作从根本上说是做人的工作,必须围绕学生、关照学生、服务学生"。做学生思想政治工作最直接有效的途径就是回应学生的关切,强化问题导向,提升思想政治教育的思想性、理论性和亲和力、针对性。

当今世界、当代中国正处于最重大的调整变革时期,各种思想文化交流交融交锋更加频繁,社会思想意识更加多元多样多变,各种社会矛盾问题也呈积聚式爆发态势。面对各种思潮和复杂的社会现象,学生对一些理论难点问题产生了迷茫,对一些实践热点问题产生了困惑,对一些实践疑点问题产生了争议。如何教育引导学生正确认识世界和中国发展大势,正确认识中国特色和国际比较,全面客观认识当代中国、看待外部世界,成为高校思想政治理论课的一项重要任务。

"毛泽东思想和中国特色社会主义理论体系概论"课作为高校思想政治理论课的核心课程,是高校思想政治理论课中与时代发展结合最紧密、现实感最强的一门课,也是学生关注的理论重点难点和实践热点疑点问题比较集中的课程。开展课程教学重点热点难点疑点问题集体公关研究,尤其是针对青年学生关心的一系列重大理论与现实问题加强学理性辨析与解读、释疑与解惑,对大学生的成长成才至关重要,对增强大学生中国特色社会主义的道路自信、理论自信、制度自信、文化自信,为实现"两个一百年"奋斗目标、实现中华民族伟大复兴的中国梦,培养德智体美劳全面发展的社会主义建设者和接班人具有重要意义,它直接影响着大学生世界观、人生观、价值观的形成。

　　本书项目组结合全国高校思想政治工作会议精神、《中共中央国务院关于加强和改进新形势下高校思想政治工作的意见》、习近平总书记在学校思想政治理论课教师座谈会上的重要讲话精神,通过对2017—2018学年近万名上课学生所关注的课程重点难点热点疑点问题的调查与征集,进行反复梳理,共梳理出110个问题,又通过项目组全体教师的多次反复研讨、合并归类、去伪存真,结合课程教学大纲和教学目的,立足主流意识形态的引导和"四个自信"的共识,最终确定本书的46个重点难点热点疑点问题,基本涵盖了"毛泽东思想和中国特色社会主义理论体系概论"课教材14个章节的主要内容。

　　需要说明的是,随着当今国际国内经济政治社会发展形势的深刻变化,学生所关切的重点难点热点疑点问题也会随之改变,我们项目组全体教师需要继续跟进对相关问题的关注与研究,将对《毛泽东思想和中国特色社会主义理论体系概论课重点难点热点疑点问题解析》做出适时的调整与更新。

本书编写组

目　录

导　论

1 如何看待评价中国近代以来各种思想时"历史经验证明"与"完整的理论证明"之间的关系？

一、问题的不同表述和实质

在教学过程中,同学们常常提出这样的疑问:课堂上的各种思想为什么只有"历史经验证明……",而没有"完整的理论证明……"？能不能由理论检验理论、检验思想？如果不能,那理论还有什么意义呢？理论的指导意义还成立吗？理论与实践的关系是什么？实践是检验真理的唯一标准吗？

对于"历史经验证明"与"完整的理论证明"这两个问题的困惑,归根结底是对实践与理论的关系问题的困惑。对实践与理论的诸多曲解是建立在对实践与理论的片面理解基础上,他们或是对实践与理论断章取义,只言片语地加以理解,或是人云亦云,以讹传讹。

二、对问题的解答

从根本上讲,思想理论来源于实践,思想理论又反作用于实践,因此思想理论的真理性只能由实践来检验,不能用思想理论来检验思想理论。在思想政治理论课教学过程中,经常表述为经过历史经验证明太平天国的思想既具有革命性又具有空想性,旧三民主义既具有革命性又具有局限性,而不表述为旧三民主义证明太平天国思想具有历史局限性或者太平天国的思想证明旧三民主义是行不通的;经常表述为历史经验证明毛泽东思想和中国特色社会主义理论体系是正确的,而不表述为经过毛泽东思想证明中国特色社会主义理论体系是正确的,或者中国特色社会主义理论体系证明毛泽东思想、马克思主义是正确的,等等。这不是否定理论的重要性和指导意义,而是主张在证明人的思想是否具有真理性的问题上不能用主观的标准来衡量,而只能拿客观的标准来衡量。

为了深入理解这其中的道理,我们必须弄清楚实践与理论的关系。

首先,要弄清楚实践的内涵与外延。

(1)实践的内涵

马克思在《关于费尔巴哈的提纲》中说:"全部社会生活在本质上是实践的。"[①]实践是人们改造客观世界的客观物质活动。任何实践都是以人为主体,以客观事物为对象的活动。实践不仅具有客观物质性,也有主观能动性,同时还具有社会历史性。

(2)实践的外延

这里要特别注意辨别实践与实际、实践与实证的关系。实践是指有人类参与的对客观物质世界的作用活动,而实际则是指独立于意识之外的一切客观真实。正如毛泽东所说:"除了我们的头脑以外,一切都是客观实际的东西。"[②]理论与实践的关系、理论与实际的关系二者并不一致。实际是实践活动的条件,理论与实践二者是辩证统一的。"理论与实践相结合""理论与实际相结合",这两者在含义上是有很大不同的。只有实践才能成为理论的基础,而实际则是实践的基础。在理论指导实践的过程中,要联系实际,也就是常说的理论联系实际。在理论联系实际时,既不能不顾客观实际,像王明那样把马克思主义教条化,也不能因为只看到客观实际而否认超前于实践的理论的价值。

对于实践与实证的关系,实证主义者企图通过预测和假设去理解。特别是在自然科学领域,随着自然科学的发展,某一假设可以通过实验反复验证,这使得人们对于实践与实证的界限认识变得模糊,理论也似乎变得僵化,这仅仅是对于自然科学领域而言。那么,对于社会历史领域而言用"假设"去理解理论与实践的关系就解释不通了。因为历史是不能用来假设的,割裂客观物质世界与社会历史的关系本身也是不科学的。

其次,要弄清楚理论的内涵与外延。

理论是从实践中获得的,经过思维加工,能够把握实践的本质和规律并能为实践所检验的科学学说。理论不仅仅是认识论,更是方法论,是认识与方法的统一。

---

①马克思,恩格斯.马克思恩格斯选集:第1卷[M].北京:人民出版社,1995:56.

②毛泽东.毛泽东选集:第一卷[M].北京:人民出版社,1991:166.

理论的产生不一定全部来源于人的直接经验,人能够发挥自身的主观能动性在前人实践基础上运用自身的综合分析能力、创新思维能力等来超越自身的直观经验,正确地认识客观世界和改造世界。

　　有学者指出理论可分为三种形态,即滞后于实践的理论、同步于实践的理论和超前于实践的理论。滞后于实践的理论难以满足实践的需求,而同步于实践的理论难以预测和指导实践的发展,只有立足于实践并且正确把握了客观事物本质与规律的理论,才能对客观事物发展起预见和指导作用。正如马克思所说:"最蹩脚的建筑师从一开始就比最灵巧的蜜蜂高明的地方,是他在用蜂蜡建筑蜂房以前,已经在自己的头脑中把它建成了。劳动过程结束时得到的结果,在这个过程开始时就已经在劳动者的想象中存在着,即已经观念的存在着。"[①]理论的存在有着伟大的意义,恩格斯曾经说过:"一个民族要想站在科学的最高峰,就一刻也不能没有理论思维。"[②]但是,理论的意义不在于它能够检验真理,而在于它能够指导实践。而理论是否具有真理性,还必须要经过实践检验。

　　理论和真理二者既有共性,也有特性。二者的共性在于,理论同真理一样,都有自己适用的条件和范围,不存在放之四海皆准的真理,也不存在放之四海皆准的理论,所以不能照搬一套理论去指导实践。二者的区别在于,真理是对客观事物及其规律的正确认识,真理是标志主观同客观相符合的哲学范畴,真理对应的是谬误,而理论对应的是实践,二者是不同问题的不同方面,不能等同。

　　再次,要正确把握实践与理论的关系。

　　实践与理论的关系问题由来已久,是哲学社会科学中常提常新的话题。正确理解二者的关系对于我们认识和改造世界具有重大的意义,对于我们正确认识和评价近代以来的各种理论学说也具有重要意义。实践是理论的来源、基础、动力和目的,同时实践也是检验真理的唯一标准。理论对实践具有反作用,理论能够对实践产生指导作用。

　　(1)实践是理论的来源和基础

　　理论不是靠冥想凭空产生,在人类的进化历程中,以劳动为代表的实践活动在这一过程中扮演了重要角色。另外,由于意识是人脑特有的机能,人在实践过程中会形成对客观世界的感性认识,感性认识有待进一步深化为理性认识,才能完成认

---

①马克思,恩格斯.马克思恩格斯选集:第1卷[M].北京:人民出版社,1995:202.
②马克思,恩格斯.马克思恩格斯选集:第3卷[M].北京:人民出版社,1995:467.

识的飞跃,这种飞跃也要不断经过实践检验,经过系统化、理论化的抽象才能形成理论。理论与实践的关系绝不是"先有蛋还是先有鸡"的问题,人类意识的存在为实践提供了条件,而实践则为理论的产生提供了基础,那种颠倒二者关系的观点无疑没有坚持一元论。

(2)实践是理论的动力和目的

通过实践而产生了理论,理论的使命并没有完成,因为实践是不断向前推进的,而且实践也总是不断突破原有理论的框架,需要理论在原有的基础上进行修正,不断丰富和完善,甚至是提出新的理论。理论与实践相结合,这是一个动态过程,是在动态的发展中螺旋式上升或者波浪式前进的,而不是静止的。马克思认为:"正确的理论必须结合具体情况并根据现存条件加以阐明和发挥。"[①]所以理论产生的动力和目的就是实践。

(3)理论对实践具有反作用,正确的理论能够对实践产生积极的指导作用

理论来源于实践,但是仅仅有实践还不能产生理论。理论不能凭空产生,它是依靠人的思维在正确认识实践活动的基础上产生的。理论对于实践的指导作用也必须通过改变人的思维才能实现。正如马克思在《〈黑格尔法哲学批判〉导言》中所说:"批判的武器当然不能代替武器的批判,物质力量只能用物质力量来摧毁;但是理论一经掌握群众,也会变成物质力量。理论只要说服人,就能掌握群众,而理论只要彻底,就能说服人。所谓彻底,就是抓住事物的根本。但是,人的根本就是人本身。"[②]理论与实践是辩证统一的关系。那种过分强调和突出理论对于实践的指导作用以及片面夸大实践作用的观点,都是不科学的,是对理论与实践关系的误读。在正确认识理论与实践关系的基础上,我们应该注意克服两种错误倾向:

一是过分夸大理论的作用。在用理论去指导实践的过程当中唯理论是从,不能够联系实际去进行理论创新,就容易陷入教条主义的旋涡。比如我们在进行社会主义革命和建设的过程中盲目地照搬照抄苏联理论、苏联模式,导致经济体制的僵化,阻碍了经济的发展。实践是检验真理的唯一标准吗?能不能由理论检验理论、检验思想?那理论还有什么意义呢?理论的指导意义还成立吗?这些困惑的产生,从根本上看都是看不清实践是理论的基础、目的、动力和来源的典型表现。否认"实践是检验真理的唯一标准"等于放大了理论的作用,等于放弃了唯物主义

---

①马克思,恩格斯.马克思恩格斯全集:第47卷[M].北京:人民出版社,2004:35.
②马克思,恩格斯.马克思恩格斯选集:第1卷[M].北京:人民出版社,1995:9.

一元论。正如列宁所言,理论由实践赋予活力,由实践来修正,由实践来检验。检验真理正确与否如果不跳出认识的范围,人们就无法去判断真理是否与客观事物相符合,只有通过实践,人们才能把自己观念的存在变为现实的存在。马克思在《关于费尔巴哈的提纲》中说:"人的思维是否具有客观的真理性,这不是一个理论问题,而是一个实践问题,人应该在实践中证明自己思维的真理性,即自己思维的现实性和力量,自己思维的此岸性。关于思维(离开实践的思维)的现实性或非现实性的争论是一个纯粹经院哲学的问题。"①有人问:"如果真理只能通过实践检验是不是历史宿命论?"显然不是。马克思主义的历史决定论不等于机械决定论,更不等于历史宿命论。马克思主义认为社会历史存在规律,而这种规律是既合规律性,又合目的性的。恩格斯说:"在社会历史领域内进行活动的,全是具有意识的、经过思虑或是凭激情行动的、追求某种目的的人;任何事情的发生都不是没有自觉的意图,没有预期的目的的。"②人们可以发现社会历史领域的规律。实践检验真理与历史宿命论完全是两个相悖的议题,承认实践是检验真理的唯一标准坚持了唯物主义,而历史宿命论则是指人类社会历史发展由不可抗拒的、不可避免的神秘力量(天意或命运)所决定的理论。它完全否定人在历史上的自觉能动性,主张服从天命。这在根本上是唯心的。

二是过分夸大实践的作用。忽视理论对实践的指导价值,比如一些激进的学者持有一种"反理论"观点,他们认为:"理论的目的只是在文本阐释中才发挥了某种带有研究预设性的'不恰当'的效果,其本身就带有某种天然的弊端。"③甚至在某些领域的一些后现代学者呼吁"必须取缔理论的特许地位,削弱它们的作用,降低它们的身价,以实现没有'理论'的社会工作。"④这种观点认为理论对于指导实践的意义不大,强调自身"经验"的巨大作用,认为可以通过经验的积累来弥补理论的欠缺以及理论对某些具体工作的不适合,用形成的新的经验去指导新的实践,这显然是割裂理论与实践关系的错误论断。人是社会的人,任何有思维参与的社会实践活动都无形中有理论的指导,就是自身经验积累的过程也不过是一种理论形成过程的环节之一,这种在实践中产生的直接的自觉意识,其本身就带有对理论的依赖性。这种"反理论"倾向过分夸大实践的作用,放弃理论指导,没有将理论与实

①马克思,恩格斯.马克思恩格斯选集:第1卷[M].北京:人民出版社,1995:55.
②马克思,恩格斯.马克思恩格斯选集:第4卷[M].北京:人民出版社,1995:243.
③文军,何威.从"反理论"到理论自觉:重构社会工作理论与实践的关系[J].社会科学,2014(7):68.
④同上。

践结合起来。任何理论都不是万能的,用一套过时的理论或错误的理论固然不能指导实践;而主动放弃或脱离理论指导的实践一定是盲目的实践,周而复始会形成一种理论与实践相脱节的恶性循环。

三、解答问题所需要的支撑材料和延伸材料目录

[1] 路向峰.社会发展理论的实践之维:理论与实践关系的再思考[J].浙江工商大学学报,2011(2):51-56.

[2] 乔世东.社会工作实践中价值中立是可能的吗——析社会工作理论与实践的关系[J].山东大学学报:哲学社会科学版,2008(5):154-158.

[3] 殷明耀.实践唯物主义视野中的理论与实践关系三题[J].广州大学学报:社会科学版,2007(8):21-24.

[4] 盛国雄,何志成.关于理论与实践的若干思考[J].华侨大学学报:哲学社会科学版,1989(1):5-11.

[5] 郁欣.胡塞尔与马克思的思想交汇——立足于理论与实践的关系问题的考察[J].现代哲学,2015(4):30-36.

[6] 赵家祥.理论与实践关系的复杂性思考——兼评惟实践主义倾向[J].北京大学学报:哲学社会科学版,2005(1):5-11.

[7] 丁立群.理论与实践的关系:本真涵义与变质形态——从亚里士多德实践哲学说起[J].哲学动态,2012(1):31-37.

[8] 肖士英.外在并列关系还是相互内在关系——马克思对理论与实践关系传统定位的变革[J].陕西师范大学学报:哲学社会科学版,2016(5):127-134.

[9] 肖士英.历史唯物主义:何种改造世界的哲学——基于对理论与实践关系反思的诠释[J].吉林大学社会科学学报,2013(3):121-129.

2 社会主义与资本主义
能否同时共存于一个国家?

一、问题的不同表述和实质

20世纪40至80年代,西方学术界曾经流行过一个命题,认为随着科学技术的

进步、社会生产力的发展,社会主义和资本主义都采用计划和市场,最后融合为一种既不是社会主义也不是资本主义的新型社会制度,这就是所谓的"趋同论"。后来,伴随苏联解体、东欧剧变,在西方学术界"历史终结论"一度甚嚣尘上,认为资本主义已经取得了最后的胜利,人类历史将终结于资本主义状态。但是,新中国70年特别是改革开放创造的奇迹使社会主义再次绽放活力,让"历史终结论"的提出者承认社会主义并没有失败,人类社会发展必须给中国思想留下空间。不过,中国特色社会主义也给学界提出了新的问题:如何看待中国的"一国两制"? 社会主义与资本主义存在怎样的关系? 二者能否在一国之内并存? 作为社会主义大国,却存在着大量的资本主义因素,民营企业解决了绝大多数的劳动力就业,企业主可能成为党员,等等,对此应如何解释? 这些问题实际上是在问:社会主义与资本主义的关系是什么样的? 它们的未来前景如何? 中国特色社会主义是社会主义还是资本主义? 或者说是国家资本主义吗?

二、对问题的解答

从事实层面看,社会主义与资本主义同时共存于中国,这不是一个想象和假设,而是一个确凿的事实。也就是说,现实已经做出了回答:社会主义与资本主义能够同时共存于中国。但是,在理论上很多人想不通为什么会如此,这样合理吗? 中国特色社会主义到底是社会主义还是资本主义呢?

对此习近平做出了明确回答:中国特色社会主义是社会主义而不是其他什么主义,中国特色社会主义,是科学社会主义理论逻辑和中国社会发展历史逻辑的辩证统一。要深刻理解这一论断,必须正确认识社会主义和资本主义的关系。既要看到社会主义和资本主义两者的对立,又要看到两者的共存;既要看到两者在中国的共存,又要看清两者在中国以谁为主体以及未来的最终结局。

首先,要明确承认社会主义与资本主义有着本质区别,两者的对立斗争性表现为两对关系:对立关系和替代关系。在改革开放的今天,对这两种关系不能遮遮掩掩,必须明确承认。

(1)社会主义与资本主义的对立关系

对立关系是指资本主义与社会主义构成对立的一种矛盾关系,彼此相互否定。具体而言,有三大对立:第一,经济制度对立。社会主义国家是以生产资料公有为基础,以共同富裕为发展目标。资本主义以生产资料私人占有为基础,分配结果往往往表现为贫富差距。第二,政治上对立。社会主义国家是无产阶级专政,人民当家作主。资本主义国家是资产阶级专政,对劳动人民实行压迫和剥削。第三,意识形态对立。社会主义意识形态以马列主义为指导,坚持实现共产主义。而资本主义意识形态以个人主义为核心,以私有制为基础。当今世界,社会主义与资本主义两种社会制度虽然交流广泛,但彼此的否定关系并不会因此而磨灭。

(2)社会主义社会与资本主义社会的替代关系

社会主义最终会取代资本主义历史,这是人类社会发展的总体趋势。生产力与生产关系、经济基础与上层建筑之间的矛盾运动,推动人类社会从低级到高级发展进步,这是一条不以人的意志为转移的客观规律,人们必须遵循规律而不能违背规律。当资本主义生产关系无法容纳生产力发展,资本主义就要面临解体。列宁说过,"国家垄断资本主义是社会主义的最充分的物质准备,是社会主义的前阶。社会主义无非是从国家垄断资本主义再向前跨进一步"①。邓小平也指出:"社会主义经历一个长过程发展后必然代替资本主义,这是社会历史发展不可逆转的总趋势,但道路是曲折的。"②

其次,要明确承认社会主义与资本主义两种社会制度又是对立统一的:借鉴继承关系,合作共存、竞争共存关系。在改革开放的今天,客观承认资本主义所具有的相对强势和优点,并不能降低我们对社会主义的信心,社会主义就是要学习借鉴人类一切优秀文明成果才能实现。

(1)社会主义社会与资本主义社会的借鉴继承关系

社会主义作为更高级的社会形态,是对资本主义社会形态的一种否定。但这种否定不是简单的全盘抛弃,而是扬弃,即在吸纳资本主义创造的一切有价值东西的基础上的否定。社会主义必须创造性地发展人类已经积累起来的一切文明成果,特别是资本主义所创造的积极成果。马克思恩格斯指出:"历史不外是各个世代的依次交替,每一代都利用以前各代遗留下来的材料、资金和生产力;由于这个缘故,每一代一方面在完全改变了的条件下继续从事先辈的活动,另一方面又通过完全改变了的活动来改变旧的条件。"③列宁强调:"我们不能设想,除了建立在庞大的资本主义文化所获得的一切经验教训的基础上的社会主义,还有别的什么社

---

① 列宁.列宁选集:第3卷[M].北京:人民出版社,1995:266.
② 邓小平.邓小平文选:第三卷[M].北京:人民出版社,1993:382-383.
③ 马克思,恩格斯.马克思恩格斯选集:第1卷[M].北京:人民出版社,1995:51.

会主义。"①邓小平同志指出："资本主义已经有了几百年历史,各国人民在资本主义制度下所发展的科学和技术,所积累的各种有益的知识和经验,都是我们必须继承和学习的。"②在资本主义制度下,人们创造了发达的科学技术,积累了先进的管理经验,这些成果本身并没有阶级属性,属于全人类的共同财富,资本主义需要,社会主义也需要。十月革命胜利以后,列宁从实际出发实行新经济政策,就是主张大胆吸取资本主义的成功经验,他指出："要获得胜利,就必须懂得旧资产阶级世界的全部悠久历史;要建设共产主义,就必须掌握技术,掌握科学,并为了更广大的群众而运用它们,而这种技术和科学只有从资产阶级那里才能获得。"③邓小平说:"社会主义要赢得与资本主义相比较的优势,就必须大胆吸收和借鉴人类社会创造的一切文明成果,吸收和借鉴当今世界各国包括资本主义发达国家的一切反映现代社会化生产规律的先进经营方式、管理方法。"④江泽民也强调:"我国文化的发展,不能离开人类文明的共同成果。要坚持以我为主、为我所用的原则,开展多种形式的对外文化交流,博采各国文化之长,向世界展示中国文化建设的成就。"⑤习近平多次重申,世界各国文明必须交流互鉴。

(2)社会主义与资本主义的合作共存、竞争共存关系

社会主义和资本主义有着漫长的斗争历史,伴随俄国十月革命的胜利,资本主义一统天下的局面被打破,人类开始进入社会主义社会与资本主义社会的合作共存、竞争共存关系时代。第二次世界大战之后,社会主义国家从一国变成多国,和平发展成为世界主题。苏联解体、东欧剧变,就是社会主义与资本主义这种竞合关系的阶段性现象。冷战结束了,但是资本主义与社会主义之间和平演变与反和平演变的斗争仍然没有结束,老牌资本主义国家依旧强劲,社会主义中国欣欣向荣。以中美关系为例,虽然美国封堵遏制中国的根本政策没有改变,贸易摩擦空前激烈,但主流还是合作,彼此在文化、经济、人员流动上交融甚深,你中有我、我中有你,合作共存、竞争共存的局面并没有改变。不冲突、不对抗,合作共赢、管控分歧,应当成为中美关系的主基调。

①列宁.列宁全集:第34卷[M].北京:人民出版社,1985:252.

②邓小平.邓小平文选:第二卷[M].北京:人民出版社,1994:167-168.

③列宁.列宁全集:第38卷[M].北京:人民出版社,1985:283.

④邓小平.邓小平文选:第三卷[M].北京:人民出版社,1993:373.

⑤中国共产党第十五次全国代表大会文件汇编[M].北京:人民出版社,1997:37.

再次,要坚信人类的未来远景一定是社会主义的全面胜利。全人类最后都将进入社会主义社会,但是要经过漫长的发展过程才能实现。在此期间,既不能急于全世界都实现社会主义,也不能对社会主义前途丧失信心,而是应当善于在"一球两制""一国两制"条件下,借鉴资本主义发展社会主义。

(1)社会主义取代资本主义是一个漫长的历史过程

马克思强调:"无论哪一个社会形态,在它所能容纳的全部生产力发挥出来以前,是决不会灭亡的。而新的更高的生产关系,在它的物质存在条件在旧社会的胎胞里成熟以前,是决不会出现的。"①社会主义要达到在经济发展和政治形态都高于资本主义的程度,在全世界范围内显现出它比资本主义制度的优越性所在,成为世界各国尤其是发达国家人民自愿选择的理想的社会制度,还需要很长时间。因此,在社会主义最终取代资本主义的过程中,一定要看到其长期性、曲折性和艰巨性。我们坚持社会主义必胜论,但反对社会主义速胜论。还应看到,当今资本主义步入了一个较长的稳定发展时期,它通过自我调整延长了生命力,也延长了被取代的实现过程。

(2)不能抽象地比较社会主义制度与资本主义制度的优劣

从根本上讲社会主义制度比资本主义制度有优越性,但是优越性的体现和发挥是具体的和历史的,社会主义制度的优越性一定要体现为现实的优越性而不是观念上的优越性。"我们不能靠抽象地、一般地比较社会主义制度与资本主义制度的优越性。我们要从中国具体的社会历史的发展来说明这个问题。"②比如说,17—18 世纪的西欧,虽然已有空想社会主义者提出共产主义理想,但是社会主义制度并不具有现实的优越性,所以代替封建制度的只能是资本主义制度。又比如说,1997 年香港回归,从理论上说,如果香港能够在资本主义下保持繁荣,那么在社会主义下应该更加繁荣。但是从当时的实践角度考虑,如果香港马上实行社会主义,那么,在 1997 年以前所有的资本家和他们的企业都跑掉了,为资本主义企业服务的专业人员也都会跑掉。"如果把它收回来搞社会主义,就会把香港变成一个死港;而保持那里的资本主义,就能继续繁荣稳定,保持它原有的经济地位。到底哪个办法好,哪一个办法对我们有利呢? 结论是很明显的。"③

①马克思,恩格斯.马克思恩格斯选集:第 2 卷[M].北京:人民出版社,1995:33.
②胡绳.马克思主义与改革开放[M].北京:中国社会科学出版社,2000:19.
③胡绳.胡绳全书:第 3 卷[M].北京:人民出版社,1998:145-146.

　　最后,要弄清"一国两制"和混合所有制的具体内涵,正确处理好社会主义和资本主义关系问题。

　　"一国两制"是指一个国家里面有两种制度并存,具体的并存方式是有条件的。习近平总书记指出,"一国两制"是一个完整的概念。"一国"是实行"两制"的前提和基础,"两制"从属和派生于"一国",并统一于"一国"之内。"一国"是根,根深才能叶茂,"一国"是本,本固才能枝荣。在政治上不是社会主义制度中含有资本主义制度,而是在国家版图的区域结构中,有社会主义的大陆和实行资本主义制度的特别区域。两者在一个中国的框架内和平共存、共同发展。中国的根本性质是由社会主义的中国大陆决定的,是社会主义性质的,香港、澳门、台湾三个实行资本主义制度的特别区域不能改变中国作为社会主义国家的性质和发展前途。

　　为了发展社会生产力,在广大的经济领域中实行混合所有制,但是也是有条件的。混合所有制指的是财产权属于两个以上不同性质的所有者所构成的一种所有制。混合所有制作为发展经济的手段,资本主义可以用,社会主义也可以用。西方国家与中国都有混合所有制,但二者存在的制度条件和主观意图截然不同。西方的混合所有制是资本主义基本矛盾不可调和的产物,是资本主义私有制基础上的、为资本主义服务的混合所有制。社会主义市场经济的混合所有制是中华人民共和国成立以来不断探索发展的产物,是社会主义公有制前提下的、为社会主义和全体人民服务的混合所有制。

　　在发展混合所有制经济的问题上,我们既要坚定不移,又要全面总结过去国有企业改革中的经验与教训,避免国有资产流失。习近平总书记多次强调:"发展混合所有制经济,成败在细则。要吸取过去国企改革经验和教训,不能在一片改革声浪中把国有资产变成谋取暴利的机会。"①混合所有制经济是为了更好地促进国有资本的发展和国有企业的壮大,而不是贱卖国有资产,造就一批权贵,扩大贫富分化。倘若只是把一大批本来正常盈利和高盈利的国有企业或国有金融企业,行政命令性地让非公资本控股,实际上就是把本来属于人民整体的大量盈利主动送给个别利益群体,有悖改革目标。如果国有企业被削弱,国有资本被置换,人民币国际化势必受阻。必须防止将"国退民进"作为混合所有制改革的定式和准则,防止陷入全面私有化的陷阱。

　　在民营企业主可以入党的问题上,既要解放思想又要严格把关。一方面,不是

---

①混合所有制要义在"混"得公平透明[EB/OL].人民网,2014-03-10.

所有的民营企业主都可以加入中国共产党,必须是拥护中国共产党领导,凭借诚实劳动和合法经营获得合法收入,并正确对待其合法收入,积极奉献社会,品德高尚的能够遵守党的章程和纪律的民营企业主才可以有条件地吸收进党组织。在发展这类党员同志时,必须认真培养、严格把关,以永葆共产党的先锋队性质。

总之,社会主义与资本主义是两种不同的社会形态、社会制度和思想体系。两者既有对立性又有同一性,不仅"一球两制"是一种客观事实,而且"一国两制"在中国已经不是一种设想。也就是说,社会主义与资本主义能够同时共存于一个国家。但是,"一国两制"的实行是有条件的,也是需要认真对待才能搞好的。

三、解答问题所需要的支撑材料和延伸材料目录

[1] 马克思,恩格斯.马克思恩格斯选集:第1—4卷[M].北京:人民出版社,1995.

[2] 马克思,恩格斯.马克思恩格斯文集:第8卷[M].北京:人民出版社,2009.

[3] 列宁.列宁全集:第34卷[M].北京:人民出版社,1985.

[4] 列宁.列宁全集:第38卷[M].北京:人民出版社,1985.

[5] 列宁.列宁选集:第3卷[M].北京:人民出版社,1995.

[6] 邓小平.邓小平文选:第二卷[M].北京:人民出版社,1994.

[7] 邓小平.邓小平文选:第三卷[M].北京:人民出版社,1993.

[8] 胡绳.马克思主义与改革开放[M].北京:中国社会科学出版社,2000.

[9] 胡绳.胡绳全书:第3卷[M].北京:人民出版社,1998.

[10]中国共产党第十五次全国代表大会文件汇编[M].北京:人民出版社,1997.

[11]混合所有制要义在"混"得公平透明[EB/OL].人民网,2014-03-10.

3 如何正确理解中国特色社会主义的本质属性?

一、问题的不同表述和实质

中国特色社会主义是当代中国的主题,是中国共产党和全国各族人民百年奋斗、创造、积累的根本成就。但是,近些年来伴随中国特色社会主义的巨大成就和

现阶段存在的众多矛盾与问题,国内外有些舆论质疑中国现在搞的究竟还是不是社会主义,有人说是"资本社会主义",或干脆说成是"中国特色资本主义""国家资本主义""权贵资本主义""新官僚资本主义"。这些不同声音讲的都是一个问题:即中国搞的不是社会主义,而是资本主义。这些论调的实质就是否定中国目前已经取得巨大成就的中国特色社会主义的社会主义性质,否定党的十一届三中全会以来的路线方针政策,想把中国在社会主义市场经济条件下取得的重大成就,移花接木地引导到资本主义经济概念和模式上,鼓噪、宣扬西方宪政。

二、对问题的回答

中国特色社会主义历经 40 多年的改革开放,传统模式下的政策和体制都发生了巨大变化,开放更是增加了与当代资本主义的近距离接触,各种社会思潮纷纷涌入中国,这既拓展了中国人的视野,一定程度上也助推了理论创新,但不可避免地出现了鱼龙混杂,影响了人们的基本辨别能力。特别是在经济全球化深入发展的今天,社会主义与资本主义已经发展成为竞合并处的关系,社会主义与资本主义之间的区别似乎不那么清晰可鉴了。这实际上涉及对中国特色社会主义本质属性如何认识的问题以及对中国特色社会主义与资本主义关系如何认识的问题。

1.中国特色社会主义坚持了科学社会主义的基本原则,其本质是社会主义

马克思主义经典作家对社会主义的概括不是具体的定义和描述,而是确立了科学社会主义基本原则。习近平在 2013 年 1 月 5 日讲话中强调:"中国特色社会主义是社会主义而不是其他什么主义,科学社会主义基本原则不能丢,丢了就不是社会主义。"[①]中国特色社会主义遵循并坚持了科学社会主义的基本原则,其本质是社会主义。

科学社会主义包括哪些基本原则? 可以说,关于这个问题的认识目前尚存一定分歧,但有一些基本点是为人们所公认的。即科学社会主义基本原则就是那些带有普遍性、最基本、可以作为认识社会主义、实践社会主义所依据的原则或标准,它包括社会主义的方法论原则、社会主义的本质规定和基本价值、社会主义的基本特征。

(1)社会主义的方法论原则。1872 年德文版《共产党宣言》序言中明确指出:"这些基本原理的实际运用——随时随地都要以当时的历史条件为转移"[②],1888

---

① 习近平.习近平谈治国理政[M].北京:外文出版社,2014:22.
② 马克思,恩格斯.马克思恩格斯选集:第 1 卷[M].北京:人民出版社,2012:376.

年英文版《共产党宣言》序言中也引录了这句话,这就是恩格斯后来在《社会主义从空想到科学的发展》中强调的方法论原则,即把社会主义置于现实基础上。所谓"当时的历史条件""现实基础"就是不断变化着的客观实际。很显然,我国现阶段的"现实基础"与马克思、恩格斯所设想的社会主义的现实基础是不同的。① 我国社会是在半殖民地半封建社会基础之上建立起来的社会主义社会,没有经过资本主义的充分发展,我国正处于并将长期处于社会主义初级阶段的这一基本国情和最大实际将持续到 21 世纪中叶基本实现现代化,这是我国建设中国特色社会主义的总依据、现实基础,它必然不同于马克思恩格斯所设想的经过资本主义高度发展而建立起来的那个社会主义。因此,我们必须立足我国正处于并将长期处于社会主义初级阶段这一最大的现实基础来谈论我们的中国特色社会主义。

(2)社会主义的本质规定和基本价值。 马克思恩格斯在《共产党宣言》第二章末尾明确指出:"代替那存在着阶级和阶级对立的资产阶级旧社会的,将是这样一个联合体,在那里,每个人的自由发展是一切人的自由发展的条件。"② 由此可见,人的自由而全面发展是马克思恩格斯关于未来社会主义社会的本质规定,是对资本主义社会人的异化的扬弃,是未来社会主义社会区别于其他一切旧社会的显著特征和根本标志,它是人类社会发展的最高价值追求。我国确立的"以人为本""以人民为中心"的中国特色社会主义发展价值取向,就是根据马克思恩格斯关于"人的自由全面发展"这一社会本质规定的根本要求和我国基本国情而确立的。

(3)社会主义的基本特征。 马克思恩格斯在《共产党宣言》中揭示的未来社会的基本特征主要包括:社会生产力高度发达,生产资料公有,实行有计划的生产,按劳分配,坚持无产阶级专政,坚持马克思主义指导,人们的精神境界极大提高,等等。这些基本特征是马克思恩格斯关于未来社会一般特征的论述,是在研究资本主义已经发展成熟的社会的基础上形成的。但实践中的社会主义没有达到马克思恩格斯当年分析的那种成熟水平,因此需要我们把它们与各国现实基础结合起来形成切合实际的制度模式。

我们说中国特色社会主义是社会主义,而不是其他什么主义,是说中国特色社会主义是根据马克思主义的基本原理、根据现阶段中国的实际而确立起来的社会主义,它坚持了科学社会主义的基本原则,其本质是科学社会主义;而不是说中国

---

①贾建芳,刘学军.共产党人的宣言与中国特色社会主义——当前党政领导干部关注的重大思想现实问题(二十一)[J].科学社会主义,2008(1):4-8.

②邓小平.邓小平文选:第三卷[M].北京:人民出版社,1993:4.

特色社会主义是马克思恩格斯的社会主义构想在中国的完全的实现形式。具体而言,我们说中国特色社会主义是社会主义,是因为:

一是坚持把社会主义置于现实基础之上,立足社会主义初级阶段的基本国情。邓小平曾经深刻地、总结性地指出:"我们的现代化建设,必须从中国的实际出发。"[①]中国最大的实际就是我们正处于并将长期处于社会主义初级阶段。尽管社会主要矛盾发生了变化,但社会主义初级阶段的基本国情没有变,我国仍然是世界上最大的发展中国家的国际地位没有变。我们必须在中国共产党领导下,牢牢立足社会主义初级阶段这个最大实际,以经济建设为中心,坚持四项基本原则,坚持改革开放,解放和发展社会生产力,巩固和完善社会主义制度,建设社会主义市场经济、社会主义民主政治、社会主义先进文化、社会主义和谐社会、社会主义生态文明,统筹推进经济、政治、文化、社会、生态文明"五位一体"总体布局,协调推进全面建设社会主义现代化国家、全面深化改革、全面依法治国、全面从严治党"四个全面"战略布局,不断逐步实现全体人民共同富裕、促进人的全面发展,建设富强民主文明和谐美丽的社会主义现代化强国。

二是坚持人的自由而全面发展的社会主义本质规定和社会主义价值取向,坚持以人为本、以人民为中心。坚持发展为了人民,这是马克思主义的根本立场。中国特色社会主义,是植根中国大地、顺应人民过上幸福美好生活的企盼而提出来的,它代表人民的根本利益,以人民的选择为选择。中国共产党人领导人民进行革命、建设和改革的初心和使命,就是为中国人民谋幸福,为中华民族谋复兴。正是由于我们党始终坚持全心全意为人民服务的根本宗旨,始终把人民放在心中最重要的位置,把人民赞成不赞成、满意不满意、支持不支持、高兴不高兴、拥护不拥护作为衡量我们党的一切工作得失的根本判断标准,我们党和国家的事业才始终拥有恒久持续的力量源泉,才取得一个又一个伟大胜利;正是因为我们党始终坚持以人民为中心的发展思想,始终回应人民群众对美好生活的追求和向往,我们党和国家的事业才始终得到人民的拥护和支持;正是因为有人民群众的支持和拥护,中国共产党才能够不断发展壮大,中国特色社会主义事业才能够不断胜利前进。

三是坚持社会主义的基本特征,坚持中国特色社会主义基本制度。马克思主义经典作家对未来社会所做的合乎逻辑的预测,包括建立和发展公有制、实行按劳分配、以实现共同富裕为根本目的等基本原则,为中国特色社会主义制度的确立、

---

①马克思,恩格斯.马克思恩格斯选集:第1卷[M].北京:人民出版社,2012:422.

丰富和发展提供了基本遵循。改革开放以来,中国特色社会主义制度得到不断丰富、发展和完善,形成了包括坚持人民代表大会制度的根本政治制度,中国共产党领导的多党合作和政治协商制度、民族区域自治制度以及基层群众自治制度等基本政治制度,坚持建设中国特色社会主义法治体系,坚持公有制为主体、多种所有制经济共同发展,按劳分配为主体、多种分配方式并存,社会主义市场经济体制等社会主义基本经济制度。这些基本制度都是在新的历史条件下体现社会主义基本特征的内容,如果丢掉了这些,那就不成其为社会主义了。

综上,中国特色社会主义,既坚持了科学社会主义基本原则,又根据时代条件赋予了其鲜明的中国特色。其本质是社会主义,而不是其他什么主义。

2.中国特色社会主义与资本主义有着重大本质区别

马克思所设计的社会主义,至今并没有完全成为现实;马克思所批判的自由资本主义,在衰退与繁荣中经历了私人垄断、国家垄断到国际垄断的发展阶段,一个半世纪后也并没有被埋葬。在传统社会主义模式下,两种主义的区别可以说是清晰可见的。但在 20 世纪中后期以来,社会主义国家开始了改革开放,资本主义国家也发生了许多新变化。社会主义既不是马克思恩格斯当年所描述的社会主义,也不是传统模式下的社会主义;资本主义既不是马克思恩格斯当年所批判的自由资本主义,也不是私人和国家垄断时期的资本主义,在生产力、生产关系、经济基础和上层建筑方面都具有了许多新的特征。两种主义经过相互竞争、相互合作、相互借鉴,有了越来越多的相同点,如在经济上都实行市场经济、股份制、宏观调控、社会保障,在政治上都强调自由、平等、民主等。因此,在当今时代背景下,如何认识、区别两种主义,并非一件易事。

认识问题要先确立认识的前提,以使认识更客观、更科学,并达成更多的共识。①

前提一,比较两种主义应该有一个共同的背景和时间段,不能把不同时代背景下的两种主义混在一起进行比较。目前两种主义的比较,就一定程度上存在着把不同时代背景下的认识混为一谈的现象。例如,在马克思主义经典作家的视野中和苏联传统社会主义模式下,市场经济与计划经济是两种主义的区别之一,可是当今社会主义国家在积极培育和建立市场、发展市场经济,伴随经济危机的频繁发生,资本主义国家也越来越注重中长期发展计划和政府的宏观调控,再拿过去的标

---

①牛先锋.如何认识社会主义与资本主义的区别——当前党政领导干部关注的重大思想现实问题(十)[J].科学社会主义,2004(1):8-11.

准来衡量现在两种主义的区别,得出的结论是社会主义不是社会主义,资本主义不是资本主义,两种主义就没有区别了。因此,我们比较两种主义,必须"以当时的历史条件为转移",将其放在相同的时代背景下进行比较,避免认识上的"一锅煮"现象。

前提二,不能把两种主义的区别绝对化、具体化为两种主义的组织形式、运行体制、机制和具体运作程序、原则、规则、政策的区别。主义是价值判断、价值追求,也是理论体系、社会运动和国家制度,带有鲜明的阶级属性、政治属性、意识形态属性;而作为主义的组织形式、运行体制、机制和具体运作程序、原则、规则、政策,是为一定的国家制度、价值追求、阶级服务的,其本身是不具有意识形态属性的,它既可以为社会主义服务,也可以为资本主义服务,服务什么,就从属什么,就具有什么性质。"利用资本主义,发展社会主义",这是列宁和毛泽东同志当年都反复强调的基本观点和方法,这是在没有经过资本主义充分发展的国家建设社会主义的必经阶段,也是常规战术。这就是说,我们不能简单地把社会主义等同于社会主义国家的组织形式、运行体制、机制和具体运作程序、原则、规则、政策,把资本主义简单地等同于资本主义国家的组织形式、运行体制、机制和具体运作程序、原则、规则、政策。

前提三,不能把两种主义的区别简单化为中国同欧美发达国家的区别。在对比两种主义时,人们往往习惯性地将中国同欧美发达国家做比较。因为中国是世界社会主义大国,走的是社会主义道路,欧美发达国家走的是资本主义道路。这种比较,对于我们推动中国特色社会主义事业发展、快速实现赶超具有积极意义,但并不能科学准确地反映出两种主义的孰优孰劣。一方面,社会主义国家除了中国之外还有朝鲜、越南、老挝和古巴,资本主义国家除了欧美一二十个老牌发达国家外还有亚非拉上百个不发达国家,都践行同一个主义,但发展程度是不一样的;另一方面,新中国成立至今刚过 70 年,中国的社会主义发展不过 60 多年,而欧美等发达资本主义国家则经过了两三百年的发展历程,两个主义发展的时长也不一样。由此可见,笼统地将两种主义的区别简单化为中国与欧美发达国家之区别,未免陷入形而上学。

基于上述三个基本前提,两种主义至少存在三个方面的重大区别:

第一,价值追求上的区别。自从第一个社会主义国家苏联建立至今,社会主义作为资本主义的对立物成长和发展以来,两种主义的斗争就一刻也未停止过。即使在当今和平与发展成为时代主题的背景下,"演变"与"反演变","西化"与"反西化"的斗争仍在如火如荼地进行着。斗争的背后就是价值追求的不同。社会主义的价值追求是以社会为本、以人民为中心,强调发展要以实现人民的美好生活需要、社会的共同富裕为最终目的。资本主义的价值追求是以资本为本、以个人为中心,强调发展要以资本的自由运营为条件,通过资本的自由发展来保证极少数大资本家利益的最大化。这是两种主义的本质区别。无论社会如何发展、如何变化,两种主义的价值追求是不会发生本质性变化的,两种主义的其他区别也都可以从这一本质区别推演出来。

第二,经济制度上的区别。按马克思恩格斯的设想,以社会为本、以人民为中心为价值追求的社会主义,是以生产资料社会占有为基础,以"各尽所能、按劳分配"为消费资料分配原则,以社会成员的最终富裕为最终目的。但马克思恩格斯所讲的社会主义与中国特色社会主义的生产力发展前提基础是不同的,而生产资料所有制是与生产力的发展状况密切相关的,强制推行"一大二公三纯"的所有制,实践上没有取得成功。因此我国在社会主义初级阶段逐步形成了与我国生产力水平相适应的公有制为主体、多种所有制经济共同发展的基本经济制度,与此相联系的基本分配制度是按劳分配为主体、多种分配方式并存。由于种种原因,我国居民收入差距还较大,在一定程度上还存在着社会分配不公的现象,这与社会主义的价值追求相背离,因此我国正通过"精准扶贫""以推进改善民生为重点"的社会建设来解决这个问题。资本主义则相反,它是以生产资料私人占有为基础,以资本家的利益为社会最高利益,以按资分配为分配原则,以贫富两极分化为最终结果。现实中,尽管以资本为本的价值追求不希望把资本化为社会所有,但它也要适应社会化大生产发展的基本要求,部分私人资本也不得不采取社会资本即股份制的形式,但是资本的私人所有性质并没有改变。资本的私人所有制决定了按资分配,这样分配的结果必然是两极分化。当然,当代各资本主义国家也不断在通过社会保障制度的完善以及国民收入二次分配等政策性调整,缩小了收入差距,许多资本主义国家的基尼系数甚至比我国还要小,这也是客观事实。但如前所述,两种主义的区别不能用某些国家的暂时表象来描述,就如在后金融危机背景下,深陷债务危机的欧洲各国开始纷纷调低社会保障水平,导致工人罢工潮,引起了社会的动荡不安。因此,我们看问题,不能仅看表象,要透过现象看本质。正如马克思恩格斯所分析的那样,当代资本主义一切矛盾的根源仍然是生产资料私有制与社会化大生产之间的矛盾。

第三,上层建筑方面的区别。以社会为本、以人民为中心的社会主义社会的政治权力在于社会、在于人民。人民是国家的主人,平等地享有当家作主的政治权利;以资本为本的资本主义社会的政治权力本源在于资本,资本的多寡直接决定着享有权力的大小,进而决定着对国家政策影响力的大小。社会主义坚持共产党的领导。共产党的宗旨是全心全意为人民服务,要始终代表最广大人民的根本利益,背弃了就会丧失执政基础和执政地位。资本主义实行两党制或多党制,执政党要代表资本的利益,否则就要下台。两种主义都主张"人权、自由、平等、民主",但社会主义以人民为出发点和落脚点,资本主义以资本为出发点和落脚点。反映在意识形态及文化方面,社会主义坚持以马克思主义为指导,坚持共产主义理想信念,弘扬集体主义,践行社会主义核心价值观;资本主义以弘扬资本个性为特征,衍生出了个人主义和利己主义价值观。在现实政治制度方面,两种主义也表现出明显的差别,例如,一元指导思想与多元指导思想的区别,共产党领导下的多党合作制与两党制、多党制的区别,议行合一与三权分立的区别,等等。但这些区别只是表象,根本区别还在于权力的本源是人民还是资本。

3.正确理解中国特色社会主义的本质必须科学把握中国特色社会主义的整体性

习近平在 2013 年 1 月 5 日讲话中强调,"中国特色社会主义,是科学社会主义理论逻辑和中国社会发展历史逻辑的辩证统一,是根植于中国大地、反映中国人民意愿、适应中国和时代发展进步要求的科学社会主义。"①中国特色社会主义是中国共产党坚持马克思主义一般原理和中国的具体实践相结合,进行社会主义革命和建设所选择的道路、模式、方法和经验总结,是科学社会主义新的理论形态,是马克思主义中国化的伟大成果。马克思主义同中国特色社会主义构成一般和个别、普遍和特殊、同一和差异、共性和个性等关系。在把握"一般原理和中国特色"时,要把这组范畴作为辩证思维的统一体,在实践中注意把握二者的统一,不能将二者割裂开来,要吸取历史教训,不能将任何一方绝对化,既不能用马克思主义经典的、原点的社会主义来衡量今天的中国特色社会主义,也不能把"中国特色"简单化、庸俗化。

总之,我们要科学认识中国特色社会主义的本质。第一,中国特色社会主义是科学社会主义在中国的新发展,是马克思主义中国化的新成果。第二,中国特色社会主义是建立在中国现实基础之上的社会主义,符合中国的国情、世情,具有鲜明

---

①习近平.习近平谈治国理政[M].北京:外文出版社,2014:21.

穿上述各个组成部分的马克思主义的立场、观点和方法,它们有三个基本方面,即实事求是、群众路线、独立自主。

一些不了解中国近现代历史和中国共产党历史的人,缺少一种整体思维。还有一些不怀好意的人,将中国特色社会主义理论体系与毛泽东思想割裂开来、对立起来。用中国特色社会主义理论体系否定毛泽东思想,或者用毛泽东思想否定中国特色社会主义理论体系,将改革开放前与改革开放后两个历史时期割裂开来、对立起来、互相否定。一方面,极右思潮泛滥,毛泽东思想"过时论""无用论"此起彼伏,"告别革命"论调甚嚣尘上;另一方面,极左的思潮涌动,有的人则认为毛泽东思想包管一切,必须用毛泽东思想解决现阶段所面临的问题,鼓吹"回到过去"。在互联网时代,大学生是主要的上网群体,错误思潮的泛滥深刻地影响着当代大学生对毛泽东思想的正确认识与判断,高校意识形态安全面临严峻考验。

毛泽东思想是马克思主义中国化第一次历史性飞跃的理论成果,是指导新民主主义革命和社会主义革命取得胜利的理论基础,是中国共产党和中国人民历尽艰辛获得的宝贵的精神财富,是中国革命和建设的科学指南,是中华民族的精神支柱,也成为建设中国特色社会主义的理论基础。改革开放以后,马克思主义中国化产生了第二次理论飞跃,形成了中国特色社会主义理论体系,是我们进行中国特色社会主义建设的直接的理论遵循。两大理论成果之间的关系是一脉相承、递进发展的关系,而不是后者否定前者的关系,中国特色社会主义理论体系是继承与发展了毛泽东思想,不是丢掉了毛泽东思想,是"接着说"而不是"反着说"。那种把毛泽东思想和中国特色社会主义理论体系对立起来、割裂开来的观点和做法是错误的和有害的。

二、对问题的解答

当代大学生对毛泽东思想的认知偏差主要表现在四个方面。

第一,对毛泽东思想这一科学体系的主要内容了解不够。很多大学生分不清毛泽东思想与毛泽东的思想的区别,认为毛泽东思想包括了毛泽东的个人思想,甚至将毛泽东个人晚年的错误思想也纳入毛泽东思想中去,否定毛泽东思想的真理性。大多数大学生对毛泽东思想的相关内容能够说出一二,但是能系统、全面地说出毛泽东思想者寥寥无几,还有很多人忽视毛泽东思想中关于社会主义建设的内容。

第二,对毛泽东思想活的灵魂理解得不彻底。部分大学生认为实事求是、群众路线、独立自主已经跟不上时代潮流了,对大学生自身成长发展没有多大指导意义了,学与不学都无所谓。

第三，对毛泽东思想的当代价值认识得不全面。对毛泽东思想的主要缔造者——毛泽东评价两极分化，既有崇拜毛泽东将毛泽东神化的，也有完全否定毛泽东的，缺乏客观性；部分大学生认为毛泽东思想已经过时、无用，认为毛泽东思想作为革命战争年代的理论，已经不能适应和平发展年代的新形势；看不到毛泽东思想对中国社会发展规律的认识，忽视毛泽东思想本身的科学性；对毛泽东思想所展现的集体主义精神与人民情怀视而不见，缺乏对毛泽东思想的坚定信仰。

第四，对毛泽东晚年错误缺乏客观评价。毛泽东晚年错误是一个不可回避的问题，虽然中央相关决议文件已经做出了正确评价，但是受社会上一些诋毁、诽谤毛泽东思想的思潮影响，部分大学生对毛泽东晚年错误的认识产生了偏差，不能辩证地看待毛泽东晚年错误，否定毛泽东的伟大历史功绩。

因此，我们必须对这一系列谬误和困惑做出有力的回答，当代大学生为什么要学习毛泽东思想？毛泽东思想的当代价值是什么？它有没有过时？

第一，大学生是祖国的未来，是国家的栋梁，学习毛泽东思想有助于树立正确的世界观、人生观、价值观。"三观"不正，无以成才。毛泽东思想是以毛泽东为代表的中国共产党人把马列主义普遍原理和中国革命具体实践相结合的产物，是马列主义在中国的运用和发展，是被实践证明了的关于中国革命和建设的正确理论原则和经验总结，需要我们不断学习，一代一代传下去。这既是中华民族复兴大业的需要，也是当代大学生成才的需要。当代大学生生长在祖国日益强大、生活更加富裕的环境中，或许无法想象历史上中国和中国人民从被蔑称为"东亚病夫"到"站起来了"的那份激动与兴奋。这就需要我们完整认识近代中国的衰落史、抗争史和奋斗史，从而理解如果没有产生中国共产党和毛泽东思想，如果没有毛泽东思想的指导、没有中国共产党的领导，就没有新中国，就没有我们当今幸福生活和国际地位的道理。毛泽东思想给了我们永不向强权和邪恶势力低头的勇气，它让中国人民挺起了腰杆，让中华民族挺起了脊梁。今天，我们学习毛泽东思想有助于提升正气、抵制邪气、增强骨气，为我们的精神补钙，使我们的境界变得高尚。事实上，毛泽东时代是中国历史上人民最有信仰的时代、精神最为饱满的时代，贪腐、黑恶势力最少的时代！毛泽东等老一辈无产阶级革命家揭竿而起闹革命的初心是什么？就是为中国人民谋幸福。"从前是牛马，今后要做人"的口号，很好地表达了中国人民在风雨如磐的年代里的基本人权要求。当代大学生作为接受高等教育的阶层，来自人民，就应当心里有人民，好好学习，服务人民。

第二，毛泽东思想不仅没有过时，而且仍然是指导社会主义建设的思想武器。

毛泽东思想,开启了马克思主义与中国实际结合的伟大征程,毛泽东思想既是世界观也是方法论,坚持马克思主义的立场观点方法解决中国革命和建设问题,形成了系统完整的关于中国革命和建设的科学理论、战略策略和一系列路线方针政策。毛泽东思想对社会主义本质、发展规律、发展动力的论述,为当代大学生认识社会主义发展规律和人类社会发展规律提供了思想指引,对我们用理论指导实践并在实践中不断创造性地解决新问题提供了科学的方法,使当代大学生们面对未来不迷茫。中国化马克思主义有两大理论成果,没有毛泽东思想,产生不了中国特色社会主义理论体系,两者都坚持共产主义理想,都是坚持马克思主义指导下对于不同时代条件下中国社会主义建设的理论探索和理论结晶,一根相连、一脉相承。把毛泽东思想指导下做正确的事情坚持下去继续做,把做错的事情改过来,把想做而没做的事情做起来,这是中国特色社会主义思想体系对待毛泽东思想及其实践的基本态度。"不忘初心,方得本心",无论是一个民族还是一名大学生都不能忘本。

第三,毛泽东思想的主要创立者是毛泽东,同时参与创立的还有周恩来、朱德、刘少奇、邓小平、陈云等一大批老一辈无产阶级革命家群体。我们学习毛泽东思想,同时要学习熔铸在毛泽东思想中的这个伟大群体的伟大人格和伟大精神。以毛泽东为代表的老一辈毛泽东无产阶级革命家一切为了人民、紧紧依靠人民,不论他们个人还是家人都为新中国建立和社会主义建设所付出的巨大努力和牺牲。当代大学生赶上了好时代,但是每个人在成长和发展中仍然面对错综复杂的处境和考验,学习老一辈无产阶级革命家身上的高尚品质和牺牲精神,具有重大的现实意义。毛泽东一无高贵的家世,二无显赫的学历,但他从小胸怀大志,在信仰了马克思主义以后,就把马克思主义作为自己终身的志向,百折不回,力求实现。青年毛泽东和一大批同时代的共产党人的忧国忧民、勤奋学习、善于调查、敢闯敢干等优秀品质,对于同样年龄的当代大学生具有很好的启示作用。为了让中国人活的有尊严,毛泽东领导的那一代人做出了艰苦卓绝的斗争,他们先做人民的学生再做人民的先生,他们带头学习,带头奋斗,提高了老百姓的思想觉悟、斗争智慧和胜利勇气。虽然历史上也有农民起义者,也有成功取得政权者,但是他们都没有像毛泽东和他的战友那样,在四分五裂、军阀割据、民族危亡的情况下,建立起一个强大的先进政党和人民军队,一个统一的强大的人民当家作主的国家,建立起伟大的社会主义制度,创立科学的思想体系。这些先人的艰苦奋斗精神和卓越成就,足以令我们后辈赞叹、敬畏、景仰和追随。

第四,毛泽东思想能够凝聚中国力量,助推中国梦的实现。"为有牺牲多壮志,敢教日月换新天"①,毛泽东思想本身就体现了中华民族伟大的梦想精神。在毛泽东思想指导下,成立了中华人民共和国,中国人民从此站起来了。站起来的中国人民,以改天换地的豪情壮志、无私奉献,开启了伟大的建设年代,开始了中国历史上伟大的工业化进程。毛泽东思想过去教育了好几代人,现在仍然在哺育中华民族的优秀子孙,凝聚起全体中华民族、全中国人民的磅礴力量。在全面建成小康社会,实现中华民族伟大复兴,全面建成社会主义现代化强国进程中,毛泽东思想仍然具有凝心聚力的强大作用。毛泽东思想活的灵魂是实事求是、群众路线、独立自主,无论是中国革命还是中国的社会主义建设都不能照抄照搬现成的理论和经验,一切都要靠自己,要敢于试验,敢于实践,敢于牺牲,敢于创造。毛泽东思想根植于中华五千年优秀的传统文化,它将外国先进文化与中国传统文化的精髓有机结合,用马克思主义的方法论对传统文化进行批判改造,充分展示出毛泽东及其战友对中国传统文化独到的理解和应用。毛泽东提出的"古为今用,洋为中用,百花齐放,推陈出新"文艺方针,汲取古今中外的文化滋养建设社会主义,今天仍然具有指导意义。当前,我们仍然能痛心地看到存在一些"精日"分子、一些仍然受到殖民思想严重毒化的青年人。学习毛泽东思想对于凝聚民心、破除奴颜婢膝具有重要意义,特别是有助于将大学生凝聚到一起、结合到一起,提升精神境界,为实现中国梦提供精神支撑。

当然,倡导当代大学生学习毛泽东思想,不是要神化毛泽东,更不是号召回到毛泽东时代。时代已经前进了,中国特色社会主义已经进入了新时代。因此,我们必须学习和掌握毛泽东思想的精髓,用马克思主义中国化的最新理论成果——习近平新时代中国特色社会主义思想武装头脑,成长为中国特色社会主义事业的合格建设者和接班人。

三、解答问题所需要的支撑材料和延伸材料目录

[1] 石仲泉.毛泽东和邓小平:中国共产党长期执政的两个"守护神"[J].上海党史与党建,2014(10):1-4.

[2] 唐洲雁.从宽广的历史视野科学评价毛泽东和毛泽东思想——学习习近平总书记在纪念毛泽东同志诞辰120周年座谈会上的重要讲话[J].毛泽东思想研究,2014,31(02):4-17.

---

①中共中央文献研究室.毛泽东年谱(一九四九——一九七六):第四卷[M].北京:中央文献出版社,2013:81.

[3] 郑德荣.毛泽东思想的历史地位与当代价值新论[J].马克思主义研究,
2013(05):32-39.

[4] 李捷.毛泽东对科学社会主义创新发展的历史贡献[J].毛泽东思想研究,
2014,31(03):12-17.

[5] 习近平.在纪念毛泽东同志诞辰120周年座谈会上的讲话[N].人民日报,
2013-12-27(002).

5 如何看待毛泽东思想和中国特色社会主义理论体系之间的关系?

一、问题的不同表述和实质

自中国特色社会主义理论体系这一概念提出以来,毛泽东思想和中国特色社会主义理论体系的关系便成为理论界和学术界关注的重点和热点话题。应该说,党的十七大已经圆满地解决了这一问题,即毛泽东思想并不包含在中国特色社会主义理论体系之中,而是和中国特色社会主义理论体系共同作为马克思主义中国化的两大理论成果,这种非包含关系并不是对两大理论体系间逻辑关联的否定。然而在现实中,人们依然会存在一定的疑问,例如,既然毛泽东思想也是马克思主义中国化的理论成果,为什么却将毛泽东思想排除在中国特色社会主义理论体系之外,这是不是"非毛化"? 对这一问题的解答,不仅事关对毛泽东与毛泽东思想的科学认识与正确评价,还事关对中国特色社会主义理论体系的科学把握与正确解读。因此,深入探讨毛泽东思想和中国特色社会主义理论体系二者之间的关系,不仅是一个重大理论问题,也是一个极具现实价值的实践问题。

二、对问题的回答

1.毛泽东思想和中国特色社会主义理论体系都是中国共产党人把马克思主义同中国实际和时代特征相结合的理论成果与智慧结晶

马克思主义中国化是中国共产党的优良传统与理论武器,中国共产党建党近百年的历史,也是不断实现马克思主义在中国具体化、民族化、时代化的历史。中国共产党始终秉承将马克思主义普遍原理同本国现实相结合的原则,在探索推进马克思主义中国化的实践进程中形成了两大理论成果。一是毛泽东思想。毛泽东思想深刻解答了在中国怎样进行新民主主义革命与社会主义革命的问题,并对建设什么样的社会主义、怎样建设社会主义这一问题进行了艰苦卓绝的实践探索。毛泽东思想问题意识鲜明,面向中国实际,解决中国问题,是马克思列宁主义在中国的鲜活运用与创新发展,开辟了马克思主义理论发展的新境界。二是中国特色社会主义理论体系。中国特色社会主义理论体系是涵盖邓小平理论、"三个代表"重要思想、科学发展观以及习近平新时代中国特色社会主义思想在内的科学严整的理论体系,着眼于中国这样一个有着将近十四亿人口的发展中大国的基本国情,对建设什么样的社会主义、怎样建设社会主义,建设什么样的党、怎样建设党,实现什么样的发展、怎样发展,在新时代坚持和发展什么样的中国特色社会主义、怎样坚持和发展中国特色社会主义等一系列重大课题进行了深入的探索与科学的回答,是在继承和发展毛泽东思想的基础上致力于与时俱进和创新发展的科学理论体系。

作为马克思主义中国化两次历史性飞跃的理论成果与智慧结晶,毛泽东思想为中国特色社会主义理论体系创造了根本性的发展前提与跃升基础,离开毛泽东思想,中国特色社会主义理论体系便会成为无本之木与无源之水,无所依存;同样,没有中国特色社会主义理论体系在新的历史方位与时代条件下对毛泽东思想的坚持继承与创新发展,毛泽东思想便会丧失发展的活力,止步不前。可见,毛泽东思想和中国特色社会主义理论体系互为条件、相辅相成、互相促进,有着不可分割的内在联系。二者既继承发展又与时俱进的辩证统一关系,构筑了中国化马克思主义理论大厦的灵魂血脉,为马克思主义理论在中国的创新发展提供了不竭源泉与强大动力。

2.毛泽东思想是中国特色社会主义理论体系的理论基石与根本前提

作为马克思主义中国化历史性飞跃的开创性理论成果,毛泽东思想是将马克思列宁主义普遍真理在中国成功运用与创新发展的光辉典范,是被实践证明了的关于中国革命与建设的科学的理论体系,是凝结着中国共产党人集体智慧与实践经验的科学总结,在推动马克思主义中国化进程中具有理论先导与实践先驱的奠基性地位。早在 20 世纪 50 年代中期,毛泽东就提出,实现马克思主义同中国实际的第二次结合,开辟在中国进行社会主义革命和建设的科学道路是我们的重要使命。毛泽东于 1956 年 4 月 25 日中共中央政治局扩大会议上做了《论十大关系》的报告,提出了一系列适合中国情况的社会主义建设的方针和政策,初步展示了我国社会主义建设的基本框架。1956 年 9 月,党的八大明确规定党和国家的主要任务已经转移到社会主义建设上来,并围绕这一中心任务,进一步制定了具体的社会主义建设政策。1957 年 2 月,毛泽东又发表了《关于正确处理人民内部矛盾的问题》的报告,系统论述了社会主义社会的矛盾学说,提出了社会主义社会基本矛盾和两类矛盾的学说;提出了发展工业必须与农业并举的工业方针。

总之,以毛泽东为代表的中国共产党人在初步探索中形成了很多具有开创性、奠基性与启发性的思想,尽管有的还不成熟,有的在实践中未能一以贯之地执行下去甚至走过了一些弯路,但这些宝贵的思想都为后来的实践探索做了大有裨益的尝试,积累了丰富的认识与宝贵的经验,极富重要的理论意义和现实价值。

中国特色社会主义理论体系,是在汲取承继中国共产党既有理论成果与实践成就的基础上形成并发展起来的。毛泽东思想的创立,意味着中国的社会主义建设有了科学的思想指针与行动纲领,正是在这一思想的指引下,党中央团结带领全国各族人民创建新中国,奠定社会主义基本制度框架,开辟了社会主义建设伟大成就,以制度这一更为坚强有力的形式从根本上巩固了马克思主义在我国的指导地位。毛泽东思想与中国特色社会主义理论体系从根本上来说有着相同的根脉,即思想渊源上都坚持以马克思主义为指导,思想路线上都坚持解放思想、实事求是、与时俱进,价值立场上都坚持党的群众路线,强调以人民为中心,主张独立自主地走自己的路。一言以蔽之,毛泽东思想与中国特色社会主义理论体系是既一脉相承又与时俱进的关系。

3.中国特色社会主义理论体系是对毛泽东思想的继承、发展和创新

首先,中国特色社会主义理论体系继承了毛泽东思想的灵魂。中国特色社会主义理论体系深刻把握并吸收了马克思主义的精神实质与毛泽东思想的精髓,是对事关社会主义革命、建设和改革以及党的建设等诸多重大问题的秉承和坚守,因而是根本上的继承。

第一,坚持和继承了毛泽东思想的根本立场、观点、方法。实事求是、群众路线、独立自主既是毛泽东思想活的灵魂,也是贯穿中国特色社会主义理论体系始终的思想红线。中国特色社会主义理论体系是实事求是的果实与结晶。实践证明,中国特色社会主义理论体系的伟大创立,从根本上离不开中国共产党对实事求是思想路线的恢复和坚持。中国特色社会主义理论体系强调以人民为中心的发展理念,正是毛泽东同志群众路线思想在新的历史时期的鲜明体现和灵活运用。中国特色社会主义理论体系始终面向中国实际,扎根中国大地,坚持主张走富有中国特色的现代化道路,走和平发展道路等,都闪耀着毛泽东同志所一贯主张的思想光辉。

第二,坚持和继承了毛泽东同志在社会主义建设规律探索中所积累的思想智慧。毛泽东同志在社会主义建设道路中的宝贵探索为中国特色社会主义理论体系的形成与发展提供了重要的思想渊源与新的生长点。比如,毛泽东同志认为社会主义建设事业不可能毕其功于一役,而要由不发达的社会主义向发达的社会主义逐步过渡,并将社会主义划分为不发达的社会主义和发达的社会主义这两个相互联系、递进发展的阶段。中国共产党在继承和汲取毛泽东同志这一思想的基础上创造性地提出了社会主义初级阶段理论。在社会主义社会基本矛盾这一问题上,毛泽东同志始终秉持历史唯物主义的基本观点与根本立场,强调生产关系和生产力之间的矛盾、上层建筑和经济基础之间的矛盾仍然是贯穿社会主义社会的基本矛盾。中国特色社会主义理论体系在坚持这一正确论断的基础上,丰富并深化了社会主义社会基本矛盾思想,提出了要用改革这一发展动力来解决社会基本矛盾的思想,并始终强调要立足中国基本国情来探寻摸索社会主义建设道路,在继承毛泽东思想基础上开辟了中国特色社会主义发展道路。

第三,坚持和发展了毛泽东关于马克思主义执政党建设的理论。毛泽东同志强调要始终坚持中国共产党在社会主义建设中的领导核心地位,为确保党和国家的性质永不变色提出了"两个务必"思想,高度重视思想建党;主张端正学风,不断巩固党的执政能力等。中国特色社会主义理论体系立足于改革开放和社会主义市场经济的时代条件,将"两个务必"思想发扬光大,严格贯彻落实党要管党、从严治党,对标马克思主义政党根本要求,全面加强党的思想、组织、作风、纪律、制度等各方面建设,推动党的执政能力与先进性、纯洁性水平不断提升。进入新时代,以习近平同志为核心的党中央以刀刃向内的勇气与壮士断腕的气概进行党的自我革命,以打铁必须自身硬的顽强精神与强烈态度坚定不移推动全面从严治党,首次提出要把党的政治建设摆在首位,将靶子牢牢锚定在弱化党的纯洁性与先进性的根本,使党内政治生态更加风清气正,在科学继承毛泽东管党治党思想的基础上创造性地提出了全面从严治党思想,确立了将治党与治国相统一的大党建思维,全方位提升了党建质量,深化了对执政党建设规律的认识,从而开辟了从严管党、治党的新境界。

其次,中国特色社会主义理论体系是对毛泽东思想的继承发展。中国特色社会主义理论体系致力于马克思列宁主义普遍原理同中国特色社会主义建设客观实际相结合,是在毛泽东思想基础上实现的又一次伟大理论飞跃。

第一,关于发展时期的认识飞跃:由社会主义建设时期到进入社会主义建设改革开放新时期。毛泽东思想对在中国这样一个经济文化比较落后的东方大国如何建设社会主义的问题做了初步的探索,但在改革开放时期如何建设和发展社会主义问题,仍需要中国共产党人的接力探索。党的十一届三中全会以后,以邓小平同志为代表的中国共产党人在"和平与发展"成为时代主题的历史条件下,立足国内外发展大势,建立了中国特色社会主义理论体系,它是在社会主义建设已经进入改革开放的新时期,逐步形成和发展起来的。它是对新时期的历史方位、时代主题、国际格局、发展战略等一系列重大问题的科学回应。"三个代表"重要思想和科学发展观推动了中国特色社会主义理论体系的丰富和发展。进入新时代,以习近平同志为核心的党中央着眼于新的历史方位与社会主要矛盾发生的历史性转化,在决胜全面建成小康社会的关键时期,矢志不忘为人民谋幸福与为民族谋复兴的初心使命,以顽强的政治勇气与强烈的责任担当统揽伟大斗争、伟大工程、伟大梦想、伟大事业,把党这一领导核心锻造的更加坚强有力,团结带领全国各族人民取得了社会主义现代化建设的伟大成就,为推动中华民族迎来了从站起来、富起来到强起来的伟大飞跃做出了不可磨灭的伟大贡献,形成了新时代中国特色社会主义思想,进一步丰富和发展了中国特色社会主义理论体系,从而实现了中国化马克思主义发展的新境界。

第二,关于发展指导思想上的认识飞跃:由"以阶级斗争为纲"到以经济建设为中心的转变。1956年社会主义改造完成后,以毛泽东同志为代表的中国共产党人着眼于生产力的发展,做出了将党的工作重心转移到社会主义建设上来的科学决定。但由于主客观、国内外等诸方面因素,党在指导思想上发生了错误与偏差,一味强调"以阶级斗争为纲",违背了社会发展的客观规律,社会主义建设遭到创伤。党的十一届三中全会后,以邓小平同志为核心的党的第二代中央领导集体恢复了解放思想、实事求是的思想路线,确立并实施"一个中心、两个基本点"的基本路线,从而将党关于社会主义建设的指导思想引入科学的轨道上。以江泽民同志为核心的党的第三代中央领导集体抓住了发展这一党执政兴国的第一要务,强调党要始终代表中国先进生产力的发展要求。以胡锦涛同志为总书记的党中央提出系统全面的科学发展观,开辟了发展理念的新境界。党的十八大以来,以习近平同志为核心的党中央持续推进理论创新与实践创新,不断创新理念,开阔思路,强调必须要以新发展理念为引领,实现新时代经济的高质量发展,始终把发展理念作为指导经济活动的指挥棒与红绿灯。这一脉相承又与时俱进的发展理念,成为新时代中国特色社会主义发展的重要指导方针。

第三,关于发展空间上的认识飞跃:由关门搞建设转变为面向世界开放发展。新中国成立后,囿于西方大国对我国实施敌视封锁的形势,以致我们在很长一段时期内不得不关闭国门搞建设。邓小平同志在深刻洞察关门搞建设的严重弊端与深刻教训的基础上,提出了实行全面改革与对外开放的伟大决策,从而开启了我国社会主义建设从封闭半封闭转向全方位开放的伟大篇章。江泽民、胡锦涛同志继续深入推进中国对外开放进程,强调开放才会进步,封闭必然落后。党的十八大以来,以习近平同志为核心的党中央,强调改革开放永远在路上,中国开放的大门只会越开越大,倡导构建人类命运共同体,以“一带一路”为重要抓手,形成了陆海内外、东西双向互济的全方位、多层次与立体化开放格局,拓展并深化了我们对社会主义发展空间的认识。

第四,关于发展动力上的认识飞跃:由以阶级斗争为驱动转为以改革创新为动力。社会主义改造任务完成后,毛泽东同志曾提出正确处理好人民内部矛盾是推动我国经济建设的强大动力,但由于各方面因素,这一科学认识并没有贯彻下去。改革开放以后,邓小平同志在继承毛泽东关于发展动力科学思想的基础上提出了改革是社会主义社会发展的直接动力这一富有创见的思想,强调改革的目的在于完善社会主义制度,为我国发展活力有序的社会主义市场经济提供了科学指引。江泽民同志提出社会发展的重要动力在于创新,胡锦涛同志高度重视发挥改革、科技、教育的动力作用。党的十八大以来,以习近平同志为核心的党中央审时度势,深刻洞悉世情、国情、党情的新变化,提出创新是引领发展的第一动力这一前瞻思想,强调创新发展的靶子与目标在于解决发展动力问题。习近平总书记关于创新是引领发展的第一动力的思想,进一步深化了我们党对于社会发展动力规律的认识。

最后,中国特色社会主义理论体系是对毛泽东思想极富开拓性与突破性的创新与发展。中国特色社会主义理论体系从理论与实践系统结合的高度,创造性地回答了四个重大问题。

第一,创造性地回答了“什么是社会主义,怎样建设社会主义”的问题。中国特色社会理论体系深刻反思并吸取了盲目追求经济增长而不顾社会发展阶段的惨痛经验与深刻教训,立足我国基本国情做出了我国仍处于并将长期处于社会主义初

性与创造性,从而进一步解放和发展社会生产力。

用后四十年否定前三十年的观点主要存在于少数干部和少数学术界人士之中。他们将视野局限在前三十年在探索社会主义建设过程中存在的一定失误,而否定前三十年取得的重大成就。这种思想割裂了历史发展的连续性与整体性的辩证统一逻辑,无视社会历史发展的客观规律,严重的则会导致历史虚无主义,通过否定改革开放前三十年所取得的历史成就,人为地将前三十年同改革开放后四十年对立起来,进而否定党的指导思想的历史地位,我们在现实生活中要特别警惕这种思想的影响与危害。

党的十一届三中全会以后,中国共产党正是在深刻总结与反思前 30 年经验教训的基础上,才成功开辟了中国特色社会主义道路。中国特色社会主义不是无源之水与无本之木,它植根于具有五千多年文明传承的中华大地,是党和人民历经千辛万苦、付出各种沉重代价取得的根本成就。没有改革开放前对社会主义建设所进行的艰苦卓绝的伟大探索,就不会有今天中国特色社会主义所取得的辉煌成就,更不会有从新中国成立站起来到改革开放富起来再到新时代强起来的伟大历史转折与飞跃。正如习近平总书记所强调的那样,"一切向前走,都不能忘记走过的路;走得再远、走到再辉煌的未来,也不能忘记走过的过去。"①社会发展的辩证法正是如此,未来不是没有根源和虚无缥缈的空想与幻想,而是在历史积累的基础上其前景才得以清晰显现的。只有铭记历史、珍视历史,现在和未来的路才能走的更加坚定而从容,只有不忘本来,才能明确自身的方位,从而更好地开辟未来。可见,正确理解改革开放前三十年和改革开放后四十年之间的关系,对于深刻认识与科学把握毛泽东思想和中国特色社会主义理论体系之间的关系有着重大的理论意义与现实价值。

三、回答问题所需要的支撑材料和延伸材料目录

[1] 毛泽东.论十大关系[M]//毛泽东.毛泽东文集:第七卷.北京:人民出版社,1999.

[2] 毛泽东.关于正确处理人民内部矛盾的问题[M]//毛泽东.毛泽东文集:第七卷.北京:人民出版社,1999.

[3] 江泽民.全面建设小康社会 开创中国特色社会主义事业新局面[M]//

---

① 习近平.在庆祝中国共产党成立 95 周年大会上的讲话[M].北京:人民出版社,2016:8.

江泽民.江泽民文选:第三卷.北京:人民出版社,2006.

[4] 胡锦涛.在纪念党的十一届三中全会召开 30 周年大会上的讲话[M].北京:人民出版社,2008.

[5] 习近平.在庆祝中国共产党成立 95 周年大会上的讲话[N].人民日报,2016-07-02.

[6] 习近平.决胜全面建成小康社会　夺取新时代中国特色社会主义伟大胜利——在中国共产党第十九次全国代表大会上的报告[N].人民日报,2017-10-28(1).

[7] 中共中央宣传部.习近平新时代中国特色社会主义思想学习纲要[M].北京:学习出版社,人民出版社,2019.

第二章

新民主主义革命理论

6 为什么新民主主义革命不能由
资产阶级及其政党充当领导者，
而只能和必须由无产阶级及其政党充当领导者？

一、问题的不同表述和实质

新民主主义革命理论是具有独创性的革命理论，其核心问题就是无产阶级的领导权问题。新民主主义革命是新式、特殊的资产阶级民主革命，与旧民主主义革命相比有其新的内容和特点，最主要的就是领导权发生了转移，即领导权由资产阶级手中转移到无产阶级手中。很多同学存有疑问，"为什么许多国家的资产阶级能够领导民主革命取得胜利，中国的资产阶级却屡试屡败呢？""中国的资产阶级民主革命为什么最后是由无产阶级来领导才取得胜利？""中国革命既然是无产阶级领导获胜的，为什么说其性质又属于资产阶级民主革命？"这些疑问表明很多同学对近代中国阶级状况的认识不够深刻，对中国资产阶级的特点和无产阶级的特点与优点不甚了解，其实质是对革命的性质问题、领导权问题认识模糊。

二、对问题的解答

近代中国的社会性质是半殖民地半封建社会，因此革命的历史任务是要反对帝国主义和封建主义，取得民族独立和人民解放。这就决定了中国革命的性质不是反对资产阶级的无产阶级社会主义革命,而是以反对封建专制制度并建立民主制度为主要目标的资产阶级民主主义革命,革命的对象是帝国主义和封建主义,而不是一般的资本主义和资产阶级。之所以说中国资产阶级不能担负起领导民主革命取得胜利的重任,中国的民主革命必须由无产阶级来领导,是有着深厚的理论和实践依据的。

1.中国资产阶级的特点决定了其不能领导民主革命取得胜利

五四运动之前,中国革命的政治领导者是资产阶级、小资产阶级及其知识分子,无产阶级是作为其追随者参加革命的。五四运动中,中国无产阶级作为一支独立的政治力量登上了历史舞台,随后不久组建了自己的政党——中国共产党,提出了彻底的反帝反封建的纲领,开始掌握中国民主革命的政治领导权。

中国资产阶级不能领导民主革命取得胜利是由其两重性的特点决定的。

中国资产阶级是近代中国新产生的阶级之一,其来源构成比较复杂。其中有一部分是大官僚与大买办相结合的官僚买办资本家。他们拥有政治特权,与外国资本联系紧密,与封建势力也有着割不断的联系,官僚资本在国民经济的许多部门占据垄断地位,因此,在中国革命史上,他们历来是革命的对象之一。

中国的民族资产阶级与官僚资产阶级有明显不同之处。在半殖民地半封建的中国,民族资本主义的发展对促进社会生产力的发展有一定的积极作用,但其发展举步维艰,可以说是在外国资本、官僚买办资本、封建生产关系、军阀官僚政府的重重压迫排挤之下,在夹缝中求生存。在半殖民地半封建社会条件下艰难地生长起来的中国民族资本主义经济具有以下特点:一是民族资本主义经济在中国整个资本主义经济中不占主体地位,在国民经济中所占比重很小,并非近代中国社会经济的主要形式;二是以轻工业为主,重工业极少,在民族工业中,又以金融资本和商业资本为主,工业资本较少,不可能建立起完整的工业体系和国民经济体系,在很多方面对外国资本和本国官僚资本有依赖性,与封建势力也有密切而复杂的联系;三是民族资本所经营的工业一般规模不大,比较落后,生产效率不高,缺乏竞争力。近代中国的民族资本主义经济的发展受到极大的限制,获利困难,发展缓慢,力量软弱。直到1949年中国的现代工业产值还只占工农业总产值的17%,而其中民族资本经营的又只是非主体部分。1949年时民族工业资产净值不过20.8亿元(1952年币值)。

中国民族资本主义的弱小必然会直接影响到中国资产阶级的发展。中国的民族资产阶级是近代中国社会各阶级中文化水准、技术知识水平比较高的一个阶级,同时也是一个具有一定爱国情怀的阶级,但其在政治上表现出两面性,是带两重性的阶级。早在1925年,毛泽东在《中国社会各阶级的分析》一文中就分析了民族资产阶级对革命的矛盾态度:"他们在受外资打击、军阀压迫感觉痛苦时,需要革命,赞成反帝国主义反军阀的革命运动;但是当这革命在国内有本国无产阶级的勇猛参加,在国外有国际无产阶级的积极援助,对于其欲达到大资产阶级地位的阶级的发展感觉到威胁时,他们又怀疑革命。"①毛泽东由此得出的结论是:"那动摇不定的中产阶级,其右翼可能是我们的敌人,其左翼可能是我们的朋友。"②毛泽东还一针见血地指出:"这个阶级的企图——实现民族资产阶级统治的国家,是完全行不通的。"③

1939年,毛泽东在《中国革命和中国共产党》一文中,精辟地分析了民族资产阶级的两重性,强调正是民族资本主义经济的两重性决定了民族资产阶级的两重性。"一方面,民族资产阶级受帝国主义的压迫,又受封建主义的束缚,所以,他们同帝国主义和封建主义有矛盾。从这一方面说来,他们是革命的力量之一。在中国革命史上,他们也曾经表现过一定的反帝国主义和反官僚军阀政府的积极性。但是又一方面,由于他们在经济上和政治上的软弱性,由于他们同帝国主义和封建主义并未完全断绝经济上的联系,所以,他们又没有彻底的反帝反封建的勇气"④,这种两重性,"决定了他们在一定时期中和一定程度上能够参加反帝国主义和反官僚军阀政府的革命,他们可以成为革命的一种力量。而在另一时期,就有跟在买办大资产阶级后面,作为反革命的助手的危险"⑤。

1940年,在《新民主主义论》一文中,毛泽东再一次分析了中国资产阶级"一身而二任焉"的两面性:"一方面——参加革命的可能性,又一方面——对革命敌人的妥协性,这就是中国资产阶级'一身而二任焉'的两面性。"⑥他明确指出,中国的民族资产阶级,"不愿和不能彻底推翻帝国主义,更加不愿和更加不能彻底推翻封建势力。这样,中国资产阶级民主革命的两个基本问题,两大基本任务,中国民族资产阶级都不能解决"⑦。而在近代中国,"谁能领导人民推翻帝国主义和封建势力,

---

① 毛泽东.毛泽东选集:第一卷[M].北京:人民出版社,1991:4.
② 毛泽东.毛泽东选集:第一卷[M].北京:人民出版社,1991:9.
③ 毛泽东.毛泽东选集:第一卷[M].北京:人民出版社,1991:4.
④ 毛泽东.毛泽东选集:第二卷[M].北京:人民出版社,1991:640.
⑤ 毛泽东.毛泽东选集:第二卷[M].北京:人民出版社,1991:640.
⑥ 毛泽东.毛泽东选集:第二卷[M].北京:人民出版社,1991:674.
⑦ 毛泽东.毛泽东选集:第二卷[M].北京:人民出版社,1991:673-674.

谁就能取得人民的信仰,因为人民的死敌是帝国主义和封建势力,而且特别是帝国主义的缘故。……历史已经证明:中国资产阶级是不能尽此责任的,这个责任就不得不落在无产阶级的肩上了"①。

总之,中国民族资产阶级是一个具有两面性特点的阶级,具有软弱性、动摇性、妥协性,缺乏革命的彻底性,其自身发展不够充分,无力领导中国的民主革命取得胜利。辛亥革命的失败就是有力的证明。五四运动以后,信奉改良道路而没有自己的武装力量的民族资产阶级及其政治上的代表各民主党派,更无力实现自己建立英美式资产阶级共和国的政治方案,只能在国共两党所代表的政治势力和政治发展道路中做出自己的最终选择。

2.中国无产阶级的特点和优点决定了其能担负起领导民主革命取得胜利的重任

在资产阶级民主革命中,无产阶级及其政党在一定的条件下可以而且应当同资产阶级采取联合行动,这是马克思、恩格斯在《共产党宣言》中就已经提出过的重要观点。列宁在《社会民主党在民主革命中的两种策略》等文章中指出:"马克思主义教导无产者不要避开资产阶级革命,不要对资产阶级革命漠不关心,不要把革命中的领导权交给资产阶级,相反地,要尽最大的努力参加革命,最坚决地为彻底的无产阶级民主主义、为把革命进行到底而奋斗。"②他认为工人阶级是成为资产阶级助手还是成为革命的领导者决定着革命的结局。列宁在俄国民主主义革命时期反复强调无产阶级领导权问题,他反对那种认为资产阶级革命必须由资产阶级领导的观点,认为这是把马克思主义庸俗化,他明确指出:"无产阶级是唯一彻底革命的阶级,是唯一能够引导资产阶级民主革命取得胜利的领袖。"③列宁关于无产阶级应牢牢掌握民主革命领导权的理论,无疑对中国革命具有指导意义。

中国工人阶级是近代中国诞生的新兴的被压迫阶级,主要来源于城乡破产失业的农民、手工业者和城市贫民。中国工人阶级比中国资产阶级产生的时间要早,最早产生于 19 世纪 40 至 50 年代外国资本主义在华企业中。在第一次世界大战期间,列强因忙于战争,不得不放松了对中国的经济掠夺,加之辛亥革命的推动,中国的资本主义经济得到了较快的发展,工人阶级也快速成长起来。五四运动前夕,中国产业工人已经达到约 200 万人。由于近代中国的特殊国情,中国的无产阶级

---

① 毛泽东.毛泽东选集:第二卷[M].北京:人民出版社,1991:674.
② 列宁.列宁全集:第 11 卷[M].北京:人民出版社,1987:34.
③ 列宁.列宁全集:第 14 卷[M].北京:人民出版社,1988:74.

具有人数少、文化水准不高等明显的弱点,然而,这并不妨碍他们成为中国革命的最基本的动力。毛泽东在《中国社会各阶级的分析》一文中明确指出:"工业无产阶级人数虽不多,却是中国新的生产力的代表者,是近代中国最进步的阶级,做了革命运动的领导力量。"[①]

中国无产阶级具有其他国家无产阶级也都具有的基本特点,如与先进生产方式相联系、不占有生产资料、富于组织性纪律性等,还具有如下特点和优点:

第一,中国无产阶级具有坚决的斗争性和彻底的革命性。哪里有压迫,哪里就有反抗,压迫越重,反抗也必然越激烈。资本主义国家的无产阶级主要受资产阶级剥削压迫,而半殖民地半封建的近代中国社会深受"三座大山"的重压,中国无产阶级身受外国资本主义、本国封建势力和资产阶级的三重压迫,而所受压迫之残酷,世所罕见,因此中国无产阶级在革命中表现出比其他阶级更为坚决和彻底的革命性、战斗性。除极少数的工贼之外,整个阶级都是最革命的。

第二,中国无产阶级人数虽然不多,但分布集中,有利于革命队伍的组织、团结和革命思想的传播,容易形成强大的革命力量。

第三,中国无产阶级大多来自破产的农民,与近代中国人数最多的农民阶级有着天然的联系,他们了解农民的诉求,提出的政治口号和从事的革命斗争比较容易得到农民的支持,便于结成亲密而巩固的工农联盟,共同团结战斗。

中国无产阶级的上述特点和优点使它成为近代中国战斗性、革命性最强的阶级,在本阶级的坚强的革命政党——中国共产党领导下,成为中国社会最有觉悟的阶级,能够担负起领导中国革命走向胜利的重任。

总之,中国民族资产阶级的软弱性、妥协性和中国无产阶级的革命彻底性,使领导中国革命取得成功的重任,历史地落到了中国无产阶级及其政党的肩上。无产阶级掌握领导权,是中国革命取得胜利的根本保证。新民主主义革命不能由任何别的阶级和任何别的政党充当领导者,必须由无产阶级及其政党充当领导者。

中国共产党对革命领导权的认识有一个发展过程。1921年中国共产党成立,中共一大通过的纲领,并没有意识到革命领导权问题。1922年中共二大提出反帝反封建的民主革命纲领,二大宣言表明当时的中国共产党认识到中国工人阶级是"伟大势力",提出无产阶级加入民主革命的运动,是为自己阶级的利益奋斗。但中共二大并未明确提出无产阶级在民主革命中的领导权问题。时任中共最高领导人

---

①毛泽东.毛泽东选集:第一卷[M].北京:人民出版社,1991:8.

的陈独秀在 1923 年发表的《资产阶级革命与革命的资产阶级》一文中表明的观点仍然是把资产阶级看成是统率革命的力量,而把无产阶级看成是被资产阶级联合进行革命的力量。1923 年中共三大宣言也明确指出中国国民党是国民革命的中心势力和国民革命的领袖。这一时期中国共产党把中国民主革命的领导权视作归属于资产阶级为主要力量的国民党。1925 年召开的中共四大明确地提出中国革命"必须最革命的无产阶级有力的参加,并且取得领导的地位,才能够得到胜利"的重要思想。至此,中国共产党正式提出了无产阶级对民主革命的领导权问题。

实现无产阶级领导权的关键是建立以工农联盟为基础的广泛的统一战线。不能团结和领导广大的农民,领导权就是一句空话。无产阶级对中国革命的领导权不会自发实现,而必须在与资产阶级争夺领导权的斗争中才能实现。坚持无产阶级领导权的基本策略是对资产阶级实行又联合又斗争的方针。近代中国国情和革命的特点决定了中国无产阶级必须同资产阶级建立统一战线,中国共产党在革命实践中认识到必须坚持独立自主的原则,保持党在思想上、政治上和组织上的独立性,对资产阶级一方面要联合其建立统一战线,但又要与其软弱性、妥协性做斗争,与其争夺领导权的行为做斗争。既要反对对资产阶级只讲联合、不讲斗争的右的错误,也要反对对资产阶级只讲斗争、不讲联合的"左"的错误。对资产阶级实行又联合又斗争的方针体现了唯物辩证法思想。建立一支无产阶级领导的以农民为主体的强大的革命武装是保证无产阶级领导权的实现的坚强支柱。无产阶级领导权必须通过无产阶级政党来具体实现,因此加强无产阶级政党的建设,是实现领导权的根本保证。

三、解答问题所需要的支撑材料和延伸材料目录

[1] 毛泽东.中国社会各阶级的分析[M]//毛泽东.毛泽东选集:第一卷.北京:人民出版社,1991.

[2] 毛泽东.中国革命和中国共产党[M]//毛泽东.毛泽东选集:第二卷.北京:人民出版社,1991.

[3] 毛泽东.新民主主义论[M]//毛泽东.毛泽东选集:第二卷.北京:人民出版社,1991.

[4] 沙健孙.中国共产党和资本主义、资产阶级(上、下)[M].济南:山东人民出版社,2005.

7 | 无产阶级领导的中国新民主主义革命，为什么其性质是新式的、特殊的资产阶级民主革命？

一、问题的不同表述和实质

在西化势力的影响下，中国史学研究领域一度出现了"反思历史""重新评价"历史事件和历史人物、历史研究要有"新思路"等思潮，极力推销历史虚无主义。这种历史虚无主义，其目的并不探求历史的事实与真相，而旨在通过肢解、歪曲、贬损历史来达到否定党的执政合法性与社会主义制度优越性的意图。历史虚无主义者试图通过否定中国革命史特别是新民主主义革命来抹杀中国共产党在中国近现代史上的重要作用，从而否定中国共产党的执政地位。鉴于此，有必要通过探讨新民主主义革命的性质来认清当时中国社会的性质和中国革命的对象、任务、动力等基本问题，认识中国共产党带领中国人民艰苦奋斗，争取国家独立和民族解放的这段历史，进而牢牢把握住中国共产党对中国革命的话语权和话语体系，维护社会主义意识形态的安全。

二、对问题的回答

1939 年，毛泽东在《中国革命和中国共产党》一文中，首次明确提出了"新民主主义革命"这一科学概念，并把新民主主义革命概括为无产阶级领导的人民大众的反帝反封建的革命。新民主主义革命是中国革命进程中不可分割的重要部分，学习新民主主义革命理论，理解新民主主义革命性质，才能在整体视域上科学认识和把握中国共产党进行新民主主义革命、社会主义革命与建设和改革开放的历史连贯性、密不可分性和有机统一性。与欧美国家发生的资产阶级革命相比，中国的新民主主义革命表现出自身独有的特点。

1.从当时革命的任务和革命的动力来源角度看，中国新民主主义革命的性质是资产阶级民主革命

首先，从新民主主义革命任务的角度来看，中国新民主主义革命的性质是资产阶级民主革命。革命的性质是由革命任务所决定的，而革命任务则又是由社会性质、主要矛盾决定的。比如，法国大革命摧毁了封建势力，主要进行的是反封建的革命，因此其革命性质是资产阶级革命。而在俄国爆发的十月革命旨在推翻资产阶级统治，因而其革命性质是社会主义革命。毛泽东指出，由于中国革命的性质是

由中国社会的殖民地、半殖民地和半封建的性质决定的,革命的对象指向帝国主义和封建势力,革命的任务是推翻这两个主要敌人。近代中国人民的革命斗争,从争取独立的角度看,性质是属于民族解放运动;从清除阻碍中国进步发展的中外反动势力,尤其是清除在中国已根深蒂固的封建主义,实现国家富强的角度看,性质则是资产阶级民主革命。

其次,从革命的动力来源上看,中国新民主主义革命是资产阶级革命。在新民主主义革命期间,中国革命动力来源十分广泛丰富,包括无产阶级、农民阶级、城市小资产阶级和民族资产阶级。无产阶级是中国革命的领导阶级与革命最基本的动力,农民是中国革命的主力军,民族资产阶级由于其具有两面性,在一定的条件下也可以成为革命的动力之一。因此,农民问题是中国革命的核心与关键。中国共产党提出了土地革命路线,即依靠贫农雇农,联合中农,限制富农,保护中小工商业者,消灭地主阶级,变封建的土地所有制为农民的土地所有制。土地革命从根本上保障了农民的利益,奠定了革命的群众基础。中国共产党对小资产阶级和民族资产阶级的改造,将其纳入了广泛的民主革命之中,广泛动员人民群众,建立革命统一战线,保证了资产阶级民主革命的胜利。毋庸置疑,新民主主义革命动力来源广泛,这与初期西方资产阶级民主革命依靠来源有相似之处。

2.从近代中国革命的时代特征来看,中国新民主主义革命从根本上有别于旧式的资产阶级革命,处于世界无产阶级社会主义革命新时代

近代中国的社会性质和主要矛盾,决定了中国革命仍然是资产阶级民主革命。但中国资产阶级民主革命区别于一般的资产阶级民主革命,经历了从旧民主主义革命向新民主主义革命的转变,具有鲜明的时代特质。中国人民在鸦片战争到辛亥革命期间所进行的反帝反封建斗争,均属于旧民主主义革命的范畴。而中国资产阶级民主革命经历了第一次世界大战和俄国十月革命。俄国十月革命的胜利,在整个世界史上有着划时代的意义,它标志着人类历史开启了由资本主义向社会主义转变的伟大转折。十月革命不仅促进了世界无产阶级革命意识的觉醒,也为建立一条从西方无产者经过俄国革命到东方被压迫民族的新的反对世界帝国主义的革命战线奠定了重要基础,从而使中国的资产阶级民主主义革命,从隶属于旧的世界资产阶级民主主义革命的一部分,转变为属于世界无产阶级社会主义革命的一部分。

3.从革命的领导阶级和指导思想来看,无产阶级掌握领导权和马克思主义的指导决定了中国新民主主义革命不是旧式资产阶级民主革命而是无产阶级领导的新式资产阶级革命

无产阶级领导权问题是新民主主义革命的核心与关键。革命的领导权是由无产阶级掌握还是由资产阶级掌握,是区别新旧两种不同范畴的民主主义革命的根本标志。从历史的发展长河来看,新兴阶级领导革命,其阶级属性决定性地影响着革命的性质。阶级是一种历史现象,随着生产力的发展和生产关系的变化而递次出现、发展、衰亡。受人类社会发展规律的支配,当生产力发展到一定阶段,新、旧生产关系发生剧烈对抗时,代表生产力发展方向和新的生产关系的先进阶级就会产生。新兴阶级一旦出现,就要以不可遏止的强大生命力发展、壮大,并根据本阶级的利益,代表时代的要求,发动阶级革命(或改革,在改变社会性质的意义上,改革也是革命),变旧的生产关系为新的生产关系,建立适应本阶级利益和要求的性质全新的社会。因此,一个新的社会形态的产生,既是生产力发展的要求,又是新兴阶级发动阶级革命的结果。每当一个新兴阶级出现并成为革命的领导阶级时,其阶级属性必然毫无例外地决定性地影响着革命的性质。如,法国大革命在资产阶级的领导下摧毁了封建势力,建立起代表自身阶级利益的资产阶级社会,因此其革命性质属于资产阶级革命。而俄国十月革命是在新兴的无产阶级的领导下进行的,其目的是要推翻资产阶级统治,建立代表俄国无产阶级和广大劳动人民利益的社会主义社会,因而其革命性质是社会主义革命。

近代中国,由于帝国主义对中国民族资产阶级建立独立的资产阶级共和国的遏制与压迫,由于中国民族资产阶级的软弱性和妥协性,这就决定了它不能够带领中国民主革命取得胜利。随着中国无产阶级队伍的发展壮大及其彻底的革命性,领导中国革命的任务与使命,历史地落到了中国无产阶级及其政党的肩上。革命之所以能够取得胜利,从根本上讲离不开无产阶级及其政党的正确领导。实践证明,新民主主义革命的领导权必须牢牢掌握在无产阶级及其政党手中,须臾不能由任何其他阶级和任何别的政党充当领导者。

由于中国无产阶级既具有世界无产阶级的一般优点,同时具有其特殊优点:第一,中国无产阶级自诞生之日起,就面临外国帝国主义、本国封建主义和官僚资本主义的三重压迫,这些压迫的沉重性与残酷性为世界各民族所罕见。因此,中国无产阶级在革命斗争中比任何别的阶级都要坚决彻底。第二,中国无产阶级同广大农民有着天然的联系,便于他们和农民结成亲密的联盟。第三,中国无产阶级人数虽不多,但大多集中在沿海、沿江大中城市,便于组织。中国的无产阶级政党——中国共产党从成立之日起,就把马克思列宁主义作为自己的指导思想。五四运动以前,指导中国资产阶级革命的是近代资产阶级的社会政治学说。但进入到帝国主义时代,这种资产阶级的指导思想已陈旧落后。十月革命后,尤其是在五四运动后,中国先进的知识分子开始转向学习与宣传马克思列宁主义。无产阶级先进的科学思想体系——马克思列宁主义成为指导中国革命新的思想武器。

既然中国新民主主义革命是由无产阶级而不是由资产阶级领导的,革命的指导思想是马克思列宁主义而不是资产阶级民主主义,它在性质上就不可能是旧式的资产阶级革命,革命的前景必然不会是代表资产阶级利益的资产阶级共和国。经过28年艰苦卓绝的奋战与努力,中国无产阶级在自己的先锋队中国共产党的领导下,肩负起领导中国民主革命的重任,最终推翻了帝国主义、封建主义和官僚资本主义,建立起代表中国最广大人民根本利益的新型政权。可见,中国的新民主主义革命与资产阶级革命有着本质的区别。

4.从革命的内容来看,新民主主义革命之"新"集中表现在中国新民主主义革命是世界无产阶级社会主义革命的一部分

新民主主义政治纲领是推翻帝国主义和封建主义的统治,建立一个无产阶级领导的、以工农联盟为基础的、各革命阶级联合专政的新民主主义的共和国。这个国家的国体是无产阶级领导的以工农联盟为基础,包括小资产阶级、民族资产阶级和其他反帝反封建的人们在内的各革命阶级的联合专政。资产阶级共和国的方案已被实践证明不适合中国的国情,而中国社会的性质从根本上决定了中国革命的历史进程只能分两步走,第一步是建立新民主主义共和国,无产阶级专政的共和国是将来才能实现的目标。新民主主义共和国所采取的国家政权形式(国体)是几个革命阶级的联合专政——人民民主专政。与人民民主专政这一国体相适应的政体是实行人民代表大会制度。新民主主义国家的国体决定了由人民行使管理国家的一切权力,这是新民主主义国家制度的核心内容,而人民代表大会制度能够最直接、最全面地体现这一核心内容,这是旧式资产阶级民主革命所不可能允许和达到的。新民主主义革命期间制定的经济纲领是反映新民主主义革命性质的关键因素。在经济上,将封建地主阶级的土地没收归农民所有,将官僚资产阶级的垄断资本收回归新民主主义的国家所有,保护民族工商业。新民主主义革命期间,中国革命的对象是帝国主义、封建主义和官僚资本主义,而不是一般地消灭资本主义和资产阶级。在没收官僚资本基础上建立起来的具有社会主义性质的国营经济,居于新民主主义社会经济成分中的主导地位,为建立新民主主义国家并向社会主义的过渡奠定了坚实的物质基础,这与旧式资产阶级民主革命有着根本的性质区别。新民主主义的政治和经济,必须要有与之相适应的新民主主义文化。"新民主主义性质的文化属于世界无产阶级的社会主义的文化革命的一部分。""这种文化,只能由无产阶级的文化思想即共产主义思想去领导。"[1]因此,无论是从新民主主义革命的政治、经济还是文化等方面来看,革命后建立的新民主主义社会都具有社会主义的因素,而这种因素不是普通的因素,而是起决定作用的因素。故不管是从哪个方面看,新民主主义革命与旧式的资产阶级革命都已经具有了本质上的区别,是对旧式资产阶级革命的升华,是中国共产党领导的,最终要走向社会主义的新式资产阶级革命。

5.从革命的前途来看,中国革命的终极目标及其结果是使中国进入社会主义社会

早在1921年中共一大召开,宣告中国共产党成立之时。中国共产党就明确表达了自己的建党纲领和终极目标。中共一大时期制定的纲领规定,"革命军队必须与无产阶级一起推翻资本家阶级的政权"[2],"成立无产阶级专政,直到阶级斗争结束"[3]。这表明中国共产党自建党开始就鲜明地提出了以实现社会主义与共产主义为自己的奋斗目标,把实现社会主义当作党的直接任务。随着革命的不断发展,毛泽东又在《新民主主义论》等文章中指出:"中国革命的历史进程,必须分为两步,其第一步是民主主义的革命,其第二步是社会主义的革命。"[4]"中国共产党从建党一开始就旗帜鲜明地把社会主义和共产主义规定为自己的奋斗目标,并且要以革命的手段来实现这个目标。"[5]毛泽东虽将中国革命的历史进程划分为民主革命和社会主义革命两个阶段,但却明确指出革命的终极目标是建立社会主义和共产主义。中国共产党经过28年浴血奋斗的结果,终于在1949年取得了新民主主义革命的胜利,建立起人民民主专政国家政权,使中国进入了新民主主义社会,即社会主义革命时期,1956年底随着社会主义基本制度的确立,中国进入社会主义社会。可见,中国共产党领导中国革命的理论和实践确凿无疑地证实了中国新民主主义革命不是旧式的资产阶级革命,而是新民主主义革命。

6.在弄清楚新民主主义革命的性质的同时,要注意区分新民主主义革命与社会主义革命的异同

新民主主义革命不同于社会主义革命。新民主主义革命仍然属于资产阶级民主主义的革命范畴,它致力于推翻帝国主义、封建主义和官僚资本主义,在政治上争取和联合民族资产阶级去反对共同的敌人;在经济上保护民族工商业,一定程度

---

①毛泽东.毛泽东选集:第二卷[M].北京:人民出版社,1991:698.
②毛泽东.建党以来重要文献选编(1921—1949)第一册[M].北京:中央文献出版社,2011:1.
③毛泽东.建党以来重要文献选编(1921—1949)第一册[M].北京:中央文献出版社,2011:1.
④毛泽东.毛泽东选集:第二卷[M].北京:人民出版社,1991:665.
⑤金冲及.从百年党史中感悟初心使命[N].中国纪检监察报,2021-03-11.

上为有利于国计民生的私人资本主义的发展创造了条件。它要建立的是无产阶级领导的各革命阶级的联合专政，而不是无产阶级专政。社会主义革命是无产阶级性质的革命，它所要实现的目标是消灭资本主义剥削制度和改造小生产的私有制。但新民主主义革命与社会主义革命又是互相联系、紧密衔接的，中间不容横插一个资产阶级专政。毛泽东将新民主主义革命和社会主义革命比作文章的上篇和下篇。"两篇文章，上篇与下篇，只有上篇做好，下篇才能做好。"①只有认清民主主义革命和社会主义革命的区别，又认清两者的联系，才能正确地领导中国革命。

在党的历史上，"左"倾教条主义的"一次革命论"的错误在于，将关注点放在民主革命与社会主义革命的联系上，而混淆了民主革命和社会主义革命的区别，急于在民主革命阶段就完成社会主义革命阶段的任务，"毕其功于一役"。在反帝反封建的同时，也反对民族资产阶级，在政治上和经济上实行"左"的政策，从而使中国革命蒙受了巨大损失。而右的"二次革命论"的错误在于，只看到了民主革命和社会主义革命的区别，而忽略了两个革命阶段的内在联系，主张在民主革命取得胜利后，建立一个资产阶级专政的资本主义国家，将来再去进行社会主义革命，其错误的实质是放弃党对民主革命的领导权，同样使中国革命遭受了严重损失。

三、回答问题所需要的支撑材料和延伸材料目录

[1] 毛泽东.中国革命战争的战略问题[M]//毛泽东.毛泽东选集:第一卷[M].北京:人民出版社,1991.

[2] 毛泽东.新民主主义论[M]//毛泽东.毛泽东选集:第二卷.北京:人民出版社,1991.

[3] 毛泽东.中国革命和中国共产党[M]//毛泽东.毛泽东选集:第二卷.北京:人民出版社,1991.

[4] 毛泽东.论联合政府[M]//毛泽东.毛泽东选集:第三卷.北京:人民出版社,1991.

[5] 毛泽东.在晋绥干部会议上的讲话[M]//毛泽东.毛泽东选集:第四卷.北京:人民出版社,1991.

[6] 毛泽东.目前形势和我们的任务[M]//毛泽东.毛泽东选集:第四卷.北京:人民出版社,1991.

---

①毛泽东.毛泽东选集:第一卷[M].北京:人民出版社,1991:276.

第三章

社会主义改造理论

8 为什么说社会主义基本制度的确立为
当代中国一切发展进步奠定了制度基础？

一、问题的不同表述和实质

新中国成立后，党领导全国各族人民开始了有步骤地从新民主主义到社会主义的转变。经过三年经济恢复工作之后，1952 年底，中共中央提出了党在过渡时期的总路线，并按照总路线的要求，从 1953 年起，在大力推进工业化建设的同时，开展了对农业、手工业和资本主义工商业的社会主义改造。到 1956 年社会主义改造基本上完成，社会主义制度在中国全面地建立起来。

2007 年胡锦涛在党的十七大报告中回顾改革开放的伟大历史进程时曾指出："新民主主义革命的胜利，社会主义基本制度的建立，为当代中国的一切发展进步奠定了根本政治前提和制度基础。"[①]2012 年党的十八大也重申了这个新论断。2013 年习近平在纪念毛泽东同志诞辰 120 周年座谈会上的讲话中再次强调了这一重要结论。民主革命胜利后的短短几年间，中国人民就在以毛泽东同志为核心的党中央带领下，创造性地实现了从新民主主义向社会主义的转变，使一个占世界四分之一人口的东方大国确立起社会主义制度，进入了社会主义社会。立足新时

---

①中共中央文献研究室.十七大以来重要文献选编[M].北京：中央文献出版社，2009：6.

代回望过去,从民主革命胜利之初饱受战火蹂躏、满目疮痍濒临崩溃的国家,到今天自信地去实现民族复兴的中国梦、建设现代化强国,新中国成立70多年的巨变不可不谓惊人。而当年中国历史上这场最深刻最伟大的社会变革,无疑为当代中国一切发展进步奠定了根本政治前提和制度基础。

中国共产党在领导改革开放和中国特色社会主义建设的同时,对半个多世纪前社会主义基本制度在我国的确立始终给予了高度评价。习近平总书记曾明确指出:"中国特色社会主义是在改革开放历史新时期开创的,但也是在新中国已经建立起社会主义制度、并进行了20多年建设的基础上开创的。"①然而随着改革的深入和中国特色社会主义建设的快速推进,新情况新问题新形势的层出不穷,理论思维在创新发展、针对新局面做出的判断也在接受检验,其中不可避免会出现不同的声音。在对于社会主义基本制度确立的评价问题上、对于今天中国特色社会主义建设与发展同当年社会主义基本制度确立之间的内在逻辑关系的认识上,国内外思想界、理论界和社会舆论中仍存在各种争议。如西方思想界中有观点认为中国特色社会主义制度并不是新型的社会主义,而是资本主义制度在中国复辟,中国原来确立的社会主义制度已经在改革开放中被抛弃了;如国内有观点认为当年确立的社会主义制度和今天在建的中国特色社会主义制度是"一个主义,两种模式",两者虽然都属于社会主义,实则有局部质的区别,中国特色社会主义制度是对20世纪50年代社会主义制度的部分否定;还有一种观点甚至认为中国特色社会主义制度在具体内容上是对20世纪50年代社会主义制度的否定,提出中国特色社会主义制度不属于社会主义制度,而是新民主主义制度的"复归"和回到20世纪50年代社会主义基本制度确立之前。其隐含意思就是说在20世纪50年代放弃新民主主义社会以及结束新民主主义制度是不合适的,实际上间接地否认了社会主义基本制度的确立对于当代中国一切发展进步的奠基作用。上述种种观点,容易造成思想上的混乱,需要进行及时澄清。

二、对问题的回答

新中国成立后,党领导人民不仅完成了新民主主义革命的遗留任务,实现了国民经济的恢复和好转,还进行了三大改造,实现了我国从新民主主义社会向社会主

①习近平.习近平谈治国理政[M].北京:外文出版社,2014:22.

义社会的迈进。中国彻底摆脱了西方殖民主义的掠夺与奴役,实现了民族独立与国家的充分主权;中国人民摆脱了三座大山的压迫,开始享有民主权利,建立起了人民当家作主的国家政权;国家结束了近百年四分五裂的局面,实现了除台港澳等少数地区外前所未有的统一;中国共产党也从一个领导人民为夺取全国政权而奋斗的党,转变为一个领导人民掌握全国政权并长期执政的党;马克思主义的指导地位也在全国范围内确立起来。在短短七年的时间里,中国真正走向了国家统一、民族团结、社会稳定,政治局面发生根本改变,同时也在坚持社会主义道路、坚持人民民主专政、坚持中国共产党领导、坚持马克思列宁主义和毛泽东思想方面达成共识。四项基本原则成为国家建设的立国之本,成为引领党和人民未来前进的基本行动准则,也为中华人民共和国能够屹立于世界民族之林构建了独特的政治环境与社会环境,成为这个国家的生存和今后一切发展的根本政治前提。

与此同时,在党的领导下,随着国家生机复苏,中国共产党人关于中华人民共和国的科学构想也随着社会主义基本制度的确立由理论转化为现实,由抽象转变为具体,并为当代中国一切发展进步奠定了"制度基础"。正因为有了这一制度基础,才有了以后中国社会翻天覆地的伟大变迁。

第一,中国的政治结构发生了显著变化。新民主主义革命的胜利和社会主义制度的确立,使中国社会的性质发生根本改变,中国社会的性质由半殖民地半封建社会、新民主主义社会转变为社会主义社会,相应地,也带来了中国的政治结构各方面的显著变化。

首先,确立了人民民主专政的国家政权。国体是国家政治结构的基石,它规定了社会各阶级在国家政权中的地位和作用,左右着国家性质,决定和支配其他一切政治制度。革命战争年代,中国共产党开展过长期的根据地建设,在局部地区积累了丰富的政权建设经验。1949 年 9 月,新中国成立之际,政协第一届全体会议通过的《共同纲领》就明确规定:中华人民共和国"实行工人阶级领导的,以工农联盟为基础的、团结各民主阶级和国内各民族的人民民主专政"①。从此,人民民主专政从在革命根据地内部实行变成了全国范围内实行。人民民主专政在实质上是无产阶级专政,是具有鲜明中国特色的表述,准确地表达了对人民的民主和对敌人的专政两重内涵以及两个方面彼此支撑、相互助益的辩证关系,保证了人民真正成

---

① 中共中央文献研究室.建国以来重要文献选编:第一册[M].北京:中央文献出版社,1992:2.

为国家的主人,也明确了新中国成立后我国民主政治的发展方向。1954 年 9 月,第一届全国人民代表大会第一次会议通过了新中国成立后的首部宪法,用国家根本大法的形式确立了人民民主专政是我国根本的国家制度,这不仅捍卫了党和人民经过长期革命浴血奋斗所取得的民主成果,促进了我国今后的民主政治发展,也为其他社会主义制度的发展起到了重要的定向和奠基作用。

其次,确立了人民代表大会制度。政体是一个国家的根本政治制度,表明国家政权的构成形式,政体由国体决定并为国体服务。在我国,实行民主集中制的人民代表大会制度是同人民民主专政的国体相适应的政体,也是我国的根本政治制度。新中国成立后,由于条件不成熟,国家根本政治制度的确立需要一个过程,不可能一蹴而就,因而人民代表大会制度并不是与新生的国家政权同步产生的,在其正式确立前,是通过中央召开中国人民政治协商会议全体会议、地方逐级召开各界人民代表会议的方式,来代行人大职权的。1954 年《中华人民共和国宪法》及《中华人民共和国全国人民代表大会组织法》《中华人民共和国地方各级人民代表大会和地方各级人民委员会组织法》的颁布,标志着人民代表大会制度在宪法体制上的正式确立。这一制度既遵循了人民主权原则,又符合中国实际,为我国政治民主化进程确定了一种新型政权组织形式和民主程序,实现了国家权力由全体人民统一行使,确保了对国家和社会事务的有效管理,为实现人民当家作主提供了根本的制度保证。

再次,确立了中国共产党领导的多党合作制度。中国共产党领导的多党合作与政治协商制度是在反帝反封建的民主革命实践中孕育和发展起来的。1949年 9 月,新中国成立之际,中国人民政治协商会议召开,标志着中国共产党领导的多党合作和政治协商制度在政治上、组织上的正式确立。1954 年《中华人民共和国宪法》颁行,又以国家根本大法的形式对这一制度做了进一步确认。中国共产党领导的多党合作和政治协商制度,是马克思主义政党理论和统一战线学说与我国实际相结合的产物,既体现中国共产党的领导核心地位,又在"长期共存,互相监督"方针指导下,大量吸收各民主党派和各界爱国人士,组成了广泛的爱国统一战线参政议政。这一制度延续至今,已成为当代中国最基本的政治制度,形成了共产党领导、多党派合作、共产党执政、多党派参政的基本格局,也造就了具有显著优势的中国特色社会主义政党制度,实现了各党派的真诚合作与有序政治参与。

最后,确立了民族区域自治制度。1947 年,中国共产党在解放区领导成立了我国历史上第一个省级少数民族自治区——内蒙古(东部)自治区。1949年9月,中国人民政治协商会议第一届全体会议通过的《共同纲领》明确把民族区域自治作为我国处理民族关系问题的制度选择。新中国成立后,我国一方面在少数民族聚居的地方全面推行民族区域自治实践,另一方面加强了民族区域自治的法规制度建设。1954年新中国正式颁布的《中华人民共和国宪法》中针对这一问题给予了更为全面细致的诠释,成为推动民族区域自治向着制度化发展的关键步骤。次年12月,国务院又相继发出更改相当于区的民族自治区和关于建立民族乡以及改变地方民族民主联合政府等文件,经过不懈努力,到1956年,全国范围内的民族区域自治框架基本搭建起来,全国统一的民族区域自治制度初步确立起来。民族区域自治制度进一步确定和完善了我国的国家结构形式,为在统一的多民族国家和单一制国家有效地解决中央与少数民族聚居地方之间的关系,实现民族区域治理树立了典范。这一制度选择彻底改变了过去那种民族歧视、压迫和互相敌视的状况,符合各族人民的共同利益和发展要求,为在全国范围内建立平等互助、团结合作、共同繁荣的社会主义新型民族关系,为实现安定团结的政治局面做出了重要贡献。

第二,社会主义法制确立起来。 新中国成立前,中国共产党在领导革命的人民民主政权建设过程中,已经积累了不少法制建设经验,许多重要的法律规定和法制原则也直接为新中国所继承,成为我国法治建设的基础。

从新中国成立到社会主义制度确立,这一阶段正是我国社会主义法制的初创时期。1949年9月,中国人民政治协商会议第一届全体会议召开,新政协的共同纲领和组织法、新中国中央人民政府组织法的制定和颁布,成为新中国成立后法制建设的起点。其中,起临时宪法作用的《共同纲领》规定了中华人民共和国的性质、社会制度、人民的权利和义务,还规定了国家机关、军事制度、经济政策、文化教育政策、外交政策的根本原则和立法原则,也为这个时期的法制建设提供了基本依据。随着各级国家机构依法建立健全,国民经济恢复、社会民主改革、社会主义工业化建设和社会主义三大改造等各项工作的陆续推进,我国也展开了大规模的法律创制活动,先后制定了地方各级人民政府和司法机关的组织通则,制定了工会法、婚姻法、土地改革法以及有关劳动保护、民族区域自治和公私企业管理等法律、法令,以适应新中国成立后政治经济建设与社会发展的需要,确保和维护全新的社会关系与社会秩序。1954年第一届全国人民代表大会第一次会议通过了新中国的第一部宪法——《中华人民共和国宪法》,同时还制定了中华人民共和国全国人民代表大会、国务院、人民法院、人民检察院以及地方各级人民代表大会和地方各级人民委员会等相关国家机构的组织法,进一步加强了各级权力机关、行政机关、审判机关、检察机关的建设。《中华人民共和国宪法》和一系列重要法律、法令、组织法的制定与出台,标志着我国国家法制建设又向前迈出了重要一步。

经过七年的立法、司法、行政执法实践,我国经济立法取得显著成效,民法立法框架已经基本形成,刑事立法初步展开,诉讼立法也开始启动,到1956年社会主义制度确立时,新中国已形成了以宪法为核心的有自己特色的社会主义法制框架。尽管这一时期法制建设刚刚起步,法规参差不齐,法律体系也不够完备,但社会主义法制的确立,对社会关系领域的变革、调整、维持和巩固起到了重要作用,为社会主义制度的巩固和发展创造了条件,使人民的民主权利得到了更多保障。应当说,过渡时期取得的重大成果,与法制建设提供的保障是分不开的。社会主义法制的确立对中国特色社会主义法律体系的形成具有奠基意义,也使国家政治、经济、文化、社会生活日臻完善,并为其今后的健康发展,提供了充分的可能和广阔的前景。

第三,社会主义经济制度确立起来。新中国成立后,我国经济上逐渐形成了社会主义国营经济、合作社经济、私人资本主义经济、个体经济和国家资本主义经济五种经济成分同时并存的局面。在国营经济领导下,各种经济成分协同合作,在医治战争创伤,迅速恢复和发展国民经济方面取得了举世瞩目的成就。此后,随着形势的变化,中国共产党又提出了过渡时期总路线,并在实践中对我国个体农业、手工业和私人资本主义工商业进行了社会主义改造。到1956年,社会主义改造完成时,我国有96.3%的农民成为农村农业生产合作社的一员,绝大多数手工业者也加入了手工业集体经济组织,资本主义工商业也进行了全行业公私合营。在当时整个国民收入中,代表社会主义性质的国营经济的比重占到32.2%,合作社经济占到53.4%,公私合营经济占到7.3%,合计为92.9%;而个体经济仅占7.1%,资本主义经济接近于0。我国农民、手工业者劳动群众个体所有的私有制,已经基本上转变为劳动群众集体所有的公有制。在所有制结构方面,资本家所有的资本主义私有制也基本上转变为国家所有即全民所有的公有制。全民所有制和劳动群众集体所有制这两种形式的社会主义公有制经济,已经居于绝对统治地位;在经济管理体制方面,原来比较分散的管理转变为高度集中的管理,在经济运行管理、工业企业管理、基本建设管理、财务管理、物资管理、价格管理等方面建立了高度集中的管理体制;在经济运行机制方面,原来还在一定范围内起作用的市场调节基本退出经济领域,以指令性计划为主要特征的计划经济统揽整个经济领域,各行各业的生产经营被全部纳入国家计划轨道。1953 年 12 月中共中央批准的《为动员一切力量把我国建设成为一个伟大的社会主义国家而斗争——关于党在过渡时期总路线的学习和宣传提纲》就强调指出:"党在过渡时期的总路线的实质,就是使生产资料的社会主义所有制成为我国国家和社会的唯一的经济基础。"①而上述变化表明,我国社会主义改造确实落实了这一思路,完成了从量的积累到质的飞跃,社会主义经济制度已经在我国确立起来。

我国社会主义改造后形成的这种经济模式,与苏联社会主义经济模式的榜样影响有很大关系,也与中国共产党自身把社会主义和公有制计划经济视为社会主义根本特征的理论认识紧密相关。在生产力水平仍然十分低下的情况下,实行单一的全民所有制和集体所有制,公有化程度过高,统得太多,管得太死,既不利于满足人民的各种层次的物质文化生活需求,活跃生产,促进经济发展,也使国家在当时财力和物力不足的情况下,因包下了一大批个体和私营人员的生计而承受了很大的社会负担和就业压力。随着社会主义经济制度的确立及其作用的发挥,以毛泽东为代表的中国共产党人对其中存在的问题有所觉察,并提出了一系列有价值的新观点。如在所有制方面,提出可以消灭资本主义又发展资本主义的论断,提出国家经营和集体经营为主体、个体经营为补充,倡导有计划地发展社会主义商品经济;在管理体制方面,提出计划生产和国家市场为主体,国家领导下的自由生产和自由市场为补充,提出允许地方和企业搞一点"独立王国";在分配关系方面,提出要正确处理积累和消费的关系,要主张按劳分配,兼顾国家、集体和生产者个人三者利益关系,差别不要过于悬殊,要尽量体现公平性原则,等等。以上是对我国社会主义建设中的经济模式进行的有益探索。

尽管社会主义改造时间短暂,在生产资料所有制深刻变革后确立的社会主义经济制度还需要不断完善,但是应该肯定的是,在资金匮乏、物资紧缺、工业部门的构成相对简单的工业化初创阶段,确立社会主义公有制,采取集中统一的计划管理体制,有利于凝聚各方面力量进行统一部署,有利于集中力量办大事,对于在经济欠发达情况下有效利用和合理配置有限的资源,保证重点工业项目的顺利实施具有重大意义。社会主义经济制度确立后,我国社会主义经济建设取得了相当可喜

---

①毛泽东.毛泽东文集:第六卷[M].北京:人民出版社,1999:316.

的成就,建立起了比较独立完整的工业体系和国民经济体系,城乡商业和对外贸易额有了很大增长,生产力水平有了很大提高,工农业总产值 1953～1978 年平均年增长率为 8.2%,谷物、棉花、猪牛羊肉、化学纤维、布、原油、发电量、钢、水泥、化肥等主要工农业产品产量居世界的位次都有显著提升,迅速有效地建立起我国工业化的初步基础,也为以后进一步在社会主义方向下发展生产力,调整和革新生产关系奠定了良好的基础。

社会主义制度的确立实现了中国最深刻的历史性变革。在社会主义制度基础上,中国社会才有了翻天覆地的变化,也才找到了一条更快、更好的现代化发展路径,开辟出了一条实现中华民族伟大复兴的光辉道路。历史表明,社会主义制度的建立的确是一次伟大的胜利,为当代中国一切进步发展奠定了制度基础。当前的中国特色社会主义建设依然需要坚持把根本政治制度、基本政治制度同基本经济制度以及各方面体制机制等具体制度有机结合起来,坚持把党的领导、人民当家作主、依法治国有机结合起来,社会主义制度仍然是今后中国发展进步的根本制度保障。

三、回答问题所需要的支撑材料和延伸材料目录

[1] 习近平.在纪念毛泽东同志诞辰 120 周年座谈会上的讲话[N].人民日报,2013-12-26.

[2] 胡锦涛.高举中国特色社会主义伟大旗帜 为夺取全面建设小康社会新胜利而奋斗——在中国共产党第十七次全国代表大会上的报告[N].人民日报,2007-10-25.

[3] 李伟.当代中国一切发展进步的政治前提和制度基础[J].政治学研究,2008(03):7-11.

[4] 肖贵清.毛泽东与我国社会主义基本制度的确立[J].高校理论战线,2012(11):29-36.

[5] 田居俭.毛泽东为当代中国发展进步奠定的根本政治前提和制度基础[J].当代中国史研究,2013,20(06):119.

[6] 柳建辉.奠定新中国一切进步和发展的基础——社会主义制度在中国建立的历史启示[J].党建,2001(04):28-29.

9 | 如何正确认识社会主义改造和 社会主义改革的关系?

一、问题的不同表述和实质

从 1952 年下半年到 1956 年间,新中国仅仅用了 4 年时间,就完成了社会主义改造任务,使中国农业走上集体化的道路,手工业走上合作化的道路,实现了把生产资料私有制转变为社会主义公有制的伟大目标。但是,自 20 世纪 70 年代末期起实行改革开放以来,过去"一大二公"的所有制结构得到改变,以公有制为主体、多种所有制经济共同发展这一基本经济制度建立起来。社会主义改造是以毛泽东为核心的党的第一代领导集体进行的革命,其目的是通过"三大改造"消灭非公制经济成分,以奠定社会主义的经济基础,顺利实现由新民主主义向社会主义的过渡。而社会主义改革则是以邓小平为核心的党的第二代领导集体进行的革命,其目的是改变中国现有经济基础和上层建筑中不适应生产力发展的部分,以解放生产力和发展生产力,其结果就是调整和重组社会所有制结构。针对社会主义改造这一问题,目前学术界仍存在着一些认识上的分歧,部分人对中国在 20 世纪 50 年代所进行的社会主义改造是否具有必要性和可能性提出质疑。例如,有人提出,"既然改革开放以来个体经济、私营经济有了相当大的发展,那么,当年对它们进行改造是不是有必要?""早知今日,何必当初?""社会主义几十年,一朝回到改造前。""到底是社会主义改造搞错了,还是社会主义改革搞错了呢?"为此,有必要理清楚社会主义改造和社会主义改革之间的关系,驳斥以社会主义改革来否定社会主义改造或是以社会主义改造来否定社会主义改革的观点,充分认识到改革的必要性,以便更好地推进中国特色社会主义事业不断向前发展。

二、对问题的解答

1.社会主义改革与社会主义改造的区别

社会主义改造是指新中国成立初期中国共产党在全国范围内组织领导的对于个体农业、个体手工业与私人资本主义工商业所进行的改造活动;而社会主义改革是指中国社会主义制度建立起来后,中国共产党在坚持社会主义制度的前提下,依靠社会主义制度自身的力量,组织领导的对于生产力与生产关系以及经济基础与上层建筑之间不相适应的部分所进行的调整活动,目的在于解放与发展社会生产力。社会主义改革的性质是社会主义制度的自我完善与自我发展。

首先,二者历史背景不同。新中国成立后,经过 3 年的艰苦奋斗,国民经济基本恢复,客观上要求中国摆脱新民主主义社会的过渡性质,而逐步进入社会主义社会。具体来说,这是新民主主义经济发展的必然结果。新民主主义经济中既有社会主义因素,也有非社会主义因素,其中具有社会主义性质的国营经济与具有半社会主义性质的合作社经济两者占据主导地位,其他非社会主义性质的经济作为有益补充,这就决定新民主主义经济发展的方向必然是社会主义经济。与此同时,国内的主要矛盾发生变化,即工人阶级与民族资产阶级的矛盾上升为主要矛盾,这也就需要国家对私人资本主义工商业进行社会主义改造。社会主义改造就是在这一历史背景下于 1952 年过渡时期总路线提出后开始实施,1956 年底顺利完成。改造的目的是要把新民主主义性质的中国转变成为真正的社会主义性质的中国。

社会主义改革可以追溯至 1956 年召开的中共八大,主要还是在 1978 年召开的中共十一届三中全会后开始陆续实施。社会主义改革的基本依据是对中国社会主义初级阶段基本国情与社会主义初级阶段基本矛盾的准确把握。具体来说,中国已经进入社会主义社会,但中国的社会主义社会还处在初级阶段,即生产力水平不够发达,生产关系也不够完善,必须通过社会主义改革对其进行调整与优化。改革必须从中国的客观实际出发,必须坚持而不能脱离社会主义,也不能超越初级阶段的基本国情。国内无产阶级与资产阶级的矛盾已经基本得到解决,社会主要矛盾已经变为人民对于建立先进的工业国的要求同落后的农业国的现实之间的矛盾,以及人民对于经济文化迅速发展的需要同当前经济文化不能满足人民需要的状况之间的矛盾。社会主义改革就是在这一历史背景下展开的,并一直延续至今。社会主义改革的目的是要巩固中国的社会主义制度,从根本上改变束缚中国生产力发展的经济体制障碍,建立充满生机与活力的社会主义经济新体制,同时注重改革其他方面的体制机制障碍,以推动中国社会主义现代化得以持续健康地发展。

其次,二者具体内容不同。社会主义改造的内容包括个体农业、个体手工业与私人资本主义工商业改造三个方面。第一,个体农业的社会主义改造。全国土地改革完成后,中国共产党在农村的主要任务就是领导个体农民走上互助合作的道路。因此,中国共产党通过走合作化的道路对个体农业进行社会主义改造,将以生产资料私有制为基础的小农经济逐步改造成以生产资料公有制为基础的社会主义集体经济。改造的具体步骤是首先组织建立具有社会主义萌芽性质的农业生产互助组,然后建立具有半社会主义性质的初级农业生产合作社,最后建立具有社会主义性质的高级农业生产合作社。整个改造过程坚持自愿互利、典型示范与国家帮助的原则,在正确分析农村阶级与阶层状况基础上制定并贯彻落实。第二,个体手工业的社会主义改造。个体手工业的社会主义改造主要是中国共产党对从事小商品生产以及一部分依附于农业自然经济的个体手工业进行社会主义改造的过程。改造个体手工业与改造农业基本类同,也是在统筹兼顾、全面安排、积极领导与稳步前进的方针指导下对手工业者进行耐心的说服教育,通过典型示范与国家帮助来引导个体手工业者在自愿的前提下联合起来。改造的具体步骤是首先实行具有社会主义因素的手工业供销小组,然后过渡到具有半社会主义性质的供销合作社,最后发展为具有社会主义性质的生产合作社,即由低级到高级的逐步改造措施,将个体手工业的私有制改造成为集体所有制。第三,私人资本主义工商业的社会主义改造。私人资本主义工商业的社会主义改造是中国共产党在利用、限制与改造政策的指导下,对资产阶级进行和平赎买,通过国家资本主义这一形式将民族资本主义经济逐步转变为社会主义经济的过程。改造同样采取逐步过渡的形式,即首先实行加工订货、统购包销与经销代销的国家资本主义初级形式,然后再实行全行业公私合营的国家资本主义高级形式,将私人资本主义工商业逐步转变为社会主义公有制企业。

社会主义改革率先在农村拉开序幕,在取得显著成效的基础上,开始转向以城市为重点的整个社会体制机制的改革。改革的主要内容涵盖经济、文化、政治、社会与生态等各个领域,其中以经济改革为重点。如1978年召开的党的十一届三中全会明确提出要把全党的工作中心转移到经济建设和社会主义现代化建设上来,这标志着中国迈进改革开放的历史新时期。1984年召开的党的十二届三中全会确定了改革的方向、性质、任务与方针政策,并以此作为指导整个中国经济体制改革的纲领。1988年召开的党的十三届三中全会确定了治理经济环境、整顿经济秩序与全面深化改革的指导方针,为进一步深化整个中国经济体制改革扫清障碍。1993年召开的党的十四届三中全会提出要建立现代企业制度、深化农村经济体制改革与扩大对外开放等政策方向。1998年召开的党的十五届三中全会提出截至2010年要建成中国特色社会主义新农村的伟大奋斗目标。2003年召开的党的十六届三中全会提出要鼓励非公有制经济发展,实施国企改革,转变政府职能与建立现代产权制度等。2008年召开的党的十七届三中全会提出要加强农村制度建设,积极发展现代农业,提高农业综合生产力,并加快发展农村公共事业。2013年召开的党的十八届三中全会做出全面深化改革的重大战略部署,指出经济体制改革是全面深化改革的重点内容。核心问题是要将政府与市场的关系处理好,使市场在资源配置中起决定性作用,并更好地发挥政府作用,坚持和完善基本经济制度,加快完善现代市场体系、宏观调控体系与开放型经济体系,加快转变经济发展方式与建设创新型国家,推动经济更有效率、更加公平及更可持续地发展。2017 年党的十九大报告明确指出实现"两个一百年"的奋斗目标、实现中华民族伟大复兴的中国梦,不断提高人民生活水平,坚定不移地把发展作为党执政兴国的第一要务,坚持解放与发展社会生产力,坚持社会主义市场经济改革方向,推动经济持续健康发展。当前,中国经济已由高速增长阶段转向高质量发展阶段,正处在转变发展方式、优化经济结构、转换增长动力的攻关期,建设现代化经济体系是跨越关口的迫切要求以及我国发展的战略目标。为此,必须坚持质量第一、效益优先,以供给侧结构性改革为主线,推动经济发展质量变革、效率变革、动力变革,提高全要素生产率,着力加快建设实体经济、科技创新、现代金融、人力资源协同发展的产业体系,着力构建市场机制有效、微观主体有活力、宏观调控有度的经济体制,不断增强中国经济的创新力和竞争力。由此可以看出,经济体制改革是中国社会主义改革的重点与核心,但同时也对政治、文化、社会与生态等各个领域进行体制改革,各项改革相互配合,彼此有步骤、有秩序地全面展开。改革就是不断调整生产关系与上层建筑中同生产力与经济基础不相适应的地方,改革触及中国社会的各个方面与层面。

最后,二者作用意义不同。社会主义改造的顺利完成,标志着中国建立起社会主义基本制度,社会主义公有制已成为国家的经济基础,所有制结构发生根本变化。中国共产党将改造企业与改造人结合起来,把原来的剥削者逐步改造成为自食其力的劳动者,使剥削阶级作为一个独立的阶级被消灭或正在消亡,工人阶级成为国家的领导阶级。生产关系已经更加适合于生产力的发展,极大地解放了生产力,为社会主义工业化奠定基础。至此,中国已经进入社会主义初级阶段,开始迈入探索建设社会主义的发展之路。

社会主义改革使得中国社会发生翻天覆地的历史变化。改革深刻地改变了中国的落后面貌,极大地提高了中国的国际地位,大大改善了中国人民的生活水平,显著提升了中国社会的文明程度。自改革开放以来,中国经济社会发展所取得的一系列突出成就都同中国共产党坚定地推进改革与实施对外开放密不可分。当前,中国的社会主义改革已进入全面深化改革阶段,这必然会在体制机制创新方面取得重大进展,进一步消除束缚经济社会发展的体制机制障碍,着力解决许多难度更大的深层次问题,使改革迈上新的台阶。由此可以看出,社会主义改革是一场新的革命,是中国走向繁荣富强的必经之路,是中国经济、政治、文化、社会与生态文明建设实现持续健康发展的关键所在,也是社会主义社会发展的直接动力。

2.社会主义改革与社会主义改造的联系

首先,社会主义改造是社会主义改革的前提和基础。

社会主义改造是一个崭新社会制度的历史起点与逻辑起点,它的顺利完成标志着中国实现了由新民主主义社会向社会主义社会的转变,从而建立起社会主义基本制度,为当时中国开展大规模的社会主义建设开辟新的道路,为当代中国的一切发展和进步奠定坚实基础。而社会主义改革是在中国已经确立社会主义制度的前提下,为进一步发展与完善社会主义制度所采取的一系列调整措施,其目的在于使社会主义社会更好地向前发展。两者是层层递进的关系,没有社会主义改造的成功,也就谈不上社会主义改革。社会主义改革不是对 20 世纪 50 年代所进行的社会主义改造的否定,相反是对社会主义改造的进一步继承与完善,改革的初始可以追溯至 1956 年召开的中共八大。

以农业为例,土地改革后,农民获得了土地、耕牛等生产资料,但由于生产资料过于分散,单个家庭很难独立从事农业生产,且农村很快又出现了阶级分化的倾向。为此,中国共产党通过对个体农业进行社会主义改造,实行农业合作化,发挥集体力量,使个体农业的生产条件得到极大的改善,农业发展取得突出成就。但广大农民的生产积极性与生产潜力并未充分发挥,因而中国共产党又抓住时机对农业进行社会主义改革,实行家庭联产承包责任制,以此充分调动农民生产的积极性,使农业生产力在短时间内得到极大提高,这与社会主义改造过程中着重改善个体农业的生产条件密不可分。家庭联产承包责任制是建立在土地公有制的基础上,这与社会主义改造前的个体农业经济存在本质差别,没有社会主义改造就没有土地等生产资料的公有制,也就不存在家庭与集体之间的承包合同关系,当然也就没有家庭联产承包责任制的出现。中国对个体农业、个体手工业与私人资本主义工商业的社会主义改造完成了资本的原始积累,为国家实现工业化与现代化发展奠定坚实的物质基础,从而推动了中国工农业与整个国民经济的持续发展。如果没有社会主义改造,就没有中国的社会主义工业化与现代化建设,那么社会主义建设与改革则无从谈起。

由此可以看出,如果没有 1949 年新中国的建立并探索社会主义革命和建设道路,积累了正反两方面经验,新时期的改革开放就很难顺利开启。社会主义改革与社会主义改造是一脉相承的关系,社会主义改革是在坚持社会主义改造积极成果的基础上进行,改革与改造的目的相同,都是为了解放与发展中国的社会生产力。新中国70多年的发展历程证明,只有社会主义可以救中国,只有社会主义可以发展中国,否定社会主义改造是社会主义改革的前提和基础就等于否定中国建立社会主义基本制度的必要性与正确性,也就否定了中国共产党所领导的新中国长达半个多世纪以来所取得的伟大历史功绩。

其次,社会主义改革是社会主义改造合乎逻辑的完善和发展。

毛泽东曾明确指出社会主义改造的完成标志着中国社会新的生产关系已经建立,它与生产力的发展是相适应的,但同时它还不够完善,这些不完善的方面与生产力之间又是矛盾的。这就要求中国共产党必须通过社会主义改革来不断调整与优化生产关系与上层建筑中同生产力与经济基础不相适应的部分,从而实现社会主义制度的自我完善与自我发展。可见,社会主义社会仍然存在着矛盾,社会主义改革是解决社会主义社会存在矛盾的有效手段,是推动社会主义社会发展的强大动力。

一方面,社会主义改革是对社会主义改造的继承。因为社会主义改革始终坚持着社会主义这一方向,延续了社会主义改造时期确立的共同富裕目标,坚持了社会主义公有制在国民经济中的主体地位等,这些都足以证明社会主义改革是对20世纪50年代所进行的社会主义改造积极成果的继承与坚持。

另一方面,社会主义改革是对社会主义改造的完善和发展。由于社会主义改造的速度较快且过程较为粗糙,因而遗留下一些问题没有得到及时有效地解决,这些问题的积累最终导致中国的经济发展长期处于停滞状态,给党和人民造成重大损失。中国共产党从中吸取经验教训,充分意识到不进行社会主义改革,中国就没有出路,因此做出实行改革开放的重大决策,拉开中国社会主义改革的历史大幕,中国的社会主义建设事业由此开始并取得一个又一个巨大成就。

例如,中国的社会主义制度是在苏联模式影响下建立的,即基本经济制度实行单一的社会主义公有制,分配制度实行单一的按劳分配原则,从而形成高度集中的计划经济体制。这一经济体制曾对中国社会生产力的发展起到过巨大的推动作用,但是随着经济社会的不断发展,其弊端也日益暴露出来,严重制约着社会主义制度优越性的充分发挥。以邓小平为核心的党的第二代领导集体从社会主义初级阶段的基本国情出发,在总结国内外社会主义建设正反两方面经验的基础上,找到了通过社会主义制度自身力量来解决社会主义社会存在的矛盾的改革道路,为中国大力发展生产力,建立社会主义市场经济体制,进行所有制结构改革,解决了在社会主义改造时期末尾形成并长期存在的所有制结构过于单一和僵化的弊端,在坚持社会主义公有制占主体地位的前提下,允许非公有制经济成分的存在与发展。在分配关系上,破除了在社会主义改造时期末尾形成并长期存在的单一按劳分配模式,在以按劳分配为主体地位的前提下,允许多种分配方式并存,如按生产要素分配等,中国的经济发展产生了翻天覆地的变化。中国共产党建立以公有制经济为主体,多种所有制经济共同发展的基本经济制度是对社会主义公有制结构认识的深化与发展,而社会主义公有制结构就是社会主义改造的成果之一。

再如,社会主义改革中采取的家庭联产承包责任制是对社会主义改造时期的农业合作化,特别是人民公社化运动后农村工作中出现的诸多问题所进行的调整和变革,并在此基础上进行创造性发展。中国共产党用崭新的经济体制来取代已经僵化且失去活力的原有经济体制,将农民的生产积极性活跃起来,使生产关系更加适应生产力发展的客观要求。经过40多年的改革开放,中国农业发展取得显著成绩,农产品数量大幅度增长,农民收入显著提高,农民生活质量明显改善,农村的社会面貌焕然一新。

由此可以看出,如果没有20世纪70年代后期我们党果断决定实行改革开放,坚定不移推进改革开放,并把握改革开放的正确方向,中国的社会主义就不可能拥有今天这样的大好局面。社会主义改革是要改革严重束缚生产力发展的计划经济体制,从而充分发挥作为生产力首要因素的劳动者的生产积极性、主动性与创造性,使生产要素得到合理配置与有效利用,从而使生产力得到快速而全面的发展。社会主义改革不是对社会主义改造的否定,而是对社会主义改造过程中出现的问题与偏差进行纠正和弥补,以及对社会主义制度进行巩固与完善。当前,中国的社会主义改革仍在继续,并向纵深方向发展,进入全面深化改革的历史新阶段,历史已经证明并将继续证明社会主义改革合乎历史发展规律,中国取得的一系列突出成就都是社会主义改革的成果。所以说社会主义改革是在继承社会主义改造积极成果的基础上,对于社会主义建设道路进行的新探索,是实现千百年来中华民族伟大复兴的中国梦的必经之路。

最后,社会主义改革与社会主义改造都是社会主义发展过程中不可缺少的环节。

社会主义改革与社会主义改造都是中国共产党为解决社会基本矛盾而采取的

有益探索,两者都是历史发展的必然选择。社会主义改革与社会主义改造具有深层次的内在联系,两者不是对立,而是一脉相承、辩证统一与根本一致。我们必须对其加以辩证分析和客观评价,不能歪曲和泯灭其历史功绩。

社会主义改革与社会主义改造两者的历史发展方向始终保持高度一致,都是全体中国人民在中国共产党领导下沿着社会主义正确方向进行不懈奋斗的有益探索,都在中国特色社会主义伟大征程中占有重要地位。社会主义改造是中国共产党人在借鉴苏联模式的基础上,密切联系中国实际并进行创造性发展的伟大实践,使中国这样一个落后的半殖民地半封建国家跨过"资本主义的卡夫丁峡谷"进入社会主义社会,并建立起社会主义制度。社会主义改革是中国共产党人根据国内外形势的深刻变化,在坚持社会主义基本制度不变的前提下,为进一步解决生产关系与生产力、上层建筑与经济基础之间矛盾的又一次伟大探索,使中国一跃成为仅次于美国的世界第二大经济体,中国人民从此实现了从"站起来"到"富起来"再到"强起来"的伟大历史性跨越,国家实现了由社会主义国家到中国特色社会主义现代化强国的转变。

综上所述,对改革开放前的历史时期要予以正确评价,不能用改革开放后的历史时期否定改革开放前的历史时期,同样也不能用改革开放前的历史时期来否定改革开放后的历史时期。社会主义改造与社会主义改革都是社会主义建设过程中不可缺少的重要组成部分,二者统一于中国特色社会主义道路,有着内在的历史和逻辑关系。

三、回答问题所需要的支撑材料和延伸材料目录

[1] 习近平.关于坚持和发展中国特色社会主义的几个问题[J].思想政治工作研究,2019(05):15-19.

[2] 龚育之.明确的目标 艰辛的探索[J].中共中央党校学报,2001(03):4.

[3] 沙健孙.关于社会主义改造问题的再评价[J].当代中国史研究,2005(01):103-115.

[4] 周越,贺蓉南.略论中国社会主义改造及其与社会主义改革的关系[J].思想理论教育导刊,2001(10):25-28.

[5] 中共中央文献研究室.建国以来重要文献选编:第四册[M].北京:中央文献出版社,1993.

[6] 中共中央文献研究室　逄先知,金冲及.毛泽东传(1949—1976)(上)[M].北京:中央文献出版社,2003.

[7] 中共中央文献研究室.毛泽东文集[M].北京:人民出版社,1996.

[8] 张忠良,刘仲良.毛泽东邓小平发展理论研究[M].长沙:湖南人民出版社,1999.

[9] 石仲泉.毛泽东的艰辛开拓[M].北京:中共党史出版社,1996.

[10] 樊瑞平,张乐岭.当代中国科学社会主义——毛泽东到邓小平[M].济南:山东大学出版社,1996.

第四章

社会主义建设道路初步探索的理论成果

<hr>

10 | 怎样客观全面地评价改革开放前的历史？

一、问题的不同表述和实质

新中国成立以来的历史，以党的十一届三中全会为标志，可以分为改革开放前后两个历史时期，从 1949 年中华人民共和国成立到 1978 年党的十一届三中全会召开前，这是党领导全国各族人民进行社会主义革命和建设的历史时期；从 1978 年十一届三中全会改革开放以来，这是党领导全国各族人民开创和发展中国特色社会主义的新时期。

当前，社会上出现的一些错误观点把前后两个历史时期对立起来。有的全面否定改革开放前 30 年的历史，肆意夸大、扭曲前 30 年中党所犯的"左"的错误，将探索社会主义建设中的失误视为党内权力斗争的历史，视为广大民众遭受苦难的历史，否定甚至诋毁中华人民共和国的主要开创者毛泽东；有的借肯定改革开放后的几十年来所取得的伟大成绩去贬低甚至抹杀之前的历史贡献，全面地、彻底地否定了 30 年革命与建设的成就；还有的用改革开放前好的一面来否定改革开放的必要性乃至于改革开放后的整个历史。

种种错误观点，无论是敌对势力持的别有用心，还是理论战线上的盲目反思，其影响异曲同工，都没能正视改革开放前 30 年探索的成就与失误、经验与教训，都会陷入历史虚无主义,对中国共产党的历史、对我们党领导人民进行的社会主义建设造成歪曲和扭曲的评判。对此务须给予充分的关注和高度重视,正确看待这些错误观点的极端危害性,必须有理有据地对此进行坚决批驳,还原真实历史,让人们能够对这前30年的历史保持客观清醒地认识。

二、对问题的回答

新民主主义革命胜利和中华人民共和国的成立,结束了近代以来的长期战乱,使国家实现了除港澳台等极少数地区外的近百年来真正的统一,但并未改变国家一穷二白的面貌,新中国的建设就是在这样的基础上起步的。到改革开放前的30年间,党领导人民经历了三年的战后经济恢复,完成了三大改造,不仅确立起了社会主义基本制度,还进行了20多年的社会主义建设和探索,取得了有目共睹的巨大成绩,在政治、经济、思想等方面为改革开放做了重要的积累。

1.建立和巩固了人民民主专政的国家政治制度,人民当家作主的新型国家政权的确立,是建设社会主义现代化国家的根本保证

建立属于人民的国家、属于人民的政权,这是中国彻底摆脱帝国主义与封建主义压迫和统治,实现民族独立、国家富强和人民解放的必然要求。中华人民共和国成立前我党就在反思近代中外政治发展轨迹、总结自身在革命实践中建立新型人民民主政权的历史经验的基础上,酝酿提出了人民民主专政的国家学说。中华人民共和国成立后,我国实现了历史上最深刻、最伟大的社会变革,而各项社会主义基本政治制度的建立和巩固则是其中最为重要的内容之一。

首先是人民代表大会制度。中华人民共和国成立前夕,中国共产党就已经确认,人民代表大会将是中华人民共和国的国家制度和政权组织形式。中华人民共和国成立之初,由于条件不成熟,无法立即召开全国人民代表大会,因此,由先期召开的中国人民政治协商会议第一届全体会议代行人民代表大会的职权,负责筹建新中国等各项事宜。1954年9月,第一届全国人民代表大会第一次会议召开,标志着人民代表大会制度在我国的建立。这一国家根本政治制度采取了民主集中制,各级人大代表通过民主选举产生,代表人民行使管理国家和地方的权力,既有利于保障人民当家作主,又有利于发挥人民群众的积极性、主动性、创造性,同时还把党的主张和人民意志统一起来,也意味着党对国家事务领导的进一步增强。这一制度是民主的,又是集中的,实践证明,这是具有强大生命力的、适合我国国情的、具有极大优越性和伟大功效的政治制度,是人民民主政权最好的组织形式。

其次是中国共产党领导的多党合作和政治协商制度。这一制度是随着 1949 年 9 月中国人民政治协商会议第一届全体会议的召开而在我国正式确立的。在这一非对称性的制度框架下,执政与参政、领导与接受领导的政党角色和政党关系可以让中国共产党与各民主党派在国家政治生活中充分发挥各自优势。作为符合当代中国国情的基本政治制度选择,党领导的多党合作和政治协商制度既有牢固坚持党的领导的社会主义方向,又突出了合作与协商的制度特色,为社会各方面成员的广泛政治参与提供了制度化渠道,在共同政治基础上实现广泛的团结与合作,既利于维护团结稳定的政治局面,又便于创造和谐活泼的民主气氛。我国在改革开放前 30 年对这一制度的确立和发展,其间积累了不少宝贵的历史经验,这也为改革开放后进一步发扬其在科学决策、集中力量办大事、体现人民当家作主的优越性,同心协力地把建设中国特色社会主义的共同事业不断推向前进发挥了重要作用。

再次是民族区域自治制度。我国是统一的多民族国家,以汉族为主体的各民族大杂居、小聚居的局面是在漫长的历史发展中自然形成的。我国在实践中创造性地实行了民族区域自治制度,从 1947 年 5 月内蒙古自治区成立开始,先后建立了新疆、广西、宁夏、西藏四个民族自治区和一大批自治州、自治县或民族乡。多年间,少数民族通过这一制度框架在自治区域行使当家作主、管理本民族事务的权利,既保证了少数民族的民族权益,又增进了各民族之间的互信合作,也使少数民族的区域自治与发展取得了长足的进步。

1954 年 9 月,上述各项政治制度载入了第一届全国人民代表大会第一次会议通过的新中国第一部宪法,用国家根本大法的形式对我国社会主义基本政治制度作了清晰确认,为建设中国特色社会主义提供了制度性保障。

2.完成了生产资料私有制的社会主义改造,实现了新民主主义向社会主义的转变,开展了大规模的经济建设,社会主义经济建设成就显著

从新中国成立到社会主义改造基本完成,这是一个过渡时期。经过新中国成立后几个月的努力,我国财政收支基本达到平衡,随着新民主主义革命遗留任务的完成,国民经济日益恢复,我国逐渐具有了进行生产资料私有制社会主义改造的条件。1953 年,党中央正式提出了党在过渡时期的总路线,即在一个相当长的时期内,逐步实现国家的社会主义工业化,实现对农业、手工业和资本主义工商业的社会主义改造。也是从这一年起,发展国民经济的"一五"计划开始启动,中国进入了实行全面社会主义改造和进行有计划的经济建设的时期。到 1956 年底,对生产资料私有制的社会主义改造取得了决定性胜利,"一五"计划规定的主要指标大部分也提前完成,新中国的工业布局初见轮廓,工农业生产发展迅速,民生有明显改善,但经济文化落后面貌全面改观还有待时日。中国在生产力发展水平不高、经济基础比较薄弱的情况下实现新民主主义向社会主义的转变,进入社会主义社会。到改革开放前,我国的社会主义建设砥砺前行,社会主义经济建设不断发展,取得了巨大的成就。

建立了独立的、比较完整的工业体系。30 年间,我国的冶金、机械、化工、电力、煤炭、石油、纺织等传统工业部门从无到有、从小到大,迅速发展起来,航空、航天、原子能、合成材料等新兴工业部门也相继建立,中国拥有了门类比较齐全的现代工业体系;工业发展也从原来集中于东部沿海和内陆个别中心城市开始向内陆各省、市、自治区广泛辐射,工业布局更加合理;发电设备、重型机械、精密仪器、新式机床等大中型企业在此期间迅速成长,煤矿、油矿、电站等能源基地和工业化原料基地相继开始投入使用,我国工业生产能力显著提高,到 1978 年,我国钢产量3178 万吨,是 1949 年的 198.63 倍;煤产量 6.18 亿吨,是 1949 年的 14.31 倍;发电量达到 2566 亿度,是 1949 年的 59.67 倍,比较扎实的工业基础已经建立起来。

农业生产建设稳步推进。新中国成立后 30 年间,我国主要农作物产量都有相当程度的增长,国家统计局数据显示,1949 年与 1978 年比较,我国粮食产量从11318.4 万吨提高到 30476.5 万吨,增长 2.69 倍;棉花产量从 44.5 万吨提高到 216.7 万吨,增长 4.87 倍;油料作物产量从 256.44 万吨提高到 521.79 万吨,增长 2.03倍,农业机械化、现代化建设也取得了一定进展,农业技术革新为农业生产持续增长提供了可能。农田基本建设也初见成效,30 年间,我国立足农村集体力量兴修了大量农田水利设施,如全国范围内修建水库 84000 多座,在灌溉、发电、拦洪等方面发挥了积极作用,为农业生产顺利发展提供了重要保证。

整体技术水平和研发能力不断提升,在某些领域接近甚至可以媲美发达国家。今天中国的航天技术始于 20 世纪 50 年代,1964 年和 1965 年我国两次原子弹爆炸成功,20 世纪 60 至 70 年代"两弹一星"的成功,打破了国际上的核垄断与核讹诈;新兴工业的发展也带动了相关领域新材料、新工艺的研究与突破,表明我国科学技术发展达到的新水平,也反映了一个国家、民族的能力。30 年间我国培养出了一大批科技骨干,也孕育了其后改革开放时期现代化建设中科技发展的中坚力量。

在基础设施建设方面,前 30 年我国攻坚克难,在广袤的国土上修建公路 80 多万公里,铁路 2 万多公里,初步完成了淮河、海河、黄河、长江等主要大江河的治理工作,为国家经济的从容发展和之后的改革开放创造了重要条件。

30 年间,我国经济保持了较高的发展速度。从 1950 年到 1977 年,我国工业生产年均增长率为 13.5%,不仅高于同期的苏联、美国、日本、英国、法国等国,也高于同为发展中国家的印度;我国农业生产的年平均增长率为 4.2%,同样高于同期的上述国家,保持了良好的发展势头。我国产业结构也发生重大转变。1978 年,我国国内生产总值为 3645 亿元,是 1952 年的 5.37 倍;到 1978 年,国内生产总值三次产业构成中第一、第二、第三产业占比分别是 28.2%、47.9%、23.9%,与 1952 年的 50.5%、20.8%、28.7% 相较,我国的工业化发展尤为突出,农业的增长速度缓于工业,虽然整个产业结构还有待优化,国民经济发展还需合理化调整,但是在有限的条件下,仍然为我国国家建设做出了重要贡献。

3.以苏为鉴,在探索适合中国情况的社会主义建设道路方面取得了一系列独创性理论成果,为改革开放新时期的新探索做了理论准备

社会主义制度基本确立后,如何结合我国实际,走一条适合中国国情的社会主义建设道路,成为我国社会主义发展的现实要求。1956 年 4 月,在充分调研深入思考的基础上,毛泽东在中央政治局扩大会议上做了《论十大关系》的讲话,对正确认识和处理社会主义建设中事关经济与政治等方面的十个重大问题进行了系统阐述,郑重提出了"以苏联为鉴戒",走中国自己的社会主义建设道路。在此后的 20 年实践中,中国共产党推出了一系列建设和发展社会主义的方针政策,形成了一些具有长远指导意义的重要思想观点,在什么是社会主义、怎样建设社会主义这一重大问题上取得了初步的探索成果。主要包括:

提出我国国内的主要矛盾是人民对于经济文化迅速发展的需要同当前经济文化不能满足人民需要的状况之间的矛盾,"集中力量发展社会生产力来解决这个矛盾,把我国尽快地从落后的农业国变为先进的工业国"[①],是党和全国人民当前的主要任务。因此强调国家的"根本任务已经由解放生产力变为在新的生产关系下面保护和发展生产力"[②]。

阐述了社会主义社会基本矛盾、特点及其性质。提出生产力和生产关系、经济基础和上层建筑的矛盾是社会主义社会的基本矛盾,强调社会主义社会基本矛盾的特点是"又相适应又相矛盾"的,是根本利益一致基础上的非对抗性矛盾,可以经过社会主义制度本身不断地解决。

①中共中央文献研究室.建国以来重要文献选编:第九册[M].北京:中央文献出版社,1994:341-342.
②毛泽东.毛泽东文集:第七卷[M].北京:人民出版社,1999:218.

提出必须正确区分和处理社会主义社会存在的两类性质不同的矛盾——敌我矛盾和人民内部矛盾。敌我矛盾是根本利益对立基础上的矛盾，是对抗性的矛盾；人民内部矛盾是在人民利益一致基础上的矛盾，是非对抗性的矛盾。两类矛盾是客观存在的，但不是固定不变的，在一定的条件下可以互相转化。解决两类不同性质的矛盾要采用不同的方法：运用民主的方法解决人民内部矛盾，由于人民内部矛盾是复杂多样的，因此在运用民主方法解决人民内部矛盾时，必须坚持具体问题具体分析，在正确处理人民内部的矛盾问题时要遵循一系列具体方针；采用专政、强制的方法解决敌我矛盾。要划清两类矛盾的界限，亦要看到两类矛盾在一定条件下还有相互转化的可能。在剥削阶级作为阶级消灭后，正确处理人民内部矛盾的问题是国家政治生活的主题。

对社会主义的发展阶段和社会主义建设的长期性、艰巨性有了进一步认识。1957年2月，毛泽东在《关于正确处理人民内部矛盾的问题》中指出："我国的社会主义制度还刚刚建立，还没有完全建成。"[①]"建立"和"建成"两个概念的使用，反映了中国共产党人对我国社会主义社会所处阶段做出的初步估计与思考。此后，在《读苏联〈政治经济学教科书〉的谈话》中，毛泽东更进一步提出社会主义社会可能分成"不发达的社会主义"和"比较发达的社会主义"两个阶段，后一个阶段可能要比前一个阶段需要更长的时间。这些认识表明中国共产党对社会主义发展规律和发展阶段的认识正在逐渐深化。

此外，党在领导全面建设社会主义的实践中，还在社会主义经济、政治、文化以及国防和军队建设、外交工作、祖国统一等方面提出了有价值的指导方针和政策主张。如在经济建设方面，提出在综合平衡中稳步前进的方针和统筹兼顾的方针，自力更生为主、争取外援为辅的建设方针；提出了"三个主体，三个补充"的思想（在工商业经营方面，国家经营和集体经营是工商业的主体，一定数量的个体经营是补充；在生产计划方面，计划生产是工农业生产的主体，按照市场变化而在国家计划许可范围内进行的自由生产是补充；在流通领域，国家市场是社会主义的统一市场的主体，一定范围内国家领导的自由市场是补充）；提出坚持以农业为基础、以工业为主导，以农、轻、重为序安排国民经济的方针，主张走一条中国工业化道路；提出了利用价值规律、发展社会主义商品生产的思想，提出调动中央和地方两个积极性，正确处理国家、集体和个人的关系，等等。如在政治建设方面，提出必须扩大社

---

① 毛泽东.毛泽东文集：第七卷［M］.北京：人民出版社，1999：214.

会主义民主,坚持民主集中制;提出加强社会主义法制建设,反对领导机关和领导干部官僚化、特殊化;提出加强执政党建设,强调注重马克思主义理论学习,加强党的思想建设,强调密切联系群众,继续保持和发扬党的优良作风,强调发扬社会主义民主,加强党内外的双重监督,强调加强党的干部队伍建设,培养和造就无产阶级革命事业的接班人,等等。如在文化建设方面,提出百花齐放、百家争鸣的方针;提出古为今用、洋为中用的方针;认识到科学技术和知识分子在社会主义建设中的重要作用,向全党全国人民发出"向科学进军"的号召,提出知识分子是工人阶级一部分的重要思想,强调建设一支宏大的工人阶级知识分子队伍,等等。如在国防建设和军队建设方面,提出必须加强国防,建设现代化、正规化国防军和发展现代化国防技术的指导思想;提出国防建设要服从国家经济建设大局;提出了建设一支革命化现代化正规化人民军队的战略方针,等等。如在外交工作方面,提出和平共处五项原则作为中国处理同一切国家关系的基本准则;坚持独立自主的和平外交政策;在审度国际形势变化动向的基础上提出"三个世界"划分的战略思想,等等。如在祖国统一问题上,提出"爱国一家""爱国不分先后"的思想以及和平解放台湾的初步构想等。

遗憾的是,这些事关如何建设社会主义的大胆探索在当时未能都得到贯彻和坚持,但30年间累积的成功经验和科学认识,仍然为今后探索提供了重要的理论准备和思想借鉴。因此习近平同志指出:"毛泽东同志带领我们党在艰辛探索中形成的重要思想成果,是我们党的宝贵财富,也是中国特色社会主义理论体系的重要思想来源。"①

改革开放前30年的实践一波三折,先后遭遇到反右派斗争严重扩大化、"大跃进"运动、人民公社化运动,"反右倾"斗争、甚至"文化大革命"这样全局性、长时间错误的严重干扰,探索中国特色社会主义的进程一次又一次被"左"倾错误所困扰。探索中的问题主要集中在几个方面:一是经济建设上急于求成。新中国成立后,无论是我们党的领导人,还是全国民众,都急切地想摆脱国家一穷二白的面貌,甚至想跑步进入共产主义,愿望是良好的,然而罔顾经济发展的客观规律,结果只能是欲速而不达。二是所有制方面急于求纯。如党在过渡时期总路线宣传提纲中就强调了,总路线的实质"就是使生产资料的社会主义所有制成为我国国家和社会的唯

---

① 正确看待改革开放前后两个历史时期——学习习近平总书记关于"两个不能否定"的重要论述[OL].人民网,2013-11-08.

一的经济基础"①。其后几年社会主义改造在全国的实际推进情况也表明,改造后期确实存在要求过急,工作过粗,改变过快,形式过于简单划一,追求单一的公有制形式等问题;再如人民公社化时期,错误地认为公有化规模越大、程度越高越好,忽视了中国的具体国情,超越了社会发展阶段,我们的路线、方针、政策都出现了失误。三是阶级斗争扩大化。人为放大社会主义社会中在一定范围存在的阶级斗争,夸大阶级斗争的作用,误以为"阶级斗争一抓就灵",直至提出"以阶级斗争为纲",最后导致了"文化大革命"的爆发。

从新中国成立到改革开放前 30 年的革命和建设,是在百废待兴、内忧外困的情况下进行的。中国国情的特殊性,决定了所有可供参考的经验和借鉴都是有限的,建设的难度可想而知,加之社会主义建设作为一项全新的事业刚刚起步,我们对社会主义建设的长期性和艰巨性思想准备不足,对什么是社会主义缺乏深入的理论认识,对社会主义的发展规律缺乏充分的了解,因此探索中出现的失误亦在情理之中。对此应当看到,改革开放前 30 年既然是探索时期,出现错误也属在所难免,正因为出现了这样那样的错误,所以更需要改革。正如恩格斯所说:"伟大的阶级,正如伟大的民族一样,无论从哪方面学习都不如从自己所犯错误的后果中学习来得快。"②过去的挫折和失误为今后的实践探索提供了宝贵的经验教训,深刻反思历史的经验教训,今天的改革开放才能澄清错误观点,正本清源、凝聚共识,顺利推进。

总之,中国特色社会主义是在改革开放历史新时期开创的,但也是在新中国已经建立起社会主义基本制度并进行多年建设的基础上开创的。2013 年 1 月习近平同志明确指出:"不能用改革开放后的历史时期否定改革开放前的历史时期,也不能用改革开放前的历史时期否定改革开放后的历史时期",这两个历史时期"决不是彼此割裂的,更不是根本对立的。"③当前社会主义现代化建设和改革开放取得的巨大成就,也是以改革开放前 30 年社会主义革命和社会主义建设取得的成果为基础的。抹杀和否定前一时期的探索成绩与历史贡献,改革开放后开创的中国特色社会主义也就丧失了本源和根基。必须对改革开放前 30 年的历史做出客观全面的评价,肯定这一时期的探索功绩,正视这一时期的探索失误,这才是马克思主义者应有的态度。

①毛泽东.毛泽东文集:第六卷[M].北京:人民出版社,1999:316.
②马克思,恩格斯.马克思恩格斯选集:第 4 卷[M].北京:人民出版社,1995:432.
③习近平.习近平谈治国理政[M].北京:外文出版社,2014:23.

三、回答问题所需要的支撑材料和延伸材料目录

[1] 习近平.习近平谈治国理政[M].北京:外文出版社,2014.

[2] 方闻昊.正确看待改革开放前的建设成就[J].长白学刊,2013(04):114-117.

[3] 中共中央党史研究室.正确看待改革开放前后两个历史时期——学习习近平总书记关于"两个不能否定"的重要论述[N].人民日报,2013-11-08.

[4] 梅宏.如何正确看待新中国成立后的两个30年[J].中国井冈山干部学院学报,2012,5(04):61-66.

[5] 张启华.艰辛探索:如何看待改革开放之前30年的历史[J].南京社会科学,2013(10):1-4.

[6] 陈群,高长武.党的第一代中央领导集体为新时期开创中国特色社会主义所作的历史性贡献[J].党的文献,2013(06):78-87.

11 怎样正确认识改革开放前后两段历史之间的辩证关系？

一、问题的不同表述和实质

近年来,对于我国改革开放的看法,主要有两种观点。一种是用改革开放前的历史时期来否定改革开放后的历史时期。随着改革的深入推进,各式问题和矛盾日益尖锐起来,一些人由此对改革开放持否定态度,提出"怀念毛泽东时代""怀念公费医疗、分房、包分配时代""改革开放带来了贫富差距""改革开放前没有嫖娼""改革开放导致世风日下""改革开放带来拜金主义""改革开放是打着社会主义的旗,走资本主义的路",质疑中国搞的还是不是社会主义;另一种是用改革开放后的历史时期否定改革开放前的历史时期,提出"毛泽东根本不懂经济建设""毛泽东只会搞阶级斗争""改革开放前的历史是专制主义的历史"等一系列观点。有人认为改革开放前就是在搞专制主义,改革开放后是在搞民主社会主义或社会民主主义;有人用毛泽东的晚年错误来歪曲毛泽东思想,否定毛泽东的功绩和历史地位,有人以社会主义市场经济体制否定计划经济体制;有人认为中国特色社会主义是"新民

主义的回归";等等。

上述观点以及把两个历史时期都一概否定、或将其割裂和对立的观点的实质是什么呢？其实质就在于通过否定历史、虚无历史、割断历史，进而将党的领导、社会主义制度、中国特色社会主义道路全盘加以否定。这不仅仅是一个单纯的历史问题，更主要的是一个政治问题。如何正确认识和把握之前的历史，表现为如何科学对待毛泽东思想和对毛泽东的历史评价；如何认识之后的历史，表现为如何正确处理坚持改革开放与四项基本原则的关系。

二、对问题的回答

习近平总书记明确指出，我们党领导人民进行社会主义建设，有改革开放前和改革开放后两个历史时期，这是两个相互联系又有重大区别的时期，但本质上都是我们党领导人民进行社会主义建设的实践探索。中国特色社会主义是在改革开放历史新时期开创的，但也是在新中国已经建立起社会主义制度并进行了 20 多年建设的基础上开创的。虽然这两个历史时期在进行社会主义建设的思想指导、方针政策、实际工作上有很大差别，但两者绝不是彼此割裂的，更不是根本对立的。不能用改革开放后的历史时期否定改革开放前的历史时期，也不能用改革开放前的历史时期否定改革开放后的历史时期。要坚持实事求是的思想路线，分清主流和支流，坚持真理，修正错误，总结经验，吸取教训，在这个基础上把党和人民的事业继续推向前进。

1.改革开放前社会主义的实践探索为改革开放后社会主义的实践探索提供了重要条件

中国特色社会主义开创于新时期，同时得益于改革开放前的实践探索打下的基础。党的十八大高度评价改革开放前的社会主义建设的实践探索，指明其在探索中形成的重大理论成果和取得的巨大成就，为新时期新的建设事业的开创奠定了基础。这个结论是完全正确的。

以《论十大关系》和《关于正确处理人民内部矛盾的问题》的发表为标志，党开始探索适合本国国情的建设道路。经过不断的探索和经验总结，党对建设道路的探索形成了一些十分重要的思想观点。主要是关于社会主义社会的基本矛盾、国内的主要矛盾和根本任务；国民经济的发展和中国工业化的道路；四个现代化的社会主义发展目标；"不发达"和"比较发达"的社会主义阶段；注重社会主义民主和法制建设；正确区分和处理两类矛盾，等等。还提出了有关社会主义经济、政治、文化以及国防和军队建设、外交工作等一系列方针政策。上述的思想观点尽管没有得到彻底落实，但其实践经验和教训，成为新时期中国特色社会主义的重要思想来源。中国特色社会主义理论体系是在毛泽东思想的基础上发展起来的，不仅继承了毛泽东思想活的灵魂，而且也对探索中的实践经验有所继承和发展。正如习近平总书记所指出的："毛泽东同志带领我们党在艰辛探索中形成的重要思想成果，是我们党的宝贵财富，也是中国特色社会主义理论体系的重要思想来源。"①

　　新中国成立以来，党带领全国各族人民踏上了恢复国民经济和经济建设的新征程，第一个五年计划提前完成。确立社会主义制度后，开启了建设社会主义的新征程，尽管曲折不断，但仍取得巨大成就。其中工业体系和国民经济体系的建立，使千疮百孔的中国重新傲然自立于世界舞台。尽管经济发展速度起起伏伏，但总体上还是保持着较快的速度。一些新铁路和南京长江大桥的建成，一些技术先进的大型企业的投产，彰显了工业交通取得的发展成就。氢弹试验和人造卫星发射成功，彰显了科学技术方面取得的重大成就。1952年新中国经济恢复到战前最好水平时，也只有一些不成体系的零星工业企业，工业产值只占工农业总产值的20%左右，而其中属于手工生产的轻工业又占了工业产值的72%之多。到1977年，我国的工业总产值已经占到工农业总产值的74.8%，而其中重工业又占工业产值的56%。从1952到1976年，钢产量从135万吨增长到2046万吨，煤产量从6600万吨增长到48300万吨，水泥产量从286万吨增长到4670万吨，木材产量从1100万吨增长到5100万吨，电力产量从73亿千瓦/小时增长到2031亿千瓦/小时，原油产量从44万吨增长到8716万吨。截至目前，国家工业体系基本构建完成，为中国经济快速发展积累了所必需的物质资源。1952—1978年间农业的总产值年均增长3.25%，这在中国历史上是空前的，在世界史上也是罕见的。主要农产品的产量大幅度增长，粮食在1949—1979年间年均增长3.78%；同期棉花年均增长5.68%；油料年均增长7.5%。1953—1978年间，我国国内生产总值年均增长率为6.5%，这也是个不低的发展速度，国内生产总值在原有基础上取得明显增长。此外，我国在尖端科学技术方面取得了重大突破。我国的第一颗原子弹于1964年成功爆炸，紧接着第一颗氢弹试验于1967年爆炸成功。我国第一颗人造卫星在1970年成功发射，我国第一艘核潜艇成功下水，并在1974年以后正式列入海军战斗序列。邓小平同志后来评价说："如果六十年代以来中国没有原子弹、氢弹，没有发射卫

①中共中央文献研究室.十七大以来重要文献选编[M].北京:中央文献出版社,2009:254.

星,中国就不能叫有重要影响的大国,就没有现在这样的国际地位。这些东西反映一个民族的能力,也是一个民族、一个国家兴旺发达的标志。"①我国的教育和医疗卫生事业这一时期也得到了快速发展,新中国成立前不足20%的学龄儿童入学率到1976年已经增加到97.1%,人均预期寿命翻了将近一倍之多。放眼望去,在广大发展中国家中都几乎处于最高水平,这些都为改革开放打下了良好的社会基础。并且同经济发展相适应,人民生活水平也在不断提高。从全局来看,这一时期的建设成就为改革开放后的现代化建设奠定了坚实的物质和经济文化基础。

事实已经强有力证明,如果没有新中国成立以来所积累的思想、物质、制度基础,就很难深入推进新时期的改革开放,也难以取得巨大的发展成就。

2.改革开放后社会主义的实践探索是对改革开放前社会主义的实践探索的坚持、改革、发展

邓小平同志指出:"现在我们还是把毛泽东同志已经提出、但是没有做的事情做起来,把他反对错了的改正过来,把他没有做好的事情做好。今后相当长的时期,还是做这件事。当然,我们也有发展,而且还要继续发展。"②我们要将之前许多正确的理论观点和方针政策切实贯彻落实到位,并在坚持和继承的基础上,推动在改革开放新时期的改革和发展。

党将改革视为一场新的伟大革命,是社会主义制度的自我完善和发展。改革开放使我国成功实现了两大历史转折,从计划经济体制转到社会主义市场经济体制、从封闭半封闭转到全方位的对外开放。如果没有改革开放的英明决策,并坚持推进下去,始终把握正确的改革方向,就不可能取得这样伟大的建设成就。

新时期的建设事业既不是从零开始,也不是所谓的重起炉灶,而是改革开放前的实践探索在新时期的继承和发展。既表现为独立的工业体系的建立,贫穷落后面貌的初步改变,较好的经济基础的建立,还表现为对于一些核心思想和制度的继承。例如,坚持马克思主义、毛泽东思想,坚持社会主义道路,坚持党的领导,坚持人民民主专政的基本原则;形成全国人民代表大会制度、多党合作和政治协商制度、民族区域自治制度;突出人民的主人翁地位,注重社会主义民主建设;确保公有制的主体地位,注重提高人民群众的生活质量,等等。虽然在运行中也存在着一些问题,但却是社会主义建设得以始终坚持下去的根基。《关于建国以来党的若干历

---

① 邓小平.邓小平文选:第三卷[M].北京:人民出版社,1993:279.
② 邓小平.邓小平文选:第二卷[M].北京:人民出版社,1994:300.

史问题的决议》明确指出:"我们在社会主义条件下取得了旧中国根本不可能达到的成就,初步地但又有力地显示了社会主义制度的优越性。"①邓小平将改革开放提高到是一场革命的高度,推进制度的自我完善,并不与之前的历史时期相矛盾。改革开放初期,四项基本原则就被提了出来,并被确定为"立国之基"。党中央明确指出:改革不是要改掉社会主义制度,也不是要放弃以公有制为主体和共同富裕的社会主义根本原则。从实践发展中可以看到,在新的历史时期将以前的核心内容完整地继承了下来,并有所丰富和完善。

中国特色社会主义在新的历史时期的开创,是改革开放新的历史时期中取得的最重要、最根本的成就;既坚持了科学社会主义基本原则,又根据时代条件赋予了鲜明的中国特色,从理论和实践结合上系统回答了建设什么样的社会主义、怎样建设社会主义这个根本问题。党始终强调,中国特色社会主义中的社会主义是绝对不会丢弃的,不论改革开放进行到何种程度,中国特色社会主义道路、理论体系、制度都决不能丢弃。历史已经证明,中国特色社会主义能够在原有基础之上,不断取得更大的成就,这是它能够坚持和发展下去的重要原因。

党的十八大报告对此做了系统概括,这些都是科学社会主义基本原理在新的历史条件下的新发展与应用。我们在改革开放前30多年的奋斗不容否定,取得的巨大成就也不容否定,必须始终认清和坚定改革的社会主义性质,不容任何人否定。

3.坚持用历史的观点、实践的观点、辩证的观点正确看待改革开放前后两个历史时期

尽管改革开放前的探索存在一些问题,理论上准备不充分,进程曲折,思想与实践还会受到旧的思想和旧有经验的束缚,但却为新时期的飞速发展积累了经验,夯实了基础,减轻了阻力。改革开放这一伟大决策和实践,不仅在实践上推动了国家和社会各项事业的快速发展,而且在理论上深化了我们党对建设规律的认识,廓清了思想迷雾,澄清了错误认识。但改革开放不是无根无源,它在坚持和发展前一时期成果的基础上,也纠正了发展过程中的错误。

不能用改革开放前的历史时期来否定改革开放后的历史时期。改革开放前的历史时期,建设过程中呈现出封闭僵化的特点。从历史上看,这一特征的形成有其特定原因,一方面是历史原因,帝国主义始终敌视新中国,采取各种手段来孤立封闭新中国,使得新中国的建设事业并不具备合适的外部环境和条件;另一方面是受

---

①中共中央文献研究室.改革开放三十年重要文献选编(上)[M].北京:中央文献出版社,2008:212.

到传统观念的束缚,陷入了苏联模式的框架,不能结合实际科学对待马克思主义,因而脱离本国国情,使社会主义建设在旧有框架和体制内徘徊前进。改革开放初期邓小平指明封闭不是社会主义,社会主义并不封闭,对过去的建设老路进行了深刻反省,果断放弃以往封闭僵化的发展模式转而探索新的充满生机活力的发展道路。如果以前一历史时期否定后一历史时期,实际上就是重复过去的那种封闭僵化的发展道路,这条路早已被历史所淘汰、为人民所抛弃。

同样也不能用改革开放后的历史时期否定改革开放前的历史时期。如果仅仅从浅层次上看,用后一历史时期否定前一历史时期的态度,表面上是对现实的进步加以肯定,但却是不恰当地将改革开放前后两个历史时期割裂开来,这是不合理的。在新的历史时期,我国社会主义建设模式充分体现了创新精神。从社会主义建设的角度来看,改革开放有其既有的风险,即如何恰当处理好不同发展道路转变中各种复杂的关系。关于"什么是社会主义,怎样建设社会主义"这一根本问题的思考,我们党始终坚持立足以科学理论指导建设实践,以一系列新理论新思想来推进建设事业的发展,摆脱了封闭僵化的苏联社会主义建设模式,独立自主地走出了一条自己的路。充满生机活力的建设新路,是人民在党的领导之下始终立足本国国情,坚持解放思想、实事求是、与时俱进,在不断的探索中取得的成功,同时也离不开对世界优秀文明成果和先进经验的学习和借鉴。学习和借鉴并不是完全照搬,脱离自身实际,放弃自己的原则和底线,盲目地迷信外国经验。在建设新路的摸索中,党中央始终对西方制度保持清醒的认识和定力,强调绝对不能走西方的私有化道路、多党执政和三权分立,传达出来的信息就是在新路的探索过程中所不能采取的立场和意志。如果不顾中国自身的国情照搬这些西方制度,就意味着丢失了自己的根本,对党和国家来说就是一条颠覆之路。如果以后一历史时期否定前一历史时期,容易模糊人们的认识,搞不清所要坚守和拒绝的东西,放松对各种不良思潮的警觉。

前后两个历史时期虽然存在差别,但从本质上讲都是人民在党的领导之下当家作主和建设社会主义的历史。两个历史时期是继承和发展的关系,但在原有基础上又契合时代要求与时俱进。两个历史时期互为支撑,缺少任何一段历史,另一段历史都难以为继,都蕴含着对科学社会主义基本原则的清醒认识和始终坚持,也蕴含着对建设社会主义社会的探索。一是理性认识和对待改革开放前存在的失误。要把探索过程中的失误与成就加以比较,分清主次;对失误要进行具体分析,不能因为在某些过程和领域中存在失误,就将其全盘否定;要自觉在当时特定的历史条件下理性分析存在的失误,要将在当时条件下可以避免和难以避免的失误辨别开来;分析造成失误的主观原因,同时也要将好心办坏事与个人专断、个人专断与专制制度辨别开来。二是正确看待改革开放前的历史对改革开放的意义。改革开放前为改革开放提供了相对有利的政治前提;奠定了坚实的基本政治制度的基础,以及公有制为主体的基本经济制度基础;奠定了物质上和思想上的基础和保证,提供了极其宝贵的建设经验。三是正确看待改革开放前后两个时期的异同。新的历史时期显著的新特点和取得的跨越式发展将前后两个历史时期的差异突显了出来,同时两个历史时期也借助于贯穿其中的主线有机地联系起来。

前后两个历史时期彼此间既存在联系又有着显著差异。并不只局限于时间上的紧密承接,而且有着共同的社会主义基础,在共同的基本制度、根本任务和奋斗目标上两个历史时期也联系在了一起,两者之间绝不是彼此割裂和对立的;差异主要是体现在建设的指导思想、方针政策和实际工作上,也体现在进行实践探索的内外条件和实践基础等方面。我们要正确认识和对待其中的差别,有的是具有重大转折意义的,比如,指导思想、建设方针和经济体制的转变,从过去的强调阶级斗争到现在的突出经济建设,从僵化的计划经济体制到灵活的社会主义市场经济体制。两个时期是从本质上紧密联系在一起,都是在党的领导之下进行社会主义建设的实践探索。只有理性认识和正确对待这种联系与差异,才能明晰无论哪个历史时期都决不能随意丢弃和任意加以否定,否则就是对自身历史的否定,必须在这个问题上保持清醒认识和定力。

古人说,灭人之国,必先去其史。从境内外敌对势力的险恶用心来看,对改革开放前历史时期加以否定,就是要将党带领人民取得的重大历史成就加以全盘否定,只关注于其中存在的一些失误,并将其无限放大,借此把党的领导妖魔化,进而质疑党的执政地位,并加以彻底否定;他们对改革开放后的历史时期加以否定,就是要质疑和否定我们改革开放的社会主义性质,过分夸大其中的困难、矛盾和问题,借此把开创的中国特色社会主义事业妖魔化,进而动摇全国各族人民共同奋斗的思想基础。从本质上看,敌对势力对两个历史时期的恶意否定,都是严重偏离历史事实,希望搞乱人心,借以瓦解中国共产党的执政根基,进而毁掉中国的未来、广大人民的福祉和民族的伟大复兴。吸取苏联解体和苏共垮台的经验教训,其中一点就是绝对不能搞历史虚无主义,苏联没有守好意识形态的阵地,正确对待自己的历史,在历史虚无主义盛行的背景之下,对本国历史、党的历史、领袖人物的全面否定,使人们思想混乱,最终导致国家解体的历史性悲剧。因而,如何正确认识和对待改革开放前后两个历史时期,不仅是一个单纯的学术和历史问题,更是一个重大的政治问题,事关党、国家和人民的前途命运。

在如何看待改革开放前后两个历史时期的问题上,在人民内部也存在分歧,需要通过正确的教育引导来澄清认识误区。如果不能分清主流和支流、本质和表象,不能正确对待探索中的失误和走过的弯路,就不能永保对党的忠心和信赖,就会动摇对新的伟大事业的信念,动摇民族复兴的信心,最终使党和国家事业遭受损失,广大人民群众的根本利益受到损害。

中国特色社会主义,是科学社会主义理论逻辑和中国社会发展历史逻辑的辩证统一。强调正确处理好两个历史时期的关系,不能加以任意否定,要将其置于历史中去观察,尤其要将其放在党的历史中去准确把握,既要善于分析后一个历史时期从前一历史时期所继承的,又注重把握扬弃了什么,创新和发展了什么。这样,才能正确认识各个历史时期所具有的独特地位和作用,尊重而不任意否定和割裂历史,实事求是而不苛求前人做到后人才能做到的事,决不能随意丢弃革命的胜利果实、任意否定社会主义革命和建设的成就、动摇改革开放和现代化建设的方向。

三、回答问题所需要的支撑材料和延伸材料目录

[1] 中共中央党史研究室.正确看待改革开放前后两个历史时期——学习习近平总书记关于"两个不能否定"的重要论述[N].人民日报,2013-11-08(06).

[2] 江宇.正确认识改革开放的历史——深刻学习习近平关于改革开放前后两个历史时期不能相互否定的重要论断[J].党的文献,2018(06):33-36.

[3] 仝华.坚持两个"不能否定",正确认识改革开放前后两个历史时期的关系[J].红旗文稿,2017(18):40-41.

[4] 齐卫平.正确对待改革开放前后两个历史时期[J].思想理论教育,2013(07):4-10.

[5] 宋月红.改革开放前后两个历史时期的关系研究述评[J].当代中国史研究,2013,20(06):79-87.

[6] 刘玉珂."两个不能否定"的认识论和方法论意义——兼对历史虚无主义的批判[J].湖南社会科学,2016(02):21-25.

[7] 董燕萍.正确认识新中国前 30 年的建设成就——兼论改革开放前后 30 年的关系[J].思想战线,2009,35(S1):5-7.

第五章

邓小平理论

12 | 如何正确理解和把握邓小平理论是中国特色社会主义理论体系的开篇之作？

一、问题的不同表述和实质

中国特色社会主义理论体系是改革开放历史新时期我们党的理论创新成果。党的十三大第一次提出了建设有中国特色的社会主义理论的概念,党的十四大明确提出邓小平同志建设有中国特色社会主义理论,党的十五大报告提出两次理论飞跃的概念,明确中国特色社会主义理论的主要创立者是邓小平,党的十六大深入阐述了"三个代表"重要思想,党的十七大在对改革开放以来伟大历史进程回溯的基础上,指出"中国特色社会主义理论体系,就是包括邓小平理论、'三个代表'重要思想以及科学发展观等重大战略思想在内的科学理论体系"。从党的十三大到党的十七大,从"理论"到"理论体系",科学地回答了毛泽东思想和中国特色社会主义理论体系两大理论成果之间的关系问题,回答了邓小平理论、"三个代表"重要思想、科学发展观在理论创新上的关系问题,即中国特色社会主义理论体系不包括毛泽东思想,邓小平理论是中国特色社会主义理论体系的开篇之作。因此,自党的十七大报告之后,中国特色社会主义理论体系不包括毛泽东思想学界也就不再争论了,但对于中国特色社会主义理论体系为什么不包括毛泽东思想仍旧存在一些分歧。邓小平理论作为中国特色社会主义理论体系的开篇之作,邓小平做出了怎样的巨大贡献？邓小平理论对中国特色社会主义建设又具有怎样的指导意义？这些都是我们寻找当代中国为何能发生历史性巨变、改革开放如何改变了中国又改变了世界、新时期党和国家全部理论和实践的主题为什么是中国特色社会主义等一切问题初始密码不可回避的问题。

二、对问题的回答

中国特色社会主义理论体系从邓小平理论开始，不包含毛泽东思想，毛泽东思想的创立以及对社会主义建设规律的艰辛探索和所取得的宝贵经验，为中国特色社会主义理论体系的形成提供了重要的思想或理论前提。邓小平理论第一次比较系统地初步回答了在中国这样一个经济文化比较落后的国家如何建设社会主义、如何巩固和发展社会主义的一系列基本问题，是中国特色社会主义理论体系的开创之作，为我们坚持走自己的路、建设中国特色社会主义提供了根本遵循。

（一）中国特色社会主义理论体系为什么不包含毛泽东思想

1.中国特色社会主义理论体系不包含毛泽东思想的原因考量

关于中国特色社会主义理论体系为什么不包括毛泽东思想，党的十七大报告包括之后的党的十八大报告、党的十九大报告以及党的周年讲话中都没有论述。为此，学界进行了各种各样的阐释，归纳总结起来，主要有以下几种观点：一是中国特色社会主义理论体系是"当代中国"的创新理论，那么作为基础的毛泽东思想就不包括在内；二是毛泽东对如何建设社会主义提出的正确观点不成体系，而且苏联模式的观念当时在中国还占据着主导地位，还存在着马克思、恩格斯、列宁、斯大林著作中的某些设想和论点被教条化的现象，因此，不能将毛泽东思想归入中国特色社会主义理论体系之中；三是毛泽东对中国是社会主义的探索和改革开放后党对社会主义的探索不同；四是马克思主义与中国实际结合的两次历史性飞跃的起点不同，毛泽东关于如何建设社会主义所做的理论探索及其理论成果，属于马列主义与中国实际相结合的第一次历史性飞跃的延续，属于第二次历史性飞跃的准备；五是有关社会主义建设的思想不占毛泽东思想体系的主流，与新民主主义和社会主义革命理论相比较，在毛泽东思想体系中社会主义建设思想的地位和作用是次要和非主流的。

学界在对中国特色社会主义理论体系不包括毛泽东思想已达成共识的同时，对中国特色社会主义理论体系包不包含毛泽东社会主义建设思想方面的内容仍然存在一些分歧和疑惑。其实，中国特色社会主义理论体系不应该包含毛泽东社会主义建设思想，我们可以从以下两点进行理解：

其一,毛泽东社会主义建设思想和中国特色社会主义理论体系关系密切,前者是后者的思想先导,两者的关键区别在于是否突破以计划经济为基本特征的苏联模式。实事求是地看,十一届三中全会前,中国并没有从传统的苏联社会主义模式中走出来,很难说已经形成了中国特色社会主义。从这个意义上来讲,只能说是思想先导。

其二,毛泽东社会主义建设思想属于毛泽东思想科学体系的理论范畴,不能割裂或者"兼职"于中国特色社会主义理论体系之中。毛泽东思想理论体系博大精深,所有的基本理论和基本观点都是毛泽东思想不可分割的有机组成部分。毛泽东社会主义建设思想是被实践检验正确的理论原则和经验总结,属于毛泽东思想科学体系。因此不能从毛泽东思想中割裂开来而置于中国特色社会主义理论体系的理论范畴之中。对此,《关于建国以来党的若干历史问题的决议》明确毛泽东思想体系六个方面的基本内容中,第二部分就是"关于社会主义革命和社会主义建设",由此可见,毛泽东社会主义建设思想不宜纳入中国特色社会主义理论体系。

总之,中国特色社会主义理论体系中不包括毛泽东思想、不包含毛泽东社会主义建设思想,并不等于否定毛泽东对中国自己的社会主义道路探索所做的贡献,非但如此,反而更加突出了毛泽东思想的整体性及其突出历史贡献。毛泽东关于社会主义建设的思想,在毛泽东思想中并不占主导,还包括新民主主义革命理论和社会主义改造理论,如果将毛泽东思想纳入中国特色社会主义理论体系的范畴,其中关于新民主主义革命的理论显然是中国特色社会主义理论体系所不能涵盖的。如果将毛泽东关于社会主义建设的思想纳入中国特色社会主义理论体系中来,那就会弱化毛泽东思想的历史地位及其贡献了。

2.毛泽东思想与中国特色社会主义理论体系之间的联系与区别

毛泽东思想与中国特色社会主义理论体系,二者既相联系,又相区别。

二者的联系。邓小平同志曾经深刻阐明了党的十一届三中全会以来我们党所从事的事业与毛泽东同志的关系。他指出:"从许多方面来说,现在我们还是把毛泽东同志已经提出、但是没有做的事情做起来,把他反对错了的改正过来,把他没有做好的事情做好。今后相当长的时期,还是做这件事。当然,我们也有发展,而且还要继续发展。"[①]从理论渊源上看,二者都是源于马克思主义,二者共同体现了马克思主义的基本立场观点方法。从理论承继上来看,毛泽东思想的创立以及对社会主义建设规律的艰辛探索和所取得的宝贵经验为中国特色社会主义理论体系

---

① 邓小平.邓小平文选:第二卷[M].北京:人民出版社,1994.

的形成奠定了重要的思想理论基础。从政治前提和制度基础上来看,新民主主义革命和社会主义革命的胜利,为中国特色社会主义理论体系的形成和发展,奠定了根本政治前提和制度基础。中国特色社会主义道路、中国特色社会主义理论体系、中国特色社会主义制度和中国特色社会主义文化不只是改革开放以来40多年发展的成就,而是中国共产党百年奋斗的成果,是建立在"以毛泽东同志为核心的党的第一代中央领导集体团结带领全党全国各族人民,夺取了新民主主义革命伟大胜利,确立了社会主义制度"的根本政治前提和制度基础之上的,没有这种根本政治前提和制度基础,就不可能有后来改革开放的伟大革命,也不可能有中国特色社会主义理论体系的重大创新。从经验借鉴上来看,毛泽东关于社会主义建设的探索,为中国特色社会主义理论的形成,提供了丰富的经验和重要的借鉴。

二者的区别。一是理论主题和重点不同。毛泽东思想的理论主题是在半殖民地半封建的中国社会"为谁革命、靠谁革命、怎样革命",其重点是确立中国革命的战略和策略问题。中国特色社会主义理论体系的主题是在经济文化都比较落后的中国建立社会主义制度以后,如何认识和解决"什么是社会主义、怎样建设社会主义",其重点是确立中国社会主义建设的战略和步骤问题。二是历史时期、历史任务和需要解决的主要问题不同。毛泽东思想形成于新民主主义革命时期,面临的历史任务是如何实现民族独立、人民解放,解决的根本问题是政权和革命道路问题,主要回答了在半殖民地半封建社会进行什么性质的革命,怎样进行革命,革命的前途是什么的基本问题。而中国特色社会主义理论体系形成于社会主义改革开放新时期,面临的历史任务是如何实现国家繁荣富强、人民共同富裕和民族振兴,解决的根本问题是巩固和完善社会主义制度、实现社会主义现代化的道路问题,主要回答了什么是社会主义、怎样建设社会主义,建设什么样的党、怎样建设党,实现什么样的发展、怎样发展,坚持和发展什么样的中国特色社会主义、怎样坚持和发展中国特色社会主义等重大理论和实践问题。三是历史起点和内容结构不同。毛泽东思想形成的历史起点是20世纪20年代末期,而中国特色社会主义理论体系形成的历史起点是党的十一届三中全会。毛泽东思想包括关于新民主主义革命理论、社会主义革命和社会主义建设理论、革命军队建设和军事战略理论、思想政治工作和文化工作理论和党的建设理论等。而中国特色社会主义理论体系的主要内容是经济、政治、法治、科技、文化、教育、民生、民族、宗教、社会、生态文明、国家安全、国防和军队、"一国两制"和祖国统一、统一战线、外交、党的建设等理论。

(二)中国特色社会主义理论体系从邓小平理论开始

邓小平作为中国社会主义改革开放和现代化建设的总设计师,他带领党和人民吹响了中国改革开放的号角,实现了中国伟大的历史转折,开创了中国特色社会主义道路,创立了邓小平理论。中国特色社会主义理论体系从邓小平理论开始,正如习近平总书记所言:"邓小平理论是中国特色社会主义理论体系的开创之作,是最基础的重要组成部分。"①

1.邓小平成功开辟了中国特色社会主义

新中国成立后,以毛泽东为主要代表的中国共产党人领导中国人民通过社会主义革命,建立了社会主义制度,开启了社会主义建设道路的艰辛探索。在这个探索过程中,尽管以毛泽东为主要代表的中国共产党人注意汲取苏联模式的经验与教训,早在1956年苏共二十大时,毛泽东就明确提出"以苏为鉴,探索自己的建设社会主义的道路",并形成了一些正确的和比较正确的理论观点、方针政策和实践经验,为中国特色社会主义理论体系的形成提供了直接的理论渊源,但从根本上来讲,十一届三中全会前我们并没有摆脱苏联模式的影响,甚至还犯了不少错误,走了不少弯路,特别是"文化大革命",导致我国经济濒临崩溃的边缘,人民温饱都成问题,国家建设百业待兴,给党、国家和人民带来了严重灾难。

"文化大革命"结束之后,面对世界科技革命和经济社会快速发展,以邓小平为主要代表的中国共产党人,深刻总结我国社会主义建设正反两方面经验,借鉴世界社会主义历史经验,坚持解放思想、实事求是的思想路线,把马克思主义的基本原理与中国具体实际和时代特征相结合,科学判断时代特点和时代主题,以巨大的政治勇气和理论勇气,彻底否定"以阶级斗争为纲"的错误理论和实践,做出把党和国家工作重心转移到经济建设上来,实行改革开放的历史性伟大决策,实行"包产到户"的家庭联产承包责任制,废除农村人民公社制度,允许发展个体经济、私营经济,引进外资、建立经济特区,引入市场机制发展生产力,深刻揭示社会主义本质,确立社会主义初级阶段基本路线,明确提出走自己的路,建设中国特色社会主义,科学回答了建设中国特色社会主义的一系列基本问题,成功开创了中国特色社会主义。

2.邓小平建构了中国特色社会主义理论体系的基本框架

习近平总书记指出:"坚持和发展中国特色社会主义是一篇大文章,邓小平同

---

①中共中央文献研究室.十七大以来重要文献选编(上)[M].北京:中央文献出版社,2009.

志为它确定了基本思路和基本原则。"①党的十一届三中全会以来,以邓小平为主要代表的中国共产党人,总结新中国成立以来正反两方面的经验,总结苏联和我国社会主义建设正反两方面的经验,坚持解放思想、实事求是,坚持从时代变化和实践发展出发,开创性地提出了社会主义本质、社会主义初级阶段、党的基本路线、改革开放、"一国两制"等具有浓厚中国特色的新概念、新范畴,建构了中国特色社会主义理论的基本框架。邓小平理论是中国特色社会主义理论体系的基础性、框架性组成部分,对中国特色社会主义理论体系的形成,做出了独特的创造性贡献,具有根本性、长远性的奠基作用。

邓小平理论对中国特色社会主义理论体系的创造性贡献和奠基性作用主要表现在:奠定了中国特色社会主义形成发展的理论基石,这就是创造性地提出了和平与发展时代主题理论和社会主义初级阶段理论,这两大基本理论,既是中国特色社会主义道路开创的两大理论基础,又是中国特色社会主义理论体系形成发展的两大立论基础;揭示了中国特色社会主义发展的基本规律,这就是明确提出了社会主义本质理论、社会主义发展战略理论、社会主义改革动力理论、社会主义市场经济理论、社会主义民主法制理论、社会主义精神文明理论等一系列重大理论,构成中国特色社会主义理论体系的框架性主体内容;确立了中国特色社会主义形成发展的精髓和科学方法,主要包括,把一切从实际出发作为实现马克思主义基本原理同中国实际相结合的逻辑起点,把解放思想与实事求是有机统一起来作为中国特色社会主义形成发展的重要法宝,把是否有利于发展社会主义社会的生产力、是否有利于增强社会主义国家的综合国力、是否有利于提高人民的生活水平作为制定一切路线方针政策和一切工作成败的根本判断标准。邓小平理论的丰富内涵和独特的创造性贡献,对于中国特色社会主义理论体系的形成、发展、完善和拓展,具有根本性、长远性的奠基作用和支撑作用。

邓小平理论是中国特色社会主义理论体系的起点和基石,没有邓小平理论就没有中国特色社会主义理论体系,这是邓小平理论在中国特色社会主义理论体系中的特殊地位和独特贡献。对此,我们必须要从理论上给予充分重视。在中国特色社会主义发展的历史征途上,我们必须毫不动摇地长期坚持邓小平理论。但与此同时,我们也需要明确的是,邓小平理论只是奠定中国特色社会主义理论体系的基础,并不是中国特色社会主义理论体系的全部。与时俱进是马克思主义的理论

---

① 习近平.习近平谈治国理政[M].北京:外文出版社,2014.

品质,也是中国特色社会主义理论体系的基本特征。中国特色社会主义理论体系是随着时代的变化而不断发展变化的。

(三)邓小平理论为中国特色社会主义建设提供了根本遵循

邓小平理论是在和平与发展成为时代主题的历史条件下,在我国改革开放和社会主义现代化建设的实践中,在总结我国社会主义胜利和挫折的历史经验并借鉴其他社会主义国家兴衰成败历史经验的基础上,在我国改革开放和现代化建设的实践中,逐步形成和发展起来的。邓小平理论坚持科学社会主义理论和实践的基本成果,抓住什么是社会主义、怎样建设社会主义这个根本问题,深刻揭示了社会主义的本质,把对社会主义的认识提高到了新的科学水平。它第一次比较系统地初步回答了中国社会主义的发展道路、发展阶段、根本任务、发展动力、外部条件、政治保证、战略步骤、党的领导和依靠力量以及祖国统一等一系列基本问题,指导我们党制定了在社会初级阶段的基本路线。它是贯通哲学、政治经济学、科学社会主义等领域,涵盖经济、政治、科技、教育、文化、民族、军事、外交、统一战线、党的建设等方面比较完备的科学体系。这一科学理论体系,为我们坚持走自己的路,建设中国特色社会主义提供了根本遵循。

1.邓小平理论指导了中国改革开放的伟大实践

邓小平强调必须坚持以经济建设为中心,坚持四项基本原则,坚持改革开放,领导我们党制定了党在社会主义初级阶段的基本路线;指导我们党正确认识我国所处的发展阶段和根本任务,制定了现代化建设"三步走"发展战略;突出强调"改革是中国的第二次革命",领导我们党有步骤地展开各方面体制改革,勇敢打开对外开放的大门;反复强调"两手抓、两手都要硬",必须抓好社会主义精神文明建设和民主法制建设,实现社会全面进步;创造性提出"一国两制"科学构想,指导我们实现香港、澳门平稳过渡和顺利回归,推动海峡两岸关系打开新局面;明确提出和平与发展是当代世界的两大主题,领导我们党及时调整各方面政策,为改革开放和社会主义现代化建设创造了难得的历史机遇和良好外部环境;强调加强党的领导必须改善党的领导,必须聚精会神抓党的建设,使党的建设充满新的生机活力。党的十一届三中全会以后,我们党做出的这一系列重大决策,把改革开放和社会主义现代化建设一步一步推向前进。

2.邓小平理论开启了中华民族"富起来"的新征程

邓小平理论使改革开放后的中国发生了天翻地覆的变化,开启了中华民族"富起来"的新征程。改革开放使我国社会生产力、综合国力和人民生活水平都上了一个大台阶,社会主义中国巍然屹立在世界东方。邓小平理论的独特贡献,是历史性的,也是世界性的,不仅改变了中国人民的历史命运,而且也改变了世界的历史进程。邓小平理论之所以能够如此,就在于看清了世界和中国的发展大势,深刻了解中国人民和中华民族的深沉愿望,把握住中国发展的历史规律。如习近平在纪念邓小平同志诞辰 110 周年座谈会上的讲话所重申的:"如果没有邓小平同志,中国人民就不可能有今天的新生活,中国就不可能有今天改革开放的新局面和社会主义现代化的光明前景。"①

三、回答问题所需要的支撑材料和延伸材料目录

[1] 中共中央宣传部.邓小平同志建设有中国特色社会主义理论学习纲要[M].北京:学习出版社,1995.

[2] 习近平.在纪念邓小平诞辰 110 周年座谈会上的讲话[M].北京:人民出版社,2014.

[3] 习近平.在庆祝改革开放 40 周年大会上的讲话.

[4] 宋俭,朱丽霞.关于中国特色社会主义理论体系的若干思考[J].东南学术,2013(1).

[5] 郑德荣.中国特色社会主义理论体系研究中几个值得探讨的问题[J].科学社会主义,2011(1).

[6] 李君如.中国特色社会主义理论体系创新脉络[J].人民论坛,2016(9).

[7] 罗平汉.中国特色社会主义理论体系与毛泽东思想的关系研究述评[J].党的文献,2013(3).

13 社会主义初级阶段
是不是对新民主主义社会的回归?

一、问题的不同表述和实质

改革开放后的中国社会,无论在政治制度、经济制度方面,还是在文化制度方

---

① 习近平.在纪念邓小平同志诞辰 110 周年座谈会上的讲话[M].北京:人民出版社,2014.

面,都与新中国成立初期的新民主主义社会有着诸多相似之处。特别是在所有制结构上,在新民主主义社会阶段是多种所有制共存,当下的社会主义初级阶段亦是如此。于是,一些人发出"早知今日,何必当初"的感慨,意即早知社会主义初级阶段可以搞多种所有制,那又何必在20世纪50年代进行大规模的社会主义改造。因为社会主义改造的目的,就是将多种所有制改造成为单一的公有制,而十一届三中全会之后,我国经济体制改革的一项重要内容,就是将单一的公有制恢复为多种所有制共存,特别是当下大力发展的民营经济,实际上就是当年私人资本主义工商业的"复活";在农村实行了以包产到户、包干到户为基本特征的家庭联产承包责任制,农民由集体生产恢复为个体生产。既然如此,似乎当年根本就没有必要对个体农业和私人资本主义工商业进行社会主义改造。另有人认为,现在的社会主义初级阶段,实际上就是当年新民主主义社会的回归,只不过名称叫社会主义初级阶段罢了。亦有人主张中国发展到现在,已有许多现象用中国特色社会主义理论无法解答,而新民主主义理论则可以对这些社会现象做出合理的解释。人们将这种观点概括为"新民主主义回归论"。"新民主主义回归论"的本质就是要否定社会主义初级阶段的社会主义本质属性,否定当年的社会主义改造及由此建立起来的社会主义制度,抹黑党的历史。

二、对问题的回答

总结和回顾改革开放40多年的历程,在开辟中国特色社会主义道路,形成中国特色社会主义理论体系,确立中国特色社会主义制度过程中,一个首要的前提性的理论创新就是社会主义初级阶段理论的形成和发展。可以说,在中国社会主义初级阶段理论形成之前,我们党,包括其他社会主义国家的执政党,在这个问题上都没有完全弄清楚。因此,各个社会主义国家在实践中都不同程度地犯过"超越阶段"的错误。社会主义初级阶段理论的提出,为我们正确认识我国社会发展的历史方位奠定了理论基础,是中国特色社会主义建设和发展的总依据。

(一)社会主义初级阶段与新民主主义社会有着本质上的区别

1.社会主要矛盾发生了巨大变化

新民主主义社会的主要矛盾,是资本主义与社会主义、资产阶级与无产阶级之间的矛盾;而社会主义初级阶段的主要矛盾,则是人民日益增长的物质文化需要同落后的社会生产之间的矛盾,新时代转化为人民日益增长的美好生活需要和不平衡不充分的发展之间的矛盾。"回归"论者无一例外地回避着两个阶段社会主要矛盾的巨大变化。

2.所有制关系上也有着根本的区别

新中国成立初期,私有经济在国民经济中的比重高达 80％ 左右,而社会主义初级阶段则是公有制居于绝对统治地位,特别体现在农村土地的所有权上。在新民主主义社会,农民对于土地具有所有权,农民不但可以出租自己的土地,也可以出卖自己的土地。而在社会主义初级阶段,农村土地为集体所有,农民只取得了土地的经营权(或者说使用权,2014 年底又增加了承包权),农民与集体是一种土地承包、经营关系。农民在取得土地承包权和经营权后可以依法采取转包、出租、转让、互换或者其他方式进行土地流转,但个人没有权力将土地所有权进行转让,即不能进行土地的买卖。尽管改革开放以来公有制经济特别是国有经济在国民经济中的比重总体呈下降趋势,但公有制经济的控制力、影响力和活力却得到了显著增强。国有企业迅速进军世界企业五百强,成为我国科技创新和国家战略性行业和领域的主力军就雄辩地证明了这一点。因此,虽说非公有经济得到了长足发展,但这种趋势并没有也不可能从根本上动摇公有制经济的主体地位。这正是社会主义初级阶段与新民主主义社会的根本性区别和标志。

3.政治体制上也有巨大的差异

在新民主主义社会,中央人民政府具有中国共产党领导、各革命阶级联合专政的联合政府性质,而社会主义初级阶段,中国共产党领导的多党合作和政治协商制度虽然是一项基本的政治制度,但其他民主党派不是执政党而是参政党,中央人民政府不具有联合政府的性质。

(二)新民主主义社会提前结束有其客观原因

当然,如果用今天的眼光看,当年的新民主主义社会存续的时间自然可以更长些,在所有制问题上完全没有必要搞清一色的公有制,这样可能更有利于中国经济社会的发展。但由于当时社会主义改造过急、过头,造成私人资本经营从 20 世纪50 年代后期完全消失,直到 80 年代初期政策松动以后,才逐渐恢复发展,现在又构成中国特色社会主义经济的重要组成部分。社会主义初级阶段理论为这一变化提供了理论前提和依据。在一定意义上,这一变化确实具有后退的性质,实行了某些类似新民主主义的政策,特别是对待私人资本的政策。但是我们不能把改革中的这一必要的后退看成是回归新民主主义,因为改革本身的实质是社会主义制度的自我完善,是在前 30 年建成社会主义制度的基础上进行的,不是推倒前 30 年建立的社会主义制度,退回到新中国成立初期曾经设想的"新民主主义社会"。

更何况,当年的人们也不可能有这样的认识。当时的人们理所当然地认为,社会主义在所有制上必须是公有的,并且公有化的程度越高越好;在分配上也必须是按劳分配,而不能有其他的分配方式,否则就会产生不劳而获的剥削;社会主义也必须搞计划经济,自由竞争会导致社会生产的无序与资源的巨大浪费。正是基于对社会主义的这种认识和理解,当时的人们红红火火地开展了大规模社会主义改造,迅速将多种所有制中的非公有制改造为公有制,消灭剥削,实行按劳分配,以体现社会主义社会的公平正义。

同时,20世纪50年代中期社会主义改造的完成与社会主义基本制度的确立,是一个新生命的诞生,在中国发展史上也是一件了不起的大事。至于先天不足留下的某些后遗症,只能在认真总结经验教训后在后天加以调整补充,相信它也有在自我发展和自我完善的过程中解决这些问题的能力,正如有的学者所说"总不能走回头路,把它塞回母腹里补好了再生下来"[①]。

但问题是,当年为何提前结束新民主主义社会向社会主义过渡,也就是为什么放弃新民主主义社会论,亦是学术界讨论较多的话题。因为按照党的领导人在新中国成立前后的设想,是要搞一二十年、二三十年或几十年的新民主主义社会后,才采取向社会主义转变的步骤,但实际上,到1953年就提出了过渡时期的总路线,由此启动了大规模的社会主义改造,并且到1956年这种改造就得以基本完成。

事实上,新民主主义提前结束,或者说毛泽东提前放弃新民主主义社会,可以从不同的视角进行分析和解读,但在探讨这个问题时,以下几个方面的原因是不能忽视的:[②]

1.全国人民对社会主义的急切向往

在社会主义优越性和社会主义美好前景的强势宣传下,新中国成立后全国人民早就以一种十分迫切的心情在等待社会主义的早日到来了。比如,为了学习苏联集体农庄的经验,中共中央于1952年5—8月派出了以农业劳动模范为主的中国农民代表团,对苏联进行了为期3个半月的参观学习。代表团回国后,对苏联农业集体化的好处做了广泛宣传和介绍。河北饶阳"耿长锁农业生产合作社"社长耿长锁介绍说:"集体农民的生活真令人羡慕。他们吃的是面包、肉、牛奶,星期天穿的不是哔叽就是绸子,睡的是钢丝床,房子里有自来水、电灯、收音机,橱柜桌椅齐

---

①金冲及.新民主主义社会和社会主义初级阶段[J].党的文献,2008(5):59-62.

②罗平汉.也论新民主主义社会提前结束及其原因[J].理论学刊,2008(5):25-29.

备。每个集体农场都有俱乐部、图书馆、无线电转播站、电影场。集体农民一面工作一面唱歌。那里没有人剥削人的现象,大家都很快乐。这种生活只有集体化才能得来。看了之后,真是让人羡慕。我们一定要努力争取这种生活在中国实现。这先要农民大伙认识这种好处,携起手来干。"①在当时的人们看来,一旦实现了社会主义,大家就会过上吃喝穿用不必愁的好日子,有谁不希望社会主义早日到来呢。因此,从这个角度上来讲,提前结束新民主主义社会,是当年广大人民群众的急切向往。

2.对农村可能出现的两极分化的过早担心

1952年底,土地改革基本完成后,农业生产恢复发展和农民生活得到改善的同时,一些新的情况和问题也随之出现。其中最令人担心的就是出现了两极分化的苗头。经过土地改革,虽然每个农民获得了大体相等数量的土地,但由于每户农民的劳动能力、经营水平和农业技术各不相同,所以其收入水平也必然会有差异,这就不可避免地会产生贫富差距,甚至导致贫富悬殊,进而就会出现贫者卖地富者买地的现象,农村阶级关系开始出现新的分化。对出现的新富农(富农在当时被视为农村的资产阶级)是允许其发展还是限制其发展?这是当时党的领导人不得不面对的现实问题。对于土改后农村出现的两极分化问题的过度担心,是党的领导人决定提前在农村进行社会主义改造的一个重要原因。事实上,当时农村两极分化并没有那么普遍,只是少量现象。尽管当时少数农民有走互助合作道路的积极性,但更多的农民还是想在刚刚分得的土地上好好干一番。当时的农业合作化虽然取得了显著成绩,但后来的实践也证明它对我国农业生产所产生的消极影响也是不能低估的。

3.对私人资本主义经济负面作用的过度害怕

毛泽东同志在革命战争年代关于发展资本主义的有关论述,主要是出于理论上的分析,因为当时在各根据地、解放区基本上没有资本主义。理论上关于发展资本主义的分析,与现实中对资本主义采取什么样的政策、态度,毕竟会有所区别,因为现实情况要复杂得多。当年在根据地、解放区毛泽东同志认为要发展资本主义,考虑的主要是其积极作用。可进城后,当与现实之中的资本主义正面交锋时,往往就会遇到理性与感性的矛盾与冲突。1950年调整工商业后,少数不法资本家唯利是图、损人利己的本性充分暴露,违法犯罪活动日益猖獗。为此,中共中央决定在

---

①李何.农业集体化的好处说不完——中国农民劳动模范谈访苏观感[N].人民日报,1952-09-10.

党政机关开展"三反"(反贪污、反浪费、反官僚主义)运动后不久,又在资本家中开展"五反"(反行贿、反偷税漏税、反盗骗国家财产、反偷工减料、反盗窃国家经济情报)运动。"五反"运动使党内相当多的人对资本主义仅存的一点理论上的好感也荡然无存了。加之"五反"运动使资产阶级受到了较大打击,资产阶级当时的生存发展空间已经变得十分狭小,事实上已经不能再像过去那样生存了,资本家自己也感到前途渺茫,因此就主动请求国家"计划"他。正如 1951 年 7 月刘少奇给中央党校学员做报告时所谈到的那样,消灭资本主义的时间和方式要由当时的情况和资产阶级的态度来决定,资产阶级的态度恶劣可能就迫使我们动手早一些,方式要激烈一些。资本家的"五毒"行为,似乎正好说明了这一点。反正资本主义迟早是要消灭的,现在它又有这么多毛病,加之它自己也有了主动接受改造的要求,因此,趁机将之消灭,顺理成章。

还需要指出的是,不论从怎样的视角去分析与研究新民主主义社会提前结束的原因,应当看到建立社会主义制度是历史的必然结果。因为,中国共产党人是将在中国建立社会主义制度作为自己的历史使命的,是确定无疑并且坚定不变的信念。之所以在革命胜利后没有马上搞社会主义,就在于中国原本是一个半殖民地半封建社会,没有立即转变到社会主义的现实条件,搞一段时间的新民主主义,其实就是为了向社会主义转变创造条件,这就决定了新民主主义社会的过渡性和短期性。

(三)社会主义初级阶段的本质属性是社会主义社会而非新民主主义社会

界定社会主义初级阶段的本质属性要从适合生产力发展要求的生产关系的总和入手。中国社会主义初级阶段并不是马克思恩格斯当年依据理论逻辑推导出来、经过资本主义高度发展而建立起来的理想状态的社会主义社会,而是在马克思主义指导下在中国特殊的半殖民地半封建社会历史前提基础上建立起来的社会主义社会。中国现实的生产力发展水平决定了在确立起社会主义制度后,除了坚持公有制主体外,还要发展多种所有制经济;除了按劳分配以外,还存在多种分配方式。

首先,在中国走社会主义道路,新民主主义社会要过渡到社会主义社会,这是在民主革命时期就已经明确的目标。因此,在土地改革基本完成,工人阶级和资产阶级的矛盾逐步成为国内主要矛盾后,为了适应社会主义工业化建设要求和现实生产力发展要求,更好地解放发展生产力,推动社会进步,必须没收建立在社会大生产基础上的官僚资本归国家所有,以尽可能快地发展社会生产力,建立和发展公有制。只有公有制在社会主义社会基本经济制度中占据主体地位,才能体现生产关系的社会主义性质,才能符合当时人民大众的期盼和期望。可以说,没有社会主义改造,就不会有社会主义制度在我国的确立。

其次,社会主义制度在我国确立起来后,由于受历史条件的限制,我国的社会主义改造存在要求过急、工作过粗、改变过快,形式过于简单划一,在改变生产资料所有制方面急于求纯,在管理体制上集中过多等问题,需要通过社会主义改革妥善解决这些遗留问题。因此,为了充分调动全体人民的积极性、主动性和创造性,充分利用国内外两种资源、两个市场,我国允许与多层次生产力相适应的多种所有制经济和公有制经济同时存在,共同发展;引进资本主义的资金、先进技术和管理经验,允许外国资本在中国合法经营;实行与公有制为主体、多种所有制经济共同发展的基本经济制度相适应的按劳分配为主体、多种分配方式并存的分配制度,实现生产力的发展成果由全体人民共享;将社会主义和市场经济进行有机结合,更好发挥市场在社会主义初级阶段资源配置中的决定性作用,更好发挥政府从社会整体利益和长远利益出发对社会主义市场经济运行进行的宏观调控作用。

综上所述,由生产力发展现状决定并以促进生产力发展为根本任务的上述生产关系的总和,决定了中国社会已经是社会主义社会,我们必须坚持而不能离开社会主义;中国的社会主义是初级阶段的社会主义,我们必须从这个最大实际出发而不能超越这个阶段。可以说,公有制为主体的所有制结构、按劳分配为主体的多种分配方式、社会主义市场经济体制是社会主义初级阶段生产关系的三大支柱。只要这三大支柱存在,只要以这三大支柱为主要内容的生产关系还能容纳生产力的发展,我国社会就仍然处于社会主义初级阶段。

总之,今天的社会主义初级阶段与当年的新民主主义社会,有许多相类似甚至相一致的地方,但不能简单地认为前者是后者的"回归"或"复归",因为二者之间毕竟有着明显的差异。更重要还在于,如果将今天的社会发展阶段重新定性为新民主主义社会,那就意味着当年的社会主义改造及由此建立的社会主义制度,实际上就是错误的,因而对社会主义改造问题的评价,根本不是搞早了、搞快了的问题,而是该不该搞的问题。这样一来,十一届三中全会前的二十余年的历史就不好解释了,而且会由此引起重大的思想混乱。不但如此,当今的一些社会现象与社会问题,也并不都是新民主主义理论可以解释和解决的,因为当下的国情与新民主主义社会阶段的国情已经发生了很大变化。其实,社会主义初级阶段的含义十分清楚,用社会主义初级阶段的理论反倒能更好地解释当今的社会现象和解决当今的社会问题。所以,在当下,必须坚持社会主义初级阶段理论,坚持党在社会主义初期阶段的基本理论、基本路线、基本纲领、基本政策、基本经验、基本要求不动摇,这是中国特色社会主义建设的总依据,动摇不得。

三、回答问题所需要的支撑材料和延伸材料目录

[1] 罗平汉.关于社会主义改造的几个问题[J].毛泽东邓小平理论研究,2012(12):46-51,110.

[2] 罗平汉.关于新民主主义社会与社会主义初级阶段的差异[J].党史研究与教学,2007(3):13-19.

[3] 金冲及.新民主主义社会和社会主义初级阶段[J].党的文献,2008(5):59-62.

[4] 赵学清.“经济的社会形态”的本意与社会主义初级阶段的本质属性[J].南京政治学院学报,2013(4):14-19.

14 如何看待社会主义初级阶段的长期性问题?

一、问题的不同表述和实质

2010年我国的国内生产总值已经超过了日本,成为仅次于美国的世界第二大经济体。在这种情况下,我国是否仍处于并将长期处于社会主义初级阶段呢?换句话说,我国是否已经实现了现代化,成为发达国家了呢?从1987年党的十三大系统地提出社会主义初级阶段理论到目前已经30多年,这30多年我国生产力得到了巨大发展,经济和社会发生了重大变化,国家经济实力显著增强,人民生活水平大幅度提高。党的十九大报告提出,中国特色社会主义进入新时代,我国社会的主要矛盾已经转化为人民日益增长的美好生活需要和不平衡不充分的发展之间的矛盾。在这种情况下,一些人认为,我国的社会主义已经度过了初级阶段,进入了一个更高的发展阶段,甚至已经不属于发展中国家了。这是一种错误的认识,其实质在于对于中国特色社会主义建设的长期性、紧迫性、复杂性、艰巨性缺乏清醒的思想准备。

二、对问题的回答

为什么说我国仍处于并将长期处于社会主义初级阶段？如何理解我国仍处于并将长期处于社会主义初级阶段？主要从以下两方面进行分析。

首先，从历史维度看，新中国成立前的经济基础十分薄弱，新中国的确是在一穷二白的基础上建立起来的，这是决定我国社会主义初级阶段长期性的根本原因。

1949 年我国的农业人口占全国总人口的 82.6％，农业产值占工农业总产值的 70％，但农业生产资料购买额仅占社会商品零售额的 4.8％。在农业内部结构上，种植业占 82.5％，林牧副渔业仅占 17.5％。在种植业中，按产值计，粮食作物又占绝大比重，经济作物占比很小。全国人均占有粮食 209 公斤、棉花 0.8 公斤、油料 4.8 公斤、生猪 0.11 头。1949 年我国全国钢产量 1518 万吨，仅是美国的 0.2％、日本的 5％，不到世界的 1‰，按人均算不过 0.25 公斤多。1952 年我国的工业水平实际低于 1800 年的英国、1890 年的法国，接近于 1910 年的俄国，如果按人口平均，只及英国 18 世纪后期的水平；城市职工 810 万人，只占全国劳动力的 4.5％；现代工业在国民经济中占比仅 10％。

1949 年的中国与西方国家的差距，大体为 100 年至 200 年间。当时我国人均原煤量为 60 公斤，落后于法国 118 年、德国 109 年、英国 250 年左右、美国 160 年以上。人均生铁 0.46 公斤，落后于美国 190 年、法国和德国 160 年、英国 210 年。人均钢产量为 0.29 公斤，落后于美国 90 年、德国 95 年、法国 107 年、英国 120 年以上。人均水泥产量为 1.22 公斤，也都落后于这些国家 60 年至 130 年左右。

当时我国是一个典型的落后农业国，工业化和城市化都处于很不发达的阶段。新中国诞生前夕，在党的七届二中全会上，毛泽东对我国国情有着非常清醒的认识，他说：“中国的工业和农业在国民经济中的比重，就全国范围来说，在抗日战争以前，大约是现代性的工业占 10％左右，农业和手工业占 90％左右。”[①]这是决定我国社会主义需要一个长期的初级阶段的根本原因。

其次，从现实维度看，当前我国的基本国情决定了我国社会主义初级阶段的长期性。

我国经过新中国成立后 70 多年特别是改革开放 40 多年的建设和发展，虽然

[①]毛泽东.毛泽东选集：第四卷[M].北京：人民出版社，1991.

取得了巨大成就,综合国力迅速增强,工业化程度显著提高,但与当今世界发达国家还有很大差距,要追赶发达国家,仍然任重而道远。正是从这个基本国情出发,我国仍然处于并将长期处于社会主义初级阶段的基本国情没有变,仍然是世界上最大的发展中国家的国际地位没有变。

1.按人均计算,我国各项发展指标还都偏低

我国目前有 13.95 亿人。众所周知,任何一个数乘以 13 亿都会变得很大,同时,任何一个数除以 13 亿也会变得很小。2018 年我国国内生产总值虽然达到13.2万亿美元,但人均约 9462 美元,这个数字只相当于全球人均水平的 70%,高收入国家人均的 1/6,在世界 213 个国家和地区仅位居第七十二位,甚至不及许多发展中国家,例如,南非、毛里求斯、马来西亚、墨西哥、智利、阿根廷等国。根据联合国开发计划署发布的数据,中国的人文发展指数也排名比较靠后。

2.我国经济增长方式还比较粗放,结构还不够合理,发展中不平衡、不协调、不可持续的问题仍然很突出

一是收入分配还存在问题,城乡之间、东西部之间和高低收入人群之间的收入差别都悬殊。改革开放 40 多年来,随着生产力的发展和经济总量的增加,人们的生活水平得到了大幅度提高,城乡居民收入大幅提高。在解决了温饱问题后于21 世纪初进入了小康社会并开始了全面建设小康社会的历史进程。但是,我们的小康社会还是低水平的、不全面的、发展不平衡的小康。随着我国城镇居民可支配收入大幅增加,收入差距也有所扩大。衡量居民收入差距的重要指标之一是基尼系数。按照国际通行标准来看,基尼系数低于 0.3 属于均等分配的区间,0.3~0.4属于合理区间,0.4~0.5 表明收入差距过大,超过 0.5 说明出现了收入分配两极分化的现象。国家统计局和国内外研究机构公布的我国基尼系数尽管不完全一样,有的还很不一样,但这些数据都超过了国内外公认的 0.4 警戒线。1978 年,我国农村居民的基尼系数为 0.21~0.24,城市居民为 0.16~0.18,说明在当时我国的居民收入分配基本呈现平均主义状况。到 2000 年 6 月,我国城乡居民的综合基尼系数达到 0.408,已超过 0.4 的国际警戒线。2003 年已经逼近 0.45,2004 超过 0.465,2007 年达到了 0.48。2012 年到 2018 年,我国居民收入的基尼系数分别为 0.474、0.473、0.469、0.462、0.465、0.467、0.474。数据显示,从 2004 年至今,我国基尼系数从未低于 0.46,而最近四年,更是逐年增大。收入差距悬殊必然导致社会贫富差距过大。中国最贫困的 20% 家庭的收入仅占国民收入的 4.27%,而最富裕的 20% 的家庭收入却占国民收入的 50.24%。占全国总人口 10% 的贫困人口存款,只占有全国存款总额的 3％,且呈下降趋势;而占总人口 10％的最高收入者却占有全国存款总额的 40％,且呈上升趋势。另据中国人民银行公布的数据,在全国居民储蓄存款中,最富有的 20％的人群拥有全部存款量的 80％,而其余 80％的人口仅占有全部储蓄存款的 20％。收入差距的扩大表现在三个方面:城乡居民收入差距不断扩大;不同经济类型、职业和行业的收入差距也在扩大;地区间收入差距逐步拉大。近年来城乡居民收入差距尽管有所缩小,但仍然大于 2.5∶1。尤其是农村贫困人口的绝对数量仍然很大。我国农村贫困人口年收入的最低标准,1986 年是206 元;2008 年是 1196 元(相当于每天 0.4 美元),而我国农村贫困人口为 4007 万,城镇贫困人口为 2500 万人;2010 年我国贫困人口年收入标准是 2300 元(相当于每天 1 美元);2014 年标准是 2800 元(相当于每天 1.22 美元)。2015 年到 2019 年的标准分别是 2968 元、3416 元、3335 元、3535 元、3747 元。据统计局 2019 年发布的最新数据显示,到 2018 年年末,我国贫困人口数量还为 1660 万。如果按照世界银行贫困线标准日均 1.9 美元计算,我国贫困人口的贫困程度还要更高一些。

二是经济发展的质量和效益都不够高,例如,钢铁产业由于工厂盲目建设和行业内部恶性竞争,导致企业利益很低、债务负担却很重,产能大量闲置,这种现象频发导致我国劳动生产率远远低于发达国家水平,中低端产能过剩现象十分严重。此外,我国每年从国外进口大量特殊钢材、水泥、玻璃等,说明这些产业的情况也不容乐观。

三是我国为经济增长付出的资源、环境和生态代价过大。我国作为人口大国,人均耕地和人均水资源分别仅为世界人均的 1/2 和 1/4,随着我国城市化和工业化进一步发展,伴随着耕地资源、水资源和生态压力加大。2011 年,我国国内生产总值占世界总产值比重还不到 10％,而能源消费却占世界的 20％。2012 年,我国每创造 1 万美元国内生产总值耗水 73 立方米,每生产 1 公斤粮食耗水 1 立方米。目前,我国人均二氧化碳排放量虽然低于发达国家,甚至低于世界人均排放量,但绝对量却升至全球第一位,约占世界的 1/4。检测数据显示,近 30 年来,伴随着经济高速发展的同时,我国流域面积超过 100 平方千米的 5 万多条河流已经消失,超过了半数,幸存的 2.3 万条河中也有 40％被污染,其中 20％的河水被严重污染,完全无法饮用。空气和水污染造成的损失相当于全国一年国内生产总值的 5.8％。耕地污染问题也日益突出,据统计,我国 21.49％的耕地重金属含量严重超标。不管是为了我国自身发展还是为全球发展考虑,我国都必须大力推行绿色发展经济,转型经济增长方式。但是,要在环保上多投入,关闭污染严重和耗能严重的产业企业,这与经济发展、充分就业之间有矛盾;要促进粮食产量增加,要靠提高单位面积土地的粮食产量,这又与不用化肥、农药之间有矛盾。所有这些对于尚处于工业化中后期阶段、需要进一步提高工农业发展水平的中国来说,都是制约发展的因素。

3.我国科技创新能力还比较弱

在科学技术上,我国在一些尖端科技上取得了重大突破,如太空出舱、歼-10飞机等,但总体的科学技术水平不高这一问题依然存在。我国工业能耗大、环境污染严重、出口商品中加工深度不够、技术附加值不高,劳动密集型商品和资源型商品还占相当大的比重,都是科学技术水平不高的表现。工业产品的产能有了大幅度提高,但基础工业落后的现状并未得到根本改观,工业上的一些基础设备和关键技术仍然依赖进口。目前,我国约有1500种产品,它们在全球出口市场占有率遥居世界首位,其次才是德、美、日等国家。但是,我国只是这些产品的生产商,却并不掌握这些产品的核心技术,也不生产这些产品的关键零件,甚至制造这些产品的高端大型装备也要依靠国外进口。中外合资企业大多只在我国开设工厂,利用我国廉价的土地价格和劳动力资源,技术却牢牢锁在本国国内。甚至是服装、鞋帽等技术含量很低的产品专利权也是国外的。根据统计可知,我国全社会研究与试验发展经费支出占国内生产总值的比重虽然已由2007年的1.4%提高到2018年的2.15%,但仍然低于一些发达国家的水平。这样的情况严重制约着我国的发展。

4.国际国内范围对我国发展不利的因素时有发生

首先,从2011年开始,我国劳动年龄人口占总人口比重开始负增长。目前,我国低于14岁人口数量占总人口的比重已经低于国际平均水平。同时,人口老龄化问题日益突出,老龄人口占总人口比重已高于世界平均水平。2018年,60周岁及以上人口占总人口的比重为17.9%,其中65周岁及以上人口为16658万人,占总人口的比重为11.9%,中国已经进入老龄化社会。其次,我国土地价格越来越高,劳动力价格不断上升,环境保护要求越来越严,导致企业生产成本不断增加。因此,许多外资企业甚至国内企业为了寻求利益的最大化,开始向成本更低的国家或地区转移。最后,由于2008年国际金融危机和世界范围内许多发达国家的债务危机产生的不良影响至今也未完全消除;以美国为首的许多发达国家贸易保护主义不断抬头,特别是美国发起的中美贸易战等。这些情况都对我国经济发展和财政收入造成了诸多不利影响,对我国的物价和就业也是不小的考验。

5.随着经济、科技的发展,工业化、现代化标准也不断提高

工业化、现代化本身就是个动态的概念,它的内涵和标准会随着经济、社会的

发展而变化。自 18 世纪英国第一台蒸汽机诞生以来,工业化前后经历了机械化、电气化、数字化几段历程,进入 21 世纪以后,人类又发明了许多新的科学技术,如物联网、云计算、机器人等。这些高新技术的发明可以说是第四次工业革命,又或者是第三次工业革命的延续。但不可置疑的是,每一次产业技术的革新和革命,都会促进那个时代的工业化标准发生显著变化。例如,第一次工业革命中,人们把工业化的标准看作在工厂生产、社会交通中大规模地使用蒸汽机,但是在 21 世纪的今天,蒸汽机的大规模使用显然不再能作为工业化的标志。自从 20 世纪 70 年代以来,多种多样的新技术层出不穷,如太空技术、生物技术、新能源技术等,社会经济发展中知识经济的特点越来越显现,因此,评论一个国家是否实现工业化或衡量其工业化程度时,就不得不把这些新型技术给工业发展带来的革新变化纳入考虑范畴。比如,今天的计算机信息技术已在各个发达国家都有广泛的应用,若我国的生产中没有运用计算机信息技术,就算工业产值在国内生产总值中占比很高,我们的工业化还是没有实现。此外,早在 20 世纪 70 年代,许多发达国家就已经进入了非工业化经济增长阶段,第三产业服务业在国民经济占比中不断提高,第二产业工业在国民经济中占比持续下降,在拉动国民经济增长的产业中退居二线。因此,衡量一个国家是否达到工业化的标准,也不能简单地用工业在国民经济中所占比重决定。例如,早在前几年我国工业产值就已经占我国国内生产总值的半数,而主要发达国家该比重仅为 20% 左右,所以,不能因为工业占国内生产总值比重大就认为我国工业化程度赶超发达国家。判断一个国家是否实现了工业化、衡量该国家的工业化水平高低,仍然需要分析工业产值在国内生产总值中的占比,但这个工业化应当与现代化相联系,是现代化的工业化。根据这个观点,衡量我国是否实现了工业化就不能按照旧有标准,应当用新的标准。因此,到 2020 年,我国的奋斗目标只是基本实现工业化,要实现现代化的工业化还有很长的一段路要走。

当前,我国的经济社会发展也面临着一系列重大的困难和挑战:最突出的问题是经济发展的不平衡和不充分,尤其是经济发展质量和发展效益并不高,效率低下,科技创新能力还是短板,国民经济中实体经济的发展水平还有待提高;在民生领域,城乡收入差距和区域收入差距依然很大,人民群众在社会生活的各个领域仍然面临着不少难题;社会矛盾和问题错综复杂,国家治理能力和治理体系现代化尚未实现,全面依法治国依然面临一些新课题;意识形态领域斗争面临新危险,国家总体安全观面临着前所未有的新变化;生态环境问题依然严峻,高污染高耗能产业转型发展仍然亟须改变;党的自身建设还存在不少薄弱环节,全面从严治党永远在路上。

虽然中国特色社会主义进入了新时代,但是我们党对中国最大的国情认识非常清晰,就是"一变两不变":社会主要矛盾变了,由人民日益增长的物质文化需要同落后的社会生产之间的矛盾转变为人民日益增长的美好生活需要和不平衡不充分的发展之间的矛盾。但是我国仍然处于并将长期处于社会主义初级阶段的基本国情没有变,我国是最大发展中国家的国际地位没有变。

总之,社会主义初级阶段仍然是当代中国的最大国情、最大实际。我们在任何情况下都要牢牢把握这个最大国情,推进任何方面的改革发展都要牢牢立足这个最大实际。在经济建设、政治建设、文化建设、社会建设、生态文明建设中要始终牢记我国正处于社会主义初级阶段,不管经济总量是高是低、发展速度是快是慢,我们都要牢记这一基本国情,在具体实践中立足这一基本国情。

三、回答问题所需要的支撑材料和延伸材料目录

[1] 刘伟.应当充分认识社会主义初级阶段的历史长期性[J].政治经济学评论,2018(6):11-18.

[2] 朱佳木.关于中国特色社会主义道路的长期性及其前进方向问题[J].毛泽东邓小平理论研究,2016(6):1-11,92.

[3] 周燕.从当前基本国情看社会主义初级阶段的长期性[J].思想战线:人文社会科学专辑,2009(S1):186-188.

[4] 陶文昭.如何讲授社会主义初级阶段的长期性[J].教学与研究,2000(1):24-29.

[5] 有林.对于建设社会主义长期性和阶段性认识的深化[J].思想理论教育导刊,2011(5):30-36.

[6] 杨承训.中国特色社会主义初级阶段论的几个重大问题[J].毛泽东邓小平理论研究,2016(5):31-37,91.

第六章

"三个代表"重要思想

---

15 | 如何准确把握"三个代表"重要思想的核心观点？

一、问题的实质

改革开放以来,随着社会主义市场经济的发展,中国社会结构发生了重大变迁。新中国成立初期由工人阶级、农民阶级和知识分子阶层构成的社会阶级阶层结构已经演化为多种社会阶层结构。工人阶级内部发生了明显的分化,变化成一个范围广泛、层次丰富的概念。社会结构分化所产生的新的社会阶层人士在社会主义建设事业各方面发挥着重要作用,成为建设社会主义的重要力量。社会阶层结构的分化和社会经济利益的调整,对改革开放新时期的中国共产党提出了更高要求。如何才能在新的历史条件下继续保持党的先进性,巩固和增强党执政的阶级基础和社会基础,成为新时期党的建设的时代课题。为了解决这一实际问题,中国共产党适时提出"三个代表"重要思想,创造性回答了在社会主义市场经济条件下建设什么样的党、怎样建设党的问题,深化了对中国特色社会主义的认识。

二、对问题的回答

要准确把握"三个代表"重要思想的核心观点,既要明确每个"代表"的具体要求,又要从整体上全面把握"三个代表"相互之间的辩证统一关系。

1.始终代表先进社会生产力发展要求是"三个代表"的基础

始终代表先进社会生产力发展要求是"三个代表"的基础,这是因为它从根本上揭示了我们党的中国工人阶级先锋队的性质、全心全意为人民服务的宗旨,深刻体现了党的根本任务和社会主义本质要求,赋予党的先进性以典型的时代特征。

其一,代表中国先进生产力的发展要求,不断促进先进生产力的发展,是我们党政治信仰和历史使命决定的。这一正确认识建立在马克思主义对生产力在人类社会历史发展和进步中地位和作用的科学论断基础上。马克思主义认为,社会的基本矛盾是生产力和生产关系的矛盾,经济基础和上层建筑之间的矛盾。在这两种矛盾之中,生产力和生产关系的矛盾是人类社会中最根本的矛盾,生产关系必须适合生产力发展的规律是人类社会发展最一般的规律。生产力作为这一矛盾中最活跃、最革命的因素推动生产关系乃至上层建筑发展变化的过程,实际上就是整个人类社会进步和发展的过程。其二,中国共产党的历史地位和历史命运,最终是由生产力的不断发展和进步决定的。纵观国际共产主义运动史,任何一个马克思主义政党无一不诞生于近现代生产力发展的基础之上,代表着社会化大生产发展的要求。正是生产力的这种发展进步,为共产党人提供了历史创造活动的前提条件,也提出了根本性的要求。马克思主义政党在取得政权后,只有牢牢把握生产力尤其是先进生产力的发展要求,才能把握时代的脉搏和前进的方向。其三,中国共产党的组织结构及其先进性,是建立在生产力的一定发展基础之上。我们党是工人阶级的先锋队,工人阶级既是我们党执政的阶级基础,同时也是先进生产力的代表。从这个意义上讲,工人阶级的成长壮大以及党的基本特点,都取决于社会主义生产力的进步性质。其四,我们党不仅是适应中国先进生产力的发展要求产生的,而且从它诞生以来的一切奋斗,都是围绕解放和发展生产力这一根本任务进行的。中国共产党之所以能够由小变大、由弱变强,能以百折不挠的力量团结全国各族人民努力奋斗,并使自己永远充满生机和活力,就在于它与先进生产力紧密联系。其五,中国共产党的各项政策正确与否,归根结底要用生产力标准来衡量。为此,江泽民进一步强调指出,"生产力发展是社会进步的最高标准",党的各项事业要坚持把发展先进生产力置于第一位;"人是首要的生产力",要把包括知识分子在内的工人阶级、广大农民作为推动我国先进生产力发展的根本力量;"科学技术是第一生产力",必须明确科学技术是先进生产力的重要标志,要把提高科技实力作为推动社会主义现代化建设的重要着力点。

"三个代表"重要思想,强调党要始终代表中国先进生产力的发展要求,集中体

4.全面把握"三个代表"的辩证统一关系

"三个代表"中,每个"代表"都有深刻的理论内涵,但三者之间又彼此相互联系、相互促进,构成一个统一的整体。

第一,发展先进的生产力,是发展先进文化、实现最广大人民根本利益的物质基础和根本前提。从根本上说,先进文化是与之相适应的先进生产力在精神层面的反映,以先进的生产力作为物质保障。生产力是推动人类社会发展和进步的最终决定性力量,社会经济基础、上层建筑的多种因素归根结底都是生产力的发展要求决定的。一方面,生产力的发展促进社会物质财富的增加,为精神文明的繁荣发展提供了基础性的物质保障;另一方面,物质文明的发展一定程度上也会体现在精神文明上,推动精神文明的发展繁荣,进而带动生产关系、上层建筑的进步,最终带动整个社会的进步。在建设中国特色社会主义的伟大实践中,我们党把实现人民群众的根本利益作为一切工作的出发点和落脚点。人民群众的利益是一个由社会多种利益关系构成的复合概念,但其中最主要、最基础的是物质利益。只有不断发展生产力才能实现人民群众的物质利益,相应地,也才能不断改善人民群众其他各方面的利益。因此,在"三个代表"中,中国共产党对先进生产力的代表处于"三个代表"的基础地位。

第二,马克思主义认为,人民群众是历史的创造者。人类社会全部的物质财富和精神财富,归根结底都是人民群众创造的。人民群众作为历史的主人,作为创造先进生产力和先进文化的主体,应该享用这种创造的成果和利益。"代表人民的利益"反映了中国共产党对执政权力来源和权力归属的正确认识,党一切工作的出发点和落脚点都是为了实现最广大人民的根本利益。中国共产党代表着社会主义中国以工人阶级为代表、工农联盟为基础的最广大人民的利益,没有自己的特殊利益,这是我们党同一切剥削阶级政党的根本区别。全心全意为人民服务使中国共产党把人民的利益放在高于一切的位置,发展社会主义政治、经济、文化,最终都是为人民服务,都是为人民谋利益,都是为人民所享有。实现和维护最广大人民群众的根本利益是党的责任和使命,也是我们党最根本的价值取向。因此,在"三个代表"中,中国共产党对最广大人民根本利益的代表处于"三个代表"的关键地位。

第三,物质决定精神,精神又反作用于物质。生产力的发展是文化进步的必要前提和基础保障,反过来,文化具有为推动生产力的发展提供重要的精神引导和智力支持的作用。进一步说,文化对整个人类社会的发展进步发挥着重要推动作用。因为人类社会文明的发展进步,集中表现为生产力和文化的发展进步。一个社会的存续和发展,既需要以先进的生产力作为推动社会前进的物质基础,同时也需要以先进的文化作为引领社会发展方向的精神动力。在当代中国,随着时代条件的变迁和社会经济的发展,人民群众的利益要求不仅仅满足于物质利益,同时对满足精神利益的要求也越来越高。中国共产党代表中国先进文化的前进方向,既是新时期继续推动社会先进生产力发展的必然要求,也是新时期全面实现和维护人民群众利益的根本要求。从整个社会的角度来看,中国共产党作为社会主义先进文化的代表,满足人民群众日益增长的精神文化需求,建设促进人全面发展、全面进步的现代化社会主义社会是我们党根本任务和奋斗目标的内在要求和体现;从党自身性质的角度来看,我们党的指导思想、价值系统、历史使命、方针政策等,也都属于精神文化的范畴。因此,在"三个代表"中,中国共产党对先进文化发展方向的代表处于"三个代表"的重要地位。

总之,"三个代表"重要思想紧紧围绕着新时期中国特色社会主义物质文明建设、政治文明建设、精神文明建设三个基本点,集中反映了中国共产党一百年来的历史经验,创造性地回答了新形势下建设什么样的党、怎样建设党的重大理论问题。既深化了对中国特色社会主义的认识,也反映了当代世情、国情、党情的发展变化对党和国家各项事业提出的新要求,是新时期加强和改进党的建设,推进我国社会主义发展繁荣的强大思想武器。

三、回答问题所需要的支撑材料和延伸材料目录

[1] 江泽民.论有中国特色社会主义[M].北京:中央文献出版社,2002.

[2] 江泽民.论三个代表[M].北京:中央文献出版社,2001.

[3] 江泽民.全面建设小康社会,开创中国特色社会主义事业新局面——在中国共产党第十六次全国代表大会上的报告[M].北京:人民出版社,2002.

16 | 如何理解"三个代表"重要思想的历史地位?

一、问题的不同表述和实质

20世纪80年代末90年代初,国内发生严重政治风波,国际上东欧剧变、苏联解体,世界社会主义出现严重曲折,我国社会主义事业的发展面临巨大的困难和压

力,党和国家处在决定前途命运的重大历史关头。以江泽民同志为主要代表的中国共产党人,从容应对困难和风险,科学判断形势,全面把握大局,进行艰辛探索,形成了"三个代表"重要思想,全面推进社会主义现代化建设,开创了中国特色社会主义事业新局面,成功地将中国特色社会主义推向21世纪。"三个代表"重要思想是中国特色社会主义理论体系的重要组成部分,在中国特色社会主义事业发展中具有重要历史地位。理解和把握"三个代表"重要思想的历史地位必须深刻把握其形成的复杂的国际国内背景,从历史脉络中客观把握其思想真谛;"三个代表"重要思想绝不是简单的三句话的组合,是一个内涵丰富的思想理论体系,要深刻理解"三个代表"重要思想在接续发展中国特色社会主义理论体系中的承上启下的特殊意义,尤其是创造性回答了"建设什么样的党、怎样建设党"的问题,深化了党对人类社会发展规律、社会主义建设规律、共产党执政规律的认识。

二、问题的解答

1.深刻把握"三个代表"重要思想形成的复杂国际国内背景

党的十三届四中全会选举产生了以江泽民同志为核心的党中央,在极其复杂的国际国内背景下继续推动中国特色社会主义事业发展,创造性地提出了"三个代表"重要思想,并成功将中国特色社会主义推向21世纪。深入理解"三个代表"重要思想的历史地位必须将这一重要思想置于特定的历史背景下考量,这是深刻把握"三个代表"重要思想精神实质的前提。

第一,国际共产主义运动遭遇重挫。20世纪80年代末90年代初,发生了东欧剧变、苏联解体等重大国际事件,国际共产主义运动遭受了重大挫折。东欧剧变、苏联解体使得一些反马克思主义、反社会主义的力量活跃起来,公开叫嚣"马克思主义过时论""社会主义失败论""共产主义渺茫论",一时间,人们对社会主义的前途命运感到担忧。在这样的历史背景下,能否顶住压力继续沿着中国特色社会主义道路前进成为国内外各界关注的焦点。苏联解体以后,美苏争霸的两极格局彻底瓦解,美国作为唯一的超级大国,极力使世界向单极化方向发展,谋求建立以其为领导的世界秩序。以美国为首的西方国家坚信,下一个被解体的社会主义国家一定是中国,进而加紧对我国进行意识形态渗透,采取各种形式的和平演变,企图瓦解社会主义中国,推翻党的执政地位。在这种形势下,中国作为世界上最大的社会主义国家,实际上处于两种社会制度对立、斗争的最前沿。中国共产党面临长期的国际压力,渗透与反渗透、遏制与反遏制、分裂与反分裂、颠覆与反颠覆的斗争将长期存在,世界仍不安宁。东欧剧变使得一大批老党大党纷纷丧失执政地位,但社会主义与资本主义长期共存的国际格局依然没有改变,世界仍然处在两种社会制度又斗争、又合作,相互影响、相互借鉴的时代,这是无法回避的世情。进入新世纪,江泽民提出了"四个如何认识",其核心就是如何处理好社会主义与资本主义的关系,如何在西强我弱的格局下既维护自身安全,又实现自身发展。作为世界上最大的社会主义国家,一方面要深刻总结东欧剧变的历史教训,防范国内外敌对势力对我国的意识形态渗透;另一方面,要深刻把握国际局势,抓住发展机遇,进一步探索如何推进中国特色社会主义事业发展,这是以江泽民同志为核心的党中央所必须面对的复杂的国际形势。

第二,国内面临一系列复杂的社会问题。20 世纪 80 年代末出现了严重的政治风波,邓小平分析这场风波产生的原因时指出,这既有国际大气候,也有国内小气候等多方面因素导致,其中暴露出我们在改革开放中出现的一些问题,突出表现就是"一手硬、一手软"。改革开放以来,党和国家将主要精力放在经济建设上,放松了思想政治工作和精神文明建设,导致资产阶级自由化思潮泛滥,出现"精神污染",社会风气变坏,人民群众对此非常不满。伴随着改革开放和发展社会主义市场经济的进程加快,我国社会生活发生了广泛而深刻的变化,社会经济成分、组织形式等呈现出多元多样的趋势,这给国家的政治经济文化和社会生活的各个方面带来深刻影响。尤其是社会就业方式、分配方式的多样化,出现了复杂的利益关系,原有的社会阶层结构发生了深刻变革,除了工人、农民、知识分子、干部等社会阶层外,还出现了一些新的社会阶层,他们在不同领域提出新的利益诉求。此外,我国在经历了长时期的经济增长后,也面临着国际经济衰退、国内经济结构调整、部分国有企业经营困难、人口与资源环境关系紧张、发展经济与保持环境生态的矛盾日益突出等重重压力。在这样的情况下,党如何正确处理社会主义现代化建设中的若干重大关系,如何完善社会主义市场经济体制,如何推进政治体制改革,如何解决经济发展与资源、环境的矛盾,保持国民经济的可持续发展,这些都是摆在中国共产党面前的必须研究解决的紧迫而重大的问题。

第三,党的建设面临一系列亟待解决的问题。20 世纪 80 年代末 90 年代初正值干部队伍进入整体性交接的关键时刻,"文革"之前的领导干部逐渐退出领导岗位,"文革"后培养的一大批年轻干部走上了各级领导岗位,党员人数达到六千多万,绝大部分是新党员。尽管新的领导干部队伍总体是好的,但在一些党员和干部中,对思想政治工作不重视,在市场经济体制下极易迷失自我,在不同程度上存在思想僵化、信念动摇、道德滑坡、组织涣散等问题。培养和造就一批有责任担当、立场坚定、能够适应新世纪新要求的中青年干部队伍是一项极端重要且十分紧迫的任务。随着改革开放的不断深入,在建立社会主义市场经济体制的初期,消极腐败现象一时呈滋生蔓延之势,并且发生了一系列新的变化。一些领导干部的腐败问题出现涉案金额大、涉案领域广、涉案人员多、涉案手段隐蔽等新特点,腐败案件的频发、高发严重损害了党和政府的形象,必须下大力整治腐败问题,重塑党的政治生态。

2.全面理解"三个代表"重要思想是对中国特色社会主义理论体系的接续发展

"三个代表"重要思想是在国情、世情、党情发生深刻变化的背景下,围绕坚持和发展中国特色社会主义这个主题,从最初的围绕党的建设,到逐渐拓展到改革发展稳定、内政国防外交、治党治国治军各个方面、各个领域,绝不是只属于党建范畴的狭义论断,而是对中国特色社会主义理论体系的接续发展,全面深化了我们党对人类社会发展规律、社会主义建设规律、共产党执政规律的认识,在中国特色社会主义理论体系中具有承上启下的历史地位和价值意蕴。

第一,对中国特色社会主义理论体系内容的进一步深化。新中国成立以来,对什么是社会主义、怎样建设社会主义这个根本问题进行了全面探索,由于理论认识上的偏差,我们在实践上走了弯路。改革开放以来,邓小平艰辛地探索如何在经济文化比较落后的国家建设和发展社会主义,系统回答了什么是社会主义、怎样建设社会主义这一问题,使我们党对社会主义的认识提高到新的水平。以江泽民同志为核心的党的第三代中央领导集体继续探索并回答这一问题,深化了对这一问题的认识,极大地丰富和发展了中国特色社会主义理论体系的内容。这种丰富和发展体现在方方面面,例如,明确经济体制改革的目标是建立社会主义市场经济体制,实行以公有制为主体、多种所有制经济共同发展的基本经济制度,实行以按劳分配为主体、多种分配方式并存的分配制度,要建设惠及十几亿人口的小康社会,等等。发展是当今时代的两大主题之一,邓小平提出发展是硬道理,发展问题对于中国特色社会主义具有决定性的意义。"三个代表"重要思想深化了对发展问题的认识,将发展作为党执政兴国的第一要务,将发展问题置于关系人心向背、事业兴衰的高度,促进人的全面发展。"三个代表"重要思想创造性地回答了建设什么样的党、怎样建设党的问题,对于在改革开放和市场经济条件下如何加强和改进党的建设提出一系列开创性的思想,全面深化了对共产党执政规律的认识,丰富和发展了中国特色社会主义理论体系。例如,为适应扩大党执政阶级基础的需要,提出中国共产党是中国工人阶级的先锋队,也是中国人民和中华民族的先锋队的思想;提出立党为公、执政为民的思想;将反腐败工作定位为关系党和国家生死存亡的工作;等等。这些党建思想发展了马克思主义政党理论,为建设中国特色社会主义的坚强领导核心指明了前进方向。

第二,对中国特色社会主义理论体系价值取向的进一步深化。改革开放以来,邓小平在探索中国特色社会主义建设的过程中提出了以人民高兴不高兴、满意不满意、赞成不赞成、答应不答应作为党制定路线方针政策依据的思想,这是确保党长期执政条件下能够拥有稳固的群众基础的重要条件。邓小平进一步提出了中国特色社会主义最终要实现全体人民的共同富裕,确保了中国特色社会主义的人民性价值取向。"三个代表"重要思想进一步丰富和发展了中国特色社会主义的人民性价值取向,明确提出中国共产党始终代表最广大人民的根本利益,升华了对中国特色社会主义人民性价值取向的认识。江泽民提出中国共产党与剥削阶级政党的根本区别就在于党是全心全意为人民服务的,必须坚持立党为公、执政为民,在任何情况下都要与人民群众同呼吸共命运。江泽民指出:"必须始终把体现人民群众的意志和利益作为我们一切工作的出发点和归宿,始终把依靠人民群众的智慧和力量作为我们推进事业的根本工作路线。"①"三个代表"重要思想深化了对中国特色社会主义人民性价值取向的认识,适应了党执政环境变化、执政能力提升的现实需要,为新形势下继续秉持中国特色社会主义以人为本的价值取向提出了新要求,指明了努力方向,具有重要的现实意义。

第三,对中国特色社会主义理论体系检验标准的进一步深化。改革开放以来的实践是开创性的工作,是在"摸着石头过河"的过程中不断探索总结出来的新路,这条新路的成败得失必须经得起检验,而如何检验党制定的方针政策的效果,检验国家的各项事业的成败得失,必须有明确的检验标准。经过长期的探索和总结,邓小平逐渐形成了以"三个有利于"为判断改革开放以来党和国家各项工作成败得失的检验标准,这也是中国特色社会主义理论体系的重要内容,这一著名论断提升了党对中国特色社会主义建设事业衡量标准的认识,具有重要的现实指导作用。随着改革的不断深化,为了适应变化了的实际需要,江泽民同志提出了"三个代表"重要思想,全面深化了中国特色社会主义理论体系中关于党和国家事业发展检验标准的认识,将原有的"提高社会生产力""提高国家综合国力""提高人民生活水

---

① 江泽民.论"三个代表"[M].北京:中央文献出版社,2001.

平"三个方面的内容,升华为"代表先进生产力的发展要求""代表先进文化的前进方向""代表最广大人民的根本利益"三个方面,将这三个方面以及三者的有机统一作为衡量党和国家事业发展成败得失的检验标准,从更深刻、更全面、更科学的角度考量中国特色社会主义事业发展,创造性地发展了中国特色社会主义理论体系的检验标准。

3."三个代表"重要思想创造性地回答了"建设什么样的党,怎样建设党"的问题

受国际大环境和国内现实问题的影响,在 20 世纪 80 年代末 90 年代初发生了严重的政治风波,给党和国家事业发展造成一定的干扰和破坏。邓小平在总结这场风波的经验教训时指出:"常委会的同志要聚精会神地抓党的建设,这个党该抓了,不抓不行了。"①在 90 年代初南方谈话中邓小平再次强调:"中国要出问题,还是出在共产党内部。"②邓小平一方面深刻指出了党的建设对党和国家事业发展的重要现实意义,另一方面也是向新一届中央领导集体做出重要的政治交代,将加强党的建设、抓好党的建设这一重大课题留给以江泽民为核心的党的第三代中央领导集体。从党的十三届四中全会到党的十六大,这 13 年里以江泽民同志为核心的党中央牢记邓小平的政治交代,始终把党的建设摆在突出位置,将党的建设事业上升为关乎国家生死存亡的战略高度,视为衡量中国特色社会主义事业成败的关键。

经过长期努力,在总结国内外历史经验教训的基础上,在深刻把握党所处新的历史方位的基础上,江泽民同志逐渐形成了"三个代表"重要思想,这是一个系统完备、内涵丰富的思想理论体系。"三个代表"重要思想聚焦于新时期党自身面临的突出问题,着眼于长期执政的现实考验,为了保持中国共产党的马克思主义执政党的鲜明政治底色,抓住了党建问题的关键,创造性地回答了"建设一个什么样的党,怎样建设党"的问题。"三个代表"重要思想的提出表明,中国共产党人能够立足时代前沿,直面党自身面临的诸多现实挑战,以巨大的政治勇气破解党自身存在的问题。具体来看,"三个代表"重要思想在新的历史条件下,系统概括了党的建设的基本经验,即开展党的建设必须紧紧围绕党的中心任务来展开,朝着党的建设总目标来加强,不断提高党的创造力、凝聚力和战斗力;指明了中国共产党的发展方向和建设目标,即保证我们党始终是中国工人阶级的先锋队,同时是中国人民和中华民

---

①邓小平.邓小平文选:第三卷[M].北京:人民出版社,1993.

②邓小平.邓小平文选:第三卷[M].北京:人民出版社,1993.

族的先锋队,始终是中国特色社会主义事业的领导核心;指明了保持党的先进性必须面对和解决的历史性课题,即进一步提高党的领导水平和执政水平,提高拒腐防变和抵御风险的能力;指明了保持党的先进性的根本检验标准,即必须放到推动当代中国先进生产力和先进文化发展中去考察,放到维护和实现最广大人民根本利益的奋斗中去考察,归根结底要看党在推动历史前进中的作用;指明了保持党的先进性的工作运行机制,即改革和完善党的领导方式和执政方式、领导体制和工作制度,并把思想建设、组织建设和作风建设有机结合起来。

三、回答问题所需要的支撑材料和延伸材料目录

[1] 江泽民.论"三个代表"[M].北京:中央文献出版社,2001.

[2] 江泽民.论党的建设[M].北京:中央文献出版社,2001.

[3] 中共中央宣传部."三个代表"重要思想学习纲要[M].北京:学习出版社,2003.

[4] 胡锦涛.在"三个代表"重要思想理论研讨会上的讲话[M].北京:人民出版社,2003.

[5] 冷溶.新时期马克思主义党建学说的新发展——进一步深刻理解"三个代表"的重大意义[J].北京大学学报:哲学社会科学版,2001(1):5-17.

[6] 李君如."三个代表"与面向21世纪的中国共产党建设[J].教学与研究,2000(8):5-16.

[7] 李崇富."三个代表"的重要思想与历史唯物主义[J].马克思主义研究,2001(7):2-9.

[8] 秦宣.论"三个代表"的辩证统一关系[J].中国特色社会主义研究,2001(10):13-16.

[9] 田克勤,田岩."三个代表"思想探源[J].东北师大学报,2000(6):1-6.

[10] 梅荣政.江泽民"三个代表"的理论特色[J].上海交通大学学报:社会科学版,2000(4):34-39.

第七章

科学发展观

17 如何把握科学发展观的科学内涵和精神实质？

一、问题的不同表述和实质

科学发展观,是马克思主义关于发展的世界观和方法论的集中体现,是同马克思列宁主义、毛泽东思想、邓小平理论和"三个代表"重要思想既一脉相承又与时俱进的科学理论,是我国经济社会发展的重要指导方针,是发展中国特色社会主义必须坚持和贯彻的重大战略思想。

第一,在理解和把握科学发展观的科学内涵时,需要注意科学发展观和绿色发展观的关系研究。

鉴于学界与社会各界经常有人不自觉地把科学发展观与绿色发展观割裂开来,把中国的绿色发展观与西方的绿色经济、绿色文明混为一谈,因此,关于科学发展观和绿色发展观的关系研究,也是理解和把握科学发展观科学内涵的题中应有之义。科学发展观和绿色发展观作为内涵不同的两种发展观,虽然在起源、特征、目标等方面存在一定的差异,但是,二者又具有一定的相通性。科学发展观在根本上是一种以人为本的发展观,它注重的是发展的科学性、可持续性、全面性等,在根本上是一种社会主义的发展观。绿色发展观起源于西方资本主义的工业危机,尤其是起源于工业发展的石化能源危机,强调生态和谐、自然美丽、森林保护、荒野价值、太阳能、核能、天然气、风能等绿色经济的发展模式,旨在摆脱资本主义经济危机对本国经济发展的影响。

绿色发展观的贡献在于强调了绿色经济在生态社会、生态文明建设中的重要性，突出了工业文明被取代的历史必然性。科学发展观的贡献在于突出了"以人为本"的思想，强调经济发展、经济增长最终是为人的生存与发展服务的，在经济发展的同时必须强调其发展的科学性、全面性与可持续性，必须具备全局意识、环保意识与历史意识。

正确梳理和辨析五大发展理念与科学发展观的关系，是有关科学发展观的研究中一个不可回避的基础问题。

"创新、协调、绿色、开放、共享"五大发展理念自党的十八届五中全会上被提出以来，就成为马克思主义研究领域中最为前沿的学术课题之一，备受学术界的关注，研究成果十分丰硕。但是，经过梳理我们不难发现这样一个现象，那就是尽管当前对于五大发展理念的研究日益深入，也取得很多十分有分量的研究成果，但在其中，以五大发展理念与科学发展观关系作为中心议题的成果很少。甚至我们能够了解到，在学术界有这样一些观点，认为既然已经提出"以人为本的科学发展观"，是否有必要再提"五大发展理念"？或者说，既然现在有了"五大发展理念"，是否意味着可以少提甚至不提科学发展观？这些观念在客观上反映了当前存在的一些思想困惑，即为什么要提出五大发展理念？五大发展理念能否取代科学发展观？它们各自的价值在哪里？二者究竟有何关系？这一系列的重大问题正是我们还没有完全梳理清楚的问题，也恰恰是目前我们迫切需要答疑解惑的问题。

从二者的基本联系来看，科学发展观是五大发展理念最为直接的思想理论基础，而五大发展理念又是对科学发展观的继续深化和发展。但二者的区别在于，它们的理论与政治定位有所不同。必须强调的是，五大发展理念与科学发展观并不是相互冲突的排他性关系，而是相得益彰的包容性关系；不能因为科学发展观是党的根本指导思想而轻忽五大发展理念，也不能因为五大发展理念是党的最新发展理念而轻忽科学发展观，它们理应得到并行不悖的宣传、坚持和贯彻。

二、对问题的回答

（一）关于科学发展观的科学内涵

科学发展观，第一要义是发展，核心立场是以人为本，基本要求是全面协调可持续，根本方法是统筹兼顾。这是对于科学发展观的集中概括。

1.推动经济社会发展是科学发展观的第一要义

坚持科学发展，必须加快转变经济发展方式。要坚持把经济结构战略性调整作为主攻方向,坚持把科技进步和创新作为重要支撑,坚持把保障和改善民生作为根本出发点和落脚点,坚持把建设资源节约型、环境友好型社会作为重要着力点,坚持把改革开放作为强大动力,努力使加快转变经济发展方式要求贯穿经济社会发展的各领域和全过程,做到在发展中促转变、在转变中谋发展。尤其要正确认识和处理在经济社会发展中"好"与"快"的辩证关系,抓紧解决发展面临的重点问题和突出矛盾,促进经济增长主要由依靠投资、出口拉动向依靠消费、投资和出口协调拉动转变,由主要依靠第二产业带动向依靠第一、第二、第三产业协同带动转变,由主要依靠增加物质资源消耗向主要依靠科技进步、劳动者素质提高、管理创新转变,不断提高发展的全面性、协调性、可持续性。

坚持科学发展,必须善于抓住和用好机遇。党的十六大在综合分析进入新世纪后国际国内形势变化的基础上,做出了 21 世纪头二十年对我国来说是一个必须紧紧抓住并且可以大有作为的重要战略机遇期的重大判断。十六大以来,我们党紧紧抓住和用好重要战略机遇期,战胜一系列重大挑战,奋力把中国特色社会主义推进到新的发展阶段。进入 21 世纪第二个十年,我国发展的内外部环境发生深刻复杂变化,战略机遇期仍然存在。实现科学发展,就要准确判断重要战略机遇期内涵和条件的变化,全面把握机遇,沉着应对挑战,奋发有为地推进我国改革开放和社会主义现代化建设。

2.以人为本是科学发展观的核心立场

科学发展观的核心立场是以人为本,以人为本体现了马克思主义历史唯物论的基本原理,体现了中国共产党全心全意为人民服务的根本宗旨,体现了我们党推动经济社会发展的根本目的。

以人为本就是以最广大人民的根本利益为本。其中的"人",是指人民群众,就是以工人、农民、知识分子等劳动者为主体,包括社会各阶层人民在内的中国最广大人民;"本"就是根本,就是出发点和落脚点。以人为本的根本含义就是坚持全心全意为人民服务,立党为公、执政为民,始终把最广大人民的根本利益作为党和国家工作的根本出发点和落脚点,坚持尊重社会发展规律与尊重人民历史主体地位的一致性,坚持为崇高理想奋斗与为最广大人民谋利益的一致性,坚持完成党的各项工作与实现人民利益的一致性,坚持发展为了人民、发展依靠人民、发展成果由人民共享。

坚持以人为本,就要坚持发展为了人民,始终把最广大人民的根本利益放在第一位。我们推进发展的根本目的就是造福人民。当前,各族人民期待过上更好的生活,因此,必须把经济社会发展的目的真正落实到满足人民需要和实现人民利益上,将人民群众的需要和利益切实体现在经济社会发展的各项工作、各个环节中。

坚持以人为本,就要坚持发展依靠人民,从人民群众的伟大创造中汲取智慧和力量。要保证人民当家作主,发挥人民主人翁精神,最广泛地动员和组织人民依法管理国家事务和社会事务,管理经济和文化事业,积极投身社会主义现代化建设。要坚持党的群众路线,进一步牢固树立人民群众是历史创造者的观点、竭诚为最广大人民谋利益的观点、虚心向人民群众学习的观点、对党负责和对人民负责相一致的观点、权力是人民赋予的观点。要切实转变思想作风和工作作风,切实改进领导方式和工作方法,深入了解民情、充分反映民意、广泛集中民智,做到问政于民、问需于民、问计于民,做到谋划发展思路向人民群众问计,查找发展中的问题听人民群众意见,改进发展措施向人民群众请教,最大限度地集中全社会全民族的智慧和力量。

坚持以人为本,就要坚持发展成果由人民共享,着力提高人民物质文化生活水平。人民群众是发展的主体,也应是发展的最大受益者。要把改革发展取得的成果体现在充分保障人民享有的经济、政治、文化、社会、生态权益上,体现在不断提高人民的生活质量和健康水平上,体现在不断提高人民的思想道德素质和科学文化素质上,要坚持把最广大人民的根本利益作为制定和贯彻党的方针政策的基本着眼点,在促进发展的同时,把维护社会公平放到更加突出的位置,促进创造财富和公平分配的协调,下大气力解决好各种民生问题,使发展成果更多更公平惠及全体人民,朝着共同富裕方向稳步前进。

坚持以人为本,最终是为了实现人的全面发展。要坚持在经济社会发展的基础上促进人的全面发展,要把促进经济社会发展与促进人的全面发展统一起来,把促进人的全面发展作为经济社会发展的最终目的,既着眼于人民现实的物质文化生活需要,又着眼于促进人民素质的提高。

3.全面协调可持续是科学发展观的基本要求

全面协调可持续中的"全面"是指发展要有全面性、整体性,不仅经济发展,而且各个方面都要发展;"协调"是指发展要有协调性、均衡性,各个方面、各个环节的发展要相互适应、相互促进;"可持续"是指发展要有持久性、连续性,不仅当前要发展,而且要保证长远发展。

坚持全面发展,就是要按照中国特色社会主义事业总体布局,正确认识和把握经济建设、政治建设、文化建设、社会建设、生态文明建设是相互联系、相互促进的有机统一体,它们相辅相成、相互促进,共同构筑起中国特色社会主义事业的全局。其中,经济建设是中心和基础,政治建设是方向和保障,文化建设是灵魂和血脉,社会建设是支撑和归宿,生态文明建设是根基和条件。要坚持以经济建设为中心,把社会主义经济建设、政治建设、文化建设、社会建设、生态文明建设作为统一的任务来把握,作为统一的工作来部署,作为统一的目标来落实,全面推进中国特色社会主义事业。

坚持协调发展,就是保证中国特色社会主义各个领域协调推进。要促进发展的均衡性,协调好消费与投资,供给与需求,发展的速度和结构、质量、效益,市场机制与宏观调控,科技进步与人力资源优势发挥等发展中的一系列重大问题。正确处理经济与社会发展,国内发展和对外开放,城市与农村发展,东中西部发展,改革发展稳定,人与自然界发展等现代化建设中的一系列重大关系,促进现代化建设各个环节、各个方面相协调,促进生产关系与生产力、上层建筑与经济基础相协调。

坚持可持续发展,必须走生产发展、生活富裕、生态良好的文明发展道路。坚持文明发展道路,就要坚持以生产发展为基础,以生活富裕为目的,以生态良好为条件,在经济社会发展过程中把推进生产发展、实现生活富裕、保持生态良好三者有机统一起来,最终实现社会经济系统和自然生态系统的良性循环。

坚持可持续发展,还必须建设生态文明。坚持文明发展道路,就要把生态文明建设放在突出地位,把经济的发展、生活水平的提高和实现可持续发展有机统一起来,正确处理经济建设、人口增长与资源利用、生态环境保护的关系,确保人们在享有现代物质文明成果的同时,又能保持和享有良好的生态文明成果。

4.统筹兼顾是科学发展观的根本方法

坚持统筹兼顾,必须正确认识和妥善处理中国特色社会主义事业中的重大关系。统筹城乡发展,就是增强农村发展活力,逐步缩小城乡差距,促进城乡共同繁荣,推动城乡发展一体化。统筹经济社会发展,就是要加快科技、教育、就业、文化、卫生、体育、社会保障、社会管理等社会事业发展,实现经济发展与社会进步的有机统一。统筹区域发展,就是要继续实施区域发展总体战略,充分发挥各地区比较优势,逐步形成东中西部相互促进、优势互补、共同发展的新格局。统筹人与自然和谐发展,就是处理好经济建设、人口增长与资源利用、生态环境保护的关系,增强可持续发展的能力。统筹国内发展和对外开放,就是要统筹利用好国内国际两个市场、两种资源,统筹把握好国内产业发展和国际产业分工,努力促进我国发展和各国共同发展的良性互动。

坚持统筹兼顾,必须认真考虑和对待各方面的发展需要,正确反映和兼顾各阶层各群体的利益要求。正确处理中央和地方的关系,善于发挥两个积极性,既坚持全国一盘棋,保证中央政令畅通、令行禁止,又支持地方因地制宜、创造性地开展工作。正确处理个人利益和集体利益、局部利益和整体利益、当前利益和长远利益的关系,正确处理最广大人民的根本利益、现阶段群众的共同利益和不同群体的特殊利益的关系,善于从各方利益的结合点上考虑问题、谋划工作。正确处理人民内部矛盾,善于化解不和谐因素,形成各方面参与改革、推动发展、维护稳定的强大合力。正确处理国内国际两个大局的关系,善于从国际形势和发展变化中把握发展机遇、应对风险挑战,营造良好国际环境。

坚持统筹兼顾,要牢牢掌握统筹兼顾的科学思想方法。努力提高战略思维、创新思维、辩证思维能力,不断增强统筹兼顾的本领,更好地推进科学发展。要坚持以宽广的胸怀把握全局,以辩证的思维分析全局,以系统的方法谋划全局,把中国特色社会主义伟大事业和党的建设新的伟大工程作为一个整体,统筹改革发展稳定、内政外交国防、治党治国治军各方面工作。正确处理重点和一般的关系,善于在纷繁复杂的矛盾中抓住根本,把工作的重点真正放到解决改革发展稳定中的突出问题上,着力在重要领域和关键环节取得突破,做到以点带面、整体推进。

坚持统筹兼顾,还要求我们既立足当前,又着眼长远,做到兼顾各方、综合平衡。要深刻认识当前发展和长远发展的关系,统筹考虑当前发展和未来发展的需要,既积极实现当前发展的目标,又为未来的发展创造有利条件,坚持实现阶段性目标和促进可持续发展的有机统一。坚持因地制宜、因人制宜、因时制宜,正确把握经济社会发展中平衡与不平衡的辩证关系,既鼓励抓住机遇加快发展,善于调动各方面发展的积极性,又注重发展的协调性和稳定性,努力实现均衡发展。

(二)关于科学发展观的精神实质

党的十八大报告中提出,解放思想、实事求是、与时俱进、求真务实,是科学发展观最鲜明的精神实质。科学发展观的精神实质是科学发展观最本质、最根本的、最核心的东西,因此,在新的历史条件下提出了这一观点,有助于完善关于发展的理论体系,为建设中国特色社会主义提供了新的思维方式,同时涉及社会发展的方方面面。

自"科学发展观"这一概念于2003年十六届三中全会被提出后,"科学发展观的精神实质"这一问题就成为学者们探讨的热点问题。在党的十八大召开之前,相关的研究成果主要集中在以下几个角度:一是分别从人与自然,人与人,人与社会之间的和谐进行探讨,主要侧重理论层面;二是认为科学发展观的精神实质是又好又快的发展;三是认为科学发展观的精神实质是以人为本;四是从发展观角度理解精神实质。十八大召开后国内学者的相关研究主要侧重以下两个方面:一是从党的思想路线创新角度解析科学发展观精神实质;二是从哲学层面论述科学发展观精神实质。

科学发展观的精神实质与基本内涵是有区别的,其精神实质具有时代创新性、语言简洁性和根本性的特征。科学发展观最鲜明的精神实质是解放思想、实事求是、与时俱进、求真务实。这个精神实质充分体现了马克思列宁主义、毛泽东思想、邓小平理论、"三个代表"重要思想和科学发展观的历史逻辑和内在联系。科学发展观着眼于丰富发展内涵、破解发展难题、开拓发展思路、创新发展观念,提出了一系列新的思想观点,涵盖发展战略、发展道路、发展模式、发展动力、发展目的和发展要求等方面,初步形成了马克思主义关于社会主义发展的系统理论,进一步丰富和深化了马克思主义对发展问题的认识。

求真务实是党的思想路线的核心内容。中国共产党自成立以来的经验历程充分表明,党的活力在于求真务实,党和人民事业兴旺发达的关键也在于求真务实。

"求真"是针对客观规律、客观事实而言的,我们要"求"的最大的"真"就是我国的客观实际,目前我国最大的实际就是我国正处于并将长期处于社会主义初级阶段,我们务必要考虑到这个实际,不能人为地忽略这个实际,更不能"超越"这个实际。"务实"是针对客观存在而言的,世界上一切事物的存在都是有原因的,也都是有规律的。我们在进行认识和实践的过程中一定要尊重事物的客观规律。这里所指的客观规律,不仅包含自然界发展的规律,也包含人类社会发展的规律。

实践、认识、再实践、再认识循环往复的过程是唯物主义的认识过程,也是求真务实体现得最明显的地方。"求真务实"一方面要求我们一切从实际出发,从实践入手,掌握客观规律,寻求真理,得到认识理论,再指导实践。这个过程是解放思想,实事求是,与时俱进的完美体现,是理论和实际的结合、主观与客观的结合。另一方面要求我们不但要坚持那些经过实践检验的既有理论,更要坚持客观的自然界和人类社会的发展规律,并不断深化对于规律的认识和把握,努力寻求创新,包括理论创新、制度创新、实践创新、技术创新等等,使党的领导体现时代性、把握规律性、富于创造性。

三、解答问题所需要的支撑材料和延伸材料目录

[1] 胡锦涛.在全党深入学习实践科学发展观活动动员大会暨省部级主要领导干部专题研讨班上的讲话[M].北京:人民出版社,2009.

[2] 中共中央文献研究室.十六大以来重要文献选编[M].北京:中央文献出版社,2011.

[3] 胡锦涛.在庆祝中国共产党成立90周年大会上的讲话[M].北京:人民出版社,2011.

[4] 胡锦涛.坚定不移沿着中国特色社会主义道路前进　为全面建成小康社会而奋斗——在中国共产党第十八次全国代表大会上的讲话[M].北京:人民出版社,2012.

[5] 中共中央宣传部.科学发展观学习纲要[M].北京:学习出版社、人民出版社,2013.

[6] 中共中央文献研究室.十七大以来重要文献选编[M].北京:中央文献出版社,2013.

[7] 胡锦涛.胡锦涛文选[M].北京:人民出版社,2016.

[8] 刘先春.科学发展观的基本要求是全面协调可持续[J].思想理论教育导刊,2008(3):28-30.

[9] 陈章龙.科学发展观的历史视野、实践理性和哲学意蕴[J].马克思主义与现实,2009(5):95-98.

18 | 如何理解科学发展观的历史地位及指导意义？

一、问题的不同表述和实质

善于根据实践的新鲜经验推进理论创新,并坚持运用理论创新成果指导新的实践,是我们党推动事业发展的根本保证。党的十六大以来,以胡锦涛同志为总书记的党中央,高举中国特色社会主义伟大旗帜,坚持以邓小平理论和"三个代表"重要思想为指导,在带领党和人民推进全面建设小康社会进程中,大力推进实践基础上的理论创新,集中全党智慧创立了科学发展观,开拓了马克思主义中国化新境

界,开创了中国特色社会主义事业新局面。

党的十八大站在历史和时代的高度,着眼中国特色社会主义事业长远发展,顺应全党全国人民的共同意愿,把科学发展观同马克思列宁主义、毛泽东思想、邓小平理论、"三个代表"重要思想一道,确立为党必须长期坚持的指导思想,实现了党的指导思想的又一次与时俱进。我们要充分认识这一历史性决策的重大意义,着力用科学发展观武装头脑、指导实践、推动工作,在科学发展道路上奋力开拓中国特色社会主义更为广阔的发展前景。

党的指导思想是全党的理论指针和行动指南。科学发展观在从实践到理论、再从理论到实践的卓有成效的创造中,形成了涵盖改革发展稳定、内政外交国防、治党治国治军各方面在内的科学理论体系。事实证明,科学发展观不仅是指导经济建设的理论,而且是指导各方面建设的理论;不仅是指导发展的理论,而且是指导党和国家全部工作的理论;不仅是指导实践推动工作的有力武器,而且是帮助人们认识和把握社会发展规律的世界观方法论。深入贯彻落实科学发展观,对于全党全国各族人民在新的历史征程上继往开来、与时俱进具有重大而深远的意义。

二、对问题的回答

1.中国特色社会主义理论体系的接续发展

科学发展观是我们党坚持把马克思主义基本原理同当代中国实际和时代特征相结合,在新中国成立以来特别是改革开放以来不懈探索的基础上,继续拓展中国特色社会主义实践、探索中国特色社会主义规律的必然结论,既贯穿了马克思主义立场、观点和方法,又把马克思主义中国化推进到新境界。科学发展观是对经济社会发展一般规律认识的深化,是马克思主义关于发展的世界观和方法论的集中体现,是中国特色社会主义理论体系的重要组成部分。

科学发展观体现了历史唯物主义关于生产力是人类社会发展的基础的观点,坚持以经济建设为中心,把发展生产力作为首要任务,把经济发展作为一切发展的前提。科学发展观体现了历史唯物主义关于人民是历史发展主体和人的全面发展的观点,坚持以人为本,把人民群众作为推动发展的主体和基本力量,从最广大人民的根本利益出发谋发展、促发展,以满足人民群众不断增长的物质文化需要为发展的根本出发点和落脚点。科学发展观体现了唯物辩证法关于事物之间普遍联系、辩证统一的基本原理,坚持全面发展和协调发展,强调全面推进经济建设、政治建设、文化建设、社会建设、生态文明建设,实现经济发展和社会全面进步,注重统筹经济社会发展、城乡发展、区域发展、人与自然和谐发展、国内发展和对外开放。科学发展观体现了辩证唯物主义的关于人与自然关系的思想,强调要实现经济发展与人口、资源、环境相协调,保证一代接一代地永续发展。科学发展观把社会主义物质文明、政治文明、精神文明、和谐社会建设和人的全面发展看成相互联系的整体,把人类社会的发展看成生产力和生产关系、经济基础和上层建筑、社会生产各个部类、各个地域、各个方面,人与社会、当代与后代等彼此相互联系、相互促进、不可分割的过程。

科学发展观同邓小平理论、"三个代表"重要思想,面对着共同的时代课题,面临着共同的历史任务,都贯穿了中国特色社会主义这个主题,都坚持辩证唯物主义和历史唯物主义的世界观方法论,都坚持党的最高纲领和最低纲领的统一,都坚持代表最广大人民根本利益,在理论主题、思想基础、政治理想、根本立场上一以贯之。科学发展观在邓小平理论和"三个代表"重要思想的基础上,用一系列具有鲜明时代特点的新思想、新观点、新论断,进一步回答了什么是社会主义、怎样建设社会主义和建设什么样的党、怎样建设党的问题,创造性地回答了新形势下实现什么样的发展、怎样发展等重大问题,形成了涵盖改革发展稳定、内政外交国防、治党治国治军等各方面的科学理论体系,实现了我们党在指导思想上的又一次与时俱进,开辟了当代中国马克思主义发展新境界。科学发展观是对邓小平理论、"三个代表"重要思想的创造性发展,把中国特色社会主义理论体系推进到新境界,赋予当代中国马克思主义勃勃生机。

2.发展中国特色社会主义必须长期坚持的指导思想

发展观是关于发展的本质、目的、内涵和要求的总体看法和根本观点,决定了经济社会发展的总体战略和基本模式,对经济社会发展实践具有根本性、全局性的重大影响。科学发展观要求正确处理社会主义现代化建设中的一系列重大关系,如经济发展与社会发展、发展速度与效益、市场机制与宏观调控、改革发展稳定等,解决好与经济增长相关的各种社会问题,在大力推进经济建设的同时促进政治、文化、社会共同发展。科学发展观提出统筹兼顾的根本要求,把发展看作是相互推进、系统协调的过程,强调科学筹划,总揽全局,协调发展,兼顾各方,使各个方面、各个环节协调一致地运转。科学发展观着眼于中华民族的长远利益,以前瞻的眼光创新发展模式、健全发展机制、提高发展质量,努力实现经济与社会、人与自然的良性互动。科学发展观坚持正确处理中心与全面、重点与非重点、平衡与不平衡的关系,注重加强经济社会发展的薄弱环节,实现发展的均衡和协调。

科学发展观涉及生产力和生产关系、经济基础和上层建筑的各个环节,贯通中国特色社会主义伟大事业和党的建设新的伟大工程的各个方面,进一步深化了对共产党执政规律、社会主义建设规律和人类社会发展规律的认识,是我们党执政理念的丰富和发展,是全面建设小康社会、加快推进社会主义现代化的根本指针。

从党的十六大到党的十八大,我们党深入贯彻落实科学发展观,制定一系列战略部署,实施一系列重大举措,全面推进经济建设、政治建设、文化建设、社会建设、生态文明建设,为全面建成小康社会打下坚实基础。这十年,我们走过了很不平坦的道路,战胜了一系列重大挑战,巩固和发展了改革开放和社会主义现代化建设大局,把中国特色社会主义推进到新的发展阶段。我们有效应对国际金融危机的严重冲击,成功举办北京奥运会、残奥会和上海世博会,战胜突如其来的非典疫情,夺取抗击汶川特大地震等严重自然灾害和灾后恢复重建重大胜利,妥善处置一系列重大突发事件,我国经济总量从世界第六位跃升到第二位,我国社会生产力、经济实力、科技实力迈上一个大台阶,人民生活水平、居民收入水平、社会保障水平迈上一个大台阶,综合国力、国际竞争力、国际影响力迈上一个大台阶,彰显了中国特色社会主义的巨大优越性和强大生命力,增强了中国人民和中华民族的自豪感和凝聚力。

党的十六大以来的实践昭示我们,科学发展观不仅是指导经济建设的理论,而且是指导各方面建设的理论;不仅是指导发展的理论,而且是指导党和国家各项工作的理论;不仅是指导实践、推动工作的有力武器,而且是帮助人们认识和把握社会发展规律的世界观方法。实践充分证明,科学发展观是指导全面建成小康社会、发展中国特色社会主义的正确理论。

三、回答问题所需要的支撑材料和延伸材料目录

[1] 胡锦涛.在全党深入学习实践科学发展观活动动员大会暨省部级主要领导干部专题研讨班上的讲话[M].北京:人民出版社,2009.

[2] 中共中央文献研究室.十六大以来重要文献选编[M].北京:中央文献出版社,2011.

[3] 胡锦涛.在庆祝中国共产党成立90周年大会上的讲话[M].北京:人民出版社,2011.

[4] 胡锦涛.坚定不移沿着中国特色社会主义道路前进　为全面建成小康社会而奋斗——在中国共产党第十八次全国代表大会上的讲话[M].北京:人民出版社,2012.

[5] 中共中央宣传部.科学发展观学习纲要[M].北京:学习出版社、人民出版社,2013.

[6] 中共中央文献研究室.十七大以来重要文献选编[M].北京:中央文献出版社,2013.

[7] 胡锦涛.胡锦涛文选[M].北京:人民出版社,2016.

[8] 习近平.在学习《胡锦涛文选》报告会上的讲话[M].北京:人民出版社,2016.

[9] 黄宗良.为什么说科学发展观是"科学的"[J].当代世界与社会主义,2012(6):8-10.

[10]冷溶.充分认识科学发展观的历史地位和指导意义[N].人民日报,2016-9-23(6).

第八章

习近平新时代中国特色社会主义思想及其历史地位

---

19 | 如何科学认识我国发展新的历史方位？

一、问题的不同表述和实质

在党的十九大报告中，习近平总书记指出："经过长期努力，中国特色社会主义进入了新时代，这是我国发展新的历史方位。"[①]围绕着中国特色社会主义进入了新时代这个重大政治论断，学术界不同学者从不同视角进行了解读与阐释，为深入理解"新时代"提供了不同角度。然而，也有学者对新时代的理解产生误解，出现泛化"新时代"的倾向，滥用"×××新时代"的表述。出现这些问题的实质在于对"时代"内涵的理解出现偏差，"新时代"的内涵不同于广义上的"时代"概念，即"对社会历史的某一领域、某一层次或环节、某一结构和要素的特征和趋势的概括"[②]，也不同于狭义的"时代"概念，即对人类历史一定发展阶段的概括，即列宁所说的"大时代"。新时代不是历史学范畴中的时代，而是对"中国特色社会主义发展的前瞻性、全局性、长远性、根本性的重大政治判断和战略判断"[③]。

---

①习近平.决胜全面建成小康社会　夺取新时代中国特色社会主义伟大胜利——在中国共产党第十九次全国代表大会上的报告[N].人民日报,2017-10-28.

②邢宝玮.时代概念应作广义和狭义的区分[J].教学与研究,1987(3):80.

③韩庆祥,方兰欣.论习近平新时代观[J].阅江学刊,2019(4):7.

二、问题的解答

科学认识和理解我国新的历史方位,首先要搞清楚中国特色社会主义进入新时代的判断依据,这是理解新时代的前提性问题;其次,准确把握"新时代"的内涵,这是理解新时代思想精髓的必然要求;再次,要全面把握新时代"新"在何处,深入理解"新"的体现;最后,要科学把握"两个没有改变"这一结论的必然性,客观、清醒地看待我国发展所处的新的历史方位。

1.中国特色社会主义进入新时代的判断依据

第一,这一重大政治论断,是根据中国特色社会主义进入新的发展阶段做出的。党的十八大以来,以习近平同志为核心的党中央带领全党和全国各族人民科学把握国内外发展大势,推动党和国家各项事业发生历史性变革,取得历史性成就。这一阶段是对改革开放四十年、新中国成立七十年的接续发展,又具有许多与时俱进的新特征,我国发展站在了新的历史起点上,中国特色社会主义进入新的发展阶段。这一阶段党的理论创新实现了新飞跃、党的执政方式和执政方略有了重大创新、我国发展环境和发展条件有重大变化,要科学把握中国特色社会主义新的发展阶段。

第二,这一重大政治论断,是根据我国社会主要矛盾发生新变化做出的。"中国特色社会主义进入新时代,我国社会主要矛盾已经转化为人民日益增长的美好生活需要和不平衡不充分的发展之间的矛盾。"①十九大关于社会主要矛盾的新判断是中国特色社会主义进入新时代的重要现实依据,这一判断既反映了我国当前发展的实际状况,又指出了我国发展遇到的现实问题。一方面,经过改革开放四十年的快速发展,人们生活得到普遍改善,以吃饱穿暖为标志的基本的物质文化需要已经得到满足,人们更加关注美好生活需要,民主、法治、公平、正义、安全、环境成为人们普遍关注的焦点,这一重要变化为我们党指明了奋斗方向。另一方面,四十多年的发展使得我国社会生产力得到显著提升,中国是世界上少有的拥有完整产业链的国家,200多种主要工业品在世界排名中名列前茅,再继续讲我国是落后的社会生产已经不符合实际情况。但是,我们要看到,制约人们对美好生活需要的因素很多,但主要是发展的不平衡性和不充分性,这是矛盾的主要方面。社会主要矛盾的变化对全局产生深刻影响,需要从新的历史方位、新的时代坐标,科学认识和

---

① 习近平.决胜全面建成小康社会　夺取新时代中国特色社会主义伟大胜利——在中国共产党第十九次全国代表大会上的报告[N].人民日报,2017-10-28.

全面把握我国社会主要矛盾的变化。

第三,这一重大政治论断,是根据历史交汇期新的奋斗目标做出的。"从十九大到二十大,是'两个一百年'奋斗目标的历史交汇期。我们既要全面建成小康社会、实现第一个百年奋斗目标,又要乘势而上开启全面建设社会主义现代化国家新征程,向第二个百年奋斗目标进军。"[①]党的十九大综合分析国际国内形势和我国发展条件,既对决胜全面建成小康社会提出明确要求,又将实现第二个百年奋斗目标分为两个阶段安排。"第一个阶段,从二〇二〇年到二〇三五年,在全面建成小康社会的基础上,再奋斗十五年,基本实现社会主义现代化","第二个阶段,从二〇三五年到本世纪中叶,在基本实现现代化的基础上,再奋斗十五年,把我国建成富强民主文明和谐美丽的社会主义现代化强国。"[②]这是新时代中国特色社会主义发展的战略安排,不仅使实现"两个一百年"奋斗目标的路线图、时间表更加清晰,而且意味着原定的我国基本实现现代化的目标将提前15年完成,第二个百年奋斗目标则充实提升为全面建成社会主义现代化强国。需要从新的历史方位、新的时代坐标,科学认识和全面把握这一鼓舞人心、切实可行的奋斗目标、宏伟蓝图。

第四,这一重大政治论断,是根据我国国际环境发生的新变化做出的。当今世界正处于大发展大变革大调整时期,我国发展既面临重要的历史机遇期,同时也面临着众多现实挑战。经过四十多年的快速发展,中国的国际地位和世界影响力得到显著提升,当代中国已不再是国际秩序的被动接受者,而是积极的参与者、建设者、引领者。当今中国正在为维护世界和平、维持世界秩序贡献中国智慧和中国方案,世界更加期待中国发挥更加突出的作用。当今中国正日益走近世界舞台中央,世界对中国的关注,从未像今天这样广泛、深切、聚焦;中国对世界的影响,也从未像今天这样全面、深刻、长远。我们要把握世界历史发展的机遇期,实现自身的发展。同时也要看到,中国的成功崛起已经引起以美国为首的西方世界的高度警惕和不满,"中国崩溃论""中国傲慢论""中国责任论"层出不穷,"树大招风"效应日益显现,西方敌对势力正在寻求各种手段打压中国崛起的势头,我们面临的风险挑战十分严峻。对此,我们要继续保持战略定力,防范和化解来自各方的风险挑战,在逆境与顺境中统筹国际国内两个大局,推动自身的快速发展。

---

①习近平.决胜全面建成小康社会　夺取新时代中国特色社会主义伟大胜利——在中国共产党第十九次全国代表大会上的报告[N].人民日报,2017-10-28.

②习近平.决胜全面建成小康社会　夺取新时代中国特色社会主义伟大胜利——在中国共产党第十九次全国代表大会上的报告[N].人民日报,2017-10-28.

2.如何理解"新时代"的内涵

习近平总书记明确指出:"这个新时代是中国特色社会主义新时代,而不是别的什么新时代。"[①]不能将新时代的使用泛化,要准确理解新时代的深刻内涵。

第一,这个新时代,是承前启后、继往开来、在新的历史条件下继续夺取中国特色社会主义伟大胜利的时代。改革开放四十年的艰辛探索,中国成功走出了一条中国特色社会主义道路,四十年过去,中国人民的面貌、中国社会的面貌发生了翻天覆地的变化。尤其是党的十八大以来,以习近平同志为核心的党中央带领全党全国各族人民站在新的历史方位推动党和国家事业发展取得新的历史性成就,极大激发了中国人民的创造力,极大解放和发展了社会生产力,极大增强了社会活力,极大提升了我国的国际地位。实践已经证明并将继续证明,中国特色社会主义道路是一条光明大道、人民的幸福之路,要继续做好中国特色社会主义这篇大文章。改革开放以来,党的全部理论和实践的主题就是坚持和发展中国特色社会主义,在新时代,我们党治国理政第一位的任务,就是紧紧围绕坚持和发展中国特色社会主义这个主题,适应中国特色社会主义的新要求,接力探索、接续奋斗,让社会主义在中国展现出更加强大的生命力。

第二,这个新时代,是决胜全面建成小康社会、进而全面建设社会主义现代化强国的时代。全面建成小康社会是第一个"百年目标",这是我们党向人民和历史做出的庄严承诺,到2020年建成惠及十几亿人口的小康社会将在新中国的历史上乃至中华民族的发展史上具有彪炳史册的伟大意义。新时代,正处在全面建成小康社会的攻坚期,还有很多难啃的硬骨头,全党全国必须为之努力,攻坚克难,确保全面建成小康社会圆满收官。全面建成社会主义现代化强国是全面建成小康社会之后的战略安排,是新的更高层次的战略目标,也是实现中华民族伟大复兴中国梦的必然要求。按照十九大做出的战略安排,到新中国成立100年的时候建成社会主义现代化强国,这就意味着中国用100年左右的时间要走完发达国家300年左右的现代化进程,这既彰显了中国特色社会主义道路的优越性,又昭示了现代化任务的艰巨性。新时代,是实现社会主义现代化强国的时代,要继续坚忍不拔、锲而不舍,为建成社会主义现代化强国努力奋斗。

第三,这个新时代,是全国各族人民团结奋斗、不断创造美好生活、逐步实现全体人民共同富裕的时代。人民对美好生活的向往就是我们的奋斗目标,新时代,人

---

①习近平.习近平谈治国理政:第三卷[M].北京:外文出版社,2020.

们对物质文化生活需要的层次发生了深刻变化,不再是简单的吃饱穿暖,人们期待更优质的教育、更舒适的住房、更清新的环境、更满意的收入,这些美好生活需要就是我们党的奋斗目标。中国特色社会主义是社会主义,而不是其他的什么主义。社会主义追求实现共同富裕,决不允许出现两极分化,这是中国特色社会主义的本质要求。进入新时代,我们党要带领人民不忘初心,坚持以人民为中心的发展理念,把实现好、发展好、维护好最广大人民的根本利益作为最高标准,让广大人民共享改革发展的红利,提升人民的幸福感、获得感、安全感。

第四,这个新时代,是全体中华儿女勤力同心、奋力实现中华民族伟大复兴中国梦的时代。中华民族在人类发展史上创造了灿烂的中华文明,为人类发展做出重大贡献。然而,1840年鸦片战争爆发以后,中华民族陷入了任人宰割的境地,列强用坚船利炮打开中国的大门,为了救亡图存,无数仁人志士前赴后继艰辛探索,实现中华民族伟大复兴是几代中国人的夙愿,也是近代以来中国人民最伟大的梦想。新中国的成立为实现民族复兴奠定了政治前提和制度基础;改革开放为实现民族复兴奠定强大物质基础。进入新时代,我们比历史上任何时候都更接近、更有信心、更有能力实现中华民族伟大复兴的梦想。要凝聚亿万中华儿女的磅礴力量,砥砺前行,为实现中华民族伟大复兴的中国梦而奋勇前进。

第五,这个新时代,是我国日益走近世界舞台中央、不断为人类做出更大贡献的时代。实现中华民族伟大复兴的中国梦需要和平稳定的国际环境和国际秩序,面对国际社会局部冲突和动荡频发,保护主义、单边主义盛行,我们必须统筹国际国内两个大局,构建人类命运共同体,为维护世界和平、促进共同发展贡献中国智慧和中国方案。改革开放四十年的快速发展,中国的综合国力和世界影响力得到显著提升,中国走出了一条完全不同于西方的发展道路,依靠自身发展逐步实现了国家富强、民族复兴,向广大发展中国家提供了和平崛起的中国样板。面对棘手的世界问题,人们更加期待听到中国声音,看到中国方案,世界需要中国为人类文明与发展、繁荣与进步做出新的更大的贡献。新时代,中国将始终做世界和平的建设者、全球发展的贡献者、国际秩序的维护者。

3.“新时代”新在哪里?

中国特色社会主义进入新时代,这个新时代不是单纯的以时间为界限的历史分期,而是有其独特的现实指向,这里的“新”主要是指:

第一,我国社会主要矛盾发生新变化。新中国成立以来,关于我国社会主要矛盾的定位主要有三次:第一次是1956年党的八大做出的判断,即国内的主要矛盾已经是建立先进的工业国的要求同落后的农业国的现实之间的矛盾,已经是人民对于经济文化迅速发展的需要同当前经济文化不能满足人民需要的状况之间的矛盾。第二次是1981年党的十一届六中全会,将国内社会主要矛盾概括为,人民日益增长的物质文化需要同落后的社会生产之间的矛盾。第三次是2017年党的十九大,提出中国特色社会主义进入新时代,我国社会主要矛盾已经转化为人民日益增长的美好生活需要和不平衡不充分发展之间的矛盾。我国社会主要矛盾的新定位是中国特色社会主义历史逻辑、理论逻辑与实践逻辑的辩证统一,也是判断中国特色社会主义进入新时代的重要依据。

第二,实现中华民族伟大复兴历史进程的新安排。实现中华民族伟大复兴的中国梦凝聚了几代中国人的夙愿,我们党对实现中国梦做出了新的顶层设计,从时间上来看,从二〇二〇年全面建成小康社会之后到本世纪中叶分两个阶段安排:第一个阶段,从二〇二〇年到二〇三五年,在全面建成小康社会的基础上,再奋斗十五年,基本实现社会主义现代化。第二个阶段,从二〇三五年到本世纪中叶,在基本实现现代化的基础上,再奋斗十五年,把我国建成富强民主文明和谐美丽的社会主义现代化强国。分两个阶段实现中华民族伟大复兴的新安排,不仅展示了中国特色社会主义光明的发展前景,也明确了我们党在未来的奋斗目标,这是向14亿中国人做出的庄严承诺。

第三,党的指导思想的新发展。党的十八大以来,习近平总书记站在新的历史方位,为坚持和发展中国特色社会主义提出一系列新理念、新思想、新战略,推动我国取得一系列重大历史性成就,发生深刻的历史性变革,形成了习近平新时代中国特色社会主义思想。习近平新时代中国特色社会主义思想系统回答了新时代坚持和发展什么样的中国特色社会主义、怎样坚持和发展中国特色社会主义这一重大时代课题,开辟了马克思主义中国化的新境界,是当代中国马克思主义、21世纪马克思主义,是全党必须长期坚持的重要指导思想。

第四,建设新时代中国特色社会主义提出新要求。习近平总书记在党的十九大报告中围绕贯彻新发展理念,建设现代化经济体系;健全人民当家作主制度体系,发展社会主义民主政治;坚定文化自信,推动社会主义文化繁荣兴盛;提高保障和改善民生水平,加强和创新社会治理;加快生态文明体制改革,建设美丽中国;坚持走中国特色强军之路,全面推进国防和军队现代化;坚持"一国两制",推进祖国统一;坚持和平发展道路,推动构建人类命运共同体;坚定不移全面从严治党,不断提高党的执政能力和领导水平等重大问题,提出了一系列涉及改革发展稳定、内政外交国防、治党治国治军的新要求和新举措。新时代，要不忘初心、牢记使命，按照新要求一步一个脚印推进中国特色社会主义事业继续向前发展。

4.深刻理解"两个没有变"

习近平总书记明确指出："必须认识到，我国社会主要矛盾的变化，没有改变我们对我国社会主义所处历史阶段的判断，我国仍处于并将长期处于社会主义初级阶段的基本国情没有变，我国是世界最大发展中国家的国际地位没有变。"①那么，应该怎样理解"两个没有变"呢？

第一，客观看待中国取得的历史性成就。社会主义初级阶段不是任何国家走上社会主义道路都必须经历的阶段，由于我国是在生产力极端落后的条件下走上了社会主义道路，需要大力解放和发展生产力，这是一项十分艰巨的历史任务。社会主义初级阶段是不发达阶段，超越这个阶段需要长期的努力。经过改革开放四十年的发展，尤其是十八大以来的发展，我国虽然已经取得举世瞩目的历史性成就，但仍是世界上最大的发展中国家，仍然面对一系列严峻挑战，还有许多需要解决的问题。社会生产力发展水平是衡量初级阶段的重要指标，但并不是唯一的衡量指标。对此，不能简单地依据我国取得的历史性成就，依据生产力有了一定的发展就得出跨越初级阶段的结论，这是不客观的，我们必须全面把握，综合考量。

第二，全面把握社会主要矛盾变化的实质。党的十九大报告对我国社会主要矛盾做出新的判断，改变对原有的"落后社会生产""物质文化需要"表述，采取了"发展不平衡、不充分""美好生活需要"的新表述，这是根据我国经济社会发展而得出的必然结论，是契合当下中国发展实际的新判断。但是，关于社会主要矛盾的新判断，并未改变对中国所处的发展阶段和国际地位的认识，这是由社会主要矛盾的特点决定的。在社会主义初级阶段的历史过程中，我国社会主要矛盾不会一成不变，生产力的提升、生产关系的变革必然会导致社会主要矛盾的变化，但必须看到，这一变化发生的大背景是在社会主义初级阶段的历史时期内，人民的物质文化需要的层级提升了，落后的社会生产变为不平衡不充分的发展了，仍然是带有鲜明的初级阶段的特点。做出我国社会主要矛盾发生变化这一重大政治论断，是为了更好地解决经济社会发展遇到的问题，更好地满足人民群众的美好生活需要。

第三，在深刻把握"变"与"不变"中理解社会主要矛盾。十九大对社会主要矛盾

---

①习近平.决胜全面建成小康社会　夺取新时代中国特色社会主义伟大胜利——在中国共产党第十九次全国代表大会上的报告[N].人民日报，2017-10-28.

做出新的判断,明确了社会主要矛盾发生深刻变化,但是,习近平总书记强调指出,中国仍然处在社会主义初级阶段的历史阶段没有变,中国是世界最大的发展中国家的国际地位没有变,要在深刻把握"变"与"不变"中理解社会主要矛盾。"变"是针对社会主要矛盾自身而言,是依据经济社会发展实际而得出的结论;"不变"是从全局、从整体上考量中国特色社会主义的实际而得出的结论,二者并不矛盾,要把"变"与"不变"这两个论断统一起来理解和把握。制定新时代中国特色社会主义发展的路线方针政策,必须立足社会主要矛盾发生了深刻变化的实际,制定有针对性的政策,同时,要始终牢牢把握社会主义初级阶段这个基本国情,立足社会主义初级阶段这个最大实际,决不能超越社会主义初级阶段采用超前的政策,这方面的历史教训极其深刻。

三、回答问题所需要的支撑材料和延伸材料目录

[1] 习近平.决胜全面建成小康社会　夺取新时代中国特色社会主义伟大胜利——在中国共产党第十九次全国代表大会上的报告[M].北京:人民出版社,2017.

[2] 中共中央宣传部.习近平新时代中国特色社会主义思想三十讲[M].北京:学习出版社,2018.

[3] 中共中央宣传部.习近平新时代中国特色社会主义思想学习纲要[M].北京:学习出版社,人民出版社,2019.

[4] 韩庆祥,方兰欣.论习近平新时代观[J].阅江学刊,2019(4):5-19,121.

[5] 韩庆祥,陈曙光.中国特色社会主义新时代的理论阐释[J].中国社会科学,2018(1):5-16.

[6] 黄蓉生,丁玉峰.中国特色社会主义进入新时代重大判断的四维理解[J].学习与实践,2017(12):5-12.

[7] 李君如.我们进入了中国特色社会主义新时代[J].当代世界与社会主义,2017(6):9-14.

[8] 王炳林,储新宇.新时代是中国特色社会主义新的历史方位[J].中国高等教育,2017(21):12-15.

[9] 周新城.新时代中国特色社会主义的历史方位:历史、现实、未来[J].延安大学学报:社会科学版,2018(2):5-11.

[10] 邓纯东.新时代中国特色社会主义的若干问题[J].马克思主义研究,2017(12):5-12,157.

20 | 如何正确理解和把握
习近平新时代中国特色社会主义思想
是实现中华民族伟大复兴的行动指南？

一、问题的不同表述和实质

中国特色社会主义是改革开放以来党的全部理论和实践的主题,党的十八大以来,习近平新时代中国特色社会主义思想系统回答了新时代"坚持和发展什么样的中国特色社会主义、怎样坚持和发展中国特色社会主义"这一时代主题,推动党和国家事业发展取得举世瞩目的辉煌成就。党的十九大报告指出,习近平新时代中国特色社会主义思想是实现中华民族伟大复兴的行动指南,这一科学判断诠释了习近平新时代中国特色社会主义思想的重要历史地位。实现伟大梦想,必须推进中国特色社会主义伟大事业,推进伟大事业必须澄清关于中国特色社会主义的错误认识,坚定对中国特色社会主义的"四个自信",这是推进新时代中国特色社会主义事业发展,实现中华民族伟大复兴的必然要求。习近平总书记关于中国特色社会主义的系列重要论述,为坚定中国特色社会主义的信心与信念,指引实现中华民族伟大复兴的伟大实践发挥了重要作用。新时代,在实现伟大梦想的征程中必须以习近平新时代中国特色社会主义思想作为行动指南,这是由这一重要思想的强大引领价值所决定的,也是由十八大以来的实践检验而得出的必然结论。

二、问题的解答

1.习近平新时代中国特色社会主义思想澄清了对中国特色社会主义的认识

习近平总书记指出:"改革开放以来,我们总结历史经验,不断艰辛探索,终于找到了实现中华民族伟大复兴的正确道路,取得了举世瞩目的成果。这条道路就是中国特色社会主义。"[①]中国特色社会主义道路是实现中华民族伟大复兴的康庄大道,然而,经过几十年的发展,国内外舆论提出中国现在搞的究竟还是不是社会主义的疑问,甚至将中国特色社会主义曲解为"国家资本主义""新官僚资本主义",

---

①习近平.习近平谈治国理政[M].北京:外文出版社,2014.

对这些思想认识上的错误,或是别有用心的曲解,必须及时澄清,这直接关系到中国特色社会主义事业发展全局,进而关系到实现中华民族伟大复兴的伟大实践。对此,习近平总书记发表一系列重要讲话,澄清了国内外对中国特色社会主义的错误认知,这不仅坚定了继续走中国特色社会主义道路的信念,更加坚定了实现中华民族伟大复兴的信心和信念。

第一,揭示中国特色社会主义的根本性质。由于中国走出了一条完全不同于西方的现代化道路,面对中国取得的辉煌成就,有人宣称中国特色社会主义是"国家资本主义""资本国家主义""新官僚资本主义"等。面对质疑,习近平明确指出:"中国特色社会主义是社会主义而不是其他什么主义,科学社会主义基本原则不能丢,丢了就不是社会主义。"①东欧剧变以后,西方资产阶级理论家宣称"历史终结论",认为人类对美好社会制度探索的历史已经终结,资本主义就是人类社会的最终社会形态,社会主义是行不通的。面对质疑和争论,习近平指出:"全党同志必须牢记,我们要建设的是中国特色社会主义,而不是其他什么主义。历史没有终结,也不会终结。中国特色社会主义是不是好,要看事实,要看中国人民的判断,而不是看那些戴着有色眼镜的人的主观臆断。中国共产党人和中国人民完全有信心为人类对更好社会制度的探索提供中国方案"②。西方敌对势力想尽办法抹黑、唱衰、妖魔化中国特色社会主义,其最终目的就是要颠覆社会主义中国,对此,我们必须保持冷静清醒的头脑,坚定共产主义理想信念,继续完善和发展中国特色社会主义制度,将中国特色社会主义事业更好地发展下去。

第二,阐明中国特色社会主义的鲜明特色。中国特色社会主义是在坚持科学社会主义基本原则的基础上,在总结国内外社会主义建设的历史经验的基础上形成的,其根本性质是社会主义。但是,我们要看到中国特色社会主义不同于一般意义上的社会主义,中国特色社会主义蕴含了鲜明的中国特色。习近平总书记指出:"中国特色社会主义特就特在其道路、理论体系、制度上,特就特在其实现途径、行动指南、根本保障的内在联系上,特就特在这三者统一于中国特色社会主义伟大实践上"③。中国特色社会主义不是简单地套用马克思主义经典作家的模板,也不是对其他社会主义的再版,更不是国外资本主义模式的翻版,它是集中国特色社会主义道路、理论、制度、文化于一体的具有鲜明中国特色的社会主义。

①习近平.习近平谈治国理政[M].北京:外文出版社,2014.

②习近平.习近平谈治国理政:第二卷[M].北京:外文出版社,2017.

③习近平.习近平谈治国理政[M].北京:外文出版社,2014.

第三,梳理中国特色社会主义演进的历史脉络。党的十八大以来,习近平总书记对社会主义发展的历史脉络做出了明确的划分和梳理,为深入理解中国特色社会主义的演进历程,明确其制度属性,坚定社会主义的必胜信心提供了科学的理论依据。习近平总书记指出:"社会主义思想从提出到现在的历史过程,内容包括空想社会主义产生和发展,马克思、恩格斯创立科学社会主义理论体系,列宁领导十月革命胜利并实践社会主义,苏联模式逐步形成,新中国成立后我们党对社会主义的探索和实践,我们党做出进行改革开放的历史性决策、开创和发展中国特色社会主义"。① 这六个发展阶段并不是孤立的没有任何关联的独立存在,它们之间具有一定的内在关联性和延续性,我们决不能人为地割裂这六个阶段之间的内在联系。中国特色社会主义在改革开放四十多年来取得的伟大成就源自我们全面吸收和借鉴了社会主义发展不同阶段积累的宝贵经验和深刻教训,在此基础上结合中国的具体国情逐步探索出了一条全新的社会主义发展道路,这是我们取得历史性成就的制度根源。

明确中国特色社会主义的演进历程要旗帜鲜明地坚持"两个不能否定"。思想文化领域的"历史虚无主义"思潮打着学术争论的旗号任意曲解和歪曲国史、党史、军史,尤其是对改革开放前后两个时期的历史进行相互否定,人为地将两个时期对立起来,必须引起高度重视。对此,习近平总书记指出:"不能用改革开放后的历史时期否定改革开放前的历史时期,也不能用改革开放前的历史时期否定改革开放后的历史时期。要坚持实事求是的思想路线,分清支流和主流,坚持真理,修正错误,发扬经验,吸取教训,在这个基础上把党和人民的事业继续推向前进"②。我们要理性地分析改革开放前后两个历史时期,明确二者之间的内在联系与继承发展性,只有这样才能更加坚定对中国特色社会主义的"四个自信"。"两个不能否定"明确了新时代意识形态建设的历史准则,是反击历史虚无主义的有力思想武器,对凝聚主流意识形态的思想共识和价值共识发挥了重要作用。

第四,彰显中国特色社会主义的"四个自信"。2008 年国际金融危机的爆发使得脆弱的国际秩序和全球治理遇到了棘手的难题,世界经济复苏乏力,主要发达国家的经济状况仍处于艰难的调整恢复阶段,西方资本主义制度暴露了越来越多的弊端。反观中国近年来的发展,与西方国家出现了完全不同的景象,中国特色社会

①习近平.在发展中国特色社会主义实践中不断发现、创造、前进[EB/OL].人民网,2013-01-06.
②习近平.习近平谈治国理政[M].北京:外文出版社,2014.

主义展现了强大的制度优越性和旺盛的生命力。在庆祝中国共产党成立九十五周年大会上,习近平总书记提出了"文化自信",这是深刻把握中国特色社会主义发展规律,也是继续深化和推进中国特色社会主义事业发展的必然选择,更加坚定了人们对建设中国特色社会主义事业的信心和信念。文化自信是最深沉的自信,"坚定中国特色社会主义文化自信,才能使中国特色社会主义的发展更加持久有力。"[①]中国特色社会主义进入新时代,面临难得的历史发展机遇,同时要经受来自各方的挑战和风险,全党要更加自觉地增强道路自信、理论自信、制度自信、文化自信,保持政治定力,坚持实干兴邦,始终坚持和发展中国特色社会主义。

习近平总书记关于中国特色社会主义的重要论述是习近平新时代中国特色社会主义思想的重要组成部分,具有重要的现实指导意义,必须深入学习领会,保持战略定力,既不走封闭僵化的老路,也不走改旗易帜的邪路,坚定不移走中国特色社会主义道路,在推进中国特色社会主义伟大事业中实现中华民族伟大复兴的中国梦。

2.习近平新时代中国特色社会主义思想的强大引领价值

科学理论不是空洞的说教,其价值旨归在于对思想和行动的引领上。习近平新时代中国特色社会主义思想是实现中华民族伟大复兴的行动指南,充分彰显了这一思想的理论引领功能,这种引领体现在对国家事业发展、党的思想武装、团结人民群众等方面。

第一,习近平新时代中国特色社会主义思想是指引国家发展的科学理论。中国共产党在国家事业发展中的领导地位是历史和人民的选择,这既是中国特色社会主义最本质的特征,也是中国特色社会主义最大的政治优势,中国共产党的长期执政地位决定了其对国家发展具有深远影响。西方国家大多实行多党制或两党制,执政党的更迭往往带来国家政策的重大变更,国家发展的持续性与稳定性难以受到充分保障。与西方政党制度不同,中国共产党拥有稳定的执政地位,党的路线方针政策与国家发展走向具有利益同构性和发展关联性。因此,中国共产党与时俱进地推动党的指导思想的创新发展,不仅是加强党自身建设的需要,同时也是国家发展的需要,建设好发展好国家事业。党的十八大以来,习近平总书记在"五位一体"总体布局、"四个全面"战略布局、国家治理体系和治理能力现代化、新时代社会主要矛盾的变化、国家发展战略目标等方方面面提出一系列新理念、新思想、新

---

①肖贵清,麻省理.习近平对中国特色社会主义主题的认识和深化[J].社会主义研究,2017(3):1-8.

战略,推动中国共产党在治国理政方面积累新经验、取得新成就,这些关系国家发展的大政方针对建设社会主义现代化强国具有重要的指引作用,习近平新时代中国特色社会主义思想不仅是中国共产党的指导思想,也是国家的指导思想。2018年3月召开的十三届全国人大一次会议通过的宪法修正案,将习近平新时代中国特色社会主义思想写入宪法,顺利实现了党的指导思想向国家指导思想的转化,也充分彰显了这一重要思想在国家事业发展中的重要指导意义。

第二,习近平新时代中国特色社会主义思想是武装全党的思想武器。以马克思主义中国化的理论成果武装全党并指引党的各项工作,是中国共产党总结自身发展历程得出的宝贵经验。全党思想上的统一是行动上一致的重要保障,加强党的思想武装是党的建设的重要环节,是保持党自身旺盛生命力的重要举措。中国共产党是拥有九千万党员的世界第一大党,面对国情、世情、党情的复杂环境,各种错误思潮的交锋、碰撞,价值观的冲突,加强党的思想武装具有突出的现实意义。中国共产党成立 100 年来、新中国成立 70 多年来、改革开放 40 多年来,中国共产党在坚持马克思列宁主义的指导下,不断推进马克思主义中国化,以毛泽东思想、邓小平理论、"三个代表"重要思想、科学发展观作为武装全党的思想武器,指引我们在革命、建设、改革的历史进程中取得一系列历史性成就。然而,实践发展永无止境,理论创新不能滞后,要立足新的历史方位、顺应时代发展需要,以最鲜活的思想理论武装全党,指导变化了的实践,这是马克思主义的内在要求。习近平新时代中国特色社会主义思想是对马克思列宁主义、毛泽东思想的继承和发展,是中国特色社会主义理论体系的最新成果,其彰显的人民性、实践性、时代性决定了这一思想是最务实、最管用的科学理论,是武装全党的思想武器,全党必须真学、真懂、真用,在学懂、弄通、做实上下功夫,这样才能坚定对中国特色社会主义"四个自信",坚定实现中华民族伟大复兴的信念。

第三,习近平新时代中国特色社会主义思想是团结人民的精神纽带。人民群众是历史的创造者,这是历史唯物主义的核心观点。中国共产党始终坚守相信群众、依靠群众、为了群众的初心,将人民群众对美好生活的向往作为自己的奋斗目标,党的宗旨、利益诉求、方针政策必须坚持人民性的价值取向,这是党立于不败之地的现实保障。人民群众如何能够坚信党是人民利益的捍卫者和守护者,一是看党的思想理论,二是看党的具体工作,正所谓"听其言,观其行"。思想理论是人民群众认知一个政党的重要媒介,通过理论的阐释和宣传,知晓党的奋斗目标、工作设想,考察党的先进性,同时,人民群众也需要科学理论的指导,避免实践的盲目性。习近平新时代中国特色社会主义思想是团结人民群众的精神纽带,党的十八大以来,我们党提出实现中华民族伟大复兴中国梦的奋斗目标,到2020年全面建成惠及十几亿人口的小康社会,从2020年到2050年按照两个15年的规划建成社会主义现代化强国,这一个个令人振奋的奋斗目标不仅诠释了中国共产党全心全意为人民谋幸福的初心和使命,也极大地调动了人民群众投身伟大社会实践的积极性、主动性和创造性,为万众一心实现伟大梦想发挥了重要导向功能。同时,习近平新时代中国特色社会主义思想倡导培育和践行社会主义核心价值观,传承和弘扬中华优秀传统文化、革命文化、社会主义先进文化,以文育人、以文化人,以科学理论武装人民、团结人民,激发人民群众的向心内聚,发挥了重要的凝聚社会的功能。

3.习近平新时代中国特色社会主义思想是经过实践检验的强大武器

党的十八大以来,在习近平新时代中国特色社会主义思想的指导下,党和国家的事业发展取得了举世瞩目的历史性成就,发生了历史性变革,这一系列成就的取得与习近平新时代中国特色社会主义思想的指引作用是分不开的。

中国的经济实力和综合国力稳步提升。十八大以来,中国的国内生产总值稳居世界第二位,对世界经济增长的贡献率超过30%,这相当于美国、欧元区以及日本对世界经济贡献率的总和还要多,中国是名副其实的世界经济发展的强大引擎。在强大经济实力的支撑下,我国科技实力得到显著提升,被誉为"新四大发明"的高铁、移动支付、共享单车、网购不仅极大改变了国人的日常生活,也成为耀眼的中国名片,极大吸引了世界的关注。"蛟龙"号潜水器、完全自主知识产权的C919大飞机、"悟空"号探测卫星等一批"大国重器"的横空出世极大地鼓舞了人们的信心和斗志。"厉害了,我的国!"已经成为人们对国家发展的由衷表达。人民群众的获得感与日俱增。中国的人均可支配收入增长速度已经超过经济增速,百姓的钱袋子越来越鼓,中国居民的恩格尔系数已经达到30%,接近联合国规定的富足标准。十八大以来,我国的社会养老保险覆盖面超过9亿人,基本医疗保险覆盖面超过13.5亿人,同时,国家实施精准扶贫,解决了近7000万人的贫困问题,使中国的贫困率下降到4%以下,这在世界发展史上是个伟大的奇迹,为世界发展做出重大贡献。民主法治建设也迈出重要步伐,通过深入推进"简政放权""放管服"改革,最大限度减少行政审批,通过优化服务打造便利公平的市场环境,激发市场活力和社会创造力,推进国家治理体系和治理能力现代化。完善中国特色社会主义法制体系,加强法治国家、法治政府、法治社会建设,法治观念深入人心。文化自信得到显著提升,在全社会开展培育和践行社会主义核心价值观,发挥了"最大公约数"的引领作用,网络空间得到净化,主流意识形态话语权威得到显著提升,各种道德模范、时代楷模、"最美"系列使正能量得到极大彰显,温润心灵、激荡人心。大国外交阔步前行,习近平总书记提出的"人类命运共同体"理念得到世界的普遍赞赏和高度认同,"一带一路"倡议极大地改善了沿线国家和地区的民生,中国正日益走近世界舞台的中央,世界期待中国声音、中国方案、中国智慧,中国为世界和平发展发挥了不可替代的作用。

十九大报告指出:"五年来的成就是全方位的、开创性的,五年来的变革是深层次的、根本性的。"①在习近平新时代中国特色社会主义思想的指导下,中国共产党的面貌、中国人民的面貌、中国社会的面貌都发生了深刻变化,从全方位的角度看,这种历史性成就和历史性变革覆盖是全面的,包括改革发展稳定、内政国防外交、治党治国治军,经济建设、政治建设、文化建设、社会建设、生态文明建设和党的建设等方方面面都呈现出良好的发展态势。从开创性角度看,习近平总书记以共产党人独有的宏大气魄和无畏勇气,面对复杂的国际国内环境,提出了一系列新理念、新思想、新战略,解决了许多长期想解决而没有解决的难题,办成了许多过去想办而没有办成的大事,推动党和国家事业发展欣欣向荣、气象万千。从深层次的角度看,习近平总书记提出要全面深化改革,敢于向积存多年的顽瘴痼疾开刀,敢于触及深层次利益关系和矛盾,坚决冲破思想观念束缚,坚决破除利益固化藩篱,坚决清除妨碍社会生产力发展的体制机制障碍,改革的力度、广度、深度前所未有。从根本性角度看,以习近平同志为核心的党中央,坚持立破并举,抓住阻碍和制约党和国家事业发展的主要矛盾,找准病根,精准施策,破解难题。其中,全面从严治党是关系党的执政地位的稳固、关系国家长治久安的重大举措,以铁腕反腐、正风肃纪,推动党风、政风、社会风气发生根本性变化。

党的十八大以来,在习近平新时代中国特色社会主义思想的指引下,党和国家事业发展取得举世瞩目的辉煌成就,党和国家事业发展取得的历史性成就和发生的历史性变革已经证明并将继续证明,习近平新时代中国特色社会主义思想是经得起实践检验和历史考验的科学理论,其对实现中华民族伟大复兴的指引作用将得到进一步彰显。

---

①习近平.决胜全面建成小康社会　夺取新时代中国特色社会主义伟大胜利——在中国共产党第十九次全国代表大会上的报告[M].北京:人民出版社,2017.

三、回答问题所需要的支撑材料和延伸材料目录

[1] 习近平.决胜全面建成小康社会　夺取新时代中国特色社会主义伟大胜利——在中国共产党第十九次全国代表大会上的报告[M].北京:人民出版社,2017.

[2] 中共中央宣传部.习近平新时代中国特色社会主义思想三十讲[M].北京:学习出版社,2018.

[3] 中共中央宣传部.习近平新时代中国特色社会主义思想学习纲要[M].北京:学习出版社,人民出版社,2019.

[4] 王伟光.当代中国马克思主义的最新理论成果——习近平新时代中国特色社会主义思想学习体会[J].中国社会科学,2017(12):4-30,205.

[5] 肖贵清.习近平新时代中国特色社会主义思想的重大意义[J].中共中央党校学报,2017(6):40-45.

[6] 顾海良.历史视界　时代意蕴　理论菁华——习近平新时代中国特色社会主义思想研究[J].当代世界与社会主义,2017(6):22-28.

[7] 陈锡喜.论习近平新时代中国特色社会主义思想的创立根据[J].思想理论教育,2018(2):4-9.

[8] 韩庆祥.习近平新时代中国特色社会主义思想[J].科学社会主义,2017(6):4-10.

[9] 孙熙国.习近平新时代中国特色社会主义思想的精神实质[J].中国高校社会科学,2018(2):20-23,9.

[10] 秦宣.习近平新时代中国特色社会主义思想的特色[J].教学与研究,2017(12):12-19.

第九章

坚持和发展中国特色社会主义的总任务

21 | 如何理解中国梦内涵的整体性？

一、问题的不同表述和实质

"中国梦"的概念是习近平总书记在 2012 年 11 月 29 日参观"复兴之路"展览时首次提出的。随后,学界对"中国梦"的研究出现热潮。多数学者对"中国梦"持有较为积极的评价。但也有人将"中国梦"与腐败、环境问题、世界霸权等联系起来,认为"中国梦"缺乏吸引力,只是个"白日梦","中国梦"是世界的"噩梦",还有人认为,"中国梦"是"美国梦"的翻版。

这些论调背后的实质是什么？"中国梦"对民族复兴而言无关紧要？"中国梦"对普通百姓来说遥不可及？"中国梦"含有强烈的军事色彩,意味着世界霸权？从中可以看出,对"中国梦"误解甚至故意歪曲,或是没有理解其真正内涵,或是用西方标准衡量中国,其实质是否定中国特色社会主义的历史成就与未来前景,甚至是一种意识形态攻击。

二、对问题的回答

要理解"中国梦"是民族的梦、国家的梦,也是人民的梦,还是和平发展与合作共赢的梦,必须深刻把握"中国梦"的科学内涵及其内在整体性。

1.“中国梦”的本质内涵是实现中华民族伟大复兴

习近平总书记在十八大后提出:“实现中华民族伟大复兴,就是中华民族近代以来最伟大的梦想。”[①]“中国梦”反映了近代以来我国社会主要矛盾演化进程中相互影响并交织在一起的社会主义和爱国主义两大进步思潮的要求,聚合了近代以来无数先进中国人探索国家发展道路的理想追求,汇聚了当代中国人实现伟大复兴的不懈追求,寄托了未来中国在人类社会发展历史长河中的走向,是贯通中国过去、现在和将来的民族复兴之梦。

鸦片战争以来,求得民族独立和人民解放,实现国家繁荣富强和人民共同富裕,成为中华儿女接续追寻的民族复兴之梦。新中国成立,特别是社会主义制度在中国确立以来,实现了站起来的中国人就已经开启了追求国家繁荣富强和人民共同富裕的征程,但由于我们对于什么是社会主义、怎样建设社会主义的问题没有完全搞清楚,我国在全面建设社会主义时期进行了曲折探索,直到十一届三中全会决定工作重点转移,实行改革开放,开创中国特色社会主义,我们才稳步走上了中华民族伟大复兴之路。

如今,中国已经成为世界经济增长的发动机,其对世界经济增长及其预期的贡献也在稳步增长。自2006年以来,中国对世界经济增长的贡献率稳居世界首位,是世界经济增长的第一引擎。2013—2018年,我国经济持续较快增长,年均增长率为7.0%,明显高于世界同期2.9%的平均增长率。2018年我国国内生产总值为900 309亿元,比上年增长6.6%。2013—2018年,中国对世界经济增长的年均贡献率为28.1%,居世界第一位;2018年比1978年提高24.4个百分点。在受世界经济危机严重影响的情况下,人们对中国经济的预期却总体看好。根据国家统计局年报,2019年,按不变价格计算,中国GDP比上年增长6.0%。2020年,面对新冠肺炎疫情的严重冲击,中国GDP首次突破100万亿元大关,成为全球唯一实现经济正增长的主要经济体。而据国际货币基金组织(IMF)发布的《世界经济展望报告》显示,2020年世界经济同比深度下滑3.1%。其中发达经济体下滑4.5%,新兴市场和发展中经济体下滑2.1%。而2021年,中国GDP突破110万亿元大关,同比增长8.1%,稳居世界第二,占全球经济的比重预计超过18%。中国经济增长对世界经济增长的贡献率预计将达到25%左右,充分说明了中国经济发展对世界经济增长的推动。

[①]习近平.习近平谈治国理政:第一卷[M].北京:外文出版社,2018.

2.“中国梦”是国家的梦、民族的梦，也是每一个中国人的梦

“中国梦归根到底是人民的梦，必须紧紧依靠人民来实现，必须不断为人民造福。”[①]这里的“人民”既是整体的“人民”，也是个体的“人”，即每一个中国人。实际上，“中国梦”不仅是整个国家的富强之梦，而且同每一个中国人对生活的美好愿望直接相连，是中国人的总体追求与每个人的个体追求紧密结合在一起的期待和愿景。在过去的几十年里，人们的受教育程度显著提高。其中，高中及以上受教育程度人口占总人口比重由 1982 年的 7.2% 提高到 2018 年的 29.3%，大专及以上受教育程度人口占总人口比重由 1982 年的 0.6% 提升至 2018 年的 13.0%。据统计，1978 年，世界平均高等教育入学率为 9.85%，我国高等教育入学率为 0.71%。到2018 年，我国已建成世界上规模最大的高等教育体系，高等教育毛入学率达到48.1%。

随着经济发展水平的提升，城乡居民收入快速增加，消费水平明显增强，扶贫开发工作取得骄人成绩，人民生活水平逐渐提高并迈向全面小康。我国居民人均可支配收入由 1949 年的 49.7 元增至 2018 年的 28 228 元，名义增长 566.6 倍[②]，扣除物价因素实际增长 59.2 倍，年均实际增长率 6.1%。我国居民人均消费支出由1956 年的 88.2 元达到 2018 年的 19 853 元，名义增长 224.1 倍，扣除物价因素实际增长 28.5 倍，年均实际增长率为 5.6%。按照 2010 年农村贫困标准，1978 年末我国农村贫困人口 7.7 亿人，2018 年末我国农村贫困人口减少至 1 660 万人，比1978 年末减少约 7.5 亿人。党的十八大以来，随着我国社会经济结构的调整以及全面建成小康社会的推进，贫富差距拉大的趋势正在得到扭转。据统计，城镇居民人均可支配收入从 2013 年的 26 467 元增加到 2018 年的 39 251 元，年均实际增长6.3%；人均消费支出从 2013 年的 18 488 元增加到 2018 年的 26 112 元，年均实际增长 5.2%；恩格尔系数从 2013 年的 30.1% 下降到 2018 年的 27.7%，下降 2.4 个百分点。农村居民人均可支配收入从 2013 年的 9 430 元增加到 2018 年的 14 617元，年均实际增长 7.7%；人均消费支出从 2013 年的 7 485 元增加到 2018 年的12 124 元，年均实际增长 8.5%；恩格尔系数从 2013 年的 34.1% 下降到 2018 年的30.1%，下降 4.0 个百分点。2018 年城乡居民人均可支配收入倍差为 2.69，比 2012年下降 0.19。2018 年城镇居民人均可支配收入省份高低相对差的收入倍差为

---

①习近平.习近平谈治国理政[M].北京：外文出版社，2014.
②数据来源：人民生活实现历史性跨越　阔步迈向全面小康——新中国成立 70 周年经济社会发展成就系列报告之十四[EB/OL].国家统计局，2019-08-09.

2.33,比 2000 年下降了 0.17。2018 年农村居民人均可支配收入省份高低相对差的收入倍差为 3.45,比 2000 年下降了 0.74。

我们知道,今天的文明本质上是工业文明,而工业文明的基础就是制造业,这是一个国家在当今时代立足的基础。纵观主要国家制造业的历史进程可知,当年德国、日本、苏联都没有赶超美国的制造业总量,而中国则于 2010 年超过了美国。另外,从世界工业化国家的规模来看,当年英国的工业化规模只有 1 000 万人,美国的工业化规模只有 1 亿人,今天,中国的工业化是 10 亿人以上的规模,中国因此使世界工业化在规模上达到了一个新的高峰。

3."中国梦"是和平发展与合作共赢的梦

进入 21 世纪之后,经济全球化在目标、途径、内容和话语等方面出现的新变化和新形势客观上要求探索建立一种"新全球化"。所谓"新全球化"必定是形成不同于过去以资本主义发达国家为完全主导的经济全球化模式和特质,而是在各方相互之间沟通、合作、整合的基础上凝聚成一股推动经济全球化持续前进的合力。目前的情况是,美国等老牌发达国家尽管整体实力相对下降,但其引领全球意志和规则的现状尚未弱化,而逐步走近世界舞台中央的中国事实上正在成长为一种与其制衡制约的强劲力量。在全球化进程中,中国自身的文化传统、发展模式、目标理念、价值追求、实际行动以及客观结果都表明,中国正以自己独特的文化基因和知行智慧塑造着一种新型的全球化范式。新型全球化绝不可能是中国一方独占,也绝不会是中国可以单独构建的,而是在各方力量经过互相协商、合作、探讨的基础上形成的凝聚了共识的综合合力。中国所要适应和引领的经济全球化"不是推倒重来,也不是另起炉灶,而是创新完善"。

当前,在世界范围内的各个领域都出现了中国的声音和身影,中国已融入世界,在实现自身飞速进步的同时也为世界的和平稳定贡献了重要力量。向世界一切国家开放使中国成功实现了从封闭半封闭到全方位开放的伟大转变。多年来,不管国际风云如何变幻,无论国内经济形势出现何种变化,中国始终不渝地坚持对外开放基本国策,形成了具有中国特色的对外开放。目前,中国已经是世界上第一大出口国、第二大进口国、第二大吸收外资国、第三大对外投资国、第一大外汇储备国。现实情况已表明,中国已经成为世界经济增长的引擎。更为突出的是,身为全球第二大经济体的中国自身摸索和选择的发展道路、制度模式、价值诉求等正在显现出某种示范效应,许许多多的国家和地区迫切需要从中习得自身发展的方法启示。比如,中国通过积极举办国际论坛等方式,分享中国扶贫经验,促进国际减贫领域的交流。2018年11月,在改革开放与中国扶贫国际论坛上,围绕"国际减贫合作:构建人类命运共同体"的主题,我国分享了为全球减贫事业做出贡献的中国经验,其中,习近平主席就打赢脱贫攻坚战发表了一系列重要论述,重点介绍了中国实施的精准扶贫方略,坚持扶贫与扶志、扶智相结合,激发内生动力,构建大扶贫格局等思想、方法和经验。当然,中国愿同世界各国分享发展经验,但不会干涉他国内政,不会输出社会制度和发展模式,更不会强加于人。"我们呼吁维护和发展开放型世界经济,推动建设公平公正、包容有序的国际经济金融体系,为各国减贫事业发展营造良好的外部环境。各国要深化减贫务实合作,加强减贫战略对接,坚持大家一起发展、可持续发展,互学互鉴减贫的经验与方案,共同推动实现2030年可持续发展议程,共同为人类减贫事业贡献力量。"①

中国提出了对于人类文明的新见解和新方案,承认人类文明具有多元性、平等性和包容性,并就中国与外部世界的关系问题,提出了新的发展观、利益观和安全观。中国十分重视汲取优秀传统文化精华及其包含的思想理念优势,以中国特色的文化理念元素引领大国外交的走向,突出多边安全理念与新安全观。习近平总书记在2014年3月27日联合国教科文组织总部的演讲中庄严宣告,中国人民将按照时代的新进步,推动中华文明创造性转化和创新性发展,让中华文明同世界各国丰富多彩的文明一道为人类提供正确的精神指引和强大的精神动力。② 习近平总书记在2015年9月28日第七十届联合国大会一般性辩论时的讲话中提出:"和平、发展、公平、正义、民主、自由,是全人类的共同价值,也是联合国的崇高目标"。③ 2017年5月在"一带一路"国际合作高峰论坛上,习近平总书记明确提出:"一带一路"建设要支持构建开放型世界经济,推动自由贸易区建设,促进贸易和投资自由化便利化;要构建以合作共赢为核心的新型国际关系,打造对话不对抗、结伴不结盟的伙伴关系;要以文明交流超越文明隔阂、文明互鉴超越文明冲突、文明共存超越文明优越,推动各国相互尊重、相互理解、相互认可。2019年5月在亚洲文明对话大会开幕式上,习近平总书记再次强调:人类只有肤色语言之别,文明只有姹紫嫣红之别,但绝无高低优劣之分。文明交流互鉴应该是对等的、平等的,应该是多元的、多向的,而不应该是强制的、强迫的,不应该是单一的、单向的。总之,我们有理由相信,真诚的态度、清晰的走向、恰当的措施都表明,中国正在成为适应

①改革开放与中国扶贫国际论坛取得重要共识[EB/OL].人民网,2018-11-05.
②习近平在联合国教科文组织总部的演讲[N].光明日报,2014-03-28(01版)
③习近平.习近平谈治国理政:第二卷[M].北京:外文出版社,2017:522.

和引领"新全球化"进程、构建人类命运共同体和拓展人类文明发展新方式的崭新力量。

三、回答问题所需要的支撑材料和延伸材料目录

[1] 坚定不移沿着中国特色社会主义道路前进 为全面建成小康社会而奋斗[EB/OL].人民网,2012-11-09.

[2] 中共中央关于全面深化改革若干重大问题的决定[EB/OL].人民网,2013-11-16.

[3] 习近平.切实把思想统一到党的十八届三中全会精神上来[M]// 习近平.习近平谈治国理政.北京:外文出版社,2014.

[4] 李君如.中国梦的意义、内涵及辩证逻辑[J].毛泽东邓小平理论研究,2013(7):14-17,91.

[5] 张维为.多重视角下的中国梦[M].北京:学习出版社,2016.

22 | 如何把握新时代中国特色社会主义发展的战略安排?

一、问题的不同表述和实质

党的十九大报告提出,我们要全面建成小康社会、实现第一个百年奋斗目标,然后再乘势而上向第二个百年奋斗目标进军。全面建设社会主义现代化国家的进程分两个阶段来安排。第一个阶段,在 2020 年全面建成小康社会之后,再奋斗 15 年,到 2035 年基本实现社会主义现代化。第二个阶段,在 2035 年实现现代化的基础上,再奋斗 15 年,到 2050 年把我国建成富强民主文明和谐美丽的社会主义现代化强国。这是新时代中国特色社会主义发展的战略安排,即两个"十五年"战略安排或新时代"两步走"战略安排。

二、对问题的回答

中国共产党总是根据时代形势和条件变化、具体国情变化,根据我国事业发展

需要,制定符合客观实际的发展目标,团结带领人民为之奋斗。十九大提出的两个"十五年"战略安排,既体现了对我国发展新的历史方位的准确把握,又规划了我国社会主义现代化建设的时间表、路线图,具有重大意义和价值。要正确把握这一战略安排,必须了解这一战略安排产生的实践基础和现实依据,必须掌握这一战略安排的重大创新点,必须掌握这一战略安排的重大意义。

（一）这一战略安排,是在综合分析国际国内形势和发展条件以及我国发展新的历史方位的基础上做出的,有丰厚的实践基础和现实依据

从国内看,中国特色社会主义发展至今,具有两大变化。

第一,"两个一百年"奋斗目标处于历史交汇期。我们党既要实现第一个百年奋斗目标,又要向第二个百年奋斗目标进军。这就要求,十九大既要明确从现在到2020年这段时期我国发展的战略重点,又必须对2020年到2050年这段时期我国的发展做出战略谋划。十九大成功地做到了这一点。一是明确了从现在到2020年是全面建成小康社会决胜期,规划了这一时期的工作重点和主攻方向。二是明确了在全面建成小康社会的基础上,再花两个十五年时间建成社会主义现代化强国的战略安排。

第二,中国特色社会主义进入了新时代。改革开放后,在中国共产党的坚强领导和人民的不懈奋斗下,我国经济实力、科技实力、国防实力、综合国力进入世界前列,国际地位不断提高,中华民族巍然屹立于世界民族之林。十八大以来,我们党提出许多新理念新思想新战略,出台一系列重大方针政策,中国特色社会主义事业取得了重大成就。我国社会主要矛盾转化为人民日益增长的美好生活需要和不平衡不充分的发展之间的矛盾。十九大确定的战略目标正是基于我国发展新的历史方位和社会主要矛盾提出的。

从国际看,当今世界正在发生复杂深刻的变化,国际形势多变,经济增长乏力,地区冲突不断,各种社会政治思潮交锋不断,但和平与发展仍是时代的主题。当前,世界各国相互联系更加紧密,国际力量对比趋向平衡。中国正日益走近世界舞台中央,国际地位不断提升。我国仍处于发展的重要战略机遇期。我们必须抓住机遇,加快发展。

（二）新时代中国特色社会主义发展的战略安排的重大创新

这一战略安排的创新点体现在:

第一,对2020年后的战略步骤做出具体部署。党的十九大对我国2020年后30年的发展计划做出明确而具体的两步走战略部署,即到2035年,基本实现现代化;到本世纪中叶,把我国建设成为富强民主文明和谐美丽的社会主义现代化强国。

第二,把基本实现我国社会主义现代化的时间提前了 15 年。做出这种安排,是实事求是的、符合实际的。从经济总量看,我国 GDP 总量自 2010 年开始一直稳居世界第二位,2018 年已达 13 万多亿美元,占世界经济总量的 16%;目前中国对世界经济增长的贡献率年均在 30% 以上,中国已经成为世界经济增长的第一引擎。从生产能力来看,中国形成了比较齐全的现代工业体系,工业生产能力不断提升。基础设施建设领域遥遥领先,目前中国高速公路通车总里程位居世界第一位,2018 年新建改建高速公路 6 000 多公里、农村公路 30 多万公里,高铁运营总里程稳居世界高铁里程榜首,2018 年新增里程 4 100 公里。中国港口货物吞吐量快速增长,拥有世界最大规模的电网。从开放型经济发展水平看,2018 年我国对外开放全方位扩大,海南自贸试验区启动建设。我国货物进出口总额超过 30 万亿元,实际使用外资 1 383 亿美元,稳居发展中国家首位。中国研发投入已经位居世界第二,研发投入强度 2% 以上。2018 年我国人均 GDP 达到 9 000 多美元,达到了中等偏上收入国家水平;全国居民的恩格尔系数从 1978 年的 63.9% 降到 2018 年的 28.4%。2018 年我国农村贫困人口减少 1 386 万人,贫困发生率从 1978 年的 97.5% 降到 1.7%,对全球减贫的贡献率超过 70%。2018 年,我国大学毛入学率达到 48.1%;人均预期寿命达到 77 岁,高出世界平均水平 5 岁左右。以现在为基础,从现在到 2020 年按照国内生产总值年均增长 6.5% 计算,2020 年后按照年均增长 5% 测算,到 2035 年有把握达到那时世界中等发达国家水平,有把握基本实现现代化。因此,将基本实现现代化的目标提前 15 年,2050 年建成社会主义现代化强国具有充分的现实基础,是实事求是的。

第三,目标内涵更加全面和丰富。党的十九大关于目标内涵的总体设计,在"富强民主文明和谐"后加了"美丽"两个字,与经济、政治、文化、社会、生态"五位一体"的总体布局相吻合。此外,十九大报告对两步走战略目标的设计,不仅包括经济、政治、文化、社会、生态等方面,而且涉及国家治理体系、国际影响力等方面。

第四,战略任务和目标要求大大提高。其一,党的十三大提出了我国现代化建设"三步走"发展战略。十五大提出新的"三步走"发展目标,第三步战略目标是"基本实现现代化"。党的十九大不但将这一战略任务和目标提前到 2035 年实现,还强调"基本实现社会主义现代化",突出了"社会主义"的本质要求。其二,我们党之前提出的社会主义现代化建设目标是:到本世纪中叶,建成中等发达的社会主义现代化国家。党的十九大提出第二步奋斗目标是:到本世纪中叶,把我国建成社会主义现代化强国。其三,新"两步走"战略目标的内在规定更高。十九大报告提出,到2035年,我国各方面实力将大幅提升,成为创新型国家;美丽中国目标基本实现等。到21世纪中叶,我国物质文明、政治文明、精神文明、社会文明、生态文明将全面提升,综合国力在世界遥遥领先。

(三)新时代中国特色社会主义发展的战略安排的重大意义

这一战略安排,提升了第二个百年奋斗目标的内涵,极大地丰富和发展了马克思主义理论,开辟了世界现代化的新道路,丰富了世界现代化思想。

1.这一战略安排极大地丰富和发展了习近平新时代中国特色社会主义思想和马克思主义理论

第一,丰富了我国的社会主义发展战略。从十二大的两步走战略到十三大的三步走战略再到十五大的新三步走战略,基于我国的实际情况,我国社会主义现代化建设不断提出新的发展要求。十九大从我国当前实际出发,对当前我国社会主义现代化建设做出新的规划,提出了许多新概念,对我国社会主义发展战略的内容做了新的创造。比如,为实现经济的高质量发展,提出创新、协调、绿色、开放、共享的新发展理念和建设现代化经济体系的科学内涵和主要任务,以及深化供给侧结构改革的举措、坚持人与自然和谐共生、推进绿色发展等生态文明建设新内容。

第二,深化了对社会主义建设规律的认识。这一战略安排系统回答了新时代"建设什么样的社会主义现代化国家、怎样建设社会主义现代化国家"的问题。在领导力量方面,突出强调了党总揽全局、协调各方的领导核心地位,指出党的领导是推进伟大事业的根本保证。没有中国共产党的领导,就没有中国特色社会主义的产生和发展,实现中华民族的伟大复兴,走好新时代的长征路,需要中国共产党的坚强领导;在价值取向方面,提出以人民为中心的发展思想。这不仅是唯物史观和党的宗旨的当代表达,更是社会主义现代化建设的客观要求和现实需要。

第三,深化了对社会主义发展阶段的认识。党的十三大指出,我国从20世纪50年代社会主义三大改造的基本完成,到21世纪中叶,至少需要上百年时间,都属于社会主义初级阶段。根据我国的发展实际,我国发展大概分为社会主义建设时期、改革开放新时期、全面建成小康社会时期三个历史阶段。党的十九大从我国的实际出发,提出从2020年到2050年,分两个阶段建成社会主义现代化强国,进一步深化了我们对社会主义初级阶段的认识。

2.这一战略安排极大丰富和发展了世界现代化思想

第一,丰富了世界现代化的模式。当今世界存在资本主义和社会主义两种现代化类型。两者之间既存在着一定的联系,又有着本质的区别。资本主义的实质是追求剩余价值,资本主义现代化的实质是资本扩张。资本扩张的结果就是殖民扩张和殖民掠夺。我们必须承认,资本主义的发展是人类文明的进步,资本主义现代化推动了生产力的发展和科技的进步,但是不可否认的是,在资本主义现代化演进过程中,西方国家为促进资本原始积累,对落后的国家进行了殖民掠夺,给这些国家的人民带来了深重的灾难。社会主义现代化的本质是要实现人的自由而全面的发展,始终站在人民的立场上。十九大提出的战略安排坚持以人民为中心的发展思想,充分保障人民平等发展的权利,使人民生活更为富裕,最终实现全体人民共同富裕。

第二,丰富了世界现代化的发展道路。资本主义现代化走的是一种外向扩张型的发展道路。资本主义越发展,资本主义基本矛盾的尖锐化就越是不可避免。它只能通过殖民掠夺和扩张,不断将自身的危机转嫁到广大发展中国家才能"续命"。第二次世界大战就是资本主义转嫁危机的结果。与资本主义现代化不同的是,中国特色社会主义现代化走的是内生增长型的现代化发展道路,中国坚持独立自主、自力更生的发展模式,坚持对外开放,吸收借鉴国外一切有益成果,从而推动我国的现代化发展。经济全球化背景下,中国推动建立合作共赢的新型国际关系,提出构建人类命运共同体的全新理念,秉持正确的义利观,不搞霸权主义。比如,我国所提的"一带一路"倡议促进了文明的交流互鉴,促进了沿线国家经济的发展,为新时期世界共赢提供了中国方案。

第三,提升了世界现代化的价值和意义。中国共产党自成立开始,就立足于本国实际建构中国现代化道路的基础。中国的现代化道路是在深刻总结我国现代化建设实践经验的基础上创造出来的。中国既不照搬别国的发展模式,也不向别国"输出"自己的发展模式,始终坚持走独立自主的现代化道路。十九大提出的战略安排是"中国创造",其中包含着许多新思想。例如,全面建成小康社会,精准扶贫、精准脱贫,致力于解决中国人口贫困问题;处理传统与现代的关系,推动中国传统文化的创造性转化和创新性发展;在粮食安全、环境治理、生态文明建设等全球性挑战方面,这一战略安排有着自己独特的理论。中国的现代化建设为发展中国家走向现代化提供了一个全新的思路,对世界现代化有着重大的理论意义和实践价值。

三、回答问题所需要的支撑材料和延伸材料目录

[1] 中共中央宣传部.习近平新时代中国特色社会主义思想三十讲[M].北京:学习出版社,2018.

[2] 宗彩娥,杜玉华.批判与超越:中西现代化模式之比较初探[J].思想教育研究,2016(12):30-33.

[3] 陈扬勇.深刻领会新时代中国特色社会主义发展的战略安排[J].党的文献,2017(6):12-14.

[4] 孙蚌珠.新时代的战略安排彰显的规律性特点和历史性意义[J].思想理论教育导刊,2017(12):7-11.

[5] 高正礼,郭宇.论建成社会主义现代化强国的战略步骤[J].思想理论教育导刊,2018(4):4-7.

[6] 陈德祥.新时代"两步走"战略安排的理论逻辑与思想价值[J].思想理论教育,2019(4):32-39.

第十章

"五位一体"总体布局

23 | 为什么说习近平新时代中国特色社会主义经济思想是当代中国的马克思主义政治经济学?

一、问题的不同表述和实质

改革开放 40 多年来,中国经济飞速发展,创造了无数个"中国奇迹"和"中国第一"。进入新时代,中国迎来了从站起来、富起来到强起来的伟大飞跃。面对中国经济社会发展的巨大成就,西方经济学家比较普遍的回答是中国推行了市场化取向的改革,遵循的是西方主流经济学的传统逻辑,即市场、资本的逻辑。从中国不同时期形成的指导中国经济实践的理论成果看,无论是毛泽东的《论十大关系》《关于正确处理人民内部矛盾的问题》,还是被邓小平视为政治经济学初稿的《中共中央关于经济体制改革的决定》,亦或是新时代逐步形成的系统化的经济学说——习近平新时代中国特色社会主义经济思想,始终遵循的都是马克思主义政治经济学的逻辑。鼓吹中国经济发展取得巨大成就是因为遵循了西方经济学逻辑的论调,否定政府的积极作用,否定中国共产党对经济工作的领导,无疑是想将中国引向资本主义、引向自由市场经济,其最终目的就是想搞垮中国经济,干扰或打断中华民族伟大复兴的历史进程。

二、对问题的回答

习近平新时代中国特色社会主义经济思想是当代中国的马克思主义政治经济

学。从生产发展的阶段性特征到生产发展、经济运行的基本规律,再到生产发展的目的和归宿;从生产力生产关系矛盾分析到问题导向,再到以人民为中心的根本立场;从生产力、生产关系、分配关系话语体系到商品经济、价值规律话语体系,再到发展生产力、扩大再生产话语体系,马克思主义政治经济学的分析框架、理论范式和话语体系在习近平新时代中国特色社会主义经济思想逻辑理论建构中具有重大的理论指导意义。

(一)逻辑起点:马克思主义生产发展的阶段性特征与经济发展新常态

马克思主义政治经济学是从研究特定历史阶段的生产开始的。在《〈政治经济学批判〉导言》中,马克思明确指出:"摆在面前的对象,首先是物质生产"[①],而且"总是指在一定社会发展阶段上的生产——社会个人的生产"[②]。"由于自然规律的必然性,生产一定要经过繁荣、衰退、危机、停滞、新的繁荣等周而复始的更替。"[③]即特定历史阶段的生产会呈现出阶段性发展特征。这种阶段性发展特征是自然规律作用的结果,即由资本的双重作用使然。一方面,资本会产生推动社会经济发展的强大动力;另一方面,也会不可避免地导致资本的扩张。由资本扩张而产生的经济悖论、生态悖论、人的发展悖论,导致经济社会发展的不可持续。对发展中国家而言,则会产生"中等收入陷阱"——经济危机、生态危机、人的发展危机,这是许多发展中国家经济发展中难以避免的"常态",拉美地区和东南亚一些国家就是典型代表。

中国经济经过改革开放40多年的高速增长,已经进入增速换挡、结构优化、动力转换的新的发展阶段。根据马克思主义生产发展的阶段性特征原理,在不同历史时期不同发展阶段,经济发展会有明显的阶段性特征和阶段性使命。习近平总书记正是在综合分析中国经济发展的趋势性变化和阶段性特征、世界经济发展周期性变化和走势,以及这两种变化相互影响、相互作用的基础上,做出了中国经济发展进入"新常态"的重大判断。这个"新常态",既不同于我国自己原来高速增长、粗放发展的"旧常态",也不同于发展中国家发展中不可避免地陷入"中等收入陷阱"的"旧常态"。"新常态"判断,是对中国发展社会主义市场经济、利用资本这一动力机制推动经济社会发展所遭遇到的矛盾,以及为解决这些矛盾而呈现出来的经济发展的阶段性特征的准确研判,是马克思主义生产发展的阶段性基本原理在

①中共中央马克思恩格斯列宁斯大林著作编译局.马克思恩格斯选集:第2卷[M].北京:人民出版社,1995.
②中共中央马克思恩格斯列宁斯大林著作编译局.马克思恩格斯选集:第2卷[M].北京:人民出版社,1995.
③马克思,恩格斯.马克思恩格斯全集:第4卷[M].北京:人民出版社,1958.

当代中国的重大发展;是中国经济发展由大向强关键跃升期的必然趋势。

"新常态"给中国经济带来严峻挑战的同时更带来了新的发展契机。诚如习近平总书记所讲:"我国经济发展进入新常态,没有改变我国发展仍处于可以大有作为的重要战略机遇期的判断,改变的是重要战略机遇期的内涵和条件;没有改变我国经济发展总体向好的基本面,改变的是经济发展方式和经济结构。"①新常态下,我国经济发展面临着许多新的来自国内外的挑战、风险、阻力、矛盾;但同时,新常态也为中国经济新飞跃提供了许多新的有利因素、条件、方法和环境,特别是通过各个领域的全面深化改革,我国经济已由高速增长阶段转向高质量发展阶段,经济增长速度正由高速增长转为中高速增长,发展方式正由粗放型发展转为集约型发展,产业结构正由中低端向中高端跃升,发展动力正由要素、投资驱动转为创新驱动。新常态,既是中国经济发展的阶段性特征,也是中国谋划未来经济发展的逻辑前提,深刻回答了中国经济发展"怎么看"的首要问题。

(二)实践路径:人类社会经济发展的一般规律与中国经济发展路径选择

习近平总书记在深刻分析中国经济发展"新常态"逻辑起点基础上,以问题为牵引,直面中国经济发展中的突出矛盾和问题,创造性地运用马克思主义政治经济学关于人类经济社会发展的一般规律和原理,深刻回答了中国经济发展"怎么干"的核心问题,形成了中国经济发展的"政治保证—理念指导—制度保障—战略支撑—方法支持"系统完整、逻辑严密、相互协同的实践路径,是推动中国经济高质量发展、建设现代化经济体系的重要遵循。

1.政治保证:马克思主义政党的本质属性与坚持加强党对经济工作的集中统一领导

习近平总书记在党的十九大报告中明确指出:"中国特色社会主义最本质的特征是中国共产党领导,中国特色社会主义制度的最大优势是中国共产党领导"②。坚持党中央的权威和集中统一领导,是马克思主义政党的本质属性,是推进新时代党和国家各项事业的根本原则。"经济工作是中心工作,党的领导当然要在中心工作中得到充分体现,抓住了中心工作这个牛鼻子,其他工作就可以更好展开。"③坚

①中共中央文献研究室.习近平关于社会主义经济建设论述摘编[M].北京:中央文献出版社,2017.
②习近平.决胜全面建成小康社会 夺取新时代中国特色社会主义伟大胜利——在中国共产党第十九次全国代表大会上的报告[M].北京:人民出版社,2017.
③中共中央文献研究室.习近平关于社会主义经济建设论述摘编[M].北京:中央文献出版社,2017.

持加强党对经济工作的集中统一领导,是实现经济高效、公平、持续发展的根本政治保证。"坚持加强党对经济工作的集中统一领导"位居习近平新时代中国特色社会主义经济思想"七个坚持"基本内涵之首,凸显其总领性、根本性的地位和作用。面对经济发展新常态及新常态下的突出矛盾和问题,坚持党中央的权威和加强党对经济工作的集中统一领导,是充分发挥市场在资源配置中的效率优势和政府宏观调控优势,有效克服市场经济的局限性和资本运行经济悖论、生态悖论、人的发展悖论,保证我国经济沿着社会主义正确方向发展的根本政治保证。

2.理念指导:马克思主义经济发展规律原理与新发展理念

理念是行动的先导。为适应把握引领经济发展新常态,党的十八届五中全会提出了"创新、协调、绿色、开放、共享"新发展理念。新发展理念是新时代推动我国经济由高速发展转向高质量发展的根本指针,是管方向、管全局、管长远的,是发展瓶颈、发展着力点、发展思路的综合体现。"这五大发展理念不是凭空得来的,是我们在深刻总结国内外发展经验教训的基础上形成的,也是在深刻分析国内外大势的基础上形成的,集中反映了我们党对经济社会发展规律认识的深化,也是针对我国发展中的突出矛盾和问题提出来的。"[①]党的十八大以来,我国经济发展存在创新动力不足、协调不够、环境破坏严重、开放水平不高、共享不充分等问题,迫切需要通过创新发展、协调发展、绿色发展、开放发展、共享发展来促进我国经济更好更可持续发展。新发展理念是中国共产党对社会主义社会经济发展规律认识的深化,是习近平新时代中国特色社会主义经济思想的主要内容。

经典的马克思主义政治经济学虽然没有直接提出经济发展理念的概念,但却蕴含着丰富的经济发展理念思想。实际上,生产力与生产关系辩证发展规律就是最根本的普遍性经济发展理念,五大发展理念蕴含了生产力生产关系辩证统一发展的基本内涵。其中,创新、协调、绿色、开放四大发展理念着力强调的是促进生产力的发展,而共享发展理念则着力强调的是促进生产关系的发展。创新、协调、绿色、开放发展有利于促进改革发展成果的共享,共享改革发展成果则是中国特色社会主义生产力发展的本质要求,是中国特色社会主义生产关系的根本体现,有利于生产关系促进生产力的发展。在各要素推进生产力发展规律中,马克思强调"脑力劳动特别是自然科学的发展"是生产力发展的重要来源,这蕴含着创新是第一驱动力,人才是第一资源的重要思想。马克思在强调资本力量推动社会经济迅速发展

---

①中共中央文献研究室.习近平关于社会主义经济建设论述摘编[M].北京:中央文献出版社,2017.

时,揭示了由于资本积累与贫困积累的两极分化必然导致经济危机、生态环境危机、人的发展危机。中国在发展市场经济过程中,利用资本力量作为支配生产要素的基本力量,使这些危机在我国也不同程度地发生,五大发展理念就是为解决这些危机而提出的创新思想。马克思认为:"劳动生产率是同自然条件相联系的。这些自然条件都可以归结为人本身的自然(如人种等等)和人的周围的自然。"[①]保护和改善生态环境就是保护和发展生产力,人与自然要和谐共生。马克思关于社会再生产两大部类相互关系原理实质上就是协调发展理论,它不仅反映了社会在生产过程中物与物的关系,也反映了不同经济部门之间的经济利益关系。此外,还包括经济增长与发展的粗放与集约、外延与内涵等原理,也都为习近平经济发展新理念提供了重要的理论基础和丰富的思想素材。

3.制度保障:生产力、生产关系、分配关系及经济运行原理与中国特色社会主义经济制度和体制

马克思主义政治经济学关于生产力和生产关系、生产关系和分配关系、商品经济和价值规律基本原理,以及马克思主义经典作家对未来社会所做的合乎逻辑的预测,包括建立和发展公有制、实行按劳分配、以实现共同富裕为根本目的等基本原则,为中国特色社会主义经济制度和体制的确立、丰富和发展提供了基本遵循,进而为中国经济发展适应新常态、贯彻新发展理念提供了基本制度保障。

关于社会主义基本经济制度。马克思主义政治经济学最基本的分析方法就是生产力生产关系矛盾分析方法。生产力决定生产关系,同时生产关系对生产力具有巨大的反作用。根据马克思主义经典作家的预测,社会主义社会必须消灭私有制、建立公有制的基本原理是正确的,但是有前提条件的,即生产力的高度发展和较高的社会化水平。而我国的社会主义社会不是产生于发达的资本主义社会,生产力总体水平不高,社会主义生产关系也不成熟。因此,我们还不能废除私有制,"正像不能一下子就把现有的生产力扩大到为实行财产公有所必要的程度一样"。[②] "只能逐步改造现社会,只有创造了所必需的大量生产资料之后,才能废除私有制"。[③] 因为"无论哪一个社会形态,在它所能容纳的全部生产力发挥出来以前,是决不会灭亡的;而新的更高的生产关系,在它的物质存在条件在旧社会的胞

①马克思.资本论(第1卷)[M].北京:人民出版社,2004.

②中共中央马克思恩格斯列宁斯大林著作编译局.马克思恩格斯选集:第1卷[M].北京:人民出版社,2012.

③中共中央马克思恩格斯列宁斯大林著作编译局.马克思恩格斯选集:第1卷[M].北京:人民出版社,2012.

胎里成熟以前,是决不会出现的。"①因此,在社会主义初级阶段,我们不仅要毫不动摇地巩固和发展公有制经济,以保证全体人民共享发展成果、巩固党的执政地位和社会主义制度,而且还要毫不动摇地鼓励、支持、引导非公有制经济发展,以更好地适应我国生产力发展状况、促进生产力的发展。公有制为主体、多种所有制经济共同发展的基本经济制度,是中国特色社会主义制度的重要支柱、社会主义市场经济体制的根基;非公有制经济在功能定位、产权保护和政策待遇等方面与公有制经济具有同等重要地位;推动建立"亲""清"新型政商关系,促进非公有制经济健康发展;明确混合所有制经济是基本经济制度的重要实现形式。这些基本经济制度的新理念新思想新举措,是对马克思主义有关未来社会所有制理论的丰富和发展,是习近平新时代中国特色社会主义经济思想的一个重大理论创新成果。

关于社会主义基本分配制度。依据马克思主义政治经济学基本原理,生产关系决定分配关系,支配劳动价值生产过程的权力结构决定劳动价值的分配。以公有制为主体、多种经济形式共同发展的基本经济制度决定了按劳分配为主体、多种分配方式并存的基本分配制度。这种收入分配制度不只是指在公有制企业内部实行按劳分配,更为重要的是劳动、资本、技术、信息和管理等各种生产要素也参与分配,以促进各种生产要素的活力竞相迸发,各种创造财富的源泉充分涌流。同时,马克思主义政治经济学关于社会主义收入分配制度有两个基本规定:一是按劳分配是社会主义基本分配原则,二是共同富裕是社会主义基本要求。因此,习近平总书记反复强调,要坚持按劳分配原则,完善按生产要素分配体制机制,努力推进居民收入持续增加、国民收入分配格局持续优化,履行好政府再分配调节职能,缩小收入分配差距,使全体人民稳步实现共同富裕。

关于社会主义市场经济体制。习近平总书记早在 2001 年就指出:"如果说马克思在《资本论》中揭示的关于资本主义生产的基本原理和规律难以适用于社会主义条件下的计划经济的话,那么,对于我们当前正在大力发展的社会主义市场经济,却仍然具有重要的指导意义。"②《资本论》一定程度上可以说是市场经济论。其中的供求规律、价值规律、竞争规律、货币流通规律等关于市场经济的一般规律,对我国发展社会主义市场经济也具有巨大的指导意义。在资源配置中,市场是最有效率和活力的形式,但市场也有自发性、盲目性和滞后性,以及资本扩张导致资

---

① 中共中央马克思恩格斯列宁斯大林著作编译局.马克思恩格斯选集:第 1 卷[M].北京:人民出版社,2012.
② 习近平.社会主义市场经济和马克思主义经济学的发展与完善[J].经济学动态,1998(7):3-6.

本积累与贫困积累从而不可避免地将社会经济引向危机。因此,在社会主义市场经济体制设计中,习近平总书记反复强调,要使市场在资源配置中起决定性作用,同时更好发挥政府作用,即坚持辩证法、两点论,"看不见的手"和"看得见的手"既要各司其职,又要协调互助、相得益彰,形成市场机制有效、微观主体有活力、宏观调控有度的经济体制,这是社会主义市场经济运行方式的伟大成功创造,既解决了经济运行的活力和效率,又为实现中国经济向更高质量、更有效率、更加公平、更可持续发展提供了可靠制度保障。

4.战略支撑:问题导向与经济发展新战略

问题导向是马克思主义世界观方法论的重要体现。习近平总书记在明确指出"坚持问题导向是马克思主义的鲜明特点"[1]的同时,又引用了马克思的原话加以阐释,"问题就是时代的口号,是它表现自己精神状态的最实际的呼声"。[2] "主要的困难不是答案,而是问题"。[3] 问题导向是由马克思主义实践本性所决定的。人类认识世界、改造世界的过程,实际上就是一个发现问题、解决问题的过程。

坚持问题导向部署经济发展新战略,补齐短板,提升整体发展优势,事关我国经济发展全局和长远。党的十八大以来,针对我国经济发展面临的供需结构失衡、经济发展动力不足、区域发展不平衡、城乡发展不平衡、经济发展不可持续、开放型经济发展水平不高、世界经济发展环境不稳定不确定性因素增加等突出矛盾和问题,以习近平同志为核心的党中央部署了供给侧结构性改革战略、创新驱动发展战略、乡村振兴战略、区域协调发展战略、工业化信息化城镇化农业现代化"四化"同步发展战略、人与自然和谐共生发展战略等一系列经济发展"分战略";同时,针对中国特色社会主义进入新时代、中国经济进入由大向强发展新阶段的"问题导向"和建设社会主义现代化强国的"目标要求",制定了"新两步走"总的发展战略,为全体人民擘画了中华民族伟大复兴的恢宏画卷,进一步增强了中华民族的凝聚力、向心力。坚持从国情出发、以解决中国经济发展面临的现实问题为导向,同时以世界眼光和开放心态将中国经济与世界经济紧密融合,将中华民族共同体与人类命运共同体紧密结合,部署经济发展新战略,集中体现了习近平总书记宏大视域的经济战略思想,为新常态下中国经济行稳致远提供了战略支撑。

---

①习近平.在哲学社会科学工作座谈会上的讲话[M].北京:人民出版社,2016.

②习近平.习近平谈治国理政:第二卷[M].北京:外文出版社,2017.

③习近平.习近平谈治国理政:第二卷[M].北京:外文出版社,2017.

5.方法支持:辩证唯物主义与稳中求进工作总基调

辩证唯物主义是马克思主义哲学的核心,是中国共产党人的世界观方法论。习近平总书记强调,实现"两个一百年"奋斗目标和中华民族伟大复兴中国梦,必须要更加自觉地坚持和运用辩证唯物主义的世界观和方法论,以辩证思维、战略思维、底线思维更好地指导我国经济发展实践。

坚持正确工作策略和方法,稳中求进,保持战略定力、坚持底线思维,一步一个脚印向前迈进是习近平新时代中国特色社会主义经济思想的方法论。中国经济发展进入新阶段、新常态,经济运行在消费和投资需求、出口和国际收支、生产能力和产业组织方式、要素驱动、市场竞争、资源环境约束、经济风险、资源配置模式和宏观调控方式等方面呈现出一系列趋势性变化新特点,坚持稳中求进工作总基调,是党的十八大以来我国经济稳中向好态势的基础。经济发展进入由高速增长阶段转向高质量发展阶段新的历史方位,只有坚持稳中求进,才能更好地适应把握引领经济发展新常态,才能更好地贯彻新发展理念。"稳"既指平稳的经济增长,也指稳定的就业、物价以及社会经济环境,防范区域性、系统性重大金融风险,稳定市场预期;"进"既指质量的提高、效率的提升、新动能的增强、结构的优化,也指环境和民生的改善,实现经济社会持续健康协调发展。"稳"与"进"是一个辩证有机统一体,要将二者作为一个整体来把握,即把握好经济发展的节奏和力度,以稳健的宏观政策、精准的产业政策、灵活的微观政策、扎实的改革政策、托底的社会政策并使之相互协调和配合,解决好"不平衡不充分发展"的突出矛盾和问题,最大限度地满足"人民日益增长的美好生活需要"。坚持稳中求进经济工作方法,体现了马克思主义的唯物观和辩证法。

(三)价值立场:"生产将以所有人的富裕为目的"与"坚持以人民为中心的发展思想"

马克思恩格斯在《共产党宣言》中鲜明指出,无产阶级的运动是绝大多数人的、为绝大多数人谋利益的独立的运动[1];未来社会,"生产将以所有的人富裕为目的"[2]。同样,《资本论》也是通过揭示资本主义生产方式的弊端以实现工人阶级和劳苦大众的利益为出发点和归宿的。正如习近平总书记所归纳总结的那样:"坚持以人民为中心的发展思想。发展为了人民,这是马克思主义政治经济学的根本立

---

①中共中央马克思恩格斯列宁斯大林著作编译局.马克思恩格斯选集:第1卷[M].北京:人民出版社,2012.
②马克思,恩格斯.马克思恩格斯全集:第46卷[M].北京:人民出版社,1980.

场。"①因此，习近平总书记在党的十九大报告中明确提出："中国共产党人的初心和使命，就是为中国人民谋幸福，为中华民族谋复兴"②；并将"坚持以人民为中心"列为习近平新时代中国特色社会主义思想"十四条基本方略"的第二条，紧随"坚持党对一切工作的领导"之后。在2017年的中央经济工作会议上，他又进一步强调了要"坚持以人民为中心的发展思想"，并特别指出要把其贯穿到统筹推进"五位一体"总体布局、协调推进"四个全面"战略布局和统揽"四个伟大"之中。坚持以人民为中心的发展思想，不仅回答了发展"为了谁、依靠谁"的发展目的、发展动力问题，而且指明了习近平新时代中国特色社会主义经济思想的价值立场。

"以人民为中心的发展思想，不是一个抽象的、玄奥的概念，不能停留在口头上、止步于思想环节，而要体现在经济社会发展各个环节。要坚持人民主体地位，顺应人民群众对美好生活的向往，不断实现好、维护好、发展好最广大人民根本利益，做到发展为了人民、发展依靠人民、发展成果由人民共享。"③习近平总书记的这段讲话，道出了"坚持以人民为中心的发展思想"的科学内涵，即坚持以人民为中心的发展思想，就是坚持发展为了人民、发展依靠人民、发展成果由人民共享，以不断满足人民日益增长的美好生活需要；就是在部署经济工作、制定经济政策、推动经济发展中，坚持把增进人民福祉、促进人的全面发展、实现共同富裕作为经济发展的出发点和归宿。

纵观习近平总书记有关中国经济发展的一系列新理念新思想新战略，其本质都是坚持以人民为中心，以为人民群众谋幸福为奋斗的目标和宗旨。早在2013年3月，习近平总书记就曾深情地说道："对我来讲，人民把我放在这样的工作岗位上，就要始终把人民放在心中最高的位置，牢记人民重托，牢记责任重于泰山。"④"问题是时代的声音，人心是最大的政治。推进党和国家各项工作，必须坚持问题导向，倾听人民呼声。"⑤党的十八大以来，以习近平同志为核心的党中央倾听人民呼声，坚持问题导向，聚焦突出矛盾、问题和短板，不断回应人民群众的新诉求、新期盼，把让人民群众有更多获得感、幸福感作为部署经济工作、制定经济政策、推动

---

①中共中央文献研究室.习近平关于社会主义经济建设论述摘编[M].北京:中央文献出版社,2017.

②习近平.决胜全面建成小康社会　夺取新时代中国特色社会主义伟大胜利——在中国共产党第十九次全国代表大会上的报告[M].北京:人民出版社,2017.

③习近平.习近平谈治国理政:第二卷[M].北京:外文出版社,2017.

④习近平.习近平谈治国理政[M].北京:外文出版社,2014.

⑤中共中央文献研究室.习近平关于协调推进"四个全面"战略布局论述摘编[M].北京:中央文献出版社,2015.

经济发展的出发点和落脚点。从"人民对美好生活的向往，就是我们的奋斗目标"到"没有全民健康，就没有全面小康"；从"共同享有人生出彩的机会"到"发展成果由人民共享"；从"做好扶贫开发工作"到"消除贫困、改善民生、实现共同富裕"；从"像保护大熊猫一样来保护耕地"到"做到脱真贫、真脱贫"；从"绿水青山就是金山银山"到"环境就是民生，青山就是美丽，蓝天也是幸福"……时刻关注人民群众的关切诉求，始终把群众最现实的切身利益放在首位，这既是我们党的历史责任，也凸显着习近平总书记"以人为本、以民为本"真挚深厚的为民情怀。

综上，习近平新时代中国特色社会主义经济思想很好地秉承了马克思主义政治经济学的分析框架、理论范式和话语体系，是当代中国的马克思主义政治经济学。当然，新时代中国特色社会主义经济发展的实践比当年马克思恩格斯创作马克思主义政治经济学的实践要更为丰富多彩。因此，在建构新时代中国特色社会主义政治经济学时，既要坚持马克思主义政治经济学的理论指导，又要立足中国经济实践，升华中国经济理论，用中国经济理论阐释中国经济实践。习近平新时代中国特色社会主义经济思想以中国经济发展进入新常态为逻辑起点，以政治保证、理念指导、制度保障、战略支撑、方法支持为基本实践路径，以人民为中心为根本价值立场，形成了中国经济发展的"逻辑起点—实践路径—价值立场"的"怎么看、怎么干、为谁干"的清晰逻辑理路，体现着强烈的问题导向意识和社会价值取向，始终贯穿着马克思主义辩证唯物史观，对中国经济发展的阶段性特征、制度体制机制有着深刻追问，谋求中国经济更高质量的转型创新发展，为实现中华民族伟大复兴中国梦提供坚实的物质技术保障。

三、回答问题所需要的支撑材料和延伸材料目录

[1] 中共中央文献研究室.习近平关于社会主义经济建设论述摘编[M].北京:中央文献出版社,2017.

[2] 中共中央宣传部.以新发展理念引领经济高质量发展——关于新时代中国特色社会主义经济建设.习近平新时代中国特色社会主义思想学习纲要[M].北京:学习出版社,人民出版社,2019.

[3] 中共中央宣传部.坚持以人民为中心——关于新时代坚持和发展中国特色社会主义的根本立场.习近平新时代中国特色社会主义思想学习纲要[M].北京:学习出版社,人民出版社,2019.

[4] 秋石.习近平新时代中国特色社会主义经济思想的原创性贡献[EB/OL].人民网,2018-07-16.

24 我们为什么必须坚持公有制而不能搞私有化？

一、问题的不同表述和实质

随着我国改革的不断深化，鼓吹私有化的论调甚嚣尘上，说国有企业是"深化改革的最大障碍"，公有制是"明抢暗夺他人财产的制度"，各种妖魔化国有企业、公有制的言论，几乎成为舆论的主流。这些论调背后的实质是什么？如果将作为公有制经济重要载体的国有企业私有化，最大受益者是谁？按照苏联私有化的教训，中国经济也必然会被少数经济寡头——权贵个体——所把控，而非中国普通民众；一旦国有企业私有化，企业就丧失了其公有性，人民随之也就失去了对其监督的权利，最终结果必然导致国有资产流失，人民利益受损，国家安全受到威胁，社会经济稳定必然会受到严重挑战。经济基础决定上层建筑，社会主义的根基由此将不复存在。由此可见，否定国有企业、唱衰国有经济论调的实质就是把中国引向资本主义。

二、对问题的回答

党的十八大以来，习近平总书记在多个场合多次强调要理直气壮地做强做优做大国有企业，防止国有资产流失，并且将这项指示写进了党的十九大报告。我们为什么必须坚持公有制而不能搞私有化？正如习近平总书记在 2016 年全国国有企业党的建设工作会议上指出的那样，"各种敌对势力和一些别有用心的人"，恶意攻击、抹黑国有企业，是为了"搞乱人心"，对我国党的领导和社会主义制度进行"釜底抽薪"。我国必须坚持公有制而不能搞私有化是有着深厚的理论、历史和实践依据的。

（一）鼓吹私有化的观点是站不住脚的

除了意识形态原因外，鼓吹私有化的主要理由就是国有企业效率低和国有企业垄断。事实果真如此吗？

1.国有企业效率

根据我国著名经济学家胡鞍钢的实证分析，我国国有企业包括经济效率和社会效率在内的整体效率要比民营企业高，特别是国有经济的延伸效率，按固定资产投资计算比全社会产出率高 50%～70%。另据 2017 年 9 月国务院新闻办公室举行的"十八大以来国企改革情况"新闻发布会,截至 2016 年底,中央企业资产总额达到 50.5 万亿元,和前一个五年相比增加了 80%;从效益来看,2013—2016 年效益是 6.4 万亿元,增加了 30.6%;上缴各种税费 10.3 万亿元,增加了 63.5%。另据最新数据统计,2017 年 1—12 月全国国企利润同比增长 23.5%。由此可见,随着我国改革的不断深入,国有企业市场化运行机制更加完善,运行质量和效率、发展活力和动力都在不断提升。更何况,一个企业的具体经营绩效和所有制也没有必然的联系。如果说私有企业效率高,为什么还会有那么多私有企业破产呢?如果说国有企业效率低,为什么我国会有越来越多的国有企业迅速进军《财富》世界五百强呢?2016 年中国进入世界五百强的企业有 99 家,其中 83 家是国有企业。很显然,一个企业经营效率的好与坏,与所有制并没有必然的联系,它会依市场环境、管理水平等因素的变化而呈现不同的状态,现实中任何一种所有制形式的企业都有可能盈利或亏损。

就是在西方学界和政策界,关于私有企业比国有企业更有效的假说,至今也没有定论。法国著名经济学家让·雅克·拉丰和 2014 年诺贝尔经济学奖得主让·梯若尔早在 1993 年就指出:私有企业比国有企业效率更高的说法在理论上是不成立的,企业的产出效率和所有制没有必然联系。2012 年,阿罗塞纳和奥利费洛斯在对西班牙国有企业私有化进行研究后发现,企业的生产效率和所有制之间并没有显著的相关关系。

2.垄断

垄断,包括自然垄断、行政垄断和经济垄断三种形式。自然垄断是指随着企业生产经营规模的扩大和服务人口半径的增大,单个产品成本出现绝对下降的情形。很显然,这是符合经济效益原则的。自然垄断本身就不适合竞争。这类行业一般包括供水、供电、煤气、交通运输等公共事业部门,它们所需固定资本投资特别大,投资周期特别长,天生就是垄断行业,且关系国计民生,拥有公共性质,需要政府的参与和监管。如果没有政府的参与,这些企业或者很难成立,或者成立后因行使垄断权力而伤害消费者利益。由此可见,从理论上讲,这些企业是因为其行业的天然垄断性导致了国有,并非因为国有导致了垄断。即使把这些企业私有化,其垄断属性还是会存在的,但这不仅会造成社会资源的极大浪费,而且会危及国家安全,加剧社会两极分化。

行政垄断和经济垄断完全可以通过改革来打破。问题是私有制也会产生垄断,否则,西方国家为什么要制定反垄断法呢?更何况,在一些领域实行一定的国企垄断或"行政垄断"是完全必要的。如矿产资源,如果没有国家法令规定为国有,并由国有企业开采经营,而任由私人肆意开采,势必造成社会秩序的混乱、资源的浪费和社会的不公。再者,从全球视域看,世界上许多行业都不同程度地存在着大型跨国公司垄断现象。比如,15 家棉花跨国公司控制着全球棉花贸易的 90%;6 家铝业公司的氧化铝产量占世界一半以上;飞机制造业中,波音和空客占据全球市场 90%以上。相比之下,我国企业的规模和实力差距还很大。中石化营业收入仅为壳牌的 66%;中航工业营业收入仅为波音的 37%。由此可见,我国企业行业集中度还偏低,不仅没有话语权,而且还处于比较被动的局面。在全球化深入发展的今天,我国要保障国家经济安全,必须顺应国际产业调整大势,加快培育一批具有国际竞争力的世界一流企业。当然,促进国有企业做强做优做大不是要通过垄断来实现,而是要通过建立现代企业制度,通过激烈的市场竞争来实现,绝不是私有化。

由此可见,鼓吹国有企业私有化的观点、论断,既不符合我国经济社会发展的现实,也不符合经济学的基本原理和逻辑,其目的就是将中国引向资本主义。

(二)公有制经济具有历史合理性

根据马克思主义基本原理,生产力的社会性质客观上要求由社会占有生产资料,由社会按照全体人民的利益组织国民经济的运行,即实行公有制。生产资料公有制是实现共同富裕的根本保障,是保证经济社会可持续发展的重要基础,是实现"两个百年"奋斗目标和中华民族伟大复兴中国梦的重要支撑。

1.公有制是实现共同富裕的根本保障

生产方式决定分配方式。众所周知,私有制的分配原则是按资分配。私人资本的剥削本性和追求利润无限增长的终极目标,必然导致社会收入的两极分化,这是资本主义私有制和生产社会化之间对抗性固有矛盾的必然体现。法国经济学家托马斯·皮克蒂在其 2014 年出版的《21 世纪资本论》中明确指出:"近几十年来,世界的贫富差距正在严重恶化。当前在美国,前 10%的人掌握了 50%的财富,而前 1%的人更是掌握了 20%的财富。在 21 世纪第二个十年初,在法国、德国、英国和意大利,最富裕的 10%的人占有国民财富的约 60%。"尽管目前一些资本主义国家通过二次分配等一系列政策缩小了收入差距,其基尼系数甚至比我国小得多,这是客观事实,但我们不能被某些国家的这些暂时现象所蒙蔽,因为资本的私人所有性质并没有改变,所以它不可能从根本上解决社会公平问题。因此,2008 年金融危机后出现了"占领华尔街"运动以及频繁的各种各样的游行示威活动等。

而在公有制条件下,则可以通过节制资本权力以充分体现人民为中心的发展思想,更多关注百姓的获得感和社会公平问题。我们以 2011—2018 年我国中央国有资本经营收入预算中用于社会保障等民生支出情况为例,2011 年国有资本经营收入预算为 844.39 亿元,其中调入公共财政预算用于社会保障等民生支出 40 亿元,占国有资本经营收入预算的 4.74%;2018 年,国有资本经营收入预算为 1 376.82 亿元,其中调入公共财政预算用于社会保障等民生支出 321.54 亿元,占国有资本经营收入预算的 23.35%,提升了近 20 个百分点之多。中央国有资本经营收入预算用于社会保障等民生支出的额度和比重都在逐年迅速增加,充分体现了国有经济全民所有、全民所用、全民所享的基本特征,为社会公平和共同富裕的真正实现提供了根本制度保障。

2.公有制是保证经济社会可持续发展的重要基础

在新自由主义主导的舆论场和学术界中,私有化是解决一切经济问题的灵丹妙药。实践是最好的教科书,也是检验一种理论的试金石。新自由主义引发的 2008 年国际金融危机给世界各国人民带来的深重灾难,已经无可辩驳地告诉我们,新自由主义所推崇的私有化和国家干预最小化正在走向破产。正如诺贝尔经济学奖得主斯蒂格利茨所指出的那样,"这些政策未能带来许诺的效果,经济或是陷入停滞,或仅是少数富人才能享受增长的成果,众多国家更加频繁地爆发经济危机"。

而中国的经济实践告诉我们,公有制国家主导能够更好地适应现代生产力社会化的加速拓展,它不仅可以通过制衡资本避免周期性的经济危机,而且可以通过中长期经济发展战略规划的实施保证经济的长效持续稳定发展。因为在公有制占主体、国有经济起主导作用时,国家有条件利用现代信息和大数据技术,充分发挥宏观调控的作用,制定长期发展目标、五年规划和年度计划,使经济有规划按比例发展;通过掌握一定的重要资源配置权和重大建设项目审批权,促进各项建设平衡协调发展;通过相机调整财政政策、货币政策和产业政策,综合运用经济、法律和行政手段,促进宏观经济总量平衡和结构协调,等等,有效避免发生资本主义那样的金融经济危机,促进国民经济更高质量、更有效率、更可持续的发展。由此可见,公有制经济与建设现代化的经济体系具有内在的一致性。

3.公有制是实现"两个百年"奋斗目标和中华民族伟大复兴中国梦的重要支撑

中国百年积弱,快速依靠自身积累实现工业化,只有在社会主义制度下才能实现。回顾中国近代以来的历史,中国通过国家力量,驱逐列强控制,消灭腐败的官僚资本,在动员体制下奠定了今天国家经济起飞的基础。我国作为一个后起经济体,为实现经济社会的高效率和有序运行,赶超经济先行国家,巩固政权,提升执政能力,增强综合国力,解决国计民生等问题,都迫切需要加强公有制经济的发展。我国用了短短的几十年走过了西方国家两三百年走过的历程,已经雄辩地说明了公有制经济在实现我国"两个百年"奋斗目标和中华民族伟大复兴中国梦中的重要地位和作用。

特别是面对后国际金融危机时代强大的国际金融垄断资本、实力雄厚的跨国公司,我们必须要有一大批具有较强国际竞争力的大企业大集团,以在激烈的国际竞争中培育我国经济发展的新优势,在产业链、价值链中占据中高端,提升我国的综合国力。近年来,以国有企业为代表的中国企业在国际市场上的集体崛起,彰显了我国国有企业在参与国际竞争中的主体地位和优势,彰显了我国国有企业在培育具有全球竞争力的世界一流企业进程中的强大竞争力,为我国实现"两个百年"奋斗目标和中华民族伟大复兴中国梦提供了重要支撑。

(三)公有制经济关乎国家战略安全

纵观今天的国际环境,国家独立是民族生存的根本,拥有和保持独立自主的科技和工业,是发展中国家经济与政治独立的基础。没有自主的工业和科技,中国在外来威胁面前就缺乏自我保护的能力。"落后就要挨打"是中华民族永远不能丢弃的历史记忆。我们今天虽然生活在和平的环境中,但必须具备居安思危意识。

1.公有制经济是中国共产党执政的重要基础

经济基础决定上层建筑。任何一个政党、一个阶级执政都必须要有自己的经济基础,这是其政权得以维持、运转和巩固的重要根基。因为只有公有制国有经济才能实现工人阶级真正摆脱阶级剥削和压迫,才能不断满足自己日益增长的美好生活需要,才能为国家经济科技发展和国防安全支撑起安全防线,才能掌握意识形态的主导权,才能巩固国家政权使其不旁落他人之手,才能汇聚起磅礴力量实现中华民族伟大复兴的中国梦。反之,如果推行了国有经济私有化,执政的中国共产党迟早会被资产阶级赶下台。正是基于此,习近平总书记在 2016 年 10 月举行的全国国有企业党的建设工作会议上强调指出,国有企业是中国特色社会主义的重要物质基础和政治基础,是我们党执政兴国的重要支柱和依靠力量。事实上,公有制国有经济已经成为我国保增长、保民生、保稳定的重要力量,是我国成功应对国际金融危机、保持国民经济持续快速发展的重要法宝,是我们党执政为民、执政兴国的重要经济基础和政治基础。

2.公有制经济是我国国民经济的重要支柱

公有制经济通过控制关系国民经济命脉的关键领域和重要行业来发挥其支柱作用。当前的竞争是全球性的,尤其是在一些关系国家安全和国民经济命脉的重要行业和关键领域,比如军工、航天航空、石油勘探等,规模经济要求很高,进行技术创新和走出去参与国际竞争,当前还只能靠国有企业及国有控股大企业。无论是我国航空航天事业的发展,还是蛟龙深潜;无论是高铁事业的发展,还是大飞机制造;无论是西气东输、西电东送还是南水北调,国家的各项标志性成就,都与国有大中型骨干企业息息相关。国有企业的利益服从、服务于国家利益、全局利益和长远利益。出于公共利益、全局利益和长远发展的需要,即便在一些情况下微利或亏损,国有企业也仍然会进行必要的投资、生产和经营。这是国有企业的本质,也是社会主义优越性的内在的最终经济根源。

3.公有制企业是我国全面深化改革的中坚力量

在我国经济新常态背景下,国有企业发挥着引导全面深化改革发展方向的重要作用,是我国全面深化改革的"先行者",是积极贯彻落实中央政策的"排头兵"。2013—2016年,国有企业紧紧围绕中央、国务院关于推动供给侧结构性改革的战略部署,深入推进结构调整、布局优化、瘦身健体、提质增效。化解过剩产能的任务提前超额完成,2016年全国国有企业化解的钢铁和煤炭产能分别占全国总量的80%和73%;处置"僵尸企业"的工作积极推进,500户"僵尸企业"和困难企业得到整治和处理,直属企业亏损减少885亿元;降杠杆的工作稳步推进,围绕降低企业资产负债率积极探索市场化债转股等措施;压减管理层级和法人单位的工作取得明显效果,已压减法人单位6 395户[①]。

4.公有制企业是推动我国创新驱动发展的排头兵

国有企业是国家骨干、战略产业的组织者,承担着科技的积累和创新任务,是推动我国创新驱动发展的排头兵。在2017年9月14日开幕的"中央企业贯彻落实新发展理念、深入实施创新驱动发展战略、大力推动双创工作成就展"会议上,从太空、高空到低空,从地上、地面到地下,从海上、海下到海底,从宏观世界到微观世界,从军用装备到民用产品,涉及领域之广,科技创新品种之多,水平之高,不可辩驳地证明了中国国企无可取代的"国鼎"地位和作用。据统计,十八大以来,中央企

① 季晓楠.国企全面深化改革的大思路和新实践[N].经济日报,2017-10-13

业研发投入占全国研发经费总投入约1/4,研发投入强度(研发经费占营业总收入比重)约为全国规模以上工业企业的1.8倍;拥有国内外研发机构总计3100多个,其中国家级创新平台超过630个;2012—2016年央企累计有效专利48万余项;获国家技术发明奖、国家科技进步奖共计424项,约占同类奖项总数的1/3,获得全部14项国家科技进步特等奖中的12项;取得了很大一批具有世界先进水平和领先水平的标志性重大创新成果,其中不乏堪称"国之利器"的先进武器装备。事实上,这些科技领域也是美欧日对我国进行严格封锁的领域,但长期以来却被海内外舆论和一些所谓公知描述为没有效率、垄断、扭曲市场、贪腐、浪费资源、与民争利、破坏社会公平正义,被妖魔化的国企创造出人类技术进步史上的一个又一个奇迹,比西方投入少得多,并在较短时间内赶上甚至超过西方发达国家的水平。正如毛主席所说:"封锁吧,封锁十年八年,中国的一切问题都解决了。"①

(四)拉美和苏联东欧的惨痛教训

拉美自20世纪80年代初开始推行新自由主义,经济阵痛持续三十多年没有消失,反而愈加严重,陷入"中等收入陷阱"难以自拔。美国在拉美推行新自由主义的真实目的是赤裸裸地维护其资本利益,逼迫拉美采取严厉措施削减医疗卫生和社会福利开支,廉价出售国有企业和自然资源,以确保拉美偿还西方的债务。民众遭受反复掠夺后开始觉醒,反对新自由主义,其被拉美民众批评为"逼人割自己鲜血淋淋的肉来偿债"。

苏联在"新思维"的名义下搞"休克疗法",结果休克过去了再也没有苏醒过来。俄罗斯、东欧国家转型私有制后,原先体制内的大佬和关系人,不少成了后来俄罗斯的行业寡头。私有化不但没有带来效率与公平,反而导致国家解体,给国家和人民带来严重后果,使此后的俄罗斯陷入了巨大困境。时至今日普京总统仍在感叹,俄罗斯正处于其数百年来最困难的历史时期。大概这是俄罗斯近200~300年来真正面临沦为二流国家,抑或三流国家的危险。②

东欧和拉美的惨痛教训表明,私有化基础上的市场化会使国家失去屏障,本国经济的产权乃至经济命脉将被外国资本控制。俄罗斯和东欧一些国家的私有化非但没有解决问题,反而加剧了问题的严重性。诺贝尔经济学奖得主迈克尔·斯彭斯曾警示中国应吸取俄罗斯国企私有化的教训。他说,中国的国企不能全盘私有

①毛泽东.毛泽东选集:第四卷[M].北京:人民出版社,1991:1496.
②王宪举.看俄罗斯,不可唯GDP论英雄[N].环球时报,2021-01-12.

化,一旦全盘私有化,就会失去经济的"维稳力量",这很有可能带来灾难性的后果。

综上所述,我们必须坚持公有制而不能搞私有化。尽管国有企业的体制还存在不少现实问题,但我们应该本着实事求是的原则去解决问题,而不可以用搞运动的方式去搞私有化,也不可以借"混改"之名行掏空国有资产之实,我们绝不能犯战略性、颠覆性错误。为保证国家的经济、政治、国防安全,为保证国家的社会主义发展方向,为保证人民真正获得共同富裕的幸福生活,为把我国建成富强民主文明和谐美丽的社会主义现代化强国,我们必须毫不动摇地巩固和发展公有制。

三、回答问题所需要的支撑材料和延伸材料目录

[1] 胡锦涛.坚定不移沿着中国特色社会主义道路前进 为全面建成小康社会而奋斗[M].北京:人民出版社,2012.

[2] 中共中央关于全面深化改革若干重大问题的决定[EB/OL].中央政府门户网站,2013-11-15.

[3] 习近平.切实把思想统一到党的十八届三中全会精神上来[M]//习近平.习近平谈治国理政.北京:外文出版社,2014.

[4] 如何看待国企改革——访国资委负责人及有关专家[N].人民日报,2012-10-11.

[5] 胡鞍钢."国进民退"现象的证伪[J].国家行政学院学报,2012(1):9-14+1.

[6] 张宇.坚持马克思主义在我国经济理论和实践中的指导地位[J].红旗文稿,2013(18):21-25.

25 如何通过中兴和华为事件看待习近平创新观对于国家经济社会发展的重大战略意义?

一、问题的不同表述和实质

从1978年我国实施改革开放以来,40多年来,我国经济社会发展成绩斐然,众多主要经济指标走在世界前列,但经济规模和经济增速等方面仍存在诸多问题,粗放型发展的模式已经不适应新时代的发展要求,科技创新的新引擎作用逐渐显

现,世界主要国家都在努力寻求科技创新的突破口,中国也开始奋起直追、赶超跨越。经过多年的努力拼搏,我国科技实力实现了质的飞跃,在一些重要领域和尖端科学方面已经由跟踪模仿转变为"同行者",甚至是"领跑者"。

尽管如此,我们也不应该盲目乐观,在全球范围的大背景下,美国依然是科技领域的垄断者。其一,在一些高技术领域,以美国为首的西方国家掌握了绝大多数的技术和市场,譬如中兴和华为事件中涉及的集成电路和高精密仪器领域,我国尚不具有与之相抗衡的科技实力。其二,全球范围内具有制造高精度设备能力的企业寥寥可数,这些企业多在以美国为首的西方国家手中,我国的精密制造能力在短时间内还无法赶超。其三,美国掌握了大量专利技术,科技领域的相关行业标准大多由美国领衔制定,专利和标准带来的知识产权壁垒对我国的科技发展产生了巨大影响。总而言之,在高技术领域,西方国家拥有着从标准制定到上游制造、下游销售的完整体系,而这恰恰是我国科技实力的一处软肋。

与此同时,一些西方国家的政客和学者大肆鼓吹"中国威胁论",并以科技创新为突破口对中国进行诽谤和攻击,先后对中兴、华为等高科技企业进行带有严重政治目的的"围追堵截",通过抑制我国创新领域的发展进而抑制我国经济社会的整体发展。以习近平同志为核心的党中央高瞻远瞩,科学分析我国国内经济结构调整和动力转换的迫切需求,深刻洞察国际新一轮科技革命重塑全球经济结构的重大机遇,创造性地提出了一系列符合新时代创新的重要论述(以下我们统称为"习近平创新观"),指导我们在推进以科技创新为核心的全面创新的伟大实践中破浪前行。

二、对问题的回答

1.习近平创新观的主要内容

(1)"逢山开路,遇河架桥"的创新精神

2013 年 1 月 5 日,习近平在新进中央委员会的委员、候补委员学习贯彻党的十八大精神研讨班开班式上发表重要讲话强调:"全党同志必须坚持以邓小平理论、'三个代表'重要思想、科学发展观为指导,毫不动摇坚持和发展中国特色社会主义,坚持马克思主义的发展观点,坚持实践是检验真理的唯一标准,发挥历史的主动性和创造性,清醒认识世情、国情、党情的变和不变,永远要有逢山开路、遇河架桥的精神,锐意进取,大胆探索,敢于和善于分析回答现实生活中和群众思想上迫切需要解决的问题,不断深化改革开放,不断有所发现、有所创造、有所前进,不断推进理论创新、实践创新、制度创新。"①习近平通过"三个坚持""三个认识""三个有所""三个创新"阐释了"逢山开路、遇河架桥"创新精神。

纵观人类历史发展,创新始终是推动民族发展向前、推动人类文明发展向前的重要力量。当前,国际环境瞬息万变,我国全面深化改革、实现中华民族伟大复兴任务艰巨,要突破经济增长瓶颈,防范和化解深层次问题,创新是根本出路。实现创新尚需变革。用习近平总书记的话说,就是破除制约科技创新的思想障碍和制度藩篱。有些人畏难,不愿意创新,这是思想障碍;有时为旧体制所束缚不能创新,这是制度藩篱。故此,粉碎思想障碍,瓦解制度藩篱,才能更好地实现创新。习近平强调,我们必须要有"万折必东不回头"的志气、"赴百仞之谷而不惧"的勇气、"咬定青山不放松"的韧劲,敢于并勇于创新,攻坚克难,闯出一条继续开拓中国特色社会主义事业的创新之路。

(2)从"要我创新"到"我要创新"的创新意志

2013年3月4日,习近平在参加全国"两会"讨论时指出:"要深化科技体制改革,进一步突出企业的技术创新主体地位,变'要我创新'为'我要创新',促进创新链、产业链、市场需求有机衔接。"从"要我创新"转变为"我要创新",深刻揭示了创新主体在创新中的核心作用。目前,"要我创新"已是全社会的价值共识,"我要创新"也渐渐成为方方面面的自我认同。创新需要自觉,需要主动,需要敢于突破常态,如果拿着鞭子在后面驱赶着才能创新,把创新仅仅当成必须完成的任务,就不可能取得巨大成功。从"要我创新"到"我要创新",既体现出主体意识的转变,又体现出精神层次的提高。惟改革者进,惟创新者强,惟改革创新者胜。在这个堪称创新的最好时代,变"要我创新"为"我要创新",这是时代赋予每个人的使命。

党的十八届五中全会提出五大发展理念,其中创新居于首位;我们要在2020年进入创新型国家之列,2030年迈入创新型国家前列,必须创新,敢于走别人没有走过的路,不断在攻坚克难中追求卓越。习近平认为,创新意识直接关系到创新的速度、进程、效果。作为创新的主体,个人和企业的创新意识对我国经济和科技发展起着至关重要的作用。谁牵住了创新这个牛鼻子,谁就能在发展大潮中占领先机、赢得优势。因此,当前我们需要加强正面传导,积极引导企业和个人树立"我要创新"的意识。不仅需要充分激发创新主体的创新积极性,养成崇尚科学的态度,

---

① 习近平.习近平谈治国理政:第一卷[M].北京:外文出版社,2018:21.

更需要让创新主体学会创新。宝武集团深入贯彻习近平关于创新的讲话精神,坚持改革创新,不断提高企业活力,成功跻身世界同行综合竞争力前列。中国宝武集团党委书记、董事长陈德荣说道:"40 年的发展实践中,宝武集团坚持创新,始终走学习创新之路,主动融入市场竞争,不断提升国际竞争力。""要不断坚持创新驱动,推动技术领先战略、低碳绿色发展与智慧制造升级,实现钢厂与城市共融共生。"[①]

(3)"创新驱动发展,科技建设强国"的创新战略

抓住创新就是抓住发展,谋划创新就是谋划未来。党的十八大以来,习近平强调以创新为发展新动能,坚定实施创新驱动发展战略。他指出:"当前从全球范围看,创新驱动是大势所趋。"[②]在国际竞争中,要奋力推进以科技创新为核心的全面创新,以科技实力争取新一轮科技革命的主动权和话语权,为实现民族复兴抢占先机。习近平还指出:"从国内看,创新驱动是形势所迫。"[③]近年来,虽然我国综合国力大幅提高,但发展不平衡、不充分、不可持续的问题仍然存在,要"突破自身发展瓶颈,根本出路就在于创新,关键要靠科技力量"。党的十八大以来,我国科技发展对社会发展的贡献率是极大的,甚至是颠覆性的。我国不仅在科技领域推行了100 多项重大举措,更加快了相关法律法规的建设,2016 年 5 月,中共中央、国务院专门印发了《国家创新驱动发展战略纲要》,充分发挥了科技创新新引擎作用,为我国稳增长、促改革、调结构、惠民生提供源源不竭的"第一动力"。

世界各发达国家,无一不是科技强国。我国走的正是一条"以人才强、科技强带动产业强、经济强、国家强"的道路。十八大报告指出,我们要坚持走中国特色自主创新道路,以全球视野谋划和推动创新。当前,新一轮科技革命和产业变革正在孕育兴起,实施创新驱动发展战略,必须要增强自主创新能力,加强创新型人才的培养,营造良好的创新政策环境,加大政府科技创新投入,大力扩大科技开放合作。

(4)"弘扬创新精神、提高创新能力"的创新号召

2009 年 9 月 19 日,习近平同首都各界群众和青少年一起参加全国科普日活动时,强调"要在全社会大力弘扬创新精神、提高创新能力,为坚持走中国特色自主创新道路、建设创新型国家奠定坚实的群众基础"。[④] "功以才成,业由才广。"人才是

①陈德荣.坚持以改革为动力　不断增强国有企业活力与竞争力[N].经济日报,2019-01-02(4).

②中共中央文献研究室.习近平关于社会主义经济建设论述摘编[M].北京:中央文献出版社,2017;126.

③中共中央宣传部.习近平总书记系列重要讲话读本[M].北京:学习出版社,人民出版社,2014;65.

④习近平.全社会要弘扬创新精神提高创新能力[EB/OL].新华网,2009-09-20.

一切科技创新活动的主体,也是建设创新型强国的关键力量。习近平从弘扬创新精神和提高创新能力两个方面号召全社会动员起来,培养科技人才、建设创新人才队伍、调动全社会创新力量,激发各类人才创新活力和潜力,为推进科技创新、实现创新发展奠定人才基础和社会氛围。

大力弘扬创新精神,需要以全球化视野、国际化标准,把握新的历史性机遇,超前规划布局,建设高水平研发平台,为实现创新驱动发展奠定坚实物质基础。积极开展技术创新和研发活动,借鉴国际领先企业制度和激励机制推动人才政策细化落实,为实现创新驱动发展提供坚强人才保障。着力提高创新能力,需要教育体系的不断完善、物质支撑体系的强大支持、成熟的创新文化的吸收借鉴等,各个要素独立发展又协调共建,其质量高低直接关系到创新能力的强弱和大小。同时,要精准发力,引导社会创新价值观念的形成,塑造积极、良好的社会氛围,多举措共同发力培育社会大众的创新意识和创新精神,引导社会形成包容失败、鼓励创新的舆论氛围和文化环境。

2.习近平创新观对于国家经济社会发展的重大意义

(1)为中国赶超、引领世界科技创新潮流提供思想武器

党的十八大以来,我国在科技领域取得了一系列重大成果,"天眼"探空、墨子"传信"、高铁奔驰、超算"发威"……中国"赶上世界"的强国梦实现了历史性跨越,一项又一项大国工程频繁刷新着自主创新的速度和进度。在很多科技领域,我国也不断追赶超越,成为世界范围内数一数二的国家,即便是在中兴和华为事件中的芯片领域,我国也以高速的进步跃升为芯片设计方面的全球第二强国,而在5G通信领域我国更是遥遥领先其他国家。在习近平新时代中国特色社会主义思想的引领下,我国科技工作者不断攀登突破,在社会各界的大力支持下不断在新的起点上实现更大跨越。中国在创新领域由"追赶"逐渐变为"并跑"甚至"领跑",给世界带来了更多的惊喜。习近平总书记关于科技创新的重要讲话和论述为我们推动科技创新凝聚了强大合力,坚定了全社会的科技自信和创新自信,为我国实现创新发展指明了光明前景和正确路径,为我们接下来竭力奋斗,赶超和引领世界科技发展潮流提供了强大的思想武器。

(2)为我国坚持走自主创新道路提供了路径指引

在过去一段时间里,我们存在着"造不如买,买不如租"的理念偏差,但是实践证明,核心技术是买不来的,只能自己创新、自己突破。习近平总书记提出坚持走中国特色自主创新道路,坚持创新是第一动力,加快建设创新型国家等论断,为我

国科技创新指明了突破口。中国特色自主创新道路是一条既顺应世界科技发展潮流、符合科技发展规律，又符合我国实际的科技创新道路。坚持走中国特色自主创新道路，是历史经验的科学总结，是面向未来的必然选择，是我国不断提高科技发展水平、提升综合国力的正确选择，是把我国建设成为世界科技强国和社会主义现代化强国的必由之路。习近平总书记强调要增强"四个自信"，不断提高自主创新能力，并要求在优势领域、关键技术上取得重大突破。尽管我国科技事业取得了举世瞩目的成就，但是离建设科技强国、社会主义现代化强国的要求还有一定差距。因此，立足新时代，我们比历史上任何时候都更加需要提升自主创新能力，需要跨越式创新成果。我们只有坚持走以我为主、自主创新的发展之路，才能真正掌握竞争和发展的主动权，才能从根本上保障国家安全，才能把我国建设成为世界科技强国和社会主义现代化强国。

（3）为我国深化科技体制改革指明了前进方向

习近平总书记纵观国内外发展大势，清醒地认识到，我国推进自主创新最紧迫、最重大的障碍就是要破除体制机制问题。长期以来，我国深入推进科技体制改革，各方面已经取得较大突破，改革主体架构已经确立，但仍然存在诸多突出问题，例如，科技创新资源分散、重复、低效，国家创新体系整体效能不强，科技成果转移转化能力不足，科研人员积极性未充分激发，等等。下一步全面深化科技体制改革的关键问题就是要解决好这些突出问题，最大限度上解放和激发科技作为第一生产力所蕴含的巨大潜能。发展芯片产业是一项大工程，产学研结合、稳定的供应链和完备的产业集群都是必不可少的，只有形成从研发到生产到投入市场试错的良性循环，才能做出让用户满意的芯片。习近平总书记关于坚持科技创新和制度创新"双轮驱动"、加快转变政府科技管理职能等方面的重要论述，不仅为我们全面深化科技体制改革在顶层设计和战略举措上指明方向，更为力担新时代历史重任，勇做科技创新的排头兵坚定了信心和勇气。

（4）为实现"两个一百年"奋斗目标和中华民族伟大复兴提供动力支撑

中兴和华为事件反映了以美国为首的西方国家妄图阻碍中华民族伟大复兴的野心，西方政客动用贸易霸凌主义，妄图通过限制芯片贸易打击我国科技产业，从而使国民失去科技自信。因此，为实现"两个一百年"奋斗目标和中华民族伟大复兴，我们必须通过不断的创新粉碎西方政客的阻碍。十九大提出"决胜全面建成小康社会，开启全面建设社会主义现代化国家新征程"，中国特色社会主义进入新时代。习近平总书记强调："创新是一个民族进步的灵魂，是一个国家兴旺发达的不竭动力,也是中华民族最深沉的民族禀赋。在激烈的国际竞争中,惟创新者进,惟创新者强,惟创新者胜。"[1]百舸争流,奋楫者先。我们当前要深入贯彻并牢牢把握习近平总书记关于科技创新的要求,坚定不移地实施创新驱动发展战略、加快创新型国家和世界科技强国建设步伐,为实现中华民族伟大复兴中国梦,提供源源不断的动力支持和坚强的战略支撑。

3.怎样更好地推动习近平创新观在经济社会发展中的作用

党的十九大报告中提出中国特色社会主义进入新时代。这是中国发展的历史新方位,同时也意味着科技创新迎来了历史的新发展。创新是引领发展的第一动力,为实现中国特色社会主义事业的新辉煌,作为新时代的中国科技人要勇于扛起责任大旗,推动新时代科技事业的发展,助力经济社会的繁荣。

推动习近平创新观在经济社会发展中的作用,需要我们纠正思维偏差,重视核心技术。中国科技力量的高速发展使得中国已经成为世界科技版图上一块重要的力量,给传统西方科技强国带来了巨大的威胁,曾经我们可以靠购买来获取的设备和技术,消化之后再创新,现在已经是不可能的了。核心技术受制于人俨然已经成为我们最大的隐患,这就要求我们纠正以前的思维偏差,明确西方国家的企图,坚定科技独立自主的信念,在芯片等领域亡羊补牢,并审视我国科技领域的其他短板,未雨绸缪,推动核心技术自主可控,把关键领域的发展和建设做好做强。

推动习近平创新观在经济社会发展中的作用,需要我们充分发挥举国体制和市场机制的作用。技术的发展不能脱离市场的支持和消费者的检验,国产自研的科技产品要想真正替代进口产品,不仅要在科技实力上超越对手,也要让消费者接受和给予好评。我们要加强市场引导,扶持科技自研企业的创新和发展,创造国产技术进入市场接受检验的机会。充分发挥举国体制和市场经济相结合的优势,在国家层面上通过发展计划明确导向,通过政策鼓励和支持并积极引入市场支持,推动科技企业重视研发投入,为科技企业的创新提供保障。

(1)推动习近平创新观在经济社会发展中的作用,在贯彻习近平新时代中国特色社会主义思想的同时,更加注重科技思想的落实。十八大以来,党中央对科技创新提出了新的思想战略。广大科技人员学习习近平科技创新思想,提高理论水平,坚持理论与实践相结合,引领中国科技沿着"特色"道路加快前进。

(2)推动习近平创新观在经济社会发展中的作用,要求科技创新为实现中华民

①习近平.习近平谈治国理政:第一卷[M].北京:外文出版社,2018:59.

族伟大复兴中国梦提供强有力的支撑。中华民族从站起来、富起来到强起来的伟大飞跃,科技必须要与时代相结合,与时代发展同步,落实一系列国家发展战略,为实现中国梦注入强大的科技力量。同时,与时代相结合将进一步推动中国成为创新型国家,到 2035 年跻身创新型国家前列,助力中国梦。

(3)推动习近平创新观在经济社会发展中的作用,要求我们适应时代的发展变化。党的十九大报告明确指出我们社会的主要矛盾发生改变,我们应该明确这一主要矛盾带来的变化,发挥科技创新的重大作用。创新作为引领发展的第一动力,对满足人民日益增长的美好生活需要及消除发展不平衡不充分等方面都有推动的作用。科技创新的主要动力就源于人民群众的需要。新时代中国科技的发展应始终把人民群众的需要作为根本原则,立足人民,敢于担责任,注重新发展,为解决新时代我国社会的主要矛盾贡献力量。

(4)推动习近平创新观在经济社会发展中的作用,要求贯彻新发展理念,为建设现代化经济体系提供战略支撑。当前,我们经济进入高质量发展阶段,科技创新发展要紧紧围绕现代化经济建设的根本要求,处理好发展方式的转变等问题,引领创新这一"新动力"的良好发展,促进经济发展的质量和效率变革,推动供给侧结构改革,寻找我国发展的创新优势,为经济增长注入新的活力。

(5)推动习近平创新观在经济社会发展中的作用,要求我们筑牢创新基础。中国特色社会主义进入了新时代,同样的,中国科技创新也经历了多年的积累和发展,实现了质的改变,迎来了发展繁荣新机遇。面对这种机遇,全体科技工作者应坚持奋斗,牢牢把握科技革命大方向,紧紧抓住产业变革大趋势、人才集聚的大举措,以世界科技前沿、经济主战场和国家战略需求为方向,在科技创新的同时,进行体制机制创新,充分利用企业、学校等各类研究主体的作用,处理好科技创新与成果运用之间的关系,在基础性研究与突破性技术的基础上实现长足发展,在全球化发展的时代背景下从整体上提升我国的自主创新能力,同时也要健全中国特色国家创新体系和创新生态,争取通过不断努力将中国科技创新推向新的境界。

(6)推进科技创新,建设科技强国,必须选择好方向,确定好重点领域,然后实施科技攻坚,具体包含以下三个方向。

一是瞄准国际前沿科技。创新是一个国家繁荣富强的恒定器,在第三次科技革命的背景下,抓住科技创新、建设科技强国成为愈来愈重要的时代课题。一方面,要加大科技投入,促进科学技术向生产力转换,扩大前沿科技研究领域,重点突破、齐头并进;另一方面,注重人才培养,鼓励高端人才积极参与国际交流,以国内大学、科研所为阵地,"一带一路"倡议为依托,促进国内前沿科技与国际接轨,增强综合竞争力。

二是面向经济主战场。作为影响世界经济周期最主要的变量和决定经济总量最主要的因素之一,科学技术水平起到了至关重要的作用。每次科学技术革命都会在扩大经济结构总量的同时产生新的黄金发展期。因此,我们首先要着重面向经济主战场,同时要推动科技发展,使之能够同经济社会达到深度融合的效果,从而达到从科技强、产业强、经济强到国家强的目的。其次还要促进科研成果的创造性转化。如果在转换周期中科学研究的成果没有向生产力转化,那么其经济潜力将迅速下降。科学研究要在满足科研基本步骤的基础上,更要关注关键技术的研发过程,从而完成科研成果向生产力的转化。

三是面向国家需求。科技创新的发展必须要以国家的稳定发展为前提,所以科技创新的发展也必须以国家发展战略为支撑。科技创新的发展要为国家的发展服务。当前,科技创新的发展要以习近平总书记关于科技发展的重要讲话为依据,把科技创新和国家发展联系起来,大力发展国家发展需要的各项核心技术。只有坚持科技创新为国家战略服务,科技创新才会长足发展。

进入新时代,科技创新也被赋予了新的使命。科技创新要求我们紧密团结在以习近平同志为核心的党中央周围,全面贯彻落实党的十九大精神,为建设创新型国家和世界科技强国、决胜全面建成小康社会、实现中华民族伟大复兴中国梦做出新的更大贡献!

三、回答问题所需要的支撑材料和延伸材料目录

[1] 习近平参加十二届全国人大三次会议上海代表团审议[EB/OL].新华网,2015-03-05.

[2] 何传启.推进以科技创新为核心的全面创新[N].中国青年报,2017-08-21.

[3] 习近平在中国科学院第十七次院士大会、中国工程院第十二次院士大会上的讲话[EB/OL].中国共产党新闻网,2014-06-09.

[4] 习近平关于科技创新论述摘编.加快科技体制改革步伐[EB/OL].新华网,2016-02-29.

[5] 习近平.在中国科学院第十九次院士大会、中国工程院第十四次院士大会

上的讲话[EB/OL].新闻网,2018-05-28.

　　[6] 习近平主持召开中央财经领导小组第七次会议[EB/OL].中央政府门户网站,2014-08-18.

　　[7] 学习习近平总书记关于马克思主义时代化重要论述的启示[N].光明日报,2018-10-18.

　　[8] 习近平指出科技创新的三大方向[EB/OL].人民网,2016-06-02.

　　[9] 习近平.决胜全面建成小康社会　夺取新时代中国特色社会主义伟大胜利[M].北京:人民出版社,2017.

　　[10] 赵险峰.习近平总书记关于科技创新重要论述的理论内涵与现实意义[J].河北科技大学学报:社会科学版,2019,19(1):17-21.

　　[11] 唐正芒,徐功献.习近平创新观探析[J].探索,2016(1):5-12.

26 | 为什么我国不能照搬西方的"三权分立"制度?

一、问题的不同表述和实质

　　关于西方的"三权分立"制度,有些人认为它能够"以权制权,相互制衡,能够有效遏制腐败";有些人认为它能够"更加明晰权力的边界,更有助于各司其职";有些人认为它"分工明确,有利于互相监督"。这些肯定"三权分立"制度的观点都有一定的道理,但也都不够全面。而有人认为西方的"三权分立"制度比我国的人民代表大会制度更科学、更先进,我国应该搞西方的"三权分立"制度,这种观点是错误的。其实质在于没有认识到,在这个世界上并不存在一种普遍适用的政治制度,不存在一种能够适用全球近 200 个国家的政治制度模式,因为各个国家的国情不同,所以每个国家的政治制度都是在这个国家的历史的、民族的、文化的、经济社会基础上国民共同选择的一种独特的制度结果。

　　2014 年 9 月 5 日,习近平在庆祝全国人民代表大会成立 60 周年大会上高屋建瓴地指出:"设计和发展国家政治制度,必须注重历史和现实、理论和实践、形式和内容有机统一。"首先要立足国情,同时不能割断历史,既要把握历史传统,又要把握现代政治经验和政治原则,还要着眼亟待解决的现实问题。在学习借鉴外国政治制度时,看到我们没有的就直接认定有所欠缺而照搬拿来;或是,看到我们有而其他国家没有就认为多余而去除,这两种观点都是片面的、不正确的。

二、对问题的回答

1.我国"议行合一"的人民代表大会制度与西方国家"议行分离"的"三权分立"制度的区别

国体和政体组成一个国家。我国社会主义制度与资本主义制度的不同,既体现在国体不同,又体现在政体不同。在国体方面,我国实行人民民主专政,西方国家实行资产阶级专政;在政体方面,我国实行"议行合一"的人民代表大会制度,西方国家则实行"议行分离"的"三权分立"制度。

在"议行分离"与"议行合一"两种建立国家政体的指导思想中,"议"指代议机关,也就是西方国家公民代表议事机关和我国立法机关,制定法律或做出决议;所谓"行"指行使国家行政权、审判权和检察权的执行机关,执行代议机关制定的法律或决议。"议行分离"思想,是由孟德斯鸠等人提出的;而"议行合一"思想,由马克思提出。马克思指出,公社既是行政机关,也是立法机关。不是议会式的,而应当是行政和立法合一的工作机关。

"议行分离"与"议行合一"两种模式的对立性体现在:在"议行分离"模式下,代议机关与执行机关之间,是互不领导、互相监督的关系,代议机关的权力只是通过法案及决议,但不能要求执行机关必须执行通过的法案及决议,因此当执行机关拒绝执行通过的法案及决议,就会出现议不付行、议行相悖的现象。

在"议行合一"制度下,代议机关是领导和监督国家行政权、审判权和检察权的执行机关。代议机关在行使立法权的同时,又是领导和监督国家行政权、审判权和检察权的执行机关,政府必须执行立法机关通过的法律及决议。也就是说,立法机关既行使立法权,又领导和监督国家政府具体的执行活动,使代议机关的立法活动与执行机关的执行活动达到议必付行、"议行合一"。

2.我国人民代表大会制度较之于西方的"三权分立"制度具有明显的制度优势

第一,"三权分立"导致西方国家议会与政府、法院之间,出现议行相悖的现象;而我国人民代表大会制度能在全国人大与国务院、最高法院、最高检察院之间,实现议行合一。"三权分立"模式下,议会权力只局限于制定法律,而不能领导和监督执行机关。相反议会通过的法案及决议,时常会被政府否决和拒绝执行。因此在

"三权分立"制度下,议会通过的法案和决议,经常陷入被政府否决的厄运之中,议不付行、议行相悖的现象就变成了一个怪圈。

我国的人民代表大会制度下,全国人民代表大会拥有最高权力,它直接行使立法权,同时又组织和领导我国的执行机关,即领导并监督国务院、最高法院、最高检察院按照其制定的法律和决议,行使行政权、审判权和检察权,最终使全国人大的立法工作与国务院、最高法院、最高检察院的各项执行工作,实现议必付行、议行合一的成效。

第二,"三权分立"导致西方国家国会、法院、政府之间政令不统一、互相掐架、效率拖沓;我国人民代表大会制度能够实现国家各机关议行合一取得实效。1978年我国与美国总统签订《中美建交公报》,同时美方宣布,废除其 1954 年与我国台湾签订的《共同防御条约》。依照国际通行规则,国会和法院应当对美国总统签署的《中美建交公报》承认和执行,但是"三权分立"体制下却完全不是这么回事。国会参议院内议员们认为,美国总统宣布废除《共同防御条约》的行为已经违反宪法,将总统的政府班子告上法庭。在三权分立的制度下最后法院居然做出了美国政府废除《共同防御条约》是违反宪法行为的荒谬裁决。国会和联邦法院,都想要推翻美国政府废除《共同防御条约》的决定导致了这场政治闹剧的上演,以致国会、联邦法院、政府就该问题不断扯皮,直到一年后联邦最高法院做出美国政府废除《共同防御条约》不存在违宪问题的最终裁定,这场政治闹剧才落幕。虽然事情最后有了正确的结论,但却暴露出三权分立机制固有的一些弊端,美国三个国家机关就此事相互扯皮打架,长达一年时间,凸显出行政效率低下的弊病。后来中美两国政府签订的《中美建交公报》中,美国政府向我国政府承诺,美国将不再与我国台湾保持官方关系,然而国会却对此承诺视若无睹。甚至在中美两国正式建交后,荒谬地通过《与台湾关系法》,既违反了美国政府与我国达成的政治共识,又再次出现美国议行分离、议行互悖的现象。此时美国法院却对美国政府和国会的"打架"予以默认,未采取任何积极行动。反观我国最高权力机关全国人大,掌握我国最高的国家权力。全国人大直接行使立法权的同时,又领导监督我国执行机关,因此在我国的政治制度中,绝不会发生像西方三权分立下议行相悖的现象。我国的国家权力不仅实现了在实际执行中的合理分工,又能实现最终整个国家权力统一行使,使我国大政方针政策的推行立竿见影、卓有成效。

第三,"三权分立"会造成西方国家政局不稳,一些政府官员为了争夺个人或某一集团利益,互相攻击拆台,导致政坛时常发生动荡,进而引发社会的混乱;我国人民代表大会制度,能够实现我国民主政治平稳运行,进而促进社会安定和谐,社会稳定是任何国家实现繁荣富强的环境和前提。在我国人民代表大会制度下,既能实现协调一致,又能保障国家权力的统一行使,具有能使政府稳定执政,进而实现整个国家有序发展、繁荣昌盛的制度优势。

3.人民代表大会制度是符合我国国情的政治制度

一个国家采取什么样的政体,是由这个国家的国体决定的。我国实行的人民代表大会制度就是由我国的国体决定的,在我国实行人民代表大会制度,是马克思主义理论同中国具体实际相结合的重大创新,是党带领全国各族人民长期奋斗的重要成果,反映了全国人民的共同利益和共同愿望。人民代表大会制度是立足中国国情、能够促进我国社会主义民主政治良好发展的政治制度。新中国成立 70 年特别是改革开放 40 年来,人民代表大会制度不断巩固和发展,显示出无与伦比的优越性。

其一,人民代表大会制度符合我国的国体,保证了人民当家作主。宪法规定,我国是人民民主专政的社会主义国家。我国的这种阶级本质,要求我国的政体能够保证近 14 亿人民当家作主。因此,人民代表大会制度是立足中国国情,具有社会主义优越性的政权组织形式。一是,在我国除了被剥夺政治权利的人,只要是年满 18 周岁的公民,一律都拥有政治权利,我国公民的政治权利具有广泛性和真实性;二是,由选民或选举单位选举产生各级人大代表,再由这些人大代表组成全国人民代表大会和地方各级人民代表大会,代表人民行使国家权力;三是,选民和选举单位有权监督并罢免自己选出的代表。这充分说明,我国的人民代表大会制度从根本上保证了民主政治和人民当家作主的权力。

其二,人民代表大会制度,即由人民代表大会统一行使国家权力,全国人大是最高国家权力机关,它除了对人民负责,受人民监督以外,不受任何国家机关的制约。我国的国家权力是统一由人民代表大会行使的,这是社会主义民主政治优越性的表现,充分体现了社会主义国家是人民当家作主。除此之外我国的人民代表大会制度还有利于保证党的领导,促进全国各族人民大团结,进行社会主义建设。

其三,人民代表大会制度的设计充分贯彻了民主集中制原则。民主集中制是社会主义国家政治领域的一大特色,我国人民代表大会制度实行民主集中制原则,是我国政治制度必须坚持的原则。人民代表大会实行民主集中制体现在我国《宪法》当中,包括三个方面:一是通过民主选举产生全国人民代表大会,而人民代表大会要对人民负责,受人民监督;二是人民代表大会再选举出国家执行机关,领导监督执行机关。国家权力由人民代表大会统一行使,比如通过听取审议国务院、最高法院、最高检察院的工作报告,对他们的工作提出意见建议等;三是在中央统一领导下,中央和地方的国家机构行使职权。

其四,人民代表大会制度设计充分贯彻了间接民主和直接民主选举的原则。这一方面体现在各级人民代表大会的选举上,按照相关法律的规定,我国按照行政区划依法采用直接选举和间接选举相结合的方式,这是最适合我国国情的选举方式,另一方面也充分反映了最广大人民群众的意志,有利于人民群众实行有效的监督。

综上所述,人民代表大会制度立足于我国国情,具有无与伦比的社会主义优越性。发展我国社会主义民主政治必须紧紧依靠人民代表大会制度。同时,要抵制动摇这一制度的资产阶级三权分立思想的侵蚀,虽然这一思想为我们的政治制度构建提供了可参考的内容,却绝对不能动摇全国人民代表大会制度在我国政治制度中的地位,因为我们国家的国体决定了应该毫不动摇地坚持全国人民代表大会制度,作为开展现代化建设的立足点和根本指向。

三、回答问题所需要的支撑材料和延伸材料目录

[1] 范明志.中国法治的独特优势[J].人民论坛,2018(16):26-27.

[2] 景跃进.中国特色的权力制约之路——关于权力制约的两种研究策略之辨析[J].经济社会体制比较,2017(4):32-44+148.

[3] 赵宝云,李逢彦."三权分立"制度的嬗变及其制度弊端——兼论人民代表大会制度的制度优势[J].毛泽东邓小平理论研究,2010(4):72-78+86.

[4] 赵宝云,张颖.高校学生应走出崇拜"三权分立"的认识误区[J].思想理论教育导刊,2010(5):66-70.

[5] 秋石.为什么必须坚持人民代表大会制度而不能搞"三权分立"[J].求是,2009(7):7-10.

[6] 秦宣.为什么要坚持人民代表大会制度而不能搞"三权分立"[J].前线,2009(3):23-25.

27 为什么我国不能实行西方的两党制或多党制？

一、问题的不同表述和实质

我国的政党制度是中国共产党领导的多党合作和政治协商制度，是我们党把马克思主义政党学说和统一战线理论与中国具体实际相结合的伟大创造，是我们党同各民主党派、无党派人士长期团结奋斗的重大成果，具有历史的必然性、伟大的独创性和巨大的优越性。然而，有些人却对中国的政党制度肆意诋毁，认为"中国共产党是"一党专政"或"一党专制"；"中国共产党一党独裁"。有些人大肆鼓吹西方竞争型政党制度的好处，认为"两党制或多党制有助于互相监督"；"两党轮流执政或多党轮流执政更有助于遏制腐败"；"两党轮流执政或多党轮流执政更有助于实现民主"，等等。还有些人认为"共产党领导的多党合作和政治协商制度只是一个口号"；"其他各个民主党派只是摆设，起不到参政议政的作用"；"所谓的多党合作只是走形式而已"，等等，并以此贬低中国多党合作制度的优势。这些错误观点的实质在于这些人为西方和平演变所利用，否定我国的政党制度，企图用西方的两党制或多党制取代我国的政党制度。

二、对问题的回答

从生成过程来看，政党制度主要包括原生型政党制度和次生型政党制度两种模式。原生型政党制度是指先有国家，之后在国家政治生活中逐步孕育出政党与政党制度；次生型政党制度是指先有政党，政党通过革命建立新的国家和政党制度。通常情况下，在原生型政党制度下，有两个或多个政党通过定期选举来竞争国家政权，两党或多党之间轮流执政；在次生型政党制度下，能够领导革命胜利的政党顺理成章地成为执政党，并且长期掌握国家政权。显然，西方的两党制、多党制属于原生型政党制度，而我国的政党制度是一种次生型政党制度。也就是说我们的政党制度模式是不同于西方的，那么也就不能用西方政党制度的价值标准来衡量我们的政党制度。按照西方传统政党理论，作为一种次生型政党制度，中国共产党带领中国人民实现民族独立，人民解放，建立新中国，成为中国的执政党并长期掌握国家政权是顺理成章的。中国曾经选择了西方竞争型多党制，也通过国共合作的方式尝试了两党制，也建立了国民党一党独裁的一党制，最终均以失败告终，历史确凿地证明了这些政党制度并不适合于中国。

习近平总书记指出："中国共产党领导的多党合作和政治协商制度作为我国一项基本政治制度,是中国共产党、中国人民和各民主党派、无党派人士的伟大政治创造,是从中国土壤中生长出来的新型政党制度。"[1]新型政党制度,是从世界民主政治、政党政治的发展浪潮中走过来的,是在马克思主义政党理论同中国革命建设改革具体实际相结合的磨合中实践出来的,是推进中国政党政治良性发展的基本经验。

我国新型政党制度是具有中国特色的社会主义政党制度。这一制度在形成与发展过程中,除了坚持将马克思主义的政党学说与中国实际相结合外,也积极借鉴和吸收了其他政党制度的有益成果。但是,由于不同国家的国情不同,其在不同历史时期面临的具体任务也不同,一国政党制度的选择最终还是需要与本国的基本国情和制度实际紧密结合。

1.历史和实践已经充分证明了多党制、两党制和一党制不符合中国国情

我国是一个多民族的国家,同时拥有五千多年悠久的历史文化,有着自己独特的国情。鸦片战争打开了近代中国的大门,西方列强的侵略使中国成为一个半殖民地半封建社会,内忧外患的国情使中国人民开始探索救亡图存的道路。从"师夷长技以制夷"到"中体西用",中国先进分子开始学习西方的政治制度。辛亥革命的爆发,是以孙中山为首的资产阶级革命派对西方资产阶级政党制度的模仿,并且初步进行了多党竞争制实践。但是,中国半殖民地半封建的社会性质以及中国民族资产阶级力量相对弱小,在帝国主义和袁世凯的联合绞杀下,革命果实被窃取,多党制在昙花一现后便退出了历史舞台。这就说明了,多党制并不适合中国国情。随后,国民党和共产党实现了两次国共合作,在某种意义上来说,这是我国两党制的尝试。两次国共合作中,共产党都为两党制的建立做出了诸多努力和适当让步,但是最终都是以国民党的出尔反尔告终。历史和实践证明,资产阶级多党制和两党制都不符合中国国情需要。当然,国民党通过"围剿"共产党以及打击民主党派而实现的一党专制统治,也因脱离中国国情,违背中国人民意愿,最终被逐出中国大陆。

历史和实践已经证明,西方的多党制、两党制、一党制并不适合中国国情,历史和人民选择了中国共产党领导的多党合作和政治协商制度。1948 年 4 月 30 日中

---

[1]习近平.在民盟、致公党、无党派人士、侨联界委员联席组会上的讲话[N].光明日报,2018-03-05.

共中央颁布的"五一口号"得到了各民主党派和无党派民主人士的积极响应。各民主党派和无党派民主人士纷纷表示支持中共中央提出的召开政治协商会议和成立联合政府的建议,这标志着各民主党派和无党派民主人士自觉接受中国共产党领导的多党合作和政治协商制度。1949年9月,由中国共产党领导、各民主党派、人民团体和无党派民主人士积极参加的中国人民政治协商会议在北京隆重召开,这标志着新中国新型政党制度的正式确立。可以说,新型政党制度的确立是与新民主主义革命相适应的,是适应中国国情的制度。1956年党的八大确立了中国共产党与各民主党派"长期共存,互相监督"的方针,标志着中国共产党领导的多党合作和政治协商制度的初期发展;1982年党的十二大确立了"长期共存,互相监督,肝胆相照,荣辱与共"的方针,成为新时期中国共产党领导的多党合作的基本方针,进一步说明了新型政党制度始终根据中国国情向前发展。70年来,新型政党制度始终不渝地把握住中国求发展求繁荣的历史性选择和时代趋势,坚持走中国特色社会主义发展道路,很好地创新和完善自身,使之更好地适应国内外的局势变化,不断坚强地领导中国人民从一个胜利走向另一个胜利。

2.中国的多党合作制度是历史的选择、人民的选择,也是共产党与民主党派共同的选择

中国共产党在成立伊始,就具有工人阶级先锋队的性质。众所周知,工人阶级作为中国最先进生产力的代表,也是革命性最强最彻底的阶级。所以,在新民主主义革命中,中国共产党始终引领着中国革命前进的正确方向,经过大革命、土地革命、抗日战争、解放战争,历史和人民最终选择了中国共产党,选择了中国共产党领导的多党合作和政治协商制度。

其一,共产党领导是我国政党制度的核心。在我国的政党制度中,共产党处于领导地位。一元多体发展模式是中国政党政治的基本特征,也是新型政党制度从孕育到确立的发展过程中逐步探索得来的一条本土规律,其中一元领导是根本保证。"旧政协"是新型政党制度在正式诞生前的一次演练与尝试,建立联合政府的愿望虽然破灭,但是将新旧政协比较,便可知领导力的重要性。旧政协期间的政党合作,是在国民党竭力巩固自身一党专政的背景下开展的,他们缺少与中共这样的政治力量合作的底气,更缺乏执政党应有的担当与胸怀。与之相比,新政协期间的多党合作,则是在各民主党派主动承认中共的领导地位基础上开展的,共产党具备的强大组织动员能力以及在革命中的模范先导力量,深深地吸引了各民主党派和无党派人士,使其"愿在中共领导下,献其绵薄,将革命进行到底",从而形成前所未有的强大凝聚力。

如果说坚强领导的核心作用,和平时期体现在对建设伟大事业的领导作用,那么特殊时期则体现为对国家道路选择的掌舵操盘。"十年浩劫"是整个中华民族的灾难,马叙伦先生"只有跟着共产党走,才是正道上行"的政治遗嘱,以及屈武先生结束囚禁岁月后的一句"我从不后悔选择的政治道路",无不让人感动于合作者对领导者的这番信念坚定。当全球冷战结束,面对苏联和东欧一些社会主义国家骤变为多党制时,中国共产党对国内外教训的深刻总结,有效保证了国家的稳定。面对新时代的新挑战,中国共产党拿出刮骨疗伤与壮士断腕的勇气,宣誓要将反腐斗争进行到底的自我革新精神,再次让世人感知这个强大政党的领导力。没有中国共产党这个坚强领导核心,中国政党政治就失去了根本保证,中国的一切发展也将迷失方向。

其二,多党合作是我国政党制度的基础。从共产党与各民主党派进行多党合作的第一天起,它们就在共同的政治基础上,为实现共同的政治目标而团结奋斗。一元多体的政党政治模式能否实现良性发展的重要前提,在于"一元"与"多体"之间的磨合与合作。中国共产党同民主党派的合作态度一直是明确的,当然在历史进程中也经历过磨合期,但最终确定"长期共存,互相监督"的关系,并适时补充了"肝胆相照,荣辱与共"。正如老一辈民主人士费孝通从个人经历中总结的:"当共产党的政策方针出现'左'倾错误的时候,统战工作就遭到破坏;当'左'的倾向得到遏制时,统战工作就欣欣向荣,向前发展。真的是共产党同民主党派一荣俱荣,一损俱损。"

良好的党际合作,既考验着共产党的雅量,也考验着民主党派的胆量,在雅量与胆量的"较量"中逐步形成的多党合作,较之竞争型政党关系,更适合中国的基本国情与文化传统。既具有超强的凝聚整合力,又拥有广泛的民主化资源,在这样的政治氛围中,执政党与参政党形成风雨同舟的命运共同体,致力于高度一致的奋斗目标与政治发展方向,是推动中国政党政治良性发展的重要前提。

其三,亲密友党是我国政党制度的亮点与特色。中国共产党虽居于领导地位,但也是多党合作事业中的一员。共产党以各民主党派为自己的诤友、挚友,乐于与民主党派交友,乐于倾听民主党派意见建议;各民主党派自觉接受中国共产党的领导,同时更是以共产党为自己的领路人、好伙伴,乐于与共产党交流交心:中国共产党与各民主党派是一种亲密友党的关系。因制度性安排,在国家政治事务中,中国共产党起着领导、决策的作用;各民主党派起着参与、协助的作用。中国共产党与各民主党派更是在协商民主中共同构建起和谐的政党关系,做到"有事多商量、有事好商量、有事会商量,通过协商凝聚共识、凝聚智慧、凝聚力量"①,这充分体现了新型政党制度是各政党之间亲密友好的政党制度。

这种政党制度有效地避免了彼此间的尔虞我诈、钩心斗角,甚至是你死我活的残酷斗争,真正地贯彻实践"长期共存,互相监督,肝胆相照,荣辱与共"的多党合作方针。中国共产党与各民主党派不仅有着更稳固的认识和思想基石,同时更有着一起携手前进、步调一致的行动。我国政党制度的巨大优越性就在这里,同国外一党制和多党制的根本区别也在这里。

3.既符合中国国情又独具中国特色的中国多党合作制度是中国最合适的政党制度

在中国政党制度的发展进程中,历史和实践证明,西方的政党制度不适合中国的国情,这就意味着,生搬硬套西方的政党制度强加给中国,只是简单的模仿,并不能解决中国的实际问题。在世界民主政治发展进程中,一国的政党制度不是凭空而生的,而是深深植根于本国国情之中,并且根据本国国情做到与时俱进,使之保持良好的发展态势。中国共产党领导的多党合作制度既汲取了世界先发型政党制度的优点,同时又摒弃这些政党制度的弊端。

具体而言,一方面,新型政党制度汲取了竞争型多党制和两党制所具有的政党间互相监督和制约的优势,实现了中国共产党与民主党派间的互相监督,这既是新型政党制度坚持的基本方针之一,也是最具中国特色的监督方式。互相监督就是执政党与参政党之间的相互监督,主要是执政党接受参政党的监督,这种监督是平和、善意、理性的政治监督,是开诚布公、直抒胸臆的民主监督。在新型政党制度中,中国共产党与各民主党派"长期共存,互相监督",彼此已成为命运共同体,也就是中国共产党与各民主党派共存在,共进退。也正因为中国共产党与各民主党派是命运共同体,更需要互相监督,通过互相监督来发现和纠正彼此的不足,从而完善和改进各自的运行机制,进而使政党制度处在良性的运行状态中。中国共产党作为执政党,肩负更多国家、民族责任,有许多任务要完成,在这个过程中难免做事会存在不到位、出差错的现象,同时队伍建设也会存在一些问题。尽管中国共产党自身有自我革命、自我纠错的勇气和举措,但这依然需要外在力量来提醒和督促,帮助其纠偏、纠错,以克服当局者迷的状况。民主党派作为参政党和中国共产党的

---

①习近平.在民盟、致公党、无党派人士、侨联界委员联席组会上的讲话[N].光明日报,2018-03-05.

友党,与中国共产党保持密切联系,可利用自己地位比较超脱的优势,有责任也有义务对中国共产党进行监督,以平和、善意、理性的监督态度,以坦诚相见的监督方式来提醒执政党一些政策和措施不到位以及党员队伍建设方面的不足,督促执政党采取必要的举措来改进、改善。因此,摒弃了竞争型多党制和两党制所具有的彼此倾轧、内耗争斗的弊端。

另一方面,新型政党制度为国家经济社会发展构建高效的政治机制。70年的实践证明,中国共产党与各民主党派互相监督做得越到位、越及时、越有效,就越能使彼此保持清醒,就越能认真纠错,多党合作也就越能更加紧密、更有成效,中国共产党与各民主党派也就始终处于良性互动运行状态,这种良性的运行为国家经济社会发展构建起高效的政治机制。新型政党制度这种良性运行,使民主党派以自身的见识、胆量,本着诚意、善意监督中国共产党的执政行为和作为,以此保证中国共产党在领导国家经济社会发展时能够制定出更加全面、客观的政策和措施,促进中国共产党更好贯彻执行所制定的政策和措施;同时,中国共产党以其宽广的胸襟,诚心、虚心接受民主党派的监督,会因为民主党派的直言而获得民主党派的许多真知灼见,在领导、推进国家经济社会发展过程中有效避免执政中的偏差,提高执政效率。没有互相监督,就没有新型政党制度的良性运行,也就没有保证国家经济社会发展的高效政治机制。70年来中国取得的巨大成就,无不证明了只有拥有这种高效的政治机制,才能保证国家经济社会健康持续发展。

中国共产党执政一心为公。作为执政党的中国共产党,在制定国家建设发展的大政方针时不是从自身政党利益出发,而是从人民的福祉、国家的前途和命运出发,站位高,看得远;制定的方针政策能够有效推动国家和社会发展,能够有效改善人民生活,提高人民生活质量和水平;制定的具体措施能够得到人民的广泛拥护和支持,并得到有力贯彻执行。民主党派的参政也是一心为公。作为参政党的民主党派,其重要职能之一的参政议政是站在人民立场上,而不是本党派的立场;发挥自身党派的优势和作用,依据现实发展状况,为执政党执政建真言、献良策,从而更好地促进和推动中国共产党制定的国家建设发展方针政策贯彻落实。中国共产党的执政为公、民主党派的参政为公,充分体现了新型政党制度的公正性、权威性,也充分体现了中国特色社会主义政党制度的优秀品质,这也是我国政党制度与其他国家政党制度的最大不同。

中国共产党的执政为公和民主党派的参政为公彰显了执政党和参政党的胸襟、魄力,这种一心为公的新型政党制度,使执政党和参政党在国家政治生活中能够形成号召力、向心力、影响力和吸引力。社会各阶层、广大人民群众对新型政党制度充满了信任和信心,他们愿意团结在中国共产党周围,愿意与民主党派来往,正是这种一心为公的新型政党制度,在国家政治生活中能够有效、有力地团结社会各方力量,集中和发挥社会各界的智力资源和优势,汇聚起社会各方优秀人才的政治智慧,共商国计民生、共谋社会发展,共同促进国家实力不断增强、人民生活水准不断提高。社会各界优秀人才在积极认同新型政党制度下,也愿意积极参与到新型政党制度的建设发展中来,发挥他们的政治智慧助推新型政党制度日趋完善和健全,同时在新型政党制度中也愿意为政治、经济、文化、社会、生态文明建设贡献自己的才学和智慧。有了来自各方的政治智慧助力,新型政党制度在建设发展上一方面有了很好的思想和智慧支持,另一方面有了更强的前进动力和能量,从而使自身迈着更加坚定的步伐,不断创新发展。越来越多的非中共人士被推选担任国家各级领导职务,这已形成一种制度;"协商民主"作为与少数服从多数的"投票民主"相辅相成的一种民主形式日益完善,对于更好地保护少数群体的权益,促进社会和谐稳定具有重要作用,"协商民主"特别是政党协商已成为中国特色社会主义民主的一种有效形式。

在社会主义现代化建设中,我们取得的成就是举世公认的,充分证明中国多党合作制度的巨大优越性,多党合作制度是最适合中国特殊国情的政党制度。

4.西方的两党制或多党制具有自身难以克服的弱点

资本主义国家采取的两党制或多党制是由资本主义社会所决定的现代意义上的政党制度,是在资产阶级革命和资产阶级代议制形成后出现的,是适应资本主义政治经济制度的产物。

西方国家的两党制、多党制表面上看起来是两党轮流执政或多党联合执政,很公平,但实质上是西方国家资产阶级内部矛盾斗争、力量对比变化的结果。这是一种典型的竞争性政治,不同政党代表不同的利益集团和民众群体,它们的政策重点和价值诉求也不一样,甚至会截然相反。各政党的根本目的均是维护本阶级或集团利益,这就不可避免地导致不同政党处于对抗与对立的状态。尤其是各政党为了赢得大选、上台执政,彼此钩心斗角、互相倾轧攻击,政治秩序与国家治理必然陷于恶性竞争、政令不一、内耗丛生的泥淖。各政党都把自己的利益摆在最优先地位,社会利益呈现碎片化状态,国家无法实现政治力量的团结,在社会治理上也难以达成共识。

一是西方多党制的一大弊病是短期行为。竞争性政党政治使得政党执政更替频繁,由于利益群体的不同,政党的政策策略也变化不定。一个政党的政策会随政党的上台而上台,相应的也会随执政党的变化而改变,这种只维护自身利益群体的政策,缺乏稳定性、长期性和连续性。这是西方多党制的弱点,在执政党不断更替的过程中,社会力量会相互压制,从而影响整个社会的发展。

二是西方多党制的另一大弊病是过多地考虑局部利益。西方议员通过地方选举而产生,所以候选人会更加重视某个地方的利益,以保证赢得选票。从本质上讲,西方政党之间的合作或结盟是为了维持资本主义社会秩序、体现民主的共同需要,是为了保持各政党间动态平衡而相互妥协的结果。从根本上决定了西方各政党之间的协调合作关系是应急性、临时性、非制度化的,合作的广度、深度以及长度也是极为有限的。政党力量的变化、具体利益的调整,都会对合作的对象、时间、目标产生影响。

三是西方多党制的显著特点为制约与牵制。随着西方多国政治极化现象凸显,反对党对执政党政策制定的不合作势头日益明显,执政党对反对党的利益诉求的容纳度也在降低,最终导致"否决政治"频频出现。"否决政治"直接导致决策过程冗长、烦琐,决策极端化、决策被绑架等现象屡屡发生,甚至一些正确政策或对社会有利的议案,也由于政见分歧而难以通过和付诸实施。政府工作及其内外政策常常受到无端攻讦牵制,更难以迅速有效应对重大事务及突发紧急事件,决策效率和执行效率低下。

四是金钱政治现象日益凸显,政治深受利益集团操纵。金钱和权势在西方政党体制中影响很大,在选举过程中起决定性作用。原本象征民主与平等的选举,被异化为金钱和权势的游戏,成为经济实力、政治权势、社会地位等综合因素的较量。选举的过程,也就是政治精英诞生的过程。由此可见,普通民众没有能力和机会掌控政治权力,表达意见的渠道越来越闭塞,民主也无法真正实现。

五是选举过程中,政党相互掣肘、恶意中伤的现象屡见不鲜。为了获取选举胜利,某些政党无视法律与道德,采用一些非法、作弊的手段,相互攻击。甚至故意挑起民众间的矛盾,致使人民内部发生对立与冲突。在一定程度上,政党间的竞争危害国家、社会、民族的稳定发展。

六是各党派间的恶意争夺不利于社会改革顺利进行。西方多党制的发展,致使社会制度的调整与变革过程困难重重。这是因为,细微的制度变革都会牵扯到各政党、各党派间的利益调整。从短期来讲,由于无法实现利益的绝对均衡化分配,必然会出现利益较多的一方和利益较少的一方。利益上的轻微失衡,会导致制度变革被失利一方强烈反对。而这种反对的力量,常常会被反对党所利用,从而加大了变革的难度。同时,任何一种变革都有一个逐步建立和逐步完善的过程,在变革之初,必然会产生许多新的弊端,而这种弊端同样会被反对党所利用,导致变革的难度加大。事实上,在西方多党制条件下,对社会做大的变革几乎是不可能的。

三、回答问题所需要的支撑材料和延伸材料目录

[1] 王刚.充分发挥新型政党制度优势[N].学习时报,2019-11-04(004).

[2] 张清俐.总结70年政治发展的历史成就[N].中国社会科学报,2019-10-30(001).

[3] 邓晶艳,代金平.中国新型政党制度的比较优势[J].探索,2018(6):88-94.

[4] 周建勇.英国:稳定又脆弱的两党制?——基于1979—2017年十次大选的分析[J].当代世界与社会主义,2017(4):125-132.

[5] 朱哲,刘秀玲.从多党竞争到多党合作——中国政党制度的历史考问与当代考量[J].学习与探索,2013(5):155-160.

[6] 张梅龙.坚持中国共产党领导的多党合作制度[J].马克思主义研究,2011(7):132-136.

[7] 林泰.中国为什么不能搞西方那样的多党制[J].思想理论教育导刊,2009(9):28-34.

[8] 宋连胜,董树彬.中国政党制度的理论构建[J].社会科学战线,2013(3):17-23.

28 如何认识中国社会主义协商民主与 当代西方协商民主的区别?

一、问题的不同表述和实质

自提出"社会主义协商民主"概念以来,国内外学界就开始了对其内涵、特征以及价值意义等方面的深入研究。从总体上来看,学术界对中国社会主义协商民主都持肯定态度,但是也存在着对中国社会主义协商民主的偏见和误读。有的学者将中国的政治协商等同于当代西方的协商民主;有些西方学者大力鼓吹西方协商民主,认为西方协商民主是具有普世价值的民主模式,优于中国社会主义协商民

主。国内外对"中国社会主义协商民主"的各种偏见与误读,是以西方的价值观念和标准为中心而展开的,其实质是对中国社会主义民主发展道路的攻击。

二、对问题的回答

要正确把握和回应国内外对"中国社会主义协商民主"的偏见与误读,就必须从整体上把握中西方协商民主的区别以及中国社会主义协商民主所具有的优势。

1.中国社会主义协商民主与当代西方协商民主本质不同

尽管中国社会主义协商民主在一定程度上借鉴了当代西方协商民主的研究成果,包括借用了这一概念,但主体内容是自己的经验,换句话说,中国社会主义协商民主同当代西方协商民主有着本质的不同。

其一,概念内涵不同。西方协商民主中的"协商",包含着"慎思"和"讨论"两个层面的意思,对应的中国政治协商会议中,"协商"被译为"consulation",译为"咨询",这与西方协商民主的内涵价值是不同的。此外,西方的"协商"民主侧重的是一种理想追求,应当归属为理想层次的追寻,而中国的"政治协商制度"则实实在在地体现为在现实中正常运行的制度架构,应当归属为现实层面的实施。因此,西方协商民主中的"协商"与中国政治协商会议中的"协商"是内涵外延迥异的概念。由此可见"中国社会主义协商民主"强调的是"consultative democracy",而西方协商民主强调的是"deliberative democracy",这两种民主形式是具有不同内涵本质的。其二,思想理论基础不同。西方的协商民主是诞生于崇尚个人主义理念的自由主义民主理论和强调"参与"而不主张"拥有"的共和主义民主理论基础之上的;而中国社会主义协商民主是建立在马克思主义多党合作和统一战线理论以及马克思主义民主政治理论基础之上的。其三,兴起的实践基础不同。西方协商民主理论的诞生与发展并非出于偶然现象,它既是对西方民主理论传统的扬弃,也是对当代西方现实矛盾激化的答复。相反,中国社会主义协商民主的实践基础则是在中国共产党带领中国人民开展革命、建设和改革的丰富斗争中,在汲取和借鉴人类民主政治发展的有益成果的基础上,逐渐生成的拥有中国特色的社会主义民主形式。其四,两者的理论地位不同。西方协商民主是对选举民主的一种补漏,其处在相对次要与理想辅助的位置,而中国社会主义协商民主是在现实中经常普遍采用的一种形式,而且比选举民主运用得更加有效和广泛,因此,在我国社会治理和民主发展中被给予了很高的地位,是中国特色的社会主义民主形式之一。其五,协商的制度与形式不同。在资本主义制度相对成熟的国家,较为常见的协商制度与形式主要是由协商性民意测验制度、协商日制度和公民评议会制度等内容构成;中国社会主义协商民主在我国是一种主要的和基本的民主实现形式,体现在中国共产党领导的多党合作和政治协商制度之中,人民政协是实现中国社会主义协商民主的主要载体和场合,因此,中国社会主义协商民主更多以一种国家基本政治制度的形式表现出来,具体包括政治协商、民主监督和参政议政三种协商途径。其六,协商民主的本质不同。在资本主义制度相对成熟的国家,协商民主是对选举民主或投票民主漏洞的一种形式上的补充,其运用的根本目的是为了服务于资产阶级的根本利益,不可能维护和实现广大普通民众的根本利益,在现实中经常演化为保护少数财阀和利益集团的经济与政治利益的工具和手段;而我国协商民主最核心的就是为广大人民群众表达现实利益诉求提供的民主渠道,能够最大限度地实现和发展最广大人民群众的根本利益,它既包括基层群众的实践探索,也包括高层精英的现实推动和示范引领,极大地促进了广大群众参与和高层精英领导的有机结合。

在中国,说到协商民主,很多人就会很自然直接地联想到政治协商制度,并把这个在我国国家治理和政治实践中经常运用并产生积极作用的制度形式理解为我们所创造的协商民主。事实上,在我国运行的"政治协商制度"与资本主义国家采用的"协商民主",如果从概念上加以辨析,二者还是存在很大的不同。西方"协商民主"中的协商,包含着"慎思""讨论"等方面的含义,因此可以将西方的协商民主理解为"审议民主",而我国政治协商中的协商,包含着"咨询"内容,这适应了政治协商制度在中国制度实际运行中的角色定位和作用发挥,同时也与社会各界代表及民主党派人士在政策制定实行过程中所履行的咨询建议、建言献策职能完全契合。但是,"咨询"功能与资本主义"协商民主"的价值理念和实际操作存在明显差异,二者不仅源于不同的民主思想理论和文化传统理念,而且还生成于迥异的社会政治实践环境和政治文化背景。因此,西方的协商民主是建立在自由民主主义民主政治理论基础上的。而中国的协商民主是建立在坚持中国共产党领导、坚持民主集中制原则基础之上的,是以中国的传统文化为支撑,保障公民个人权利和维护社会公共利益的现实制度安排。二者在协商的来源、目标、制度安排、价值理念、方法形式等方面都有本质的区别。

2.与当代西方的协商民主相比,中国社会主义协商民主更具优势

当前,有些西方学者大力鼓吹西方协商民主,认为西方协商民主是具有普世价值的民主模式,比中国社会主义协商民主更具有优势,显然,这种说法是错误的。中国社会主义协商民主与西方协商民主的产生背景与适用条件是截然不同的。实践证明,中国社会主义协商民主更适合中国民主发展演进的实际。中共中央在十八届三中全会通过的《中共中央关于全面深化改革若干重大问题的决定》中鲜明地指出:"协商民主是我国社会主义民主政治的特有形式和独特优势。"与西方协商民主相比,中国社会主义协商民主在多个方面和领域具有突出的优势。

中国社会主义协商民主开拓了公民有序政治参与的渠道,实现了最广泛的政治参与。改革开放以来,党和国家将"公民有序政治参与"视为社会良好有序发展的制胜法宝,同时将它纳入中国特色社会主义民主政治建设的内容和途径之中。推进社会民主发展的重要条件是公民有序政治参与,实现社会主义民主政治的核心问题也是公民有序政治参与。只有实现公民政治参与,才能使民主政治有效运作起来。公民政治参与的参政渠道必须制度化和法律化,如果没有畅通的合法参与渠道,公民政治参与不仅会造成无序参与的状态,还可能引发政治问题或政治危机。中国社会主义协商民主具有极其广泛的参与主体,其中包括中国共产党和人民政府成员、各民主党派和无党派人士、基层自治组织、各类社会组织、社会各界代表和少数民族代表、基层群众等。它能使社会各阶层各群体的各种分散意见、各类正确要求和各种普遍愿望,经过各种民主协商的渠道获得综合、系统的反映,以此来最大限度地维护广大人民群众当家作主的主人翁地位。中国社会主义协商民主拓宽了公民政治参与的新途径,形成了广大群众参政议政的新机制和新平台,为公民有序参与提供了制度化渠道。西方协商民主,由于资本主义制度性质的局限性,其代表性和包容性根本难以实现普通公民广泛参与政治的现实要求和利益诉求。在欧盟政治生活中,欧盟委员会、欧洲议会和欧盟理事会等协商性会议的出现与发展,为不同国家、地区参与欧盟政治生活提供了有效的途径,但从根本上来说,其广泛性、普遍性相较于中国的协商民主渠道还是存在着比较明显的不足。在2012年美国总统选举中,尽管选民数量较于以往增加了800万,但最终参与竞选投票实际人数却减少了500万,投票率仅为57.5%;而在2016年美国总统选举中,虽然共和党候选人特朗普凭借选举人票数多获得大选的最终胜利,但如果查看两位候选人的实际得票数,则会发现希拉里领先特朗普200余万票[1]。这意味着,"多数"选民要被迫接受"少数"选民投票产生的结果。这些都显示了美国的协商民主看似在表面上获得了极大发展,但实际上并未给民众政治权利和生活带来多大的好处。

---

① 中华人民共和国国务院新闻办公室.2012年美国的人权记录[N].人民日报,2013-04-22(016);外媒:希拉里领先特朗普200余万票 美重新点票呼声渐起[EB/OL].参考消息网,2016-11-25.

中国社会主义协商民主最大限度地反映了各方利益诉求，增强了党和国家决策的民主化科学化水平。民主决策主要依靠政府的决策机构和官员来做出，为了保证决策机构和官员合理合法地行使手中掌握的公共权力并保证决策的民主性，必须保证在制定政策时听取群众的呼声和维护群众的现实利益。协商民主能够利用制度化的渠道，从各类群体中收集相关信息，倾听所影响群体的相关意见和利益诉求，以此协商出各方能够接受的具有共识性的国家政策和措施。比如党的十九大报告的制定过程就堪称是中国社会主义协商民主的一次伟大实践，2017 年 2 月，根据起草组的工作部署，9 个调研组赴 16 个省区市，就党的十九大报告议题进行调研，召开各级各类座谈会 65 次，从 2 月 20 日至 3 月 31 日，按照党中央部署的 21 个重大理论和实践问题，59 个承担部门和单位组成 80 个调研组，深入 1817 个基层单位开展实地调研，召开 1501 次座谈会和研讨会，参会或接受访谈人数 21532 人，形成 80 份专题调研报告，这些成果为报告起草奠定了坚实基础。5 月下旬，25 个国家高端智库建设试点单位提交了 65 份围绕党和国家发展面临的重大理论和实践问题开展深入调研形成的报告，提供起草组研究参考。到 8 月 25 日，各地区各部门各方面对党的十九大报告征求意见稿的意见和建议按期全部返回，共计征求 4700 余人的意见，收到书面反馈材料总计 118 份。中央领导同志和党内老同志反馈意见 33 份。8 月 30 日，习近平总书记在中南海怀仁堂主持召开座谈会，当面听取各民主党派中央、全国工商联领导人和无党派人士对党的十九大报告征求意见稿的意见。与会党外人士开诚布公、畅所欲言，提出了许多意见和建议，并提交了 10 份书面材料。一次次讨论开放包容，一处处修改字斟句酌，报告就在一点一滴中逐步完善。从起草过程和反响可以看出，党的十九大报告是充分发扬社会主义民主和党内民主的产物。西方协商民主尽管在制度体制方面达到了民主决策的标准，但是在实践过程中，政党竞争使得政党间对社会问题的协商困难重重，公民的意愿和要求在政党利益角逐之下显得异常渺小，"理性之治"只是协商民主所极力追求的理想，在这样的形势之下，协商民主要想真正发挥其优势几乎是不可能的。美国的医疗改革就是一个典型的案例。在奥巴马的医疗改革方案提出之前，美国医疗保障体系是极其不完善的，尽管在社会医疗投入方面美国远多于别的发达国家，但却仍有大量的民众没有享受到国家大量医疗投入所带来的好处。奥巴马的医疗改革试图从根本上解决社会医疗体系没有实现全覆盖的问题。当时美国的共和党由于自身力量问题，根本无力阻止该法案的通过，所以尽管当时的共和党并不赞同这一方案，但由于自身无力与奥巴马抗衡，使得其只能勉强赞同这一方案，面对公共问题的决策,两党只能趋于压力达成共识,这就使得政党间的协商沦为了形式。由于制衡机制对美国政治制度设计的影响,以及政党出于对自身利益的维护而对公共利益的漠视,使得美国的政党和政府对社会问题所做出的决策的质量明显不高。

中国社会主义协商民主充分体现了社会主义民主政治的特色和优势,促进了执政方式的转变和执政能力的提升。改革开放以来,随着社会成员各项利益的分化发展,导致了全社会范围内利益矛盾的激化。而中国社会主义协商民主则能够积极主动地建构社会矛盾回应机制与社会服务机制,实现不同利益群体之间的协商沟通,从而推动政府机构积极评估制定社会政策与措施,为真正符合群众切身利益的政策措施的出台奠定坚实的基础。例如,《城市流浪乞讨人员收容遣送办法》的废除就体现了民众呼声得到政府部门的积极回应;浙江温岭由群众参与的政府预算改革增强了党政机构的服务意识、民主意识、责任意识。中国社会主义协商民主不仅促进了群众参与社会问题的解决,最重要的是提升了社会的民主化水平。它重视政府机构在制定决策和部署工作的过程中鼓励公民积极参与其中,而不是只有出现问题时才会依靠人民群众的智慧和力量来化解社会危机,这在一定程度上也加快了党政部门执政方式的转变。而西方协商民主在实践中,政府对社会问题的回应性和解决问题的政治意识严重不足。2002年2月,针对纽约世贸大厦的重建问题所举办的"倾听城市"市镇论坛,其目的是要通过民主协商的方式来确定世贸中心的规划与重构,上千名市民参加了该次论坛,然而由于政府的回应机制缺乏,使得直到2008年下半年,世贸中心大厦重建的问题依然处在漫长的讨论之中。再有就是近年来美国发生的多起枪击案,虽引发了大规模的社会讨论,但针对枪支管制的有效措施却始终没有出现。我们不禁感叹,金钱和资本操控了美国的政党政治,同时也影响了政府的为民服务行为。

中国社会主义协商民主可以更多地包容不同群体的利益诉求、更好地开展对话协商、更积极地寻求利益共识,从而更加有效地化解社会矛盾,维持社会稳定。随着经济的发展和社会的进步,我国面临着许多新的挑战,不同利益群体之间的矛盾和冲突开始出现激化现象。为有效促进社会的和谐稳定与公平正义,就必然要走协商民主之路。协商民主能够最广泛地展现多样性和包容差异性,能够实现政府与民众之间、各类不同团体群体之间沟通、交流并达到互信。中国政府通过协商民主方式实现了各类主体的沟通交流,化解了各种分歧矛盾,拉近了彼此的距离,维护了社会繁荣稳定,真正达到了协商民主的实践效果和价值内涵。相反,西方协商民主则不能实现对社会冲突和危机的积极回应。例如,西方国家,如法国因民族冲突而爆发的骚乱、美国因播放侮辱穆斯林的电影而引发的世界范围内反美浪潮，这些均对民众的经济社会生活产生了严重影响。但协商民主作为共同利益的多元诉求、偏好表达与共识达成的有效机制，却难以形成相应的作用，其原因在于西方的政治体制强调的价值观和推行的许多政策都包含着对抗性。

社会主义协商民主作为我国政治制度的重要构成内容，在选举民主的基础上，对于发挥民主作用、健全民主制度方面产生了巨大影响；西方协商民主的目的是破解自由民主制度遭遇的困境，试图通过缓解其体制的内在矛盾来实现现存资本主义政治制度的延续。但是，西方协商民主能否突破自由民主制度的困境，在学术领域和实践探索中，都还存在着一定的不确定性。纵观当前中国的社会主义民主进程，不难发现，中国社会主义协商民主是最符合中国民主发展实际的，其在很大程度上是优于西方协商民主的。所以，我们对我国社会主义协商民主一定要有充足的自信心，矢志不渝地坚定社会主义民主信念。

三、回答问题所需要的支撑材料和延伸材料目录

[1] 中共中央宣传部.习近平总书记系列重要讲话读本[M].北京:学习出版社、人民出版社出版,外文出版社,2016.

[2] 中国共产党第十八届中央委员会第三次全体会议文件汇编[M].北京:人民出版社,2013.

[3] 关于加强社会主义协商民主建设的意见[N].人民日报,2015-02-09.

[4] 陈家刚.中西协商民主比较及中国协商民主的四大优势[EB/OL].中国社会科学网,2015-04-29.

[5] 叶小文,张峰.协商民主:中国特色社会主义新篇章[N].光明日报,2014-09-23.

[6] 郭红军.中西协商民主:比较与启示[J].中州学刊,2018(12):1-12.

29 新形势下如何努力推动两岸关系和平发展?

一、问题的不同表述和实质

2019年1月2日,习近平总书记在纪念《告台湾同胞书》发表四十周年讲话中

指出:"台湾问题的产生和演变同近代以来中华民族命运休戚相关。1945 年,中国人民同世界各国人民一道,取得了中国人民抗日战争暨世界反法西斯战争的伟大胜利,台湾随之光复,重回祖国怀抱。其后不久,由于中国内战延续和外部势力干涉,海峡两岸陷入长期政治对立的特殊状态。"①这个讲话清晰地阐明了台湾问题的实质是中国的内政。台湾问题的实质,就是台湾和大陆同属一个中国,中国政府对台湾拥有主权,中国的主权完整和领土完整不容分割。国际社会公认世界上只有一个中国,坚持一个中国原则是基本的国际关系准则,是国际社会普遍共识。中国人民反对"台独"分裂活动、争取完成国家统一的正义事业得到世界上绝大多数国家的认可,是国际社会处理台湾问题的基本立场。海峡两岸同属中国人,中国人自己完全有能力通过对话协商来解决中国的内政,这一事关中国主权的问题涉及中国国家核心利益和中国人民民族感情,我们坚决反对外来力量干涉台湾问题。

二、对问题的回答

1.蔡英文执政后,拒不承认"九二共识",严重影响两岸关系的健康发展

两岸关系的政治基础是"九二共识"。无论哪个党,无论什么人在台湾执政,只要坚持一个中国的原则,大陆都可以与其开展对话和协商,推动两岸关系发展的基础不能动摇,原则底线不能触碰,基础不牢,地动山摇。推动两岸关系的发展,核心就是以"九二共识"为基础,增进两岸政治互信,加强经贸合作和文化交流,实现互惠互利,造福台湾人民,将台湾人民作为推动两岸关系发展的决定性力量,坚决反对各种"台独"分裂活动,在坚持"一国两制"的基础上,力争早日实现祖国的完全统一。

两岸关系的发展自 1949 年后跌宕起伏,但是均坚持了一个中国的原则。改革开放后,大陆适时调整了对台政策,提出了"和平统一,一国两制"的方针,此后中央虽然根据两岸形势对两岸关系政策进行了不同程度的调整,但是都遵循了这一基本国策。1987 年台湾当局废除"戒严令",开启了两岸交流对话的新篇章。从 1987 年至 2012 年两岸发展跌宕起伏,两岸突破了隔绝状态,开始交往互动,并在交往中深化两岸关系,突破了以往的紧张对峙,走向了实现和平互利共赢的局面。两岸关系总体趋势是发展。尤其国民党在 2008 年再度在台执政后,两岸关系进入和平发展新阶段,实现了包括"大三通"、ECFA 协议签署等历史性突破,极大促进两岸关

---

①习近平.为实现民族伟大复兴,推进祖国和平统一而共同奋斗——在《告台湾同胞书》发表 40 周年纪念会上的讲话[EB/OL].新华网,2019-01-02.

系发展与两岸同胞共同福祉,使两岸关系和平发展深入人心。党的十八大以来,两岸关系处于复杂的变化中,和平发展经过国民党八年执政已经进入深水区,台湾政局发生根本性变化,国际形势也面临新的挑战,面对出现的这些困难,中央对台工作在习近平新时代中国特色社会主义思想指导下,砥砺奋进,克难前行,主动应对变化,迎接挑战,成功掌握两岸关系主导权和主动权,保持了两岸关系的总体稳定,推动两岸关系取得重大进展。十八大以来的对台工作,为推进祖国和平统一进程、维护两岸和平发展做出了积极贡献。2015 年 11 月,在新加坡举行的两岸领导人会面,开创了 1949 年以来两岸领导人直接对话沟通的新的历史篇章,为两岸关系未来发展开辟了新空间,具有里程碑意义。新加坡会晤中,两岸领导人再次确认了两岸交往的政治基础即"九二共识",一个中国原则的核心蕴含得以维护,进一步巩固了两岸政治互信基础。

2016 年 1 月 16 日,台湾民进党的蔡英文以 689 万张选票,即 56%得票率当选台湾地区新一届领导人,民进党同时拿下台湾地区立法机构 113 席民意代表中的 68 席,实现了民进党的"一党独大、全面执政"。在选举期间蔡英文在两岸政策上始终采取模糊表态,拒不承认"九二共识",以维持现状的含混表态蒙蔽了部分选民,上台后蔡英文一方面对外宣称"维持两岸现状",试图营造"不挑衅、释善意、要沟通"的假象;另一方面又抛出"要力抗中国的压力,摆脱对中国的过度依赖",并加紧推动"柔性'台独'""去中国化"政策。2016 年 5 月 20 日,蔡英文正式宣誓就职,在其"就职演说"中,在两岸关系性质这一根本问题上态度仍然模糊,没有明确承认"九二共识",她只承认尊重"九二会谈"这个事实,不认同其中蕴含的一个中国原则。她只在口头上笼统表达要维持两岸的现状,但是没有提出维护两岸和平发展的具体措施。对于蔡英文说辞和含糊的态度,国台办随后在记者会上称其演说为"一份没有完成的答卷"。

蔡英文执政后,尽管大陆方面持续释放善意,但蔡英文当局在两岸性质问题上继续采取模糊态度,拒不承认"九二共识",不承认一个中国的原则,在两岸关系发展中不仅没有采取实际的改进措施,而且在已经建立的互信基础上持续倒退,两岸关系发展的政治基础轰然坍塌。两岸关系发展遇到了很多新的困难,主要表现在:(1)国台办与台陆委会的沟通机制中断,连 2015 年 11 月建立的两岸事务主管部门负责人热线电话也遽然中断。(2)两岸两会协商谈判机制受阻停摆。(3)两岸已签协议的后续谈判和问题解决机制中断,新协议的谈判与签订难以启动。(4)两岸各种交流活动呈现减少趋势。大陆赴台湾旅游人数持续下降,台湾观光业损失惨重。

(5)两岸外交的"非零和"博弈格局改变。在国际社会,大陆坚决捍卫一个中国原则,巩固国际社会一个中国的格局,压缩了台当局的活动空间。先后有冈比亚、圣多美和普林西比、巴拿马、多米尼加、布基纳法索、萨尔瓦多等国与"台湾当局"断交。这些新局面的出现,既不是大陆方面所期望的,更不是台湾人民的意愿,主要责任就在于台湾执政当局拒不承认"九二共识",不认同两岸同属一中,两岸关系和平发展的政治基础被破坏,造成两岸联系沟通和协商谈判机制中断,方方面面的成果受到影响,台湾民众切身利益受到损害。但是"台独"分裂势力并未迷途知返,在岛内他们继续大力推行"去中国化"活动,妄图割断两岸的历史文化联系,并公开叫嚣否定"一国两制"。2019 年 1 月的记者会上,台湾地区领导人蔡英文不仅公开拒绝承认"九二共识",而且希望岛内其他政党也不要接受"九二共识",还妄称"九二共识"就是"一国两制"。台湾前行政机构负责人赖清德多次公开表示他就是一个"务实'台独'工作者",并将"务实'台独'"与民进党的"台湾前途决议文"画上等号。这些言论和错误行动,严重威胁台海和平稳定,成为两岸关系发展的麻烦制造者和不稳定因素。

自 2018 年以来,中美战略竞争与博弈态势日益加剧。"台湾牌"作为美国制华遏华棋局中的重要"砝码",成为特朗普执政时期印太战略设计的关键点,台湾问题也在美政府整体战略考量中经历了从"交易筹码"到"战略筹码"的转变。美台之间利用"切香肠战术"突破原有"一中政策"界限的挑衅越来越密集。2018 年 3 月,特朗普签署了《台湾旅行法》,鼓励美台提升官方关系。2020 年 8 月,借新冠疫情全球蔓延之际,美国卫生与公共服务部长阿扎尔抵达台湾访问,9 月美国副国务卿克拉奇访台,台湾岛内新绿媒体炫耀"这是美国国务院自 1979 年以来访台的最高层级官员"。特朗普执政时期还肆无忌惮对台扩大军售,4 年任期内对台军售 11 次,售价总额高达 183 亿美元。与过去美国政府大多卖"防御性"武器不同,特朗普任期内出售了不少"进攻性"武器,如反辐射导弹、重型鱼雷,甚至还有 F-16V 战机、MQ-9B 无人机等。中国国防部发言人吴谦多次警告称,美方对台军售向民进党当局和"台独"分裂势力发出严重错误信号,严重损害中国主权和安全,严重危害台海和平稳定,严重损害中美两国两军关系发展。中国人民解放军将采取一切必要措施坚定捍卫国家主权和领土完整,坚定维护台海地区和平稳定。

2021 年美国拜登政府上台以来,继续在台湾问题上延续错误政策。拜登几次关于台湾问题的官方表态没有明确表示坚持"一个中国政策",主张"维持现状",希望两岸保持"不统不独不武"的局面,借台海议题作为其与中国进行"战略竞争"的手段,以及对中国施加压力的筹码。拜登成为数十年来首位在就职典礼上邀请台湾当局人士参加的美国总统。2021 年 4 月,美国政府宣布将放宽美国与台湾当局进行正式接触的限制,随后就有前参议员多德等美国非现任重要政治人物访台。2021 年 3 月开始,美国不遗余力支持台湾参加 WHA 会议。2021 年 4 月,拜登和日本首相菅义伟发表声明,谈及"台海和平与稳定的重要性"。2021 年 6 月,七国集团峰会闭幕发表的公报强调"维护台海稳定的重要性""鼓励各方寻求和平解决方案"。这一系列举措严重干涉中国内政,助长了台湾当局倚美谋独的气焰。对此,《纽约时报》发表评论文章认为,拜登表面上"低调、渐进"的对台政策会在实际上增加世界大战的风险,太鲁莽了。英国《经济学人》杂志则以"地球最危险之地"来形容台湾。

对于美国的错误政策,台湾当局则不遗余力予以配合,联合美国进行所谓"反华制中",配合美国对中国打"台湾牌"战略,扮演反华"桥头堡"角色。大陆多次警告台湾当局,不要自我膨胀,误判形势,进一步制造台海紧张动荡,把台湾带向危险的境地。中国人民维护国家主权和领土完整的决心坚如磐石,绝不允许任何人、任何组织、任何政党,在任何时候、以任何形式,把任何一块中国领土从中国分裂出去!在 2021 年 7 月庆祝中国共产党成立 100 周年大会上,习近平总书记庄严指出:解决台湾问题、实现祖国完全统一,是中国共产党矢志不渝的历史任务,是全体中华儿女的共同愿望。任何人都不要低估中国人民捍卫国家主权和领土完整的坚强决心、坚定意志、强大能力!

2.新形势下推动两岸关系发展的方针和措施

2019 年 1 月,习近平总书记在《告台湾同胞书》发表 40 周年纪念会上指出:"1949 年以来中国共产党、中国政府、中国人民始终把解决台湾问题、实现祖国完全统一作为矢志不渝的历史任务。我们团结台湾同胞,推动台海形势从紧张对峙走向缓和改善、进而走上和平发展道路,两岸关系不断取得突破性进展。

两岸关系 70 年发展历程证明:台湾是中国一部分、两岸同属一个中国的历史和法理事实,是任何人任何势力都无法改变的!两岸同胞都是中国人,血浓于水、守望相助的天然情感和民族认同,是任何人任何势力都无法改变的!台海形势走向和平稳定、两岸关系向前发展的时代潮流,是任何人任何势力都无法阻挡的!国家强大、民族复兴、两岸统一的历史大势,更是任何人任何势力都无法阻挡的!"①

---

①习近平.为实现民族伟大复兴,推进祖国和平统一而共同奋斗——在《告台湾同胞书》发表 40 周年纪念会上的讲话[EB/OL].新华网,2019-01-02.

在新形势下推动两岸关系发展,必须坚持一个中国的原则决不动摇,在维护祖国统一和主权完整的情况下,创新思路,拓展对台交流的新渠道、新空间,做好台湾人民的工作,以中华民族的复兴来凝聚两岸共识,开创两岸发展的新局面。习近平总书记在《告台湾同胞书》发表 40 周年纪念会上明确了未来对台工作的方针政策,是新时代两岸关系发展的道路指引。

第一,携手推动民族复兴,实现和平统一目标。民族复兴、国家统一是大势所趋、大义所在、民心所向①。两岸至今仍然分离是历史遗留给中华民族的创伤,这一创伤需要两岸中国人一起努力将其抚平。台湾同胞是中华民族一分子,要充分认可自己中国人身份,做顶天立地的中国人,充分认识和考虑台湾在民族复兴中的地位和作用,把国家完全统一和民族复兴作为自己的事业,携手再创民族辉煌。

中国梦是两岸同胞共同的梦,在中华民族走向伟大复兴的进程中,台湾同胞是参与者也是分享者。两岸同胞要携手同心,共圆中国梦,共担民族复兴的责任,共享民族复兴的荣耀。台湾问题因民族弱乱而产生,必将随着民族复兴而终结②。

第二,探索"两制"台湾方案,丰富和平统一实践③。"和平统一、一国两制"是实现国家统一的最佳方式。"一国两制"在台湾的具体实现形式需要深入思考,充分吸收两岸各界意见,充分照顾到台湾同胞利益和感情。探讨"两制"台湾方案要集思广益,但绝不能违背"两岸同属一个中国"的原则。虽然目前蔡英文当局极力"反中拒统"、拒绝两岸和谈,但这种逆时悖理的做法阻挡不了两岸民众期望和谈、实现双赢的潮流趋势。相信通过在一个中国原则基础上的两岸政治谈判、平等协商、共议统一,两岸一定能够共同创造出充满中华智慧的"一国两制"台湾方案。在确保国家主权、安全、发展利益的前提下,和平统一后,台湾同胞的社会制度和生活方式等将得到充分尊重,台湾同胞的私人财产、宗教信仰、合法权益将得到充分保障。

回归后的香港有着深刻教训,对国家认同出现分歧,"港独"思潮泛起,影响香港繁荣与稳定。因此习近平总书记特别强调"统一后台湾长治久安"问题,让我们的子孙后代在祥和、安宁、繁荣、有尊严的共同家园中生活成长。

第三,坚持一个中国原则,维护和平统一前景。尽管海峡两岸尚未完全统一,

---

①习近平.为实现民族伟大复兴,推进祖国和平统一而共同奋斗——在《告台湾同胞书》发表 40 周年纪念会上的讲话[EB/OL].新华网,2019-01-02.

②同上

③同上

但中国主权和领土从未分割,大陆和台湾同属一个中国的事实从未改变。一个中国原则是两岸关系的政治基础。坚持一个中国原则,两岸关系就能改善和发展,台湾同胞就能受益。背离一个中国原则,就会导致两岸关系紧张动荡,损害台湾同胞切身利益。[①]

"台独"是历史逆流,是绝路。近代以来,中华民族经历了战乱频发、国破家亡的惨痛教训,给全体中华儿女留下了无比惨痛的历史记忆。习近平总书记在十九大报告中说:"我们坚决维护国家主权和领土完整,绝不容忍国家分裂的历史悲剧重演。一切分裂祖国的活动都必将遭到全体中国人坚决反对。我们有坚定的意志、充分的信心、足够的能力挫败任何形式的'台独'分裂图谋。我们绝不允许任何人、任何组织、任何政党、在任何时候、以任何形式、把任何一块中国领土从中国分裂出去!"[②]台湾人民要认清"台独"只会给台湾带来深重祸害,坚决反对"台独"分裂行径,共同追求和平统一的光明前景。和平统一是解决两岸政治对立的最佳方式,和平统一对中华民族的整体民族利益最有利,符合两岸同胞的共同愿望。所以,两岸同胞要共谋和平、共护和平、共享和平[③]。

第四,深化两岸融合发展,夯实和平统一基础。两岸同胞血脉相连。亲望亲好,中国人要帮中国人[④]。对台湾同胞要一视同仁,率先同台湾同胞分享大陆发展机遇,为台湾同胞、台湾企业提供同等待遇,让大家有更多获得感。十九大报告也提出"我们将扩大两岸经济文化交流合作,实现互利互惠,逐步为台湾同胞在大陆学习、创业、就业、生活提供与大陆同胞同等的待遇,增进台湾同胞福祉。"[⑤]为两岸同胞谋福祉、共同创造全体中国人的美好未来,是中央推进两岸关系和平发展的根本出发点和落脚点。为台湾同胞逐步提供与大陆同胞同等的待遇,既体现了两岸血浓于水的骨肉亲情,也是深化两岸经济社会融合发展的内在要求。以融合发展的方式建立两岸命运共同体,将最大限度地继承与发展两岸现有的优良传统和社

---

① 中共中央宣传部,中华人民共和国外交部.习近平外交思想学习纲要[M].北京:人民出版社,学习出版社,2021:67.

② 习近平.决胜全面建成小康社会 夺取新时代中国特色社会主义伟大胜利——在中国共产党第十九次全国代表大会上的报告[M].北京:人民出版社,2017:57.

③ 习近平.为实现民族伟大复兴 推进祖国和平统一而共同奋斗——在《告台湾同胞书》发表40周年纪念会上的讲话[M].北京:人民出版社,2019:9.

④ 习近平.为实现民族伟大复兴 推进祖国和平统一而共同奋斗——在《告台湾同胞书》发表40周年纪念会上的讲话[M].北京:人民出版社,2019:9.

⑤ 习近平.决胜全面建成小康社会 夺取新时代中国特色社会主义伟大胜利——在中国共产党第十九次全国代表大会上的报告[M].北京:人民出版社,2017:57.

会价值。大陆方面有更大的耐心、主动性和创造性,让两岸人民更加体面、安全、方便、低成本地生活在一起。

第五,实现同胞心灵契合,增进和平统一认同[1]。"国家之魂,文以化之,文以铸之。两岸同胞同根同源、同文同种,中华文化是两岸同胞心灵的根脉和归属。人之相交,贵在知心。不管遭遇多少干扰阻碍,两岸同胞交流合作不能停、不能断、不能少。"[2]中华文化是两岸同胞的根脉,要共同传承和发展,推动中华优秀传统文化实现创造性转化、创新性发展。中华文化开放包容,圆融智慧,两岸同胞要在传统文化的浸润中彼此包容,交流互鉴,在对话和合作中,加深相互理解,增进互信认同。两岸同胞要秉持同胞情、同理心,彼此理解尊重,以对民族负责任的态度培养青年,让他们树立正确的历史观、民族观、国家观。历史形成的结,终将在民族复兴的道路上化解,只要两岸同胞持续努力,必定能达到两岸同胞心灵契合。

未来两岸的文化交流,应在以下几个方面发挥作用。一是发扬光大中华文化的作用,共同传承和弘扬中华文化,两岸同胞发挥集体智慧力量,共同为中华文化宝库增添新的精神财富。二是发挥文以化人的教化作用。以统一文化历史观消除"去中国化"对台湾社会意识尤其是年轻一代思想的腐蚀。三是建立中华文化认同,以文化认同增进交流合作,实现融合发展。台湾同胞有着明确的中华民族认同、中华文化认同。建立在文化基础上的认同,是两岸同胞最基本、最深厚的认同,我们必须巩固这一认同,在此基础上,通过两岸经济、文化、社会等方面的交流,逐步解决两岸政治分歧问题,解决台湾社会对祖国在其他认识上的问题,解决台湾社会内部深层次的其他问题,在文化自信的基础上实现两岸关系的全面和解和国家的终极统一。

总之,未来两岸关系处在一个复杂多变时期,不确定因素在增加,"台独"仍在岛内有相当的市场,但是我们也要看到,两岸关系的主流是谋和平,求稳定,这是所有台湾人民的共同期盼,也是维护亚太地区安全稳定的必要条件。只要两岸人民真正携起手来,维护祖国统一,任何分裂势力都会被历史所抛弃。习近平总书记指

---

①习近平.为实现民族伟大复兴 推进祖国和平统一而共同奋斗——在《告台湾同胞书》发表40周年纪念会上的讲话[M].北京:人民出版社,2019:10.

②习近平.为实现民族伟大复兴 推进祖国和平统一而共同奋斗——在《告台湾同胞书》发表40周年纪念会上的讲话[M].北京:人民出版社,2019:10.

出"我们坚决维护国家主权和领土完整,绝不容忍国家分裂的历史悲剧重演"①。我们相信在以习近平总书记为核心的党中央领导下,两岸同胞一定能共担民族大义,共享发展机遇,携手构建两岸命运共同体,最终实现祖国的完全统一。

三、回答问题所需要的支撑材料和延伸材料目录

[1] 习近平.在《告台湾同胞书》发表40周年纪念会上的讲话[EB/OL].中国新闻网,2019-01-02.

[2] 习近平.决胜全面建成小康社会 夺取新时代中国特色社会主义伟大胜利[M].北京:人民出版社,2017.

[3] 习近平.习近平论两岸关系:血脉里流动的都是中华民族的血[EB/OL].人民网—中国共产党新闻网,2015-11-05.

[4] 中共中央台湾工作办公室.党的十八大以来对台工作的不平凡历程[EB/OL].人民网,2017-10-19.

[5] 吴亚明.习近平讲话指明两岸关系前行方向[EB/OL].人民网——人民日报海外版,2016-03-07.

[6] 湛玉钊.民进党执政后两岸政策及对两岸关系的影响[J].现代台湾研究,2016(5):37-43.

[7] 陈星.对当前两岸交流问题的若干思考[J].现代台湾研究,2016(6):46-51.

30 如何看待香港的"港独"问题?

一、问题的不同表述和实质

2019年从6月中旬开始,香港一些激进人士借着反对香港特别行政区政府修改《逃犯条例》之名,上街制造事端,不断煽动香港民众的反中情绪,并借机大肆鼓吹"香港独立"。7月1日,是香港回归22周年纪念日。在这一天,香港数百名暴徒戴着头盔、手套、口罩,从下午1点半开始,突袭立法会大楼。在遭到警察制止时,

---

① 习近平.决胜全面建成小康社会 夺取新时代中国特色社会主义伟大胜利——在中国共产党第十九次全国代表大会上的报告[M].北京:人民出版社,2017:57.

他们用有毒的化学性粉末攻击警察,到 7 月 1 日夜间,暴徒们砸破玻璃幕墙、攻入立法会大楼,并在里面大肆破坏,损毁了庄严的议事厅和区徽以及立法会现任、前任主席的画像。7 月 21 日,香港反对派"民阵"再次发起游行,一些激进分子偏离既定游行路线,围堵中央人民政府驻香港特别行政区联络办公室,向该机构办公大楼门口悬挂的国徽投掷黑色油漆弹,并试图冲进办公大楼。当天晚上,香港特别行政区政府、国务院港澳事务办公室、香港中联办先后发表声明,强烈谴责香港部分激进示威者围堵中联办大楼并污损国徽的恶劣行径。

从冲击立法会到包围警署总部,再攻入立法会内大肆破坏,直至冲击中联办,围攻、涂鸦,向国徽扔鸡蛋、泼墨汁,将暴力的矛头直指中央政府驻港机构。很明显,反修例示威已经变质,直接冲击"一国两制"底线、挑战国家权威。2019 年 8 月 3 日,香港反对派煽动发起"旺角再游行",有示威者竟然拆走海港城前面旗杆上的国旗,扔入海中。2019 年 11 月 2 日,暴力分子公然破坏新华社驻港机构。2019 年 6 月以来的五个月时间,我们看到香港暴力事件不断上演,施暴者没有丝毫对国家的敬意,没有丝毫对国家主权的尊重,自以为是地把自己凌驾于主权之上,粗暴对之。香港面临着回归以来最为严峻的危机,在这些乱象的背后,我们都可以看到一只黑手在挥舞,这就是"港独"。

"香港独立运动"简称"港独",是指通过制造香港与祖国内地在政治、经济、社会上的对立,企图把香港特别行政区从中华人民共和国分裂出去的活动。"港独"是香港回归祖国后,在内部出现的一种分裂意识、分裂主张或分裂主义,是对中国主权与领土完整的一种挑战,一种威胁。在香港,有两种观点为"港独"思潮和活动开脱:一是强调"港独"言论属于"言论自由"范畴,而"港独"活动尚未诉诸暴力;一是强调"港独"思潮和活动责任在中央,是国务院新闻办 2014 年 6 月《"一国两制"在香港特别行政区的实践》白皮书和全国人大常委会 2014 年 8 月 31 日关于香港普选产生行政长官问题的决定,激发"港独"。不澄清这两个观点的谬误,就难以遏制"港独",而且 2019 年 6 月以来,"港独"已经公开使用暴力,香港暴力分子的汽油弹、烟幕弹、炸药等被警方搜出,8 月 30 日香港警察在归家途中甚至被暴徒砍断四根手指,其暴力程度无异于恐怖袭击,引发了香港社会的不安。

香港《基本法》第一条明确规定"香港特别行政区是中华人民共和国不可分离的部分"①,香港特别行政区居民即使持有外国护照或外国居留权都必须遵守这一

---

①中华人民共和国香港特别行政区基本法[M].北京:中国法律出版社,2019.

条法律。以"言论自由"为遁词来为"港独"思潮和活动开脱,是对"港独"的姑息和纵容,必须旗帜鲜明地反对。2017年7月,习近平总书记在参加庆祝香港回归20周年庆典时也指出:"香港是一个多元社会,对一些具体问题存在不同意见甚至重大分歧并不奇怪,但如果陷入'泛政治化'的旋涡,人为制造对立、对抗,那就不仅于事无补,而且会严重阻碍经济社会发展。"①"港独"言行触碰"一国两制"底线,挑战中央权威,损害国家核心利益,对于此种言行,我们必须高度警惕,不能掉以轻心,要旗帜鲜明地反对,不能任其泛滥,影响香港的稳定和繁荣。

二、对问题的回答

1."港独"发展的历史回顾

回顾"港独"的发展历程,它与"台独"有着明显的不同。在英国殖民统治香港时期,并没有"港独"问题,在此期间英国殖民统治者曾于1947年尝试推动香港独立,时任港督杨慕琦借推动香港政治制度改革之际,主张英国允许其殖民地在第二次世界大战后拥有高度自治权、自主权,甚至独立,史称"杨慕琦事件",但未成功,以后长久没有出现"港独"问题。中华人民共和国建立后,中国内地和港英当局都加强了边境管制,两地居民不再能够自由出入香港。边境的管制与隔离,让香港社会结构渐趋定型,香港社会开始从移民社会向住民社会转变。1961年的人口普查表明,出生在香港的本地人已经超过香港总人口的一半。香港人不再与内地人分享共同的历史记忆和生活习惯,"香港人"作为一个独立概念逐渐产生。香港本地精英开始提出"香港自治"的主张,其中最为典型的是1953年马文辉发动的"香港自治运动"。1953年,马文辉创办香港联合国协会,争取在香港实现《联合国宪章》规定的"殖民地自治独立"。1964年,马文辉成立香港第一个本土派政党"香港民主自治党",马文辉本人被称为"香港本土派始祖"。不过,马文辉本人并没有主张"港独",也并未抛弃中国人的身份,其所主张的自治是一种本土主义的自治,而非分离主义的自治。

20世纪70年代,"中文运动""反贪污、捉葛柏""金禧事件"等一系列社会运动,是香港"本土意识"逐渐确立的推手,也是"本土意识"逐渐复杂化的推手。对于第二次世界大战后出生的香港居民,内地已经成为注定回不去的远乡,香港才是

---

① 习近平.在庆祝香港回归祖国20周年大会暨香港特别行政区第五届政府就职典礼上的讲话[EB/OL].新华网,2017-07-01.

"生于斯、长于斯"的家园。香港"本土意识"中的乡土情怀,北望故乡而思归的诉求逐渐淡化,移民心态的摆脱以及香港经济腾飞所带来的富足感,导致香港人一方面向殖民者主张自治权利,另一方面产生了相对于内地的优越感。"解殖"与"去内地化"交织,导致香港"本土意识"的负面作用开始凸显。但是随着中英两国开始就香港问题进行谈判,香港回归祖国逐渐成为香港人的广泛共识,并有力推动了香港政权的顺利交接和平稳过渡。

2."一国两制"的提出和在香港的成功实践

为早日实现祖国的统一,邓小平根据国内外形势的深刻变化,从国家民族利益高度出发,及时做出了1997年收回香港主权的决定。从1978年下半年开始,他在以毛泽东、周恩来为代表的我党第一代领导人关于解决香港问题思路的基础上,提出了以"一国两制"构想解决台湾、香港和澳门问题,实现祖国统一大业的新思路。与此同时,在邓小平指示和关注之下,中共中央决定成立中央港澳小组,并下设处理港澳事务的办事机构——港澳办公室,协助中央处理港澳事务。此时,英国方面鉴于新界租约很快就要期满,不断前来试探中国政府对于解决香港问题的方针和态度,并流露出愿与中国方面就解决"新界"问题进行谈判的意愿①。此后,中英双方就香港交接问题开始进行接触。

1982年9月,英国首相撒切尔夫人应邀访华。邓小平在会见撒切尔夫人时向她阐述了中国解决香港问题的基本立场。邓小平说,如果中国在1997年还不把香港收回,任何一个中国政府和领导人都不能向中国人民交代,甚至也不能向世界人民交代。那就意味着中国政府是清政府,中国领导人是李鸿章②。但是,英国人并不想把香港归还中国。撒切尔夫人坚持三个不平等条约的有效性,并想用所谓治权换主权,就是说名义上主权交还给中国,但是要英国人继续管理。她说,如果中国方面要把香港收回,由中国人来管,香港将会面临灾难性的后果。对此邓小平予以严正驳斥,他指出:"我们对香港问题的基本立场是明确的,这里主要有三个问题。一个是主权问题;再一个问题,是1997年中国采取什么方针来管理香港,继续保持香港繁荣;第三个问题,是中国和英国两国政府要妥善商谈如何使香港从现在到1997年的十五年不出现大的波动"③。邓小平指出:"主权问题不是一个可以讨

①杨亲华.香港回归的历程[J].团结,1997(3):7-12.

②邓小平.邓小平文选:第三卷[M].北京:人民出版社,1993.

③邓小平.邓小平文选:第三卷[M].北京:人民出版社,1993.

论的问题。"①"1997 年中国将收回香港";"中国要收回的不仅是新界,而且包括香港岛、九龙"。"我相信我们会制定出收回香港后应该实行的、能为各方面所接受的政策。""香港现行的政治、经济制度,甚至大部分法律都可以保留,当然,有些要加以改革,香港仍将实行资本主义,现行的许多适合的制度要保持。"②邓小平的讲话,旗帜鲜明地表达了中国政府解决香港问题的决心和立场,彻底打破了英国人不切实际的幻想,为中英谈判指明了方向。双方同意通过外交途径继续进行商谈。

从 1982 年至 1984 年,中英两国政府就如何解决香港前途问题进行了两年、22轮慎重而艰苦的谈判。1984 年 12 月,中英两国政府签署了关于香港问题的联合声明。联合声明向全世界宣告:中华人民共和国政府决定于 1997 年 7 月 1 日对香港恢复行使主权。1990 年 4 月 4 日第七届全国人大三次会议通过《中华人民共和国香港特别行政区基本法》,1997 年 7 月 1 日香港回归祖国后开始实施。1996 年 1月 1 日,全国人大香港特别行政区筹委会成立,负责筹备成立香港特别行政区的有关事宜。1996 年底,港人治港生动落实,筹委会选举产生了香港特别行政区第一任行政长官人选董建华。国务院随后根据推选结果,依法任命董建华为香港特别行政区首任行政长官。香港特别行政区临时立法会与此同时也已通过选举宣告成立。香港特别行政区第一位行政长官和香港特别行政区临时立法会的双双产生,是"一国两制""港人治港"、高度自治的重要体现,标志着香港发展新纪元的到来。1997 年 7 月 1 日,中英两国在香港举行了交接典礼,香港正式回归到祖国母亲的怀抱。

回归 20 多年来,"一国两制"在香港得到了成功的实践。20 多年来无论是亚洲"金融风暴"还是非典肆虐,抑或国际金融危机影响,每当香港遭遇困难和挑战,每当香港遇到依靠自身难以渡过的难关,中央政府毫不迟疑地在关键时刻伸出援助之手,给香港特区政府送去各种帮助,使香港总能遇难呈祥,转危为安。从内地城市开通香港个人游,到确保对香港基本生活物资的安全稳定供应;从签署《内地与香港关于建立更紧密经贸关系的安排》到研究制定粤港澳大湾区城市群发展规划;从"深港通"到全方位提升香港的国际竞争力……一系列惠港政策将香港的短期发展和长期利益融合,是"一国两制"政策在香港落地生根的具体实践,表明了中央政府保持香港长期繁荣稳定的坚定决心。

---

①邓小平.邓小平文选:第三卷[M].北京:人民出版社,1993.
②邓小平.邓小平文选:第三卷[M].北京:人民出版社,1993.

回归 20 多年来,香港不忘初心,其经济社会发展成绩斐然、举世瞩目。瑞士洛桑国际管理发展学院发表的《2017 年世界竞争力年报》中,香港连续第二年被评为全球最具竞争力的经济体;在美国传统基金会全世界最自由的经济体的评选中,香港已连续 20 多年蝉联冠军。香港的国际金融中心地位受到国际肯定,国际货币基金组织(IMF)确认香港是全球规模最大及最先进的金融体系之一,在世界经济论坛的金融发展指数中位居榜首。在香港设立地区总部和办事处的跨国公司数目位居亚洲前列。世界上最大的 100 家银行超过一半在香港营业,香港的股票市场按资本市值计算位居日本之后,在亚洲排第二位。回归后,香港仍然是全球最重要的航运中心之一。1998 年,香港新机场启用以来一直是全球最繁忙的货运机场。香港回归以来的成功实践,得到国际社会的广泛认同和赞扬。

在社会民生方面,从 1997 年至 2016 年,香港本地 GDP 年均实质增长 3.2%,在发达经济体中位居前列。人均寿命排名世界第一,2007 年以来,失业率始终维持在 5% 以下。中国社会科学院发布的《中国城市竞争力第十五次报告》评出的 2016 年综合经济竞争力十强中,香港位于第二位。一串串数字见证了香港的繁荣。

回归 20 多年,香港和祖国始终心手相依,共同发展,共同缔造香港经济社会发展的奇迹。香港对外交往日益扩大,继续与世界各国、各地区以及有关的各级组织保持经济合作、文化交流,同时维持自由港和国际金融、贸易和航运中心的地位,如前所述香港被公认为全球最自由开放的经济体和最具发展活力的地区。

十九大报告提到,"一国两制"是解决港澳问题的最佳方案,也是香港、澳门回归后保持长期繁荣稳定的最佳制度。十九大报告号召,让香港、澳门同胞同祖国人民共担民族复兴的历史责任、共享祖国繁荣富强的伟大荣光,只要包括港澳台同胞在内的全体中华儿女顺应历史大势、共担民族大义,把民族命运牢牢掌握在自己手中,就一定能够共创中华民族伟大复兴的美好未来①。

3.当前"港独"问题产生的原因

香港回归之后,随着香港与内地关系的急剧变化、香港优势的逐步削弱与失落感的上升,以及受到台湾民主政治与"台独"发展影响,在香港社会内部围绕着政改等问题,逐渐滋生出一股"港独"势力。一段时间以来,有关"港独"言论,由暗到明,

---

①习近平.决胜全面建成小康社会　夺取新时代中国特色社会主义伟大胜利[EB/OL].共产党员网,2017-10-18.

由明到热,除了"港独"本身的意义之外,一些政党政客又借此作为达到其他政治目的的手段,所以"港独"问题的产生,是国际大气候和香港小气候碰撞的结果,无论多么不喜欢,它都会事实存在,我们必须认真面对。

"港独"问题的出现,原因是多方面的,大体可以从以下几个方面分析:

一是"台独"分子的煽动和影响。2003 年,李登辉的"台湾国策智库"在台湾举行有关"一国两制"研讨会,"台独"分子首次明确提出"香港应当争取为独立的主权国家,中国与香港是两个不同的独立主权国家"等公然的"港独"言论,可以说这是香港回归后港台地区首次公开的"港独"言论与主张。而以视讯方式参加这一会议的香港立法议员、民主党议员刘慧卿没有对此提出异议与批评,等于默认与赞同"港独"主张。可以说,真正的"港独"言论始于台湾,始于"台独",深刻表明了"港独"受"台独"影响之深。2019 年 7 月 1 日香港立法会遭暴徒冲击后,陆续有参与其中的"乱港"分子跑到台湾,希望"寻求庇护",已经得到非官方团体的安置。蔡英文也频频对香港事务说三道四,隔海声援香港的示威者,摆出一副"民主斗士"的模样。民进党官员还要向"在街头勇敢示威的香港公民致敬",称赞"他们无畏警察暴行的威胁"。"台独"势力为回击"一国两制"台湾方案以及造势台湾地区 2020"大选",将香港修例事件引导和建构为一场"港版'太阳花学运'",积极拉拢"港独"人士赴台。

香港社会支持"台独"人士的比例也在逐渐上升,一部分香港人对国家认同发生了扭曲与变化,也预示着香港有着严重的巨大潜在"港独"势力。香港大学民意研究表明,回归后认同自己是中国人的比例在逐渐下降,一部分香港人认为如果中华人民共和国继续由中国共产党领导,则会增加香港独立的倾向。调查显示,在某些人群中支持"港独"的比例甚至高于台湾的"台独"。"港独"呈现快速发展态势,必须引起重视,如果坐视"港独"发展,对于香港的未来将是后患无穷。

二是美国、英国等境外势力的支持。在"港独"发展过程中,美国的作用不可忽视:在香港回归后,他们积极插手香港事务。1949 年之后,美国驻港澳总领馆设立了新闻处,开始专门编印针对内地的反华书籍。他们还因此聚集了很多前往香港的反共人士,具有语言和信息资源优势。从内地前往香港的人里,有很多是不接受大陆的政权、不认同内地社会制度的人,这批人及其后代在香港社会占了一个相当的比例。在香港发生"占中"期间,时任美国驻港总领馆官员丹·盖瑞特煽风点火。"香港美国中心"是一间非营利的大学联盟机构,但实质上美国驻港总领馆才是这家结构的真正靠山,由一些政党要人、国际学者及神秘政治人物授课,培训大学生作为"占中"骨干①。2019 年 6 月以来持续发酵的修例事件背后也有美国的身影，如果没有美国有关组织与机构的高强度援助，黑衣人示威者做不到在社运技战法上的专业化和持续对抗，更做不到在文宣、网络动员、制服化装备与现场暴力手法上的精巧化以及对法律证据、责任的最大化规避。比如，从现场曝出的细节来看，一些暴徒能够熟练地把警方的铁马翻转过来，并迅速把三个铁马捆在一起，形成一个三角形的铁架，不仅以此布阵堵塞交通，更以之为武器，攻击警方防线。他们的准备相当充分，事先戴上手套、口罩和黄色头盔，准备了很多攻击性凶器，并在暴动地点附近安置了一系列补给站，也有清晰的撤退路线，还准备零钱买单程票，避免留下痕迹，更有"抗争手册"提供法律支援路径。如此训练有素，足以说明暴力背后存在组织和预谋。2019 年 10 月 15 日，在美国反华议员的操纵下，美国众议院通过了《2019 年香港人权与民主法案》，粗暴干涉中国内政，严重践踏国际法和国际关系基本准则。这一法案就是为反中乱港分子和少数暴徒打气撑腰，为香港的乱局火上浇油，是赤裸裸的霸权行径。

此外，英国也没有"放弃"对香港的持续影响。只要香港一出现风吹草动，英国部分议员和机构就不失时机地借题发挥，为"港独"张目。英国给反对派打下的制度与社会基础是非常"厚实"的。其一，英国撤退时笼络控制的管治精英与社会精英仍然在香港掌握相当强的权力资源和话语资源，起到了推波助澜的作用。其二，英国长期殖民留下的殖民地制度与文化，对回归后部分香港青年的价值观产生了相当影响。其三，英国议会部分议员及政客与香港反对派建立了"政治连线"关系，比如某些英国政客的公开支持性言论就给香港反对派释放了非常错误的信号。在香港持续五个月的暴力事件中，有部分英国议员公开为暴力行为开脱，称赞发生在香港的暴力行为，向和平示威。一些"港独"势力也明确把英国视为自己的靠山，他们打出港英殖民政府旗帜并请愿"香港回归英国"。"港独"组织"英独联"主张"法理归英，制宪独立"，废除《中英联合声明》，即先将香港交由英国管治，然后在宪制上寻求"香港独立"。在 2016 年香港立法会梁游宣誓辱国事件发生后，面对人大释法和香港法院的裁决，他们也曾向英国求援。从中可看出，英国势力在香港并未真正撤退。

三是随着内地发展的蓬勃兴起，香港原有的优势有所下降，在原有优势基础上建立起来的优越感也日渐消失，加之近年来与内地交流中发生的一些问题被别有

①颜色革命：西方媒体定性香港"占中"[EB/OL].人民网,2014-10-04.

用心的人放大,增加了香港青年人对祖国的疏离感,为"港独"兴起提供了土壤。香港经济的繁荣一方面得益于第二次世界大战后国际形势的变化,使其成为亚洲四小龙之一,另一方面更得益于中国内地改革开放政策。在 20 世纪 80 年代,中国轻工业高速增长,同时大量的香港轻型制造业向内地转移,两个发展过程高度配合,促进了两地经济的同步繁荣。香港则充分发挥其区位优势,依托"前店后厂"的模式,共享改革红利。进入 20 世纪 90 年代后,随着中国产业结构朝向重化工业,需求重心开始向珠三角以北地区转移。经济重心的北移使工业、贸易与投资活动不断向珠三角以北的中国东部沿海地带,尤其是向长三角地区转移。香港由于地理位置的原因,其服务产业难以在中国新的经济增长极发挥直接作用。在内地人民生活水平不断提高和物质文化产品日益丰富的背景下,香港人原有的富足感和优越感逐渐丧失。随着访港旅客人数不断增加,不同的生活习惯、制度文化的差异、语言文字转化的不适应等,导致内地与香港居民的矛盾和冲突开始不断上演。交往中,一些内地游客的不文明行为让一些香港人产生了厌恶,由厌恶而生怨恨,他们聚集起来以粗言秽语及不文明手势侮辱内地游客、煽动市民"驱蝗",加剧了内地游客和港人之间的矛盾,甚至演化出一些激烈冲突。

当前"港独"已经公开化活动。2011 年香港"七一游行"中出现了带有"港独"意味的"龙狮香港旗",此后"龙狮香港旗"与英国国旗频繁出现在香港的集会示威中。2012 年,香港激进示威者在中联办前举着殖民地旗帜,展示"中国人滚回中国""香港要独立""南京条约万岁"等标语,标志着"港独"主张与活动已公开化。在 2019 年所谓的"反修例"运动中,我们也可以随处看到"港独"的旗帜和标语。在"港独"发展过程中,香港特区政府对这些活动并没有采取惩罚措施,也怂恿了"港独"的发展。

同时我们也要承认,"港独"的迅速发展和香港社会内部的矛盾也是分不开的。由于在房屋问题、青年发展、贫富悬殊、医疗教育,甚至退休保障等民生方面的长期缺失,形成了社会的郁结,更令部分青年因为看不到前景,而将不安、焦躁和无奈的情绪,透过街头政治的方式宣泄出来。

4.消解"港独"的危害

尽管"港独"不是香港主流民意,也绝无可能实现,但它对香港政治与社会发展的不良影响、对青少年的思想毒害,却不可小觑。成功搞"港独"的机会是零,但仍然有人搞,是因为他们有自己的政治盘算。他们的政治利益,不是来自香港成功独立,而是来自搞独立的过程。他们可能认为自己技艺高超,玩火而可以不致焚身,全身而退,"又食又拎"。但一些被骗上了战车的年轻人,一心以为自己只是爱港,也唯有如此才可以表达他们是真正爱港的。对此全国政协副主席梁振英表示,学生如在学校讨论"港独"问题,老师、校长和学校须有是非立场,引导学生正确讨论。梁振英强调,讨论"港独"不是一个言论自由的问题,我们必须有一个是非立场。香港政府多次强调"港独"不存在可实现的基础,同基本法背道而驰。香港特首林郑月娥也多次表示,对于任何鼓吹"港独"的言行都不会容忍,一定会依法遏制,因为香港是法治社会。

香港很多民间人士也纷纷成立一些团体组织,以维护香港和祖国不可分割的命脉。如"爱港之声"等多个团体以游行、宣传、召集市民签名的行为反暴力反"港独",他们举着五星红旗游行、拿着横幅大喊"爱国",希望代表广大市民呼出"我是中国人"的声音,能在这块充满困惑和杂音的土地上建立起国家归属感。无论中央政府、特区政府都面临挑战:让年轻人能够真正地实现自己的价值,把更多的精力放到经济和其他社会建设方面,通过自己的努力改变自己的命运,改变香港,逐步消除年轻人热衷于通过街头政治解决问题的倾向。香港的民主政治正逐步从回归之初的精英民主向大众民主转变,普通香港居民,尤其是年轻人成为民主的重要角色,特区政府需要直面这一新的变化和挑战。面对"港独"的喧嚣,或许需要更多的沟通和疏导,加强文化教育,培养香港青年一代关心国家命运,抵制"港独"思想,这样的社会,才会兼容并包,保持长期繁荣稳定。而这,还需要很多人的努力。

解决"港独"最根本的还是促进香港经济发展。习近平总书记指出,"发展是永恒的主题,是香港的立身之本,也是解决香港各种问题的金钥匙。'一国两制'构想提出的目的,一方面是以和平的方式对香港恢复行使主权,另一方面就是为了促进香港发展,保持香港国际金融、航运、贸易中心地位。少年希望快乐成长,青年希望施展才能,壮年希望事业有成,长者希望安度晚年,这都需要通过发展来实现。香港背靠祖国、面向世界,有着许多有利发展条件和独特竞争优势。特别是这些年国家的持续快速发展为香港发展提供了难得机遇、不竭动力、广阔空间。香港俗语讲,'苏州过后无艇搭',香港一定要珍惜机遇、抓住机遇,把主要精力集中到搞建设、谋发展上来。"①

香港所面对的内外经济环境发生了深刻的调整和变化,香港必须适应新形势

①习近平.在庆祝香港回归祖国20周年大会暨香港特别行政区第五届政府就职典礼上的讲话[EB/OL].新华网,2017-07-01.

新变化,不断提升自身竞争力。香港社会长期积累的一些深层次矛盾,要在准确贯彻"一国两制"中逐渐化解,需要香港社会形成共识,群策群力,共同努力。香港要融入粤港澳大湾区建设,不断深化与内地的交流合作,在发展中妥善处理好香港民众关切的问题,让香港同胞共享发展红利。香港特别行政区是中国的一部分,香港任何问题都是中国内政,我们绝不容许任何外国政府、外国势力、外国组织和个人干预,防范和遏制极少数人勾结外部势力干扰破坏"一国两制"在香港的实施,坚决防范敌对势力利用香港干预中国内政的图谋。

三、回答问题所需要的支撑材料和延伸材料目录

[1] 邓小平.邓小平文选:第三卷[M].北京:人民出版社,1993.

[2] 习近平.决胜全面建成小康社会　夺取新时代中国特色社会主义伟大胜利[EB/OL].共产党员网,2017-10-18.

[3] 习近平.习近平谈治国理政:第一卷[M].北京:外文出版社,2014.

[4] "一国两制"在香港特别行政区的实践[M].北京:人民出版社,2014.

[5] 祝捷,章小杉."香港本土意识"的历史性梳理与还原——兼论"港独"思潮的形成与演化[J].港澳研究,2016(1):12-22+93.

[6] 韩珊珊.从擅闯驻港军营看"港独式"激进运动:特征、原因及危害[J].港澳研究,2014(1):73-82+96.

[7] 刘兆佳.香港"占中"行动的深层剖析[J].港澳研究,2015(1):18-23+93-94.

31 如何理解在增强中国特色社会主义道路
自信、理论自信、制度自信的同时,
也要增强中国特色社会主义文化自信?

一、问题的不同表述和实质

习近平总书记在庆祝中国共产党成立 95 周年大会上发表讲话指出:"坚持不忘初心、继续前进,就要坚持中国特色社会主义道路自信、理论自信、制度自信、文

化自信,其中文化自信,是更基础、更广泛、更深厚的自信。"①道路自信、理论自信、制度自信的基础来源于中国特色社会主义建设的成就。当前社会主义文化建设取得了一定成就,极大调动了人们的文化创造积极性。但是,当今的自媒体时代,西方思潮的渗透、市场经济的挑战、部分"网络大V"的偏激言论等,让意识形态领域夹杂了新自由主义、历史虚无主义、宗教渗透等思潮。在青年中,一些诸如"丧文化""佛系文化"、拜金主义等非主流文化,腐蚀了部分青年。如果以功利主义为指向,就会让一部分人偏离社会主义主旋律,建设社会主义的理想信念被追逐物质享受、权力满足等所掩盖;同时,低俗的审美、拜金的欲望、急功近利的思想,也会让少部分人心浮气躁、困惑迷茫。正视这一思想政治文化工作的突出问题,坚定文化自觉、增强文化自信、实现文化自强对于实现中华民族伟大复兴的"中国梦"目标意义重大。这也是当前我们提出并重视文化自信的历史和现实意义所在。针对这一问题的解答,需要从什么是文化自信、为何要树立文化自信、文化自信的意义、如何增强文化自信等方面答疑解惑,进而厘清"四个自信"之间的逻辑关系。

二、对问题的回答

1.何为文化自信

文化一词自古有之,中国的"文化"一词出于《易经》。"文"通"纹",本义指各色交错的纹理;"化",本义为改易、生成、造化。"化"字单独使用,最早出现于《庄子·逍遥游》,描绘鲲、鹏之间的变化。古代文化有两个层面,即天文和人文,天文是天的"纹理",即日月星辰的运行轨迹;人文是人的"纹理",指人际交往的线索;天文与人文呈现不同的规律,刚柔交错,天文也;文明以止,人文也。中国古代重视"以文教化",即用诗书礼乐启迪人、教育人。观乎天文以察时变,观乎人文以化成天下。

文化自信是一个民族、一个国家以及一个政党对自身文化价值的充分肯定和积极践行,并对其文化的生命力持有的坚定信心。通俗地说,就是每一个中国人坚信中国是优秀的,中国文化是优秀的,中国人是优秀的。笃信中国文化的中国人,一定会把国家建设得更加富强、繁荣、昌盛。习近平总书记指出,在五千多年文明发展中孕育的中华优秀传统文化,在党和人民伟大斗争中孕育的革命文化和社会主义先进文化,积淀着中华民族最深层的精神追求,代表着中华民族独特的精神标识,指明了"自信"的"文化"包含三个层面,即中华优秀传统文化、革命文化和社会

---

① 习近平.在庆祝中国共产党成立95周年大会上的讲话[N].人民日报,2016-07-02.

主义先进文化。

传承中华优秀传统文化。中国古代有世界领先的物质文化和精神文化。中国在公元后1500多年历史中一直是世界上最强大的国家,在近300年尤其在1840—1949年这110年间衰落。伏尔泰说过,中国是全世界最优美、最古老、最广大、人口最多和治理最好的国家。中国优秀传统文化里蕴含的天人合一、和而不同、天下大同的哲学观,为促进人与自然的和谐统一、人与人的和谐统一、人自身的和谐统一具有重要启示。习近平总书记的人类命运共同体,秉承"东海西海、心同理同",超越了国家的界限,倡议构建世界性社群。反观西方的社群主义,无论是亚里士多德的城邦主义,还是当代社群主义者麦金泰尔、桑德尔、查尔斯·泰勒等人始终没能让社群突破国家界限。可见人类命运共同体对中华传统文化的传承,对当今世界的发展具有重要的启示性作用。

凝练革命文化。中华民族伟大复兴是一部与帝国主义抗争的屈辱史,同时在这场全民族的斗争中,人民的凝聚力前所未有地得到巩固。正是由于中国共产党的成立和发展,以及马克思主义中国化的成功实践,中华民族才能崛起于世界的东方。在与国民党的斗争中,中国共产党的优势得到了一步步的显现,并在不断完善自身的建设中,赢得了民心。在抗日战争——这场决定中华民族存亡的关键战争——中,中国共产党展现了自身的领导能力和民族自信心,坚决捍卫了民族尊严,与帝国主义和官僚资本主义开展坚决战斗,领导中国人民和中华民族走上了社会主义道路。马克思主义理论能够在中华民族优秀文化的基础上扎根,融入中国共产党的思想和血脉,进入中国人民的头脑和心里,引领中国人民走上民族解放、人民安定的幸福生活就证明了它的正确性和历史必然性。挖掘和弘扬革命时期的红色文化,让当代中国人传承"红色基因",对回顾革命岁月、总结优秀经验、激发国人斗志,具有重要的作用。

弘扬社会主义先进文化。改革开放以来,中国共产党逐渐成熟、组织壮大,人民生活水平大大提高,中国特色社会主义建设取得了丰硕的成果,国际影响力极大提升。马克思主义中国化是伴随中国共产党的成长历史而不断发展的。在马克思主义的指导下,完成了民族独立和人民富裕的两大历史任务。当前社会主义经济建设取得重大成就,同时政治建设和文化建设、社会治理、生态建设也正在"四个全面""五大发展理念"的思想策略领导下统筹协调推进"五位一体"的社会主义现代化建设布局。以爱国主义为核心的民族精神和以改革创新为核心的时代精神是社会主义核心价值体系的基石,也是中华优秀传统文化和革命文化、中国特色社会主义先进文化的精髓在当代的交汇融合。这是对中国特色社会主义建设的实践探索,在这个过程中需要坚定文化自信,坚持问题导向,坚持社会主义的基本原则,开辟国际视野,为实现社会主义现代化建设积极建言献策,贡献力量。

2.中国文化发展面临的形势

西方一直以单一的价值标准来批评中国文化落后,认为中国文化与现代化精神相悖,让中国面临着更多社会、文化和价值观方面的冲击。为了回应这一问题,费孝通先生提出"文化自觉"。中国被动进入近代化以来,中华文化被置于劣端,将传统文化与民主科学对立,也造成了对中华传统文化的全面否定。在这样的背景下,形成了所谓的"费孝通问题"。"费孝通问题"发出的疑问是,中华文化是否与现代化相悖? 答案是否定的。五千多年的传统文化是中华民族的魂,是奠定中华民族未来发展方向的根基所在。让中华文化与时代结合,焕发生机,便可实现在中国优秀传统文化与西方现代化之中寻求适度张力与平衡。

五四运动是近代最为深刻的思想启蒙与爱国运动,马克思主义也随之获得了更广泛的思想基础。马克思主义与中国传统文化中的大同思想、为贫困劳动人民伸张正义的思想相契合,为当时处于半殖民地半封建的中国和立志救亡图存的知识分子提供了科学的思想和理论武器。正是马克思主义在中国落地生根,融合于中国优秀文化当中,中国共产党领导人民大众才克服了一个个困难,摆脱了帝国主义的压制束缚,完成了新民主主义革命和社会主义革命,实现了人民当家作主。在"文化大革命"思想动乱和阶级斗争之后,由于人们当时无论正确的还是错误的革命热情被浇灭,中国社会主义建设一时失去了方向,历史虚无主义思潮沉渣泛起,出现了大规模地对革命时期的历史人物和事件进行否定的现象,人们在思想领域一度陷入了迷茫和混乱。经历了"真理标准问题"大讨论后,中国共产党继续抓住马克思主义中国化的精髓——实事求是,开展社会主义建设,有效地化解了当时国际国内的思想文化冲突和政治风波。可见,在中国的发展和中国共产党成长的过程中,文化为党和国家指明了正确的方向,文化先进时期,则能够凝聚民心、汇聚力量;文化落后时期,则是发展缓慢、困难重重。

当前国际政治经济格局更为复杂,非传统安全威胁频频发生,全球的价值秩序处于模糊的境地。当前文化软实力成为综合国力竞争的重要方面,文化自信就显得尤为重要。同时资本主义与社会主义意识形态的斗争转于潜在的场域,西方和平演变持续进行,鼓吹中国成功的原因仅仅在于实行市场经济,忽略中国特色社会主义市场经济的基础和贬低社会主义政治、文化建设成果。中国也面临着来自西方社会的两种不同的声音：一种是"中国威胁论"，将中国视为霸权的挑战者，意在破坏其和平崛起的国际形象，恶化其发展的国际环境。还有一种就是"中国崩溃论"，宣称中国经济的迅速发展是借助"人权优势"，即指经济发展中忽视人权问题，以牺牲人权来换取经济发展速度。还有人认为，当前中国经济即将迈入"中等收入陷阱"，经济发展不平衡和不可持续问题以及引发的社会问题将阻碍中国经济的发展，甚至停滞。在此种舆论环境下，我们有必要认清当前中国经济发展的问题在于进入产业转型升级期，解决之道是，走互惠共赢的国际发展道路，积极建设人类命运共同体。在国际层面，需要发出强有力的"中国声音"来为自身正言，同时推动国际秩序朝着更加公平合理化方向发展。

在国内，网络媒体的普及化使得人们接收信息的途径更加广阔。市场经济下网络信息的良莠不分，以及贫富差距问题使得人们的思想与现实往往存在一定的脱节，并且趋向极端化，表现为对社会问题的过度批判甚至崇拜西方，妄自菲薄。只有在深刻清醒的文化自觉思维和强大多元的文化自强力量的铺垫下，文化自信才能转化为人们心底的信念，为中国特色社会主义现代化建设和中华民族伟大复兴增添精神动力和智慧资源。

3.文化自信的实践路径

坚定文化自信，第一要义在于确立我们的民族文魄。坚定中国道路，坚定文化自信，加强制度建设和理论总结创新，实现中华民族伟大复兴中国梦是我们每一代中华儿女不懈追求的梦想，也是中国特色社会主义建设的精神和目标引领。在过去的五年当中，习近平总书记无论是在外交场合，还是出席国内活动，都大量引用古代的名言警句，比如，"富贵不淫，贫贱不移，威武不屈"的浩然之气，"莫要人夸好颜色，只留清气满乾坤"的自信精神等。习近平总书记用自身实践，向国际国内讲好中国故事，发出中国声音。

坚定文化自信，关键要义在于实现中华优秀传统文化的创造性转化和创新性发展，处理好继承与创新、转化与发展的关系。董卿主持的《诗词大会》《朗读者》让中华优秀传统文化走近百姓、喜闻乐见，此外，《战狼2》刷新票房，《神探狄仁杰》在欧美热播，《新白娘子传奇》在日本热播，《武媚娘传奇》《花千骨》在越南热播等。这些文化产品，从文化的创造和传播角度双重发力，使得文化的源和流能相互沟通交融。目前，我国已在全球建成500余所孔子学院，1 000余个孔子课堂，教授超一亿人学习汉语，大大提升了国家的话语权和文化软实力。

坚定文化自信，要建设好风清气正的网络氛围。当前很多传统媒体正被新兴媒体逐渐取代,我们要充分抓住这份机遇,更要坚定文化自信,与人民群众的真切呼声亲密沟通,同时抵制恶意的污蔑和极端言论,占领网络舆论环境的主阵地。对网络媒体环境进行有效约束,规范媒体的过度市场化行为,增强社会文明建设的同时完善法制建设,使文明道德和法制纪律得到有效实践,在思想与实践的有机有序结合中,使社会主义核心价值观能够真正深入人们的头脑和内心。

4.“四个自信”的逻辑关系

道路自信是保证。中国特色社会主义发展至今,为世界社会主义运动展示了一条新的社会主义发展道路——中国道路,其内涵包括中国特色社会主义制度和中国特色社会主义理论体系。中国道路不同于资本主义发展模式和传统社会主义发展模式,如:华盛顿模式、苏联模式,是立足于中国社会主义初级阶段这一基本国情之上的实现社会主义现代化和中华民族伟大复兴的新型道路。中国道路是我们建设中国特色社会主义的方向和旗帜。它融合社会主义建设的出发点和基本原则、基本目标和路径,是中国特色社会主义的途径、理论和制度在实践中的统一。我们不走封建僵化的老路,也不走改旗易帜的邪路。中国道路的选择是近代以来,那段屈辱抗争的历史的选择,也是人民的选择,是对现实中国特色社会主义建设经验的总结与创新。中国道路是中国故事和中国精神的时代性发展和延伸,实践证明了中国道路的正确性。

理论自信是基础。共产主义理论经历了由空想到科学,由理论到实践,由理想到现实,由一国胜利到多国胜利,由一种模式到多种模式,由中国化到新境界等不同阶段。中国作为唯一的社会主义大国,在历史考验与国际斗争中总结经验教训,结合自身国情,探索适合自身发展的社会主义理论,这本身就是一场探险。以习近平同志为核心的党中央,在丰富和发展党的先进理论方面做出了勇敢的尝试,并取得了丰硕的成果。中国共产党的先进理论,是国际共产主义理论取得的巨大成就。

制度自信是关键。中国经济的迅速发展为世人瞩目,但是经济发展不均衡不协调所引发的社会问题和生态问题,对国家治理提出了更为深刻而棘手的难题。中国制度在解决这些难题方面显示出很好的效果。在中国共产党的领导下,加强顶层设计、协调各方力量、统筹优势资源、形成一致合力、高层带动中层、中层带动基层,有效解决了一系列深层问题、复杂问题、棘手问题,集中力量办大事。

文化自信是根本。文化自信是其他三个自信的拓展和深化,具有重要的地位和作用。坚定文化自信是更为基础而深刻的部分,既是升华的目标也是信念的基础,将文化自信和道路自信、理论自信、制度自信并提,通过转变使中国特色社会主义文化建设实践紧密结合人们心理价值层面,增强坚定文化自信的历史和现实力量。要继承好、发展好自身文化,就要坚定对自身文化理想、文化价值、文化生命力、文化创造力的高度信心,这是习总书记提出"文化自信"这一时代课题的深意所在。

中国文化来之不易,是历史和人民的选择,是民族精神的载体。增强文化自信、凝聚中国精神是建设中国特色社会主义、实现中华民族伟大复兴中国梦的应有之义。我们要以博学日新、正本清源的精神学文化;以舍我其谁、中流击水的豪情树自信;以融汇古今、文理交融的思路发扬文化。回首过去,我们豪情满怀;展望未来,我们任重道远。让我们以"自信人生二百年,会当水击三千里"的勇气,坚定不移地开辟新天地、创造新奇迹,共建文化中国!

三、回答问题所需要的支撑材料和延伸材料目录

[1] 裴德海.中国梦视域下的中国精神[M].安徽:安徽教育出版社,2014.

[2] 袁睿."四个自信"的辩证关系探析[J].中国井冈山干部学院学报,2018,11(5):40-48.

[3] 刘水静.当代中国文化自信建设的战略意蕴[J].教学与研究,2016(11):20-26.

[4] 隗金成,房广顺.当代中国文化自信的深刻内涵和动力源泉[J].人民论坛,2016(8):15-17.

[5] 薛秀军,代清霞.文化自信:实现中华民族伟大复兴的强大精神支撑[J].东南学术,2016(5):8-13.

[6] 刘林涛.文化自信的概念、本质特征及其当代价值[J].思想教育研究,2016(6):21-24.

[7] 杨生平.文化自信的意义及其实现[J].中国特色社会主义理论,2016(6):5-11+18.

[8] 艾斐.文化自信何以为"更基础、更广泛、更深厚的自信"[J].红旗文稿,2017(7):11-14.

[9] 赵付科,孙道壮.习近平文化自信观论析[J].社会主义研究,2016(5):9-15.

[10] 段钢,汪仲启.互联网时代主流话语传播要强化受众意识[J].红旗文稿,2017(7):29-32.

[11]余虹.新媒体时代如何增强中国的文化自信[J].人民论坛,2017(4):130-131.

[12]陈振凯,雷龚鸣,何美桦.习近平谈文化自信[N].人民日报海外版,2016-07-13.

32 | 我国为什么要培育践行社会主义核心价值观?

一、问题的不同表述和实质

社会主义核心价值观的基本内容是富强、民主、文明、和谐,自由、平等、公正、法治,爱国、敬业、诚信、友善。二十四字核心价值观分三个层面:富强、民主、文明、和谐,是国家层面的价值目标;自由、平等、公正、法治,是社会层面的价值取向;爱国、敬业、诚信、友善,是公民个人层面的价值准则。社会主义核心价值观这一高度凝练的表达,对应国家、社会和个人不同的主体,凝练了不同的内涵和要求,体现了统一性和层次性相结合的特征。伟大时代呼唤伟大精神,崇高事业需要价值引领。新时代的征程已经起航,培育和践行社会主义核心价值观是实现两个百年奋斗目标、满足人民美好生活需要、逐步实现全体人民共同富裕的精神指南。具体回答在我国培育和践行社会主义核心价值观必要性这一问题,需要从什么是社会主义核心价值观,弘扬社会主义核心价值观有什么重要作用,如何培育和践行社会主义核心价值观,这几个方面答疑解惑。

二、对问题的回答

1.社会主义核心价值观具有丰富内涵

马克思说,思想、观念、意识的生产最初是直接与人们的物质活动,与人们的物质交往,与现实生活的语言交织在一起的。任何一种社会形态结构中,经济基础决定上层建筑,上层建筑反映和影响着经济基础。社会主义核心价值观处于社会主义中国意识形态领域的核心位置,是社会主义核心价值体系的核心要素、凝练表达和实践导向,也是对中华民族精神内涵、道德要求的高度凝练。社会主义核心价值观从国家、社会、个人三个层面来分别表述,既高屋建瓴、高度凝练,又全面概括、有所指向。践行社会主义核心价值观,能够让中国人的思想统一于中国特色社会主义意识形态和建设实践当中,让国家、社会、人民具有远大的目标、蓬勃的动力和积极的斗志。

社会主义核心价值观蕴含着国家强大、社会有序、人的自由全面发展的核心价值理念。

在国家层面,经济富强、政治民主、公民文明、安定和谐,奠定了中华民族的伟大复兴,这是中国近代以来历史发展的突出主题和鲜明主线。经济富裕,不仅可以满足人们对衣食住行等物质生活的需要,还可以让国家具备充实的财力、物力,保障和改善民生、开展外交、巩固国防,确保国民的安全和国家的稳定;政治民主,保障了公民能够行使自身权力、维护自身尊严、表达自身观点,在民主的国家里,公民充分发扬民主既能够为国家发展献计献策,又能够在促进国家的发展中,发展自我、实现自身价值;公民文明,充分展示了国家进步成果,文明的氛围让生活于其中的人民充满了幸福感、喜悦感和获得感;安定和谐,体现了人与自然、人与人、人与自身的多重和谐,能够让国家、社会、个人等主体凝心聚力、心有理想、情有所依。

在社会层面,保障自由、地位平等、公正评价、依法治国,是建设和谐社会的集中体现。保障自由,是人的美好向往,最大限度地满足人的自由,克服劳动的异化,是马克思描绘的共产主义社会中的美好愿景;地位平等,是社会主义优越性的集中体现,人人依法享有平等参与、平等发展的权利,避免了处于经济、政治等不利的人的权利受到剥夺、发展受到限制;公正评价,营造了公平竞争、以人为本的社会氛围,为个人充分发挥自身潜能、发展自身事业提供良好的环境;依法治国,让立法者科学立法,执法者严格执法,民众自觉守法,抛弃封建社会的"人治",实现社会主义的"法治",促进公民团结共进、减少冲突,增强安全感。

在个人层面,热爱祖国、敬业乐业、诚信为人、待人友善,体现了良好的公民素质和高尚的道德情操。热爱祖国,维护祖国安全、拥护国家统一是公民的美德和义务,个人的道德也可以在爱国主义理想中很好地体现和升华。国家繁荣为个人生存、发展提供良好的基石,反之,"覆巢之下无完卵",国家衰败,个人的尊严和生存空间都会受到损害。敬业乐业,让公民热爱本职工作,成为有用之人,用双手创造自身价值,为国家和社会发展贡献力量。诚信为人,是一种美德,同时也是维护良好人际关系的必要手段。人们常说"诚信者赢得天下,失信者寸步难行",无论是对于一个人、一个单位,还是一个企业,诚信都是生存之道、立业之基。个人待人不诚,会造成朋友反目、人际关系分崩离析;企业诚信缺失会导致经济发展的链条断裂、假冒伪劣屡禁不止。诚信缺失还会积累矛盾、诱发社会问题。待人友善,发扬的是互敬互爱精神,人们像爱自己一样爱他人、包容他人的缺点、关爱弱势群体,可以促进团队合作,营造良好的社会大家庭氛围。

社会主义核心价值观和社会主义核心价值体系有着密不可分的关系。马克思主义指导思想、中国特色社会主义共同理想、以爱国主义为核心的民族精神和以改革创新为核心的时代精神、社会主义荣辱观,这四个方面相互联系、相互贯通、辩证统一,共同构成了社会主义核心价值体系的基本内容。社会主义核心价值体系是社会主义意识形态的本质体现,是全党全国各族人民团结奋斗的共同思想基础,在整个文化建设中居于统摄和支配地位。社会主义核心价值观与社会主义核心价值体系,既有内在联系,又各有侧重,相互区别。社会主义核心价值体系是社会主义核心价值观的基础和前提,是社会主义核心价值观形成和发展的必要条件。社会主义核心价值观是社会主义核心价值体系的内核和最高抽象,体现社会主义价值体系的本质。所以,应该把社会主义核心价值观放在社会主义核心价值体系的视域中理解,生活中自觉地认同社会主义核心价值体系,践行社会主义核心价值观。

2.培育和践行社会主义核心价值观具有重要作用

正确理解社会主义核心价值观内涵,用社会主义核心价值观引领社会思潮、凝聚社会共识、指导个体道德实践,具有重要的理论意义和实践意义。

首先,抵御不良思潮影响,指引前进方向。近年来,随着网络的普及和对外交流渠道的敞开,西方国家一些不良思潮侵蚀着部分国民。例如,功利主义和实用主义思潮侵袭下,人精于算计付出所带来的利益,并更多地关注物质利益,很少地关注集体利益和精神收益。新自由主义思潮,宣扬遵照契约精神,公民皆是"无牵无挂"的自我,国家在道德教育中保持中立等,否定国家对个人道德建设的引导和作为,让有些人的"自由""民主"毫无约束,最后导致了国家失去向心力,社群关系面临解体,百姓迷失信仰等。西方宗教势力,利用各种渠道在大学生中传教,通过宣传西方宗教精神、庆祝西方宗教节日、销售西方宗教产品,侧面推动了宗教在校园内的传播。这些西方不良思潮,都在与马克思主义信仰、社会主义核心价值观信仰争夺阵地,其背后就是西方宣传的"普世价值论","即把以西方资本主义私有制为基础、以个人主义为核心的价值观奉为绝对的普世价值",让全世界不分民族、国家、社会都应该信奉西方的价值观。这种荒谬的想法具有较强的危害性,被西方的"普世价值论"同化,社会主义核心价值观就会被冲击和弱化,社会主义社会就会被资本主义社会侵蚀。旗帜鲜明地做到"两个维护"、牢固树立"四个意识"、坚持"四个自信"、弘扬社会主义核心价值观,才能让社会主义意识形态领域风清气正,社会主义事业蓬勃发展,中华民族伟大复兴得以实现。

其次,为发展保驾护航,凝聚精神力量。社会主义核心价值观,是中国共产党领导人民在建设中国特色社会主义伟大实践中做出的符合社会发展规律和时代进步要求的价值选择。改革开放40多年,党带领人民谋大势、布大局、举大旗、兴大业,焕发勃勃生机,成为中流砥柱。在党的领导下,中国这个世界上最大的发展中国家,迎来了从站起来、富起来到强起来的伟大飞跃,在短短40多年里摆脱贫困并跃升为世界第二大经济体,稳居世界第二,赶超了很多发达国家上百年走过的历程。中国钢铁年产量,世界第一;移动支付的规模和数量,世界第一;量子通信,世界第一;外汇储备,连续十余年世界第一;一系列高科技产品,为创新领航,为发展助力。百姓富足、安居乐业,收获了满满的获得感。这些成就不是简简单单、敲锣打鼓就能实现的。当今时代,我国发展的广度和深度前所未有,各种利益关系的复杂程度也前所未有,如果没有社会主义核心价值观等意识形态的引领并达成共识,很难让国民心往一处想、劲往一处使,很可能出现各自为政、一盘散沙的局面,中国改革开放的事业也难以形成合力,不仅不能实现我们确定的目标,也必定出现灾难性后果。中国社会主义建设的伟大成就,体现了中国在党的领导下,人民探索、凝练、践行社会主义核心价值观的过程,正是在社会主义核心价值观的感召下,让国家和社会焕发出核心竞争力,并取得了社会主义现代化建设的累累硕果。

第三,展示国民精神风貌,提供文化支撑。21世纪是一个崭新的、充满希望的世纪,正如很多人预测的那样,在这个世纪里,世界经济发展的热区从环太平洋的东海岸移到了西海岸,而中国就是热区的热点。随着世界经济中心的迁移,未来的中国是杰出人才的诞生地。在国家建设、发展的过程中,涌现出无数优秀共产党员、杰出的科学家以及高素质的社会主义建设者,他们个人所取得的成就,不是在迷失的信仰中取得,也不是在追求名利中取得,更不是在投机取巧中取得,没有崇高的价值导向、没有深厚的文化感召、没有攻坚克难的决心、没有千辛万苦的努力,成就难以取得,成功难以实现。可以说,社会主义核心价值观为国人的拼搏奋斗提供了精神动力和鼎力支持。在过去,对社会主义核心价值观的追求,让许多人成为优秀的社会主义建设者;在未来,对社会主义核心价值观的践行,也会让更多的人成为社会主义事业建设的栋梁。

3.广大青年学生在社会主义核心价值观的践行中实现超越自我

当今世界,思想革新日新月异,科技进步一日千里。中国面临着发达国家在政治、经济方面的制约，同时，也被各种思潮冲击。目前，大学生面临的极为开放的知识体系，以互联网为媒介的知识传播，已经打破了以课堂教学和图书阅读为主的知识传播载体垄断。大学生心智尚未完全成熟，缺乏理性的大学生容易受到鼓动和迷惑。面临这一形势，习近平总书记对青年学生提出，做"有理想、有追求、有担当、有作为、有品质、有修养"的"六有"大学生的殷切期待。为此，教育必须面向世界、面向科学技术现代化、面向未来，培养自觉践行社会主义核心价值观的社会主义事业合格建设者和可靠接班人。

富强、民主、文明、和谐，为大学生建设国家指明价值目标。青年学生要以德为先、德才兼备，树立报效国家的远大理想，让社会主义核心价值观内化于心。大学生组织要围绕"弘扬社会主义核心价值观"开展主题讨论，让培育和践行社会主义核心价值观成为共识，让热爱国家、建设国家、拥护国家统一、推动国家繁荣成为当代大学生的道德追求，自觉地与危害国家利益、阻碍国家发展、破坏祖国统一的言论和行为做斗争。大学生要发扬中国伟大的民族精神，传承中华民族传统美德，在深沉久远、博大精神的中国文化中汲取营养，将个人的发展与国家、集体的利益紧密联系在一起，为中华民族的伟大复兴贡献力量。高校要抓牢党员及学生干部队伍，发挥先锋作用，建设一批学生骨干队伍，鼓励这些有志青年成为弘扬社会主义核心价值观的先锋，让他们打开思路、引导学生、策划活动、践行方案，利用朋辈的工作，弘扬积极向上的正能量。同时，抓牢网络阵地，开展动员、宣传、总结等网络思想政治教育，培育意见领袖，发表意见，凝练力量，在网络上弘扬社会主义核心价值观。让围绕社会主义核心价值观的宣传和实践活动，吸引广大学生参与，为广大学生所喜爱，促进广大学生提高。

自由、平等、公正、法治，为大学生服务社会指明价值取向。青年学生要求知问真、追求卓越，锻炼服务社会的扎实本领，让社会主义核心价值观外化于行。杰出人才必须具备"独立之理想、自由之精神"，既要培养民主意识，关心时事政治，合理表达自身观点；又要培养集体观念，增强团队意识，秉承公正和法治的理念，对于自身思想和行为中的偏差及时反思和纠正。当今世界，科技创新浪潮风起云涌。大学生要牢固树立"科技是第一生产力"意识，自觉、自主、自律地投身于科学文化知识的学习，针对自身特点独立地获取知识，激发积极性和创造性。在求学阶段严谨治学、苦练内功，在工作之后活学知识、活用知识，树立终身学习意识，崇尚科技、勇于创新。大学生以应用和创新为目标学习知识，才能体现知识的价值，用自身的知识和技能服务社会，才能不辜负党和国家的培养，进而实现自身的价值。

爱国、敬业、诚信、友善,为大学生完善自我规范价值准则。青年学生要学思结合、知行合一,培养全面发展的综合素质,用社会主义核心价值观指导实践。学习理论并不是最终目的,而是一种手段,是达到指导实践这一最终目的的有效手段。大学生不仅要做"两耳不闻窗外事,一心只读圣贤书"的"理论者",更要做"读万卷书,行万里路"的"行动者"。因为,"读书"是理论来源的必要手段,"读万卷书"得理论经验;"行路"是理论运用的最终目的,"行万里路"得实践经验。所以,大学生要在完善学识的同时,培养和锻炼实践能力:多学贴近生活、通俗易懂、实用性强的理论;用理论去指导实践,同时在实践中检验理论、发展理论。建议大学生利用课余时间走进社会、走进企业,积极参与社会实践:亲身体验,观察和感悟改革开放以来中国的巨大变化;交流访谈,了解百姓生活的改变和对未来美好生活的向往;到企业实习,了解行业发展动态和未来人才的需求;参与竞赛,将学科知识转化为科技创意。在这些实践活动中,大学生将社会主义核心价值观的要旨融汇于个人的思想和言行中,加深对社会主义核心价值观的理解、领会和认同,社会主义核心价值观会从认识论成为方法论,潜移默化地指导实践,优化实践。

总之,弘扬社会主义核心价值观正逢其时。广大青年需要被先进的思想感召、先进的理论武装、先进的文化引领,社会主义核心价值观为青年思想政治教育提供了最佳素材,为青年的成长赋予了时代精神,并对其成才给予精确领航。社会主义核心价值观不仅能够坚定大学生对中国道路、中国理论、中国制度、中国文化的自信,感召大学生自觉投身于社会主义现代化建设,还能以青年学生为辐射,感召身边的人,播下精神信仰的火种,点燃他们对社会主义核心价值观的深度认同和自觉践行,这关系到国家发展、社会繁荣、人民幸福。

三、回答问题所需要的支撑材料和延伸材料目录

[1] 马克思恩格斯选集[M].北京:人民出版社,2012.

[2] 裴德海.中国梦视域下的中国精神[M].合肥:安徽教育出版社,2014.

[3] 陈占安."毛泽东思想和中国特色社会主义理论体系概论"课程教学要点和教学设计[M].北京:高等教育出版社,2014.

[4] 蒲清平.新时代大学生马克思主义信仰教育研究[M].北京:人民出版社,2019.

[5] 习近平.青年要自觉践行社会主义核心价值观——在北京大学师生座谈会上的讲话[EB/OL].新华网,2014-05-05.

[6] 刘云山.着力培育和践行社会主义核心价值观[J].理论学习,2014(2):4-7.

[7] 王树萌,石亚玲.当代青年践行社会主义核心价值观的科学指南[J].中国高等教育,2014(Z2):7-10.

33 中西方社会治理模式的区别有哪些?

一、问题的不同表述和实质

自提出"打造共建共治共享的社会治理格局"概念以来,国内外学界就开始对其理论依据、基本内容及现实价值等方面进行深入研究。总的方面看,学术界对具有中国特色社会治理格局概念持肯定态度,对走中国特色社会治理之路很有信心,但学界依然对"共建共治共享的社会治理格局"存在误读与偏见。有的学者将"共建共治共享的社会治理格局"等同于"西方的公民社会",有的西方学者极力鼓吹"西方的公民社会",认为"西方的公民社会"是具有普世价值的社会治理模式,是真正意义上的民主社会,比中国特色社会治理模式更具优越性。国内外学者对"打造共建共治共享的社会治理格局"的偏见与误读是以追求西方的价值观念为中心而展开的,其实质是对中国特色社会治理之路的攻击。社会治理是国家治理体系和治理能力现代化的重要内容,也是最为基础的环节,因此要坚持走中国特色社会治理之路,使我国社会更加和谐稳定。

二、对问题的回答

要准确把握和回应国内外学者对"共建共治共享的社会治理格局"的偏见与误读,就必须从整体上把握中国特色社会治理格局与"西方的公民社会"的区别以及"共建共治共享的社会治理格局"的优势所在。

1.中国的共建共治共享的社会治理格局与西方的公民社会本质不同

虽然中国的共建共治共享的社会治理格局在理念、措施等某些方面借鉴了西方公民社会的研究成果,但是在主体内容和根本举措上是基于中国的国情、社情、民情得出的研究成果,换言之,即"中国的共建共治共享的社会治理格局"与"西方的公民社会"在本质上存在很大差别。

　　其一,概念内涵不同,公民社会即"public society",它在西方由来已久,产生于城市和民间,因此又被称为"市民社会"或"民间社会"。在西方历史上,不同学派的公民社会论者,对其内涵有不同的阐释,公民社会传统可追溯到古希腊、雅典时期的城邦政治。近代契约论者认为,公民社会是公民为了摆脱自然状态,通过订立契约,使得国家形成后进入的政治社会状态。17 到 19 世纪,则提出了以国家和社会分离为基础的公民社会概念,并在国家与社会的关系上,形成了洛克的国家产生于社会和黑格尔的社会产生于国家的政治主张,综合各家公民社会论者的观点,得出公民社会就是围绕共同利益、目的和价值形成的非强制性行为集体,它强调国家与社会的对立,反对政府对经济活动的干涉,推崇个人自由至上。而中国的共建共治共享的社会治理格局是中国特色社会治理之路的目标,其中共建是基础,一定要突出社会制度和社会体系建设在社会治理格局中的基础性、战略性地位;共治是关键,通过树立科学的大社会观、大治理观,整合党总揽全局、协调各方的政治优势、政府的资源整合优势、企业的市场竞争优势、社会组织的群众动员优势,来打造全民参与的开放治理体系;共享是目标,一定要使社会治理的成效更全面地惠及全体人民,以此增强人民的获得感、幸福感、安全感。党的十八大以来,提出要推进国家治理体系和治理能力现代化建设,而社会治理作为国家治理体系和治理能力现代化的重要一环,打造共建共治共享的社会治理格局是题中应有之义。

　　其二,经济基础不同。西方公民社会的经济基础是资本主义生产资料私有制,它是与资产阶级经济关系、经济制度相一致的,西方的公民社会治理模式仍是要维护资产阶级和私有制经济体制,而且西方奉行的"私有财产神圣不可侵犯"信念,实质还是维护少数人的利益,而中国提出要建立共建共治共享的社会治理体系,是以生产资料公有制为经济基础的,它倡导的是全民共享,维护的是最广大人民群众的根本利益。其三,理论基础不同,西方的公民社会的立论依据是抽象人性论,它漠视公民由于利益纠葛会在社会中存在内部分化的问题,认为公民社会中的每个人的价值追求相同。与此同时,公民社会的人性论是建立在个人主义之上的,它主张个人自由至高无上,实质是将资产阶级的阶级利益表达为普世价值,来为维护资产阶级利益寻找托词。而中国的共建共治共享的社会治理格局以马克思主义的人性论作为立论依据,马克思的人性论认为在社会中存在内部分化的问题,他曾说过"全部社会生活在本质上是实践的",马克思对费尔巴哈的人本论即将人的本质是单个人所固有的抽象物进行了批判,认为"人的本质,在其现实性上,它是一切社会关系的总和"。其实,作为社会人在社会中肯定存在利益分化问题,不同阶层有各自的利益诉求,不是每个人都有相同的价值目标,而且,处于社会之中的人,权利与义务是相伴而生的,西方公民社会推崇的个人自由至高无上,抛弃公民行使权利的原则即"权利与义务相统一原则",它与中国的家国天下传统和社会主义本质相悖。其四,价值取向不同。西方公民社会的价值追求,是实现国家与社会的完全分离,它极力主张减少或取消国家干预、严禁政府直接管理经济、严禁行政权力进入市场、严禁国家直接干涉微观经济活动,这样将导致国家能力弱化,国家权威被消解,当市场逐利本性占据上风之时,市场机制即将崩溃,引发经济危机,扩大贫富差距,最终破坏生产力,阻碍社会的发展。加之,它过于强调国家的职责就是对公民个人权利与自由的保护,忽视公民个人权利与义务相统一的权利行使原则,其吹捧个人自由和权利,是建立在对社会资源相互争夺后占有的基础上的自由,这种自由的衡量标准是资本自由,其实质是新自由主义。如果公民权利不受国家限制,社会将陷入无政府主义状态;如果公民一味追求权利和自由,就会陷入一种价值虚无主义和极端个人主义,对社会发展极为不利。中国要打造的共建共治共享的社会治理格局的价值追求是发展为了人民,发展依靠人民,发展成果由人民共享,使全体人民在参与社会治理过程中更多更好地享受发展成果给他们带来的幸福和安全。这种格局坚持党委发挥领导作用,政府通过履行政府职能对社会治理负责,社会组织配合政府、党委的工作,全民参与到社会治理中来,健全有关社会治理的法律制度保障社会良性运行。这种模式不同于西方公民社会鼓吹的国家与社会的分离,中国特色社会治理格局的目标是确保人民安居乐业,社会稳定运行,国家海晏河清,回应人民在民主、法治、公平、正义、安全等方面的诉求,解决好我国社会主要矛盾即发展不平衡不充分的问题,更好满足人民对自己在经济、政治、文化、社会、生态等方面的期待。其五,实践基础不同。西方的公民社会与西方国家的制度发展和文化传承有密切联系,它的制度背景和文化背景都有着深刻的资本主义烙印,近现代公民社会理论形成的历史背景是市场经济兴起、资产阶级作为新的政治力量登上历史舞台,它的成熟与资本主义制度的建立密不可分。公民社会所提倡的民主,是一种以表面平等掩盖实质不平等的民主,这种平等权利只有少数人拥有,而广大民众的平等权利是不受保障的。但是,中国自古以来讲究家国一体,国家和社会处于同构状态,国家融合了社会,社会与国家合二为一,独立的社会领域在传统中国的国家状态里是难以立足的。新中国建立以来,国家通过宪法规定我国的国体,提出人民是国家的主人,一切权力属于人民,广大人民群众有权管理国家事务和社会事务,有权监督党和领导干部。因此,中国特色社会主义治理道路,在本质上不具备公民社会所提倡的国家与社会对立的实践基础,中国要打造的共建共治共享的社会治理格局与西方公民社会在治理目标、治理基础、治理内容、治理主体等方面存在着本质差别。

2.与当代西方公民社会相比,中国要打造的共建共治共享的社会治理格局更具优势

当前,有些西方学者大力鼓吹西方公民社会的治理优势,认为西方公民社会是普遍适用于世界各国的社会治理模式,其优于中国特色社会治理模式,显然这种说法经不住中国实践的考证,而且纵观世界,那些信奉西方社会治理模式的国家,并没有通过表面平衡政府、社会、市场的关系达到止暴治乱、实现社会稳定的目的,反而因为西方国家一些社会组织的"煽风点火"而导致"街头政治""颜色革命"此起彼伏。中国要打造的共建共治共享社会治理格局,是与我国国情相对应的,它与西方公民社会的产生背景和适用条件是相去甚远的,实践证明,中国的共建共治共享的社会治理模式更适合中国社会治理的实际。共建共治共享的社会治理格局,是中国特色社会主义进入新时代的内在要求,是解决新时代我国社会主要矛盾的重大举措,是全面建设社会主义现代化强国的必然要求。与西方公民社会相比,中国的共建共治共享的社会治理模式在多个方面具有明显优势。

(1)中国要打造的共建共治共享的社会治理格局有效地拓展了公民有序参与社会治理的渠道,实现了最广泛的人民参与社会治理。

党的十九大报告指出:"要提高社会治理社会化、法治化、智能化、专业化水平。"其中,"社会化"是指广泛动员全体社会成员,激发全体社会成员参与社会治理的自觉性和主动性。具体而言就是,首先,党委将致力于顶层设计。通过统观大局,制定国家发展战略,提高各级党委对社会治理的领导能力,提高党对社会治理的领导水平,加强党委对社会治理的统筹谋划和组织领导,把握正确方向不动摇,为各级政府提供方向引领,通过采取多种措施,完善利益表达、协调、保护机制,精准压实各级党委社会治理领导责任,把创新社会治理顶层设计的内容纳入各级党委重要议事日程,将它作为地方党政领导班子和领导干部政绩考核指标,规范党委各部门社会治理职能,形成促进社会良性运行的领导体系。其次,政府和社会组织以及基层自治组织将同向发力。完善政府治理和社会调节,居民自治良性互动的体制机制,习近平总书记指出,要动员、组织社会力量共同参与社会治理,发动全社会一起来做好维稳工作,努力在社会治理领域实现人人参与,人人尽力,人人共享的良好局面。扩展社会组织参与公共服务的治理面,探索社会组织购买公共服务的合理路径,鼓励和引导企事业单位、社会组织、人民群众积极参与社会治理。引导基层组织和部门行业依法参与社会治理,鼓励各类社会主体进行自我管理,充分发挥在基层组织和部门行业中通行的社会规范在社会治理中的重要作用,加强对社会组织的培育和引导,完善社会组织管理制度,尽量使社会组织权责清晰、自律运行、依法行事,合理合法地参与社会治理全过程。最后,按照不断提高社会治理社会化、法制化、智能化、专业化水平的要求,激发全社会活力,坚持群众观点和群众路线,有事多和群众商量,以此来提高在社会治理中群众的满意度,更要利用法治对社会治理进行引领、规范和保障,运用法治思维和法治方法化解矛盾,引导群众依法行使权利、表达诉求、解决纠纷,努力实现法安天下,德润人心的稳定局面,以此来提高社会治理法治化水平。发挥全国上下一条心的优势,进行社会治理基础制度建设,运用大数据的技术将我国人口基础信息入库,实行社会信用实名登记制度,完善社会信用体系,更多运用互联网、大数据等高科技手段,逐步提高社会治理的科学化、精细化、智能化水平。通过培训让领导干部队伍和社会治理人才更具专业性,让社会管理人才运用先进的理念和专业的方法提升社会治理效能,增强社会治理整体性和协同性,增强社会治理的预见性、精准性、高效性,达到社会治理专业化的目标。综上,中国的共建共治共享的社会治理格局将使最广泛的人民参与到社会治理的实践当中,真正保障了人民当家作主的权利,是最真实、最广泛、最管用的社会治理模式。

(2)中国要打造的共建共治共享的社会治理格局最大限度地包容和吸纳了各种利益诉求,有效地推动了国家治理体系和治理能力现代化。

十九大报告指出我国社会建设的目标是"到2035年,我国现代社会治理格局基本形成,社会充满活力又和谐有序;到本世纪中叶,我国社会文明将全面提升,人民将享有更加幸福安康的生活"。党的十八大以来,以习近平同志为核心的党中央牢牢把握推进国家治理体系和治理能力现代化的总要求,不断创新社会治理理念、思路、体制机制、方法手段,着力寻找影响社会和谐稳定的问题发生的源头,防患于未然,有效破解一些社会治理难题。总体上看,我国社会治理体系不断完善,社会安全稳定形势持续向好,人民生命财产安全得到有效维护,广大人民群众的安全感和满意度不断增强。我国的基层群众自治制度就是共建共治共享社会治理模式的良好范式。基层群众自治制度是我国独创的一项基层社会治理制度,它要求基层群众自我管理、自我教育、自我监督,通过民主选举、民主决策、民主管理和民主监督的方式,使群众利益得到有效保障,使人民享有更切实的民主权利。坚持政府的领导,一方面,基层自治的主体是广大人民群众,基层自治和现代基层治理的核心价值就是基层人民自己依法管理自己的事务;另一方面,在推进基层自治进程中,政府起了关键作用,政府通过立法手段,规范和支持村(居)民自治活动,确保村(居)民自治工作的顺利开展。我国的基层民主自治是在党的领导下进行再治理,它以自治为内容,以"自上而下"与"自下而上"相结合的方式进行治理。这种模式既符合基层群众的民主诉求,也满足国家稳定基层社会秩序的需要,它与西方公民社会的治理模式相去甚远。西方国家控制着社会资源及慈善资源、掌握着非政府组织经济命脉的精英们,对如何使用资源有很大话语权,并不是真正的完全平等、利益一致。而中国的社会组织要围绕基层社会治理需要,根据政府出台的社会组织发展相关政策法规,进行有效社会治理参与。

(3)中国打造的共建共治共享的社会治理格局可以更多地包容不同领域,使中国特色社会治理模式更加深入细致。

中国特色社会治理模式的出发点是保障和改善民生,在制度设计、政策出台等方面始终坚持社会治理的成效由人民的实践来检验,围绕人民最关心、最直接的现实利益问题,来进行治理政策的出台,使政策更得民心。其一,正确处理人民内部矛盾,通过建立社会矛盾排查预警机制、重大决策社会稳定风险评估机制、矛盾纠纷多元化解机制,达到社会安定团结的目的。其次,健全公共安全体系。十九大报告提出要牢固树立安全发展理念,弘扬生命至上、安全第一的思想,实行党政同责、一岗双责、齐抓共管、失职追责任制,实施食品安全战略,不断提升全社会防灾减灾能力。其二,加快社会治安防控体系建设,以"全域覆盖、全网共享、全时可用、全程可控"为目标,让人民群众带着满满安全感迈入全面小康社会。其三,加强社会心理服务体系建设,根据社会发展要求,建立社会心理服务体系,健康向上、理性平和的社会心理,推动诚信建设和志愿服务常态化,形成我为人人、人人为我的良好局面。其四,加强社区治理体系建设。社区是社会治理的关键,因此,想要实现社会治理体系现代化必先夯实社区治理的基础。习近平总书记指出,社会治理重心下移是社区治理的先手,社区服务能力提高有利于社区稳定。我国基层是社会问题的高发区,解决社会问题的主体力量也在基层,要发挥基层党组织的政治引领作用,将基层党建工作和社区治理工作相糅合,提高党建工作的实效性。社区组织要发挥专项作用,对本组织的服务项目要积极主动一些,打牢城市和农村的治理基础,不断完善城乡社区治理体系,认真考察治理体制问题,在城乡治理中探索网格化管理路径,尽量使基层拥有更多的资源、服务、管理,更好地为群众提供人性化的服务和管理,增强国家治理的基础。

总而言之,中国特色社会治理模式和西方公民社会相比,在价值目标、治理举措、治理成效等方面具有明显优势,它是基于中国特殊国情而提出的理论创新成果,具有中国风格、中国特色、中国气派,我们要坚定不移走中国特色社会治理之路,实现国家治理体系和治理能力现代化。

三、回答问题所需要的支撑材料和延伸材料目录

[1] 中共中央宣传部.习近平新时代中国特色社会主义思想三十讲[M].学习出版社,2018.

[2] 打造新时代共建共治共享的社会治理格局[N].解放军报,2018-01-08.

[3] 史宏波,田媛.改革开放以来"公民社会"思潮的生成逻辑、政治实质和治理路径[J].思想理论研究,2018(5):41-45+84.

[4] 辨析"公民社会"思潮,走中国特色的基层民主建设道路[J].实践:思想理论版,2017(7):51-53.

[5] 廓清西方公民社会理论迷雾[J].世界社会主义研究,2018,3(4):90.

[6] 徐才江.社会组织在"共建共治共享社会治理格局"中有为有位[J].中国社会组织,2018(10):1.

34 | 如何正确理解和把握生态文明建设在社会建设中的重要地位?

一、问题的不同表述和实质

2017 年 10 月 18 日至 10 月 24 日,党的十九大站在历史和全局的战略高度,对推进新时代"五位一体"总体布局做了全面部署。从经济、政治、文化、社会、生态文明五个方面,制定了新时代统筹推进"五位一体"总体布局的战略目标。由此,肯定了生态文明建设在社会发展中的地位及作用。但有相当一部分学者认为,生态文明建设与经济建设是背道而驰的,发展经济必然要损害生态利益,如若执意坚持生态文明建设,那必然会损害经济效益。还有一部分学者认为,生态文明建设都是

"纸上谈兵""隐蔽工程",绿水金山就是金山银山只是口号,不可能真正落实及实现。更有一部分人认为,在社会高速发展的今天,强调生态文明建设实在没有必要,社会发展的进程终归要落实到经济建设上来,而生态文明建设意义不大。然而,这些对生态文明建设的误解,都在于没有深刻认识生态文明建设与经济建设、生态文明建设与政治建设、生态文明建设与社会建设、生态文明建设与文化建设的关系。

二、对问题的回答

生态问题不是一个单一的环境问题,它包含着自然、经济、政治、社会等多个方面,处理生态问题,不能只处理环境问题,还要从它所包含的各个方面入手,只有这样才能使人类文明由工业文明过渡到以人与自然和谐相处为核心的生态文明。生态兴则文明兴,生态衰则文明衰。建设生态文明是实现中华民族伟大复兴的中国梦的必由之路,建设美丽中国是分两步走在本世纪把我国建设成为富强民主文明和谐美丽的社会主义现代化强国的宏伟目标。前进的道路上,必定崎岖坎坷,但是不管情况多么复杂,我们都不能退缩,必须迎难而上,坚决打好这一场污染防治攻坚战,努力开创社会主义生态文明新时代。

我们必须要深刻认识生态文明是当今社会建设与发展的应有之义,高度重视中国生态文明建设的必要性和紧迫性,科学把握生态文明建设具有的独特"中国特色",对于推动我国生态文明建设、实现"美丽中国"的目标具有重大的理论意义与实践意义。建设美丽中国,建设生态文明,并不是要把生态文明独立于经济、政治、社会建设之外,也不能单纯地为了生态文明建设而抑制经济发展。生态文明的建设是为了谋求中华民族长远之利益,而并非仅仅着眼于解决中国发展当下所面临的突出的环境问题。生态文明的建设是关系国家政治问题、社会问题及民生问题的重要一环,而并非仅仅影响经济发展的关键因素。生态文明建设不仅仅关系中国自身的进步与发展,它更是推动全社会乃至全人类社会发展的不可忽视的迫切诉求。

1.生态文明建设的内涵

所谓生态文明,是指人类在经济社会活动中,遵循自然规律,积极改善和优化人与自然的关系,为实现经济社会的可持续发展所做的全部努力和所取得的全部成果,是一种人与自然、人与人、人与社会和谐相处的社会形态,是贯穿于经济建设、政治建设、文化建设、社会建设各个方面和全过程的系统工程。生态文明建设的出发点是最终保护自然,维护人类赖以生存发展的生态平衡。

党的十八大把生态文明写入党代会报告,并写进了新的党章,是中国特色社会主义理论体系的一个伟大创新,是中国共产党执政兴国理念的新发展,是实现小康目标的新要求。生态文明与经济建设、政治建设、文化建设、社会建设一起形成"五位一体"整体布局的重要战略目标,而且单独成篇,融入各方面、贯穿全过程,对于不断开拓生产发展、生活富裕、生态良好的文明发展道路,全面推进中国特色社会主义事业具有重大意义,是对中国特色社会主义认识的深化。"五位一体"总布局是一个有机整体,经济建设是根本,政治建设是保证,文化建设是灵魂,社会建设是条件,生态文明建设是基础,贯彻于社会主义建设的各个方面。五项建设相互联系、相互协调、相互促进、相辅相成,必须统筹兼顾,全面推进。

党的十九大在关于生态文明建设的问题上又做出了一系列重大创新,提出生态文明建设的目的是满足人民对优美生态环境的需要,提出将美丽中国的发展目标纳入党的基本路线当中去,将生态文明观、生态文明理念牢牢地树立起来,进一步明确了社会主义生态文明在经济、政治、社会、文化发展中的战略地位,为我们走向社会主义生态文明新时代指明了方向。

2.生态文明建设与经济政治文化社会建设的关系

我国的生态环境保护事业起步于 20 世纪 70 年代。中华人民共和国成立七十年以来,随着我国经济的高速发展,生产力的极大解放,我们对生态文明建设的重视也与日俱增,在不断地尝试与探索中,生态文明建设的路径不断丰富、发展与完善,但其初衷与原则却始终在于还子孙后代以绿水青山。但是,国内仍然有一部分人对生态文明建设的地位及作用存在不理解、不清楚的情况,甚至是存在着很深的误解及偏见。面对这样的情况,我们有必要正面回答一些关于生态文明建设的质疑,在此基础上,我们会更加明确生态文明建设的独特特性。

第一,生态文明建设是多元性的,存在于一个整体之中,意图割裂经济建设与生态文明建设的观念是行不通的。以经济建设为中心是党的十一届三中全会以来明确而又一贯的战略思想,是党对历史经验教训的总结,是由我国社会的主要矛盾和主要任务决定的,也是由国际和国内形势决定的。改革开放四十年的实践证明,我国的发展进步之快必须归功于坚持以经济建设为中心的发展战略。今天,我们正走在实现中华民族伟大复兴的中国梦的道路之上,我们从未如此靠近这一梦想和目标。无论是全面建成小康社会,还是进一步增强综合国力,抑或是实现中华民族的伟大复兴,都必须发展经济。然而,发展经济是否就可以肆意破坏生态环境,我们是否可以做到生态环境与经济发展的协调并行? 经济发展与生态环境之间与其说是绝对对立的关系,不如说是相互促进,协调发展的关系。经济的发展要受到自然资源以及环境因素的影响,反之,生态环境的改善也得益于经济的快速发展。经济发展与生态环境问题是我们目前,乃至长期必须正确处理的关系。

第二,生态文明建设是真抓实干的,并不是"纸上谈兵",亦不是"隐蔽工程"。"绿水青山就是金山银山",并不是简单的口号,而是需要我们身体力行去实现的事关子孙后代幸福的头等大事。环境和发展是不可分割的整体。绿水青山就是金山银山,是习近平生态文明思想的核心理念。党的十八大后,习近平在国内国际场合多次强调"绿水青山就是金山银山",这一绿色发展观逐渐成为指导我国生态文明建设和经济社会发展的战略思想。绿水青山能否转化为金山银山关键在人,关键在思路。在这个问题上我们必须始终坚持走资源节约型和环境友好型发展道路,我们必须始终坚持推进绿色发展,我们必须坚持创建生态文明示范基地。当然,要使绿水青山转化为金山银山还必须实现产业的生态化和生态的产业化。

第三,生态文明建设是基础。如若只关注经济发展而不顾生态文明建设,那么后果是不堪设想的。在改造自然的过程中,人与自然经历了由敬畏、和谐到紧张的三种状态。近年来,随着我国经济的发展,人口、资源、环境等问题日渐突出,已经越来越影响人们的日常生产生活。建设生态文明,是关系人民福祉、关乎民族的长远大计,是可持续发展的保障,更是中国特色社会主义现代化建设的最基础工程。十八大报告在论述生态文明建设时指出:"面对资源约束趋紧、环境污染严重、生态系统退化的严峻形势,必须树立尊重自然、顺应自然、保护自然的生态文明理念,把生态文明建设放在突出地位。"①由此我们可以看出,生态文明建设并不会阻碍发展,反而它会为更高效的发展提供不可或缺的基础性条件。在资源高度紧缺、环境严重恶化的情况下,经济发展、民主建设、先进文化、和谐社会都将遭到破坏,发展更是无从谈起。生态文明的核心是正确处理人与自然的关系,在利用和改造自然的过程中,要尊重自然、顺应自然、保护自然,实现人与自然和谐相处。十八大报告将生态文明建设纳入社会主义建设的总体布局,提出要给自然留下更多良田,给子孙后代留下天蓝、地绿、水净的美好家园,应着力推动绿色发展、循环发展、低碳发展,建设美丽中国。这是生态文明理念的一次重要升华,为生态文明的发展提供了重要的理论支撑。

---

①胡锦涛.坚定不移沿着中国特色社会主义道路前进为全面建成小康社会而奋斗,2012-11-08.

3.生态文明建设的重要战略意义

从可持续发展看,生态文明建设关系中华民族永续发展。生态环境没有替代品,用之不觉,失之难存。纵观当今世界的发展,走的道路不尽相同,然而只有坚持人与自然和谐发展,发展经济与保护环境的理念,才是没有差别的,最具有实践及价值的观点。从西方资本主义国家高度消耗自然及资源的发展模式的历史教训中,我们可以得出,经济的发展过分地消耗生态环境,那么这种发展是难以持续的。习近平总书记多次引用恩格斯在《自然辩证法》中的论断,告诫人们,人类不要过分陶醉于对自然界的征服。有着近 14 亿人口的中国建设现代化,绝不能重复"先污染后治理""边污染边治理"的老路,绝不容许"吃祖宗饭,断子孙路",必须高度重视生态文明建设,走一条绿色、低碳、可持续发展之路。要站在为子孙计、为万世谋的战略高度思考谋划生态文明建设,开辟一条顺应时代发展潮流、适合我国发展实际的人与自然和谐共生的光明道路。

生态文明建设是关乎人民福祉,关乎民族未来,事关中华民族伟大复兴中国梦实现的社会主义发展的重要内容。党中央、国务院高度重视生态文明建设,先后出台了一系列关于生态文明建设的重大决策部署,在推动生态文明建设方面做出了很多努力,同时也取得了重大进展和积极成效。但总体上看我国生态文明建设水平仍滞后于经济社会发展,环境污染状况仍未改善,生态系统退化程度仍未降低,资源消耗仍未减少,社会发展与生态环境之间的矛盾日益激化,已经逐渐成为制约经济可持续发展的不可以忽视的问题。十八大以来,我国生态文明建设全面提速、成效显著,根本原因在于坚持了以习近平生态文明思想为指导。这一重要思想立足于我国环境和发展实际,深刻回答了为什么建设生态文明、建设什么样的生态文明、怎样建设生态文明的重大理论和实践问题,深化了对人类文明发展规律、自然规律、经济社会发展规律的认识。其中,关于坚持人与自然和谐共生、绿水青山就是金山银山、良好生态环境是最普惠的民生福祉、山水林田湖草是生命共同体、用最严格制度最严密法治保护生态环境、共谋全球生态文明建设等重要内容,丰富和发展了马克思主义生态观,为我国生态文明建设提供了思想遵循和行动指南。

从人民的美好生活需要看,生态文明建设关系党的使命宗旨。人民对美好生活的向往,就是我们党的奋斗目标。在新时代,随着社会主要矛盾的变化和发展,简单的物质文化发展已经不能够满足人们的需求,他们开始渴望蓝天白云、绿水青山,开始关注干净的水、清新的空气及安全的食品等等。然而,只有大力推进生态文明建设,才能满足人们对这种美好生活的需要。我国在经济高速发展的同时也伴随着诸多不可忽视的环境问题,我们在生态环境方面欠账太多,如果我们不对生态问题即刻加以重视,那么我们会为此付出更惨重的代价。生态环境并不仅仅是本身这个简单的概念,它还包含着很大的经济和政治,既要算好经济账,也要写好政治账,我们不能急功近利、因小失大,而应该从长远利益出发,算长远账,算有利于经济、环境及政治共同发展的账。

担负起生态文明建设的政治责任,首先就要增强"四个意识",坚决维护党中央权威和集中统一领导。习近平总书记指出:"打好污染防治攻坚战时间紧、任务重、难度大,是一场大仗、硬仗、苦仗,必须加强党的领导。"①党的十八大以来,我国生态文明建设之所以取得巨大成效,最根本就在于坚持以习近平同志为核心的党中央的领导。面对"生态文明建设正处于压力叠加、负重前行的关键期,已进入提供更多优质生态产品以满足人民日益增长的优美生态环境需要的攻坚期,也到了有条件有能力解决生态环境突出问题的窗口期"②这个关口,党中央科学判断形势,指明了生态文明建设的路线图,明确了解决生态环境问题的时间表,对坚决打好污染防治攻坚战做出了严密的部署。

担负起生态文明建设的政治责任,就要发挥"关键少数"的带头作用。作为环境保护第一责任人的地方各级党委和政府的主要领导,对所负责的行政区域的生态环境质量进行监督,切实做到关于生态环境问题的重要工作亲自部署、涉及生态环境的问题亲自过问,事关生态环境的重要环节亲自协调,把责任落实到人头,层层抓好落实。各相关部门要积极履行保护生态环境的职责,坚持守土有责、守土尽责、分工协作、共同发力,汇聚起生态文明建设的强大合力。

担负起生态文明建设的政治责任,就要用好考核评价这根"指挥棒"。为了保证制度不成为"稻草人""纸老虎""橡皮筋",就必须对那些带头损害生态环境的领导干部真追责、追真责、敢追责,而且做到终身追责。为了形成正确的导向,必须建立科学合理的生态考核评价体系,把考核结果作为各级领导班子奖惩和提拔所必需的不可或缺的依据。为了打好污染防治攻坚战,还必须建立一支政治强、本领高、作风硬、敢担当的生态环境保护铁军。

生态环境是关系党的使命宗旨的重大政治问题,也是关系民生的重大社会问

①习近平:《生态文明建设是关系中华民族永续发展的根本大计》,2018年5月18日至19日,在北京召开第八次全国生态环境保护大会。
②习近平:《生态文明建设是关系中华民族永续发展的根本大计》,2018年5月18日至19日,在北京召开第八次全国生态环境保护大会。

题。人民群众越来越希望生态环境质量的提高。为了回应人民群众所想、所盼、所求，我们必须大力推进生态文明建设，为人民群众提供更多优质的生态产品，不断满足人民日益增长的优美生态环境的需要。紧密团结在以习近平同志为核心的党中央周围，担负起生态文明建设的政治责任，让良好生态环境成为人民生活的增长点、成为经济社会持续健康发展的支撑点、成为展现我国良好形象的发力点，让中华大地天更蓝、山更绿、水更清、环境更优美，我们就一定能够创造出无愧于时代、无愧于人民、无愧于历史的业绩，实现建成美丽中国的目标。

从经济发展方式看，生态文明建设关系我国经济高质量发展和现代化建设。环境保护与经济发展同行，将产生变革性力量。我国经济已由高速增长阶段转向高质量发展阶段。推动生态文明建设，坚持绿色发展，改变传统的"大量生产、大量消耗、大量排放"的生产模式和消费模式，使资源、生产、消费等要素相匹配相适应，是构建高质量现代化经济体系的必然要求，是实现经济社会发展和生态环境保护协调统一、人与自然和谐共生的根本之策。

生态文明以尊重和维护生态环境为主旨，而经济不可能离开生态环境而独立发展。离开了生态环境的经济发展，就会成为无本之木、无源之水。没有生态环境资源，经济也就无法发展。如果人们还是一味地追求经济价值，忽视生态价值，最终也将是无发展的增长。生态文明的建设离不开经济的发展，经济的发展为生态文明建设提供物质保障。

生态文明建设，实质上是经济发展方式的一种变革。建设生态文明，要求经济发展方式是一种对社会正向作用的发展方式。它在注重经济发展数量的基础之上，更关注经济质量的提高；它不仅仅注重的是经济指标的单项增长，更加着眼于经济社会的协调可持续发展。这种经济发展方式，就必然要以经济发展的"转变"为前提，就是要把过去经济发展与生态环境之间矛盾的状态转变过来，在经济发展之中，处理好经济发展速度与经济发展质量之间的关系，处理好眼前利益与长远利益之间的关系。

生态文明建设是构建高质量现代化经济体系的必然要求，是解决污染问题的根本之策。坚定不移走生态优先、绿色发展新道路，是新时代我国人民对美好生活的迫切需要，是经济社会可持续发展的内在要求。面对向更高发展阶段跃升的历史机遇，面对世界新一轮科技革命和产业变革的机遇与挑战，以习近平同志为核心的党中央遵循发展规律，顺应人民期待，彰显执政担当，将建设生态文明、推进绿色发展视为关系中华民族永续发展的根本大计，美丽中国建设迈出重要步伐。党的十八大以来,党中央坚决向污染宣战,相继实施大气、水、土壤污染防治三大行动计划,解决了一批重大环境问题,使重大生态保护和修复工程进展顺利,生态环境治理明显加强,环境状况得到显著改善,"绿水青山就是金山银山"理念深入人心。

从社会发展需要来看,生态文明建设是维护社会和谐稳定的现实要求。 生态环境是人类赖以生存和发展的基础,一个地区生态环境的优劣状况直接关系到当地群众日常生活中最现实的利益问题,大量事实表明,人与自然的关系不和谐,往往会影响人与人的关系、人与社会的关系。如果生态环境受到严重破坏、人的生产生活环境恶化,不仅会带来经济社会发展中断的严重后果,也会导致人民无法看到蓝天白云、绿水青山,不能喝到干净的水,也不能呼吸新鲜的空气。这些必然会导致一系列社会问题的出现,影响社会的和谐稳定。目前,我国仍然有相当一些地方面临着严重的生态环境问题,给人民的生产生活带来了很大的困扰,由此引发的社会群体性问题也日益增多,已经逐渐成为影响我国社会发展及和谐稳定的重要因素。

人与自然、人与人、人与社会三者,构成了社会主义和谐社会中的"和谐",在这三者之中,人与自然处于基础地位。因此,人类在发展经济的同时一定要考虑自然的承载能力;绝不能对一些不计后果的毁灭性行为视而不见。在当下,我国生态环境所面临的严峻形势主要体现在人与自然的不和谐性,即人口爆炸式增长所导致的对自然资源需求无限增大,而对资源需求量的增加又导致了对自然资源的过度开发,进而造成资源短缺的严峻形势。我国经济的高速发展造成了日益突出的环境问题,而日益突出的环境问题又造成了一系列的社会问题。这些环环相扣的矛盾已经成为困扰社会主义和谐社会的重要因素。

随着经济发展和居民收入水平的提高,人们的需求正在向对优美的生态环境需求方面偏移,要满足人民群众这种日益增长的优美生态环境的需求,必须加快生态文明建设步伐,把环境保护与改善民生相协调、相融合,为广大人民群众创造一片蓝天、一汪清水、一方净土,使广大人民群众在优美环境中生产生活,只有这样才能满足人民过上更好、更幸福生活的新期待,为促进经济社会又好又快发展创造良好的社会环境。

三、回答问题所需要的支撑材料和延伸材料目录

[1] 邓纯东.实现中国梦的生态环境保障——中国特色社会主义生态文明建设[M].北京:红旗出版社,2014.

［2］ 李娟.中国特色社会主义生态文明建设研究［M］.北京:经济科学出版社,2014.

［3］ 于晓雷.中国特色社会主义生态文明建设——人与自然高度和谐的生态文明发展之路［M］.北京:中共中央党校出版社,2013.

［4］ 协同推动经济高质量发展和生态环境高水平保护［EB/OL］.光明网,2018-04.

［5］ 建设美丽中国是高质量发展题中之义［N］.经济日报,2018-05-22.

［6］ 赵建军.论生态文明理论的时代价值［J］.中国特色社会主义研究,2012(4):69-74.

第十一章

"四个全面"战略布局

---

35 如何认识"四个全面"战略布局对中国特色社会主义事业发展的重大意义？

一、问题的不同表述和实质

自"四个全面"战略布局提出以来，国内外学界对其科学内涵、现实逻辑、战略意义等进行了深入研究。总体上看，国内外专家学者大多对"四个全面"采取比较客观、公正的态度进行了分析，但仍存在许多怀着某种政治目的或带有意识形态偏见的误读。比如，有部分人士阉割"四个全面"所包含的整体性意义，把其简单定位为中国色彩式的"政治口号"，还从理论和传播上设置"四个全面"的话语陷阱，引起社会舆论之间的争斗。各类带有政治目的的质疑和质问仍然此起彼伏，甚至有学者认为，提出"四个全面"预示着中国共产党"三个代表"思想的终结。由于意识形态、知识结构、思维方式等方面存在的差异，国内外对于"四个全面"战略的解读容易出现认知偏见和歪曲，其本质就是攻击和否定中国特色社会主义，借此阻碍和阻挡我国各项事业快速发展的势头。

二、对问题的回答

要正确把握国内外对"四个全面"的误读甚至歪曲及其背后的深层根源和实质，必须把握"四个全面"对于建设中国特色社会主义的重大意义。

1."四个全面"是现阶段建设中国特色社会主义的战略部署和实践纲领

"四个全面"战略布局着眼于推进我国社会主义现代化建设事业,从战略目标、战略举措、战略方向等方面系统整体地回答了如何坚持和发展中国特色社会主义的重要问题。新的历史时期,我们要从坚持和发展中国特色社会主义全局的战略高度,深刻认识我国社会主义现代化建设事业与"四个全面"战略布局的关系,深刻把握"四个全面"战略布局的内在联系和整体功效。作为战略目标和战略举措的统一,"四个全面"战略布局是新时期推进中国特色社会主义事业的关键选择和战略抓手。可以说,"四个全面"战略布局的科学与否、实现与否、效果与否,直接关系着我国社会主义现代化建设事业的发展与未来。

其一,全面建成小康社会是坚持和发展中国特色社会主义的阶段性宏伟目标。1978 年底,十一届三中全会开启历史性变革,把党和国家的中心工作重新转换到经济建设方面。从此,我国就迈入了社会主义现代化建设新时期。当时,最初仍把实现"四个现代化"作为党和国家的奋斗目标。后来,邓小平同志借用古代典籍《礼记·礼运》中的"小康"概念,把"四个现代化"目标缩小和聚焦为"小康的国家",并从实际出发提出了实现现代化的"三步走"战略,实现不同水平的小康就成为一段时期内的追求目标。2002 年 11 月,党的十六大明确提出了"全面建设小康社会"的奋斗目标,自此我国开始追求更高质量、更加协调、更加和谐的小康社会。2012 年 11 月,党的十八大正式提出全面建成小康社会的宏伟目标,特别还明确要求"实现国内生产总值和城乡居民人均收入比 2010 年翻一番",使得全面小康社会的具体指标和内容更加清晰,发展目标更加明确。2017 年 10 月,党的十九大进一步提出决胜全面建成小康社会,开启全面建设社会主义现代化国家新征程的战略安排。经过党和国家长期的探索和实践,全面建成小康社会已经成为我国发展实现阶段性胜利的重要标识。

全面建成小康社会,是我们党确定的第一个百年目标,也是实现社会主义现代化国家的关键一步。十八大以来,以习近平为核心的党中央从国内外发展变化的新形势出发,从我国经济社会和人民生活换挡升级的新需要出发,提出"全面建成小康社会"的奋斗目标。党的十九大进一步明确了决胜全面建成小康社会的具体要求,指出:"从现在到二〇二〇年,是全面建成小康社会决胜期。"[①]要根据全面建成小康社会的总体要求和各项部署,立足现阶段我国发展变化的新情况,协调推进

---

①习近平.决胜全面建成小康社会 夺取新时代中国特色社会主义伟大胜利[N].人民日报,2017-10-28.

"五位一体"建设和部署实施"七大战略",确保全面小康各项工作任务的实现和完成。

从全面建成小康社会与坚持和发展中国特色社会主义的关系上来讲,一方面,全面建成小康社会的奋斗目标,与推进中国特色社会主义事业总体布局是一致的,都是要实现综合全面的整体发展,不单单是侧重一个方面,他们也都是"五位一体"之中的主要目标和方向,需要持续不断地推进实现;而另一方面,只有始终不渝地沿着中国特色社会主义道路坚定前行,才能实现全面建成小康社会的目标。从全面建设小康社会到全面建成小康社会的转变,彰显了中国特色社会主义的道路自信、理论自信、制度自信、文化自信,宣示着我国建设社会主义社会必定是各个方面全面推进的小康社会,是惠及社会全体成员、协调各方面发展的历史伟业。

其二,全面深化改革是坚持和发展中国特色社会主义的根本动力和必然选择。改革是社会发展的一种基本形式,也是社会主义社会自我完善和发展的主要方式,马克思主义革命家早就意识到并揭示了这个重要形式。恩格斯曾明确指出:"所谓'社会主义社会'不是一种一成不变的东西,而应当和任何其他社会制度一样,把它看成是经常变化和改革的社会。"[①]恩格斯的这一重要论断清晰地指出了社会主义改革是客观历史发展进步的必然趋势,改革不但是必须的,而且还是在社会主义建立之后不断持续改进和完善的重要推动力量。改革开放以来,我国经过各领域、各方面的改革、变革,破除了一些发展道路上的障碍和难题,取得了举世瞩目的历史性成就。进入新时代,面对纷繁复杂的国际局势和任务繁重的国内改革环境,我们要决胜全面建成小康社会,夺取新时代中国特色社会主义伟大胜利,最核心、最重要的就是在新形势下开启和推进全面深化改革的战略部署,以强化中国特色社会主义道路自信、理论自信、制度自信和文化自信,开启中国特色社会主义发展进步的更为宽广和丰富的历史愿景。

全面深化改革是"四个全面"战略布局中具有先导性和根本性的关键环节。十八大以来,以习近平同志为核心的党中央站在我国社会历史发展的新方位上做出了"全面深化改革"的系统研究和部署。2013年11月,党的十八届三中全会通过的《中共中央关于全面深化改革若干重大问题的决定》,明确提出了全面深化改革的指导思想、目标任务、重大原则,并做出了全面部署。通过协调部署各领域各方

---

①中共中央马克思恩格斯列宁斯大林著作编译局.马克思恩格斯选集:第四卷[M].北京:人民出版社,1995:693.

面的各项改革,发展和完善社会主义的经济、政治、文化、社会、生态制度以及党的建设各类制度,军队和国防发展的各种制度,以保证我国各项事业顺利发展。党的十九大将"全面深化改革"列入新时代坚持和发展中国特色社会主义的基本方略,明确为习近平新时代中国特色社会主义思想的重要组成内容,并要求把坚持全面深化改革作为新思想的重要实践举措加以贯彻落实。十九大以来,一系列重要改革布局更大、起点更高、勇气更强,使全面深化改革呈现新气象;各领域、各部门、各地区既对十八大以来部署的各项改革任务持续推进、常抓紧抓,又对新推出的改革措施加快落实部署、尽快督办,使全面深化改革的各项具体改革举措呈现新的形势。

从全面深化改革与坚持和发展中国特色社会主义的关系来说,一方面,全面深化改革对坚持和发展中国特色社会主义具有重大的影响;另一方面,坚持和发展中国特色社会主义也具有规范和规制全面深化改革的作用,其中尤为关键的是全面深化改革必须坚定不移地沿着社会主义的改革方向,不能抛掉根本、改旗易帜,也不能停滞不前、封闭僵化。总之,在新形势下推进全面深化改革,是坚持和发展中国特色社会主义的根本动力和必然选择。

其三,全面依法治国是坚持和发展中国特色社会主义的基本方略和法治保障。 法治是社会主义社会必须追求的题中应有之义,也是社会主义民主政治发展的内在要求。依法治国即依照宪法和法律治理国家,把依法治国作为党领导人民治理国家的基本方略,体现了我们党对执政规律、社会主义建设规律、人类社会发展规律认识的进一步深化。全面推进依法治国,就是要在新的历史条件下坚持和发展中国特色社会主义,为实现决胜全面建成小康社会的奋斗目标,进而实现建设社会主义现代化强国的奋斗目标,实现中华民族伟大复兴的中国梦,提供强有力的法治保障。

全面依法治国是中国特色社会主义的本质要求,是坚持和发展中国特色社会主义的基本方略和法治保障。十八大以来,以习近平同志为核心的党中央从我国法治建设发展全局出发,对"全面推进依法治国"做出了系统部署。2014年10月,党的十八届四中全会审议并通过了《中共中央关于全面推进依法治国若干重大问题的决定》,集中概括了全面推进依法治国的重大意义和现实要求,明确提出了其指导思想、总体目标、根本原则、重大任务和具体举措,为全面推进依法治国发展进程指明了目标和方向。党的十九大提出,我国要坚定不移走中国特色社会主义的法治道路,形成法治体系,建设法治国家。2018年3月,党的十九届三中全会审议通过了《中共中央关于修改宪法部分内容的建议》,就是要从国家根本大法的角度去认可和确认全面依法治国各项新举措，以更好地总结经验和指导实践。十三届全国人大一次会议表决通过了《中华人民共和国宪法修正案》。这些举措和论断是结合新时代坚持和发展中国特色社会主义的现实需要而做出的重大战略决策，是推进国家治理体系和治理能力现代化的历史性举措，对于推进"四个全面"战略布局具有十分重要的意义。

从全面依法治国与坚持和发展中国特色社会主义的关系来说，一方面，全面依法治国对于坚持和发展中国特色社会主义具有重要作用，可以提升我国各项建设工作的法治化水平，增强依法治国的综合能力；另一方面，要坚持和发展中国特色社会主义对全面依法治国的规定性。社会主义方向规定了全面依法治国的方向、内容、要求，这决定了中国的法律必定是保障广大人民根本利益的，是维护国家治国理政各项工作的。其中特别重要的是全面依法治国必须坚定不移地走中国特色社会主义法治道路，因此，中国特色社会主义道路规定和确保了全面依法治国、建设法治中国的制度属性、阶级属性和发展趋向。

其四，全面从严治党是坚持和发展中国特色社会主义的关键所在和政治保证。人心向背影响着一个政党、一个政权的命运和归宿。中国共产党是中国特色社会主义事业的领导核心，是把实现共产主义作为最高理想和最终目标的马克思主义执政党。历史和实践证明，要坚持和发展中国特色社会主义，要领导好党和国家一切工作，关键在于要让我们党成为始终走在时代前列、人民衷心拥护、勇于自我革命、经得起各种风浪考验、朝气蓬勃的马克思主义执政党。

党的十八大以来，以习近平同志为核心的党中央深刻地意识到："党要管党，才能管好党；从严治党，才能治好党。"[①]管党治党是一项长期性和持续性的伟大工程，不能有一丝一毫的放松和懈怠。对此，习近平总书记明确强调："坚持党要管党、从严治党，切实解决自身存在的突出问题，切实改进工作作风，密切联系群众，使我们的党始终成为中国特色社会主义事业的坚强领导核心。"[②]可以说，管党治党工作是我们党领导一切工作的重要保障，党的建设如果不强有力，党的战斗力和领导力就会严重削弱，因此管党治党必须持之以恒、坚持不懈、常抓严抓。2014年10月，习近平在党的群众路线教育实践活动总结大会上，第一次明确提出了"全面推进从严治党"这一表述。同年12月，他在江苏考察调研时进一步阐释了"全面从

①中共中央文献研究室.十八大以来重要文献选编（上）[M].北京：中央文献出版社，2014：467.
②习近平.习近平谈治国理政：第一卷[M].北京：外文出版社，2014：4.

严治党"的含义,指出,"全面从严治党"既契合了其他三个全面对提升党的领导能力和增强党的领导本领的迫切要求,也体现了我们党面对"四大考验"和"四大危险"时有着清醒和自觉。党的十九大上,习近平进一步提出:"全面从严治党永远在路上。"①坚持全面从严治党,必须把党的政治建设摆在首位,思想建党和制度治党同向发力,统筹推进党的各项建设,抓住"关键少数"。党的十九大以来,以习近平同志为核心的党中央坚定不移推进全面从严治党,把党的政治建设摆在首位,坚定不移地增强"四个意识",践行"两个维护",坚持查办领域无禁区、地区组织全覆盖、错误大小零容忍,持续保持反腐败高压态势,不断巩固反腐败斗争压倒性胜利的成果。

在新时代协调推进"四个全面",重在全面从严治党。全面从严治党是协调推进"四个全面"的关键,必须加强党中央的集中统一领导。只有全面从严治党,才能确保中国共产党始终发挥领导核心作用和协调推进作用,才能为新时代决胜全面建成小康社会、开启全面建设社会主义现代化强国新征程和实现中华民族伟大复兴的中国梦提供坚强的政治保证。

2.“四个全面”战略布局引领中国经济社会的发展,促进中国经济社会的成功转型,为全球治理提供新方案

当前,西方治理理论基本上依然是资本主义发达国家意识形态和价值理念的思想反映,并未走出资本"趋利避害"的矛盾困境和现代性窠臼,其本质上依旧是维护资本主义全球利益的"治标"策略。2008 年全球范围内的金融危机发生之后,主要资本主义国家忙于处理国内的各种事务,无暇顾及世界治理事务,也难以提供具有新的世界发展特点的治理理论和方案。就在全球治理出现严重赤字并陷入一片茫然之时,"四个全面"战略布局提供了一种理念做法,即把深化国家改革治理作为核心内容,把执政党治理建设作为领导力量,把参与全球治理的具体实践作为现实载体的治理新格局,这为世界治理提供了中国理念和中国方案。

其一,跨越“中等收入陷阱”。"中等收入陷阱"的概念最初来源于 2006 年世界银行发布的《东亚经济报告》。具体含义是指,如果一个国家人均 GDP 达到3000 美元特别是达到 6000 美元进入中等收入国家行列之后,由于种种原因一直难以实现转变经济发展方式、调整社会结构转型、改革政治体制优化,并最终造成经济增长乏力,速度下滑,人均 GDP 长期停滞甚至几十年摇摆在 6000 美元左右,

---

① 习近平.决胜全面建成小康社会　夺取新时代中国特色社会主义伟大胜利[N].人民日报,2017-10-28.

由此掉入"中等收入陷阱"。2013 年 11 月,习近平会见外方代表时指出:"我们对中国经济保持持续健康发展抱有信心。中国不会落入所谓中等收入国家陷阱。"①中国今天的确面临"中等收入陷阱"的危险,但只要深入贯彻落实全面深化改革各项举措,持续推进我国经济发展结构的调整,破除阻碍经济发展和社会进步的一切不适应的因素和条件,深入把握和定位我国发展的历史方位和我国经济社会发展的现实定位,不断贯彻和落实五大发展理念,促进中国社会各项事务的协调推进,就可以跨越"中等收入陷阱",并实现向基本现代化国家的加速转变。

其二,跨越"修昔底德陷阱"。所谓"修昔底德陷阱",是西方学者面对中国崛起而创设的概念,他们向全世界夸大和歪曲中国崛起之后会造成世界不稳定的言论,目的是遏制中国发展的步伐。习近平在回应处理世界性大国关系的过程中曾多次倡导,各国都应该努力避免陷入"修昔底德陷阱"。在一些西方人的头脑里,他们的思维始终还停留在冷战对峙的意识状态,因此把中国的进步发展视为"洪水猛兽"和潜在的威胁,而"四个全面"战略布局提出的中国在国际社会发展的布局恰恰回应了这种质疑,为化解"修昔底德陷阱"提供了话语可能。首先,中国坚持走和平发展道路,坚决不走"国强必霸"的老路。习近平指出:"只有坚持走和平发展道路,只有同世界各国一道维护世界和平,中国才能实现自己的目标,才能为世界作出更大贡献。"②中国始终不渝地推进开放、合作、共赢的发展理念,就是希望世界各国在和平交往中发展,在和平发展中巩固和平环境。其次,爱好和平、珍惜和平是中华文化和中华民族的文化基因。习近平指出:"有着 5000 多年历史的中华文明,始终崇尚和平,和平、和睦、和谐的追求深深植根于中华民族的精神世界之中,深深溶化在中国人民的血脉之中。"③和平是中华文明的文化基因和现实追求。最后,中国坚信中美两国合作共赢是大势所趋,对抗冲突不符合两国根本利益。中方始终强调中美不冲突、不对抗、相互尊重、合作共赢,本着理性、合作的态度,通过对话协商解决问题,化解矛盾,缩小分歧,但同时,合作是有原则的,磋商是有底线的,在重大原则问题上中国绝不让步。两国只有本着相互尊重、平等互利的精神,管控分歧、加强合作,共同推进以协调、合作、稳定为基调的中美关系,才能共同构建新型大国关系,增进两国和世界人民福祉。

①习近平会见 21 世纪理事会北京会议外方代表[N].光明日报,2013-11-03.
②习近平.习近平谈治国理政:第一卷[M].北京:外文出版社,2014:266.
③同上.

三、回答问题所需要的支撑材料和延伸材料目录

[1] 中共中央宣传部.习近平总书记系列重要讲话读本(2016年版)[M].北京:学习出版社,人民出版社出版,外文出版社,2016.

[2] 习近平谈"中国梦"论述摘编[EB/OL].新华网,2014-11-15.

[3] 张烁.习近平在参观《复兴之路》展览时强调承前启后继往开来继续朝着中华民族伟大复兴目标奋勇前进[N].人民日报,2012-11-30.

[4] 中共中央文献研究室.习近平关于协调推进"四个全面"战略布局论述摘编[M].北京:中央文献出版社,2015.

36 如何理解全面深化改革及其重大意义？

一、问题的不同表述和实质

目前,学者们从多学科、多角度对全面深化改革进行深入研究,并就全面深化改革的科学内涵提出了四类具有代表性的观点:一是改革目标论;二是改革主体论;三是改革动力论;四是改革方法论。问题的实质在于,从不同角度对全面深化改革进行科学的阐释。全面深化改革就是要根据改革发展的新形势、新任务,全面深化经济、政治、文化、社会、生态文明等领域改革。

二、对问题的回答

雄关漫道真如铁,而今迈步从头越。在新的历史征程上,以习近平同志为核心的党中央坚持基本路线一百年不动摇,顺应历史逻辑和时代潮流,继续搞好改革开放。党的十八大以来,中国进入全面深化改革的攻坚期和深水区。党的十八大报告提出"五位一体"总体布局。党的十八届三中全会通过的《中共中央关于全面深化改革若干重大问题的决定》对全面深化经济、政治、文化、社会、生态等领域的改革做出重要部署。以习近平同志为核心的党中央按照"五位一体"总体布局要求,不断推进经济、政治、文化、社会、生态等领域改革。深入理解全面深化改革,必须清晰把握全面深化改革的思想缘起、科学内涵、重大意义。

1.全面深化改革的缘起

习近平总书记关于全面深化改革的重要论述是在广泛调研、冷静观察、深入思考中逐渐形成的。2012 年 12 月,习近平总书记在广东深圳前海考察时提出:"我国改革已经进入攻坚期和深水区"[①],要"敢于啃硬骨头,敢于涉险滩""做到改革不停顿,开放不止步",这是习近平总书记对时代脉搏的准确把握和科学判断。对于"往哪儿改"的问题,习近平总书记在十八届中央政治局第二次集体学习时强调"在方向问题上,我们头脑必须十分清醒,不断推动社会主义制度自我完善和发展,坚定不移走中国特色社会主义道路"。对于"要不要改"的问题,习近平总书记在天津滨海新区考察时强调"保持我国经济社会发展良好势头,实现'两个一百年'奋斗目标,都需要进一步深化改革,下大气力解决体制机制弊端"[②]。对于"怎么改"的问题,习近平总书记在湖北武汉冒雨考察工作时,提出正确处理改革的"五大关系"问题。之后,习近平总书记在不同场合、以不同方式深刻回答了关于改革的一系列重大问题,逐步形成了具有鲜明时代特色的有关改革的重要论述。2013 年 4 月,中央全会专题讨论全面深化改革问题。2013 年 11 月,十八届三中全会通过了《中共中央关于全面深化改革若干重大问题的决定》(以下简称《决定》)。《决定》提出了全面深化改革的指导思想、目标任务、重大原则,描绘了全面深化改革的新蓝图、新愿景、新目标,阐明了全面深化改革的重大意义和未来走向,它是对习近平总书记全面深化改革重要论述的集中体现。

2.全面深化改革的科学内涵

党的十八大以来,面对一系列难啃的硬骨头,如民生问题、社会问题、贫困问题、腐败问题、环境问题等,以习近平同志为核心的党中央坚持马克思主义的立场观点、从社会主义实践的历史经验和中国特色社会主义发展的现实需要出发,以巨大的政治勇气和强烈的责任担当,最大限度集中全党全社会智慧,最大限度调动一切积极因素,敢于啃硬骨头,敢于涉险滩,坚决破除一切不合时宜的思想观念和体制机制弊端,突破利益固化的藩篱,坚定不移、蹄疾步稳地推进全面深化改革,包括经济、政治、文化、社会、生态文明体制和党的建设等领域改革,推动党和国家事业发生了历史性变革,为继续深化改革奠定了坚实基础,提供了有利条件。

---

① 中共中央文献研究室.习近平关于全面深化改革论述摘编[M].北京:中央文献出版社,2014:30.
② 稳中求进推动经济发展　持续努力保障改善民生[N].人民日报,2013-05-16.

第一，经济体制改革与中国特色社会主义经济制度。党的十九大报告提到："贯彻新发展理念,建设现代经济体系……努力实现更高质量、更有效率、更加公平、更可持续的发展。"[1]在市场经济当中,只有以法律制度保障商品的等价交换,并由政府出面维护正常经济秩序,才能推动经济向更高质量、更有效率、更加公平、更可持续的方向发展。党的十八届四中全会指出："社会主义市场经济本质上是法治经济。"[2]"法治经济"是对社会主义市场经济在法律层面的本质特征概括。中国经过改革开放40多年的快速发展,在公有制基础上的社会主义市场经济法治基础已基本形成,中国社会主义市场经济建设已步入法治经济阶段。党的十八大以来,以习近平同志为核心的党中央将法治经济建设作为经济建设的重要内容之一,并通过不断深化立法、执法、司法等方面改革适应市场经济发展。

第二,政治体制改革与中国特色社会主义政治制度。党的十八届四中全会,提出了全面依法治国的基本方略,这是改革开放新时期推进依法治国的又一个新起点。一种社会制度是不是正义的,取决于它是否符合正义原则,而正义原则只有体现到法律之中才能真正发挥其作用。法治是维护公平正义的必要手段,坚持法治以人民为中心是以人民为中心的发展思想的内在要求,也是全体人民的共同利益诉求。习近平指出："全心全意为人民服务的宗旨决定了我们必须追求公平正义,保护人民权益、伸张正义。"[3]"必须坚持法治建设为了人民、依靠人民、造福人民、保护人民,以保障人民根本权益为出发点和落脚点。"[4]要"全面推进依法治国,用法治保障人民权益、维护社会公平正义、促进国家发展"。[5] "要加强人权法治保障,保证人民依法享有广泛权利与自由。"[6]因此,以习近平同志为核心的党中央,坚持以人民为中心的发展思想,用法治保障人民权益,尤其是保障弱势群体参与权、发展权,如受教育权利、经济活动权利和自由选择职业权利等,以促进分配机会公平、起点平等,使发展成果更多、更公平地惠及全体人民。

---

[1]习近平.决胜全面建成小康社会 夺取新时代中国特色社会主义伟大胜利[M].北京:人民出版社,2017:35.

[2]中共中央文献研究室.十八大以来重要文献选编(中)[M].北京:中央文献出版社,2016:162.

[3]习近平.习近平谈治国理政:第二卷[M].北京:外文出版社,2017:129.

[4]中共中央文献研究室.十八大以来重要文献选编(中)[M].北京:中央文献出版社,2016:158.

[5]习近平.2015年新年贺词[N].人民日报,2015-01-02.

[6]习近平.决胜全面建成小康社会 夺取新时代中国特色社会主义伟大胜利[M].北京:人民出版社,2017:37.

第三,文化体制改革与中国特色社会主义文化制度。习近平总书记提出:"文艺要反映好人民心声,就要坚持为人民服务。"①以习近平同志为核心的党中央坚持以人民为中心的发展思想,以社会主义核心价值观推动文化繁荣兴盛,开创了社会主义文化强国建设的新局面。党的十八大以来,以习近平同志为核心的党中央根据时代形势对完善现代公共文化服务体系、优化公共文化资源配置等做出一系列发展战略部署。2014 年,国家公共文化服务体系建设协调组的正式成立标志着文化部、中宣部、国家发展改革委、财政部、新闻出版广电总局和体育总局等 25 个部门工作合力的凝聚,也标志着原有公共文化服务多头管理体制、分散管理体制的初步改善。这有利于协调推进重大公共文化服务法规政策的制定和实施,有利于统筹推进公共文化服务均衡发展,有利于稳步推动公共文化资源共建共享。2015年,《关于加快构建现代公共文化服务体系的意见》(简称《意见》)对构建现代公共文化服务体系做出全面部署。《意见》指出:"按照全面建成小康社会的总体要求,牢固树立以人民为中心的工作导向,以改革创新为动力,以基层为重点,构建体现时代发展趋势、适应社会主义初级阶段基本国情和市场经济要求、符合文化发展规律、具有中国特色的现代公共文化服务体系,促进基本公共文化服务标准化、均等化。"②可见,《意见》致力于提升公共文化服务整体水平和现代化建设水平。《意见》坚持共建共享原则,明确主体责任、加强统筹管理和建立协同机制,优化公共文化资源配置,统筹推进公共文化服务均衡发展。

第四,社会体制改革与中国特色社会主义社会制度。改革开放之初,政府为了让一部分人民先富起来,在社会资源分配方面,给某些地区、行业等一些优惠政策。经过 40 多年的快速发展,一部分人民先富的目标已基本实现,中国成为国际上的经济大国。但是,发展不平衡不充分问题逐渐凸显出来。习近平指出:"教育、就业、社会保障等关系群众切身利益的问题较多,解决这些问题,关键在于深化改革。"③要坚持以人民为中心的发展思想,加快推进民生领域体制机制改革,均衡配置公共资源,促进公共资源的共建共享。同时要不断完善公共服务体系,不断促进社会公平正义,切实提高保障和改善民生水平,着力解决涉及人民群众切身利益的现实问题。党的十九大报告提出:"履行好政府再分配调节职能,加快推进基本公

①中共中央宣传部.习近平总书记系列重要讲话读本(2016 年版)[M].北京:人民出版社,2016:198.
②中共中央办公厅,国务院办公厅.关于加快构建现代公共文化服务体系的意见[N].人民日报,2015-01-15.
③习近平.习近平谈治国理政:第一卷[M].北京:外文出版社,2014:71-72.

共服务均等化。"①基于此,以习近平同志为核心的党中央坚持以人民为中心的发展思想,提出一系列改革政策措施,旨在让人民在同等条件下参与公共社会资源分配,促进人民享有均等的福利待遇和公共服务,从而逐步缩小收入分配差距和解决发展不平衡不充分问题。教育、就业、医疗卫生等领域的公共资源均衡分配与人民的现实生活紧密相连,可以为人民带来更多的获得感、幸福感、安全感。因此,应以教育公平、就业公平、医疗公平为导向完善公共社会制度和政策,同时做好社会保障工作,健全社会保障体系,以促进公共资源均衡分配和基本公共服务均等化。

第五,生态文明体制改革与生态文明制度。党的十八大报告明确提出:"深化资源性产品价格和税费改革,建立反映市场供求和资源稀缺程度、体现生态价值和代际补偿的资源有偿使用制度和生态补偿制度。"②基于此,以习近平同志为核心的党中央在加强资源生态环境管理、保护和治理等方面提出一系列政策措施。首先,完善公共生态资源保护补偿和代际补偿制度。一方面,完善公共生态资源保护补偿机制。另一方面,完善公共生态资源代际补偿机制。习近平主张,通过建立健全有限资源在不同代际的合理分配与补偿机制,推动形成人与自然和谐发展的现代化建设新格局。其次,完善公共生态资源节约利用制度。目前,由于资源过度开发、粗放利用、奢侈消费等原因导致出现多种生态环境问题,要解决这些生态环境问题就必须加快转变资源利用方式和提高资源利用效率。再次,完善公共生态资源效益增长制度。习近平提出,"绿水青山就是金山银山,改善生态环境就是发展生产力。良好生态本身蕴含着无穷的经济价值,能够源源不断地创造综合效益,实现经济社会可持续发展"③。如针对长江经济带生态环境形势非常严峻的问题,坚持生态优先、绿色发展,提出共抓大保护、不搞大开发,实行河长制、湖长制等。

3.全面深化改革的重大意义

党的十八大以来,以习近平同志为核心的党中央,把完善和发展中国特色社会主义制度、推进国家治理体系和治理能力现代化作为全面深化改革的总目标,统筹推进各领域各方面改革,取得了重大成果,积累了丰富经验,全面深化改革具有重大意义。坚定不移地全面深化改革是顺应当今世界发展大势的必然选择,是解决

---

①习近平.决胜全面建成小康社会　夺取新时代中国特色社会主义伟大胜利[M].北京:人民出版社,2017:47.

②胡锦涛.胡锦涛文选:第三卷[M].北京:人民出版社,2016:646.

③习近平.习近平谈治国理政:第三卷[M].北京:外文出版社,2020:375.

中国现实问题的根本途径,关系着党和人民事业的前途命运,关系着党的执政基础和执政地位。习近平总书记关于全面深化改革的重要论述坚持以人民为中心的发展思想,通过在经济、政治、文化等方面全面深化改革,旨在让全体人民在共建共享中有更多获得感、幸福感,促进人的自由全面发展和全体人民共同富裕。这一思想内涵丰富、思想深邃、博大精深,是马克思主义中国化的最新理论成果。习近平总书记关于全面深化改革的重要论述是全党全国人民在新的历史起点上全面深化经济、政治、文化、社会、生态、外交等领域改革,尤其是深化经济领域改革伟大实践的科学指南和行动纲领。

三、回答问题所需要的支撑材料和延伸材料目录

[1] 中共中央宣传部.习近平总书记系列重要讲话读本(2016年版)[M].北京:学习出版社,人民出版社,2016.

[2] 中共中央党史和文献研究院.十八大以来重要文献选编(中)[M].北京:中央文献出版社,2016.

[3] 习近平.习近平谈治国理政:第一卷[M].北京:外文出版社,2014.

[4] 习近平.习近平谈治国理政:第二卷[M].北京:外文出版社,2017.

[5] 习近平.决胜全面建成小康社会　夺取新时代中国特色社会主义伟大胜利[M].北京:人民出版社,2017.

[6] 胡锦涛.胡锦涛文选:第三卷[M].北京:人民出版社,2016.

[7] 习近平.2015年新年贺词[N].人民日报,2015-01-02.

[8] 中共中央办公厅,国务院办公厅.关于加快构建现代公共文化服务体系的意见[N].人民日报,2015-01-15.

37 如何理解全面从严治党及其重大意义?

一、问题的不同表述和实质

党的十八大以来,以习近平同志为核心的党中央高度重视"党的建设"新的伟大工程,习近平总书记提出的全面从严治党思想已成为学术界关注的热点和前沿问题。学者们从多学科、多角度对全面从严治党进行深入研究,并就全面从严治党

思想的科学内涵提出了四类具有代表性的观点：一是执政目标学说，即锻造坚强的领导核心，为努力建设社会主义现代化国家、实现中华民族伟大复兴"中国梦"的执政目标而提出的新战略。二是体系要素说，即围绕党在政治建设、思想建设、组织建设、作风建设、反腐倡廉建设与制度建设等方面存在的重大问题提出了一系列新思想、新观点。三是继承发展说，即继承和发扬历届领导人从严治党理论基础上，依据党的十八大以来中国特色社会主义的现实要求而提出的具有创新性的新论断；四是治党特色说，即"全面""从严"和"治"三者有机结合统一、"三位一体"的治党大格局。全面从严治党是新时期习近平党建思想始终贯彻的核心要义和主题，是新阶段全面推进党的建设新的伟大工程的重要指导理论。因此，系统、深入、科学地理解全面从严治党思想，是理论界、学术界一项重大研究课题。

二、对问题的回答

全面从严治党是以习近平同志为核心的党中央围绕党要管党、从严治党这一主题，在科学分析新时期党的建设基本态势，自觉运用中国共产党自身建设规律的基础上总结出的重大战略思想，是以马克思主义从严治党学说、中国化马克思主义从严治党思想为指导对从严治党理论的丰富与发展，是针对全面深化改革新时期党的建设面临的新情况、新问题提出的管党治党的新论断、新要求、新理念，涵盖党的政治建设、思想建设、组织建设、作风建设、反腐倡廉建设和制度建设各个方面，内涵战略根基、战略重点、战略切入点、战略任务、战略支撑等要素，是一个系统的、开放的、发展的、宏大的思想理论体系，为新时代全面从严管党治党提供了强大的理论武器和行动指南。深入理解全面从严治党，必须清晰把握全面从严治党的思想源起、思想内容、思想特征、思想价值。

1.全面从严治党的思想源起

全面从严治党是以习近平同志为核心的党中央在中国特色社会主义道路上把握历史基因、探究内在动因、应对外部考验的必然之举。

第一，全面从严治党的历史基因。从严治党是中国共产党执政以来加强自身建设的一贯要求和优良传统。新中国成立前夕，毛泽东同志告诫党员干部必须牢记"两个务必"，谨防"糖衣炮弹"的腐蚀。新中国成立初期，针对部分党员干部存在的贪污、浪费、官僚主义现象，纠思想、转作风成为该时期从严治党的主要着力点。十一届三中全会后，邓小平同志清醒地认识到党内法规制度在约束公权力方面发挥着根本性作用，重视党内法规制度建设。2001年，江泽民同志强调，"各级党组织必须对党员干部严格要求、严格教育、严格管理、严格监督"①,严格组织建设,为从严治党注入新内容。21 世纪以来,以胡锦涛同志为总书记的党中央颁布了《建立健全教育、制度、监督并重的惩治和预防腐败体系实施纲要》,标志着反腐倡廉建设成为从严治党的新思路。全面深化改革新时期,习近平总书记重申从严治党方针,提出从严治党必须从党内政治生活严起,坚持并落实思想建党与制度治党紧密结合、依规治党与以德治党有机统一等举措,全面筑牢从严治党的政治根基。中国共产党在长期执政实践中总结了诸多从严管党治党经验,如注重思想政治教育、党性意识锤炼、培养德才兼备的好干部、坚持理论联系实际的优良作风、严明纪律等,是中国共产党一以贯之的优良传统,是全面从严治党形成的历史基因。

第二,全面从严治党的内在动因。党的十八大以来,习近平总书记提出全面建成小康社会、全面深化改革、全面依法治国、全面从严治党。"四个全面"战略布局的提出,以全景式的架构展现出新一届中央领导集体治国理政的总体规划和部署,明确了当前和今后一个时期党和国家各项工作的主攻方向、重点环节与核心领域,从而为推动改革开放和社会主义现代化建设行稳致远提供了坚实保障。全面建成小康社会进入关键阶段,突破利益固化的藩篱,解决好弱势群体的利益问题,促进社会公平正义,成为对党的科学执政能力提出的必然要求。全面深化改革进入了攻坚区和深水区,利益关系调整出现了"硬碰硬"的必经阶段,深入探索和寻求一元主导和多元治理的关系、从管理模式向治理模式转变的新路径,成为对党的民主执政能力提出的现实要求。在全面推进依法治国背景下,依规治党成为对党的依法执政能力提出的客观要求。中国特色社会主义进入新时代,我们党面临的执政环境愈加严峻复杂,影响、弱化党的先进性与纯洁性的因素也是复杂的。可见,党的执政使命对党的执政能力建设提出了新的历史要求,"从严治党的任务比以往任何时候都要更为繁重更为紧迫"。党的执政能力建设是顺利完成党的执政使命的重要前提。当前,党内存在的思想不存、政治不纯、组织不纯、作风不纯等突出问题尚未得到根本解决。部分党员干部依然存在党性意识淡薄、理想信念淡化、组织涣散、纪律松弛等问题,管党治党宽松软问题突显,本领恐慌、执政能力不佳引发一系列新问题、精神信仰懈怠危险侵蚀党的执政理念等党内政治生活的不正常现象依旧存在,致使党的执政能力未能发挥出独特的功能优势。基于此,化解党自身存在的风险、以改革创新精神担起执政使命,成为全面从严治党的内在动因。

---

①江泽民.江泽民文选:第三卷[M].北京:人民出版社,2006:290.

第三，全面从严治党的外部环境。当今，世界面临着百年未有之大变局，随着世界多极化、经济全球化、文化多样化和社会信息化的深入发展，在全球各项事业面临重大发展机遇的同时，人类面临的全球性挑战也更加严峻复杂。一方面，在全球化深化发展的今天，国际形势复杂多变，经济竞争、文化竞争、意识形态斗争日益激烈，多元文化互相交融、互相碰撞，西方意识形态渗透方式隐蔽、多样，意识形态斗争错综复杂。西方敌对势力通过多种手段散布各种错误思潮，诸如历史虚无主义、民主社会主义、普适价值观以及资产阶级宪政观等，污蔑中国共产党领导的多党合作和政治协商制度是"一党专政"，丑化中国共产党的执政形象，企图使人民群众丧失对中国共产党的信任，动摇党的核心领导地位。通过网络媒体输出西方政治制度、思想文化和价值观，向广大党员干部进行拜金主义、享乐主义等西方意识形态的"植入"，致使部分党员干部理想信念动摇。另一方面，全球范围内各种经济纷争频现，不平等的国际经济竞争体系造成南北经济差距日趋扩大，地区贸易保护主义势头抬头致使国际不正当竞争频发，由美国挑起的中美贸易战对全球经济影响深远，同时对我们营造优良的经济环境提出了新课题。基于此，捍卫国家意识形态安全，在全球化中趋利避害的发展要求，成为全面从严治党的外部因素。面对党执政环境的新变化，我们必须坚持问题导向，保持战略定力，以"越是艰险越向前"的英雄气概和"狭路相逢勇者胜"的斗争精神，推动全面从严治党向纵深发展。

2.全面从严治党的主要内容

治国必先治党，治党务必从严。全面从严治党，核心是加强党的领导，基础在全面，关键在严，要害在治。

第一，全面从严治党的战略根基：注重抓党的政治建设。旗帜鲜明讲政治是我们党作为马克思主义政党的本质要求与鲜明品格。马克思主义政党自创立之初，就具有崇高政治理想、高尚政治追求、纯洁政治品质、严明政治纪律。倘若马克思主义政党丧失了政治上的先进性，党的先进性和纯洁性就无从谈起。习近平总书记指出，当前党内存在的很多问题，究其根本都是党的政治建设没有抓紧、没有抓实、没有抓好。十八大以来，党中央在强化党的领导、严肃党内政治生活、强化党内监督、加强党内教育、整顿作风和反腐败斗争等方面采取一系列重大举措，着眼于从政治上建设党。这些举措力度空前，清除了重大政治隐患，取得了显著成效，巩固了党中央的核心地位和集中统一领导，使党始终以"为人民谋幸福、为民族谋复兴"为初心和使命的伟大形象更加深入人心。党的十九大报告首次将党的政治建设摆在首位,并明确指出党的政治建设是党的根本性建设,决定党的建设方向和效果,抓住了全面从严治党的根本与关键。要解决当前党内存在的突出矛盾和问题,必须把党的政治建设摆在首位,营造风清气正的政治生态。

第二,全面从严治党的战略基础:注重抓党的思想建设。坚定理想信念,补足共产党人的精神之"钙",是习近平总书记关于新时期全面从严治党的战略基础。思想建设是党的基础性建设。坚持以科学理论引领、用科学理论武装,是我们党永葆先进性、纯洁性的根本保证。习近平总书记在建党九十五周年讲话中旗帜鲜明地指出,"理想信念教育作为思想建设的战略任务"①,要求党员干部培养坚定的马克思主义信仰、共产主义理想,实质是抓住了马克思主义世界观、人生观、价值观这个"总开关"问题。革命理想高于天,共产主义远大理想和中国特色社会主义共同理想,是中国共产党人的精神支柱和政治灵魂,也是保持党的团结统一的思想基础。从思想理论教育、思想道德教育、党性教育三方面加强党员干部的理想信念教育。一是,运用好马克思主义哲学思想武器,把党的理论创新成果学习好、领会好、贯彻落实好,不断培植我们的精神家园;二是,"抓好道德建设这个基础",营造廉洁奉公、勤政为民的政治生态;三是,"抓好党性教育这个核心",重申党和人民利益高于一切,继续发扬实事求是、批评与自我批评等优良传统作风。以理想信念教育为核心的党的思想建设是推进全面从严治党的精神总开关,树立马克思主义信仰和共产主义理想,筑牢思想道德防线,为有序进行党的作风、组织、反腐倡廉、制度建设奠定强大的精神动力。

第三,全面从严治党的战略重点:注重从严治吏。坚持从严教育、从严管理、从严监督、从严惩治,建设一支宏大的高素质干部队伍,是习近平总书记关于新时期培养执政骨干力量、提升党员干部执政能力提出的新思想,贯彻其中的核心理念是从严治吏。从严选拔方面,制定新时期好干部标准。习近平总书记从思想觉悟、工作作风、党性修养、个人品行等方面高度凝练出"信念坚定、为民服务、勤政务实、敢于担当、清正廉洁"的五条好干部标准。从严教育方面,教育核心是如何当好一名好干部。采取经常性开展群众路线教育、定期开展党风廉政教育等途径,强化清正廉洁的执政意识。从严管理方面,以关键岗位为重点、以完善管理机制为手段从严管理干部。从严监督方面,以一把手的监督为重点、以有效机制做保障,强化从严监督力度。从严惩治方面,严肃追究"为官不为""懒政怠政"的责任。将从严治吏

---

①中共中央党史和文献研究院.十八大以来重要文献选编(下)[M].北京:中央文献出版社,2018:347.

理念融入党的组织建设全过程,最终目标是打造一支"对党忠诚、个人干净、敢于担当"的高素质干部队伍。以从严治吏为重点的党的组织建设是推进全面从严治党的核心要素,从严管好党员干部,抓住了党的建设事业的命脉,为顺利开展党的思想建设、作风建设、反腐倡廉建设、制度建设提供强有力的组织保障。

第四,全面从严治党的战略着力点:聚焦作风新常态。党的作风就是党的形象,事关人心向背与党的生死存亡。抓常、抓细、抓长,构建作风建设新常态,是新时代习近平总书记关于党的作风建设提出的新课题,也是全面从严治党的战略着力点。作风建设新常态蕴含两层含义:一是作风的新常态;二是改进作风的新常态。作风的新常态展现优良作风的新风貌,强调作风建设的新目标,既要求坚持与发扬党的优良传统作风,如批评与自我批评方法、艰苦奋斗精神、实事求是态度等,又提出新时期作风的新要求,如"为民务实清廉干部准则""改革创新意识""敢于担当责任"等。而改进作风的新常态体现抓作风的方式,强调作风的建设手段,要求把作风建设融入党员干部的日常工作和生活中并转化为务实管用的制度机制,保障作风建设长效机制。作风问题根本是党同人民群众的关系问题。我们党的最大政治优势就是密切联系群众。党风问题、党同人民群众联系问题是关涉党生死存亡的问题。党的作风直接反映了党在人民群众中的形象,加强作风建设必须紧紧围绕党同人民群众的血肉联系,增强群众观念和群众感情,不断厚植党执政的群众基础。以构建作风建设新常态为特色的党的作风建设是推进全面从严治党的重要条件。开展常态化的作风建设,铲除不良作风反弹的根源,为顺利开展党的政治建设、思想建设、组织建设、反腐倡廉建设、制度建设营造了风清气正的环境氛围。

第五,全面从严治党的战略任务:严肃党内政治生活。面对新考验,要求党不断有效开展秩序井然的党内政治生活,实现"自身硬",才能充分发挥其核心领导功能。党的十八届六中全会上,习近平总书记系统阐述了关于净化党内政治生活的重要目的、重大任务、主要举措、基础条件等十二项内容,明晰了规范党内政治生活的主攻方向。第一,培养党员干部的角色意识。强化角色地位和角色行为的自我认知,引导党员干部牢固树立核心意识、看齐意识、公仆意识、廉洁意识,坚决维护党中央权威。第二,开展团结和谐、民主活泼的党组织生活。抓住领导干部"关键少数",加强民主集中制建设,在党员、领导干部、党组织三者间形成一种良性互动。第三,利用好党的优良作风武器。发扬密切联系群众、批评和自我批评的优良传统作风,以优良党风有效带动政风、民风。第四,完善党内监督体系。坚持信任激励与严格监督相结合,健全党内监督体制机制,强化民主监督意识。第五,完善内容科学、运行有效的党内法规体系。完善以党章为根本的党内法规体系建设,严明党的政治纪律和政治规矩,用严密的党规体系扎紧制度笼子,提升党内政治生活的制度化水平。

第六,全面从严治党的战略支撑:注重抓党的制度建设。制度影响根本,事关长远。加强制度建设是全面从严治党的长远之策、根本之策。习近平总书记强调,推进全面从严治党,既要重视思想问题,也要解决制度问题。坚持思想建党与制度治党紧密结合的实质是理想信念教育的软约束与制度规范的硬约束相结合,既用理想信念教育祛除党员干部头脑中的"污垢",也用制度规范约束党员干部行使权力的界限,使思想建党与制度治党相互融通、互相促动,成为最有效、最持久的制度建设新路径。一方面,思想建党与制度治党相互融合,把党的思想建设中的经验转化为科学的制度体系,化理想信念为制度目标、化宗旨观念为制度原则、化基本观点为制度内容,既使思想建设的制度化不断提升,又使制度管权治吏获得广泛思想认同,增强制度治党的实效。另一方面,思想建党与制度治党相互促动,有了思想的价值引领,广大干部牢固树立法治意识、制度意识、纪律意识,形成崇尚制度威严的良好氛围,筑牢制度执行的思想根基,使制度治党的"外律"作用更加有力;有了制度的有效执行,可以督促党员干部清晰判断行为价值,引导并树立正确的思想观念,为思想建设创造有效的党内环境和提供制度保障,使思想建设的"内律"作用更加有效。可见,以思想建党和制度治党相结合为特色的党的制度建设是推进全面从严治党的重要战略支撑。

3.全面从严治党的新特征

第一,坚持治党与治国相统一。全面从严治党是习近平总书记围绕党的建设工程做出的党建战略部署。而"四个全面"是对中国特色社会主义伟大事业发展路径的顶层设计,是新时期我们党治国理政的重大战略布局。在协调推进"四个全面"战略布局下审视全面从严治党,协调推进"四个全面"的新要求,为全面从严治党提出了新任务,既要充分保障我们党在"四个全面"中的核心地位,又要充分发挥我们党在协调推进"四个全面"发展的关键作用,将党的建设伟大工程同党的伟大事业紧密联系起来,共同推进中国特色社会主义事业的新发展,体现治党与治国相统一。

第二,坚持问题导向与领导示范相结合。在习近平总书记执政伊始,以理想信念教育、整治"四风"问题、坚决反腐败作为党建突破口,同时要求领导干部充分发挥模范带头作用,直面党建难题,重点攻破,以点带面,重塑党的形象和威严。在党的十八届六中全会上,习近平总书记又将党内政治生活和党内监督问题列为全面从严治党亟待解决的重大难题,同时抓住领导干部这个"关键少数",要求他们"率先垂范"。可见,坚持问题导向和领导示范相结合,成为深入推进全面从严治党的关键所在。

第三,坚持科学治党与从严治党相统一。全面从严治党是针对新时期新情况新问题而采取的管党治党举措,是对从严治党经验的传承与创新,以严格的标准、严厉的措施、严明的纪律彰显"从严"特点,体现从严管党治党的实践性。而科学治党是深刻总结和把握从严治党经验的规律性认识,展现从严管党治党的科学性。可见,这些新举措、新论断,既反映了从严管党治党的"全面""从严"特性,也体现了我们党对从严治党规律的深入把握,实现了科学治党与从严治党相统一。

4.全面从严治党的重大意义

深入研究习近平全面从严治党思想,对于坚持和发展中国特色社会主义,对于加强党的自身建设、提高党的建设科学化水平,对于实现新世纪"两个一百年"奋斗目标及中华民族伟大复兴"中国梦",都具有重大的理论与现实意义。

第一,理论意义。首先,有助于深化对从严治党规律和党的建设规律的认识。中国特色社会主义进入新时代,以习近平同志为核心的党中央适时提出全面从严治党思想,既传承了管党治党的优良传统,同时又根据新时代、新形势提出了新要求,从过去强调"从严治党"到现在提出"全面从严治党",深化了我们党对从严治党规律的认识,展现了新时代管党治党的历史图景。与此同时,紧紧围绕加强党的执政能力建设、先进性建设和纯洁性建设这条主线,推进全面从严治党,从严从实加强党的政治、思想、组织、作风、纪律、制度、反腐败斗争等七大建设,在推进全面从严治党进程中深刻把握七大建设之间的内在逻辑,实现对党的建设规律的新探索、新认识。

其次,有助于加深对习近平全面从严治党战略思想体系的整体性认识。习近平总书记将"从严治党"提升为"全面从严治党",提出了全面从严治党八项基本要求,并从国家发展战略高度将"全面从严治党"纳入"四个全面"的国家战略布局中,成为中国共产党治国理政的重大战略部署。可见,全面从严治党并不是一个简单的论断和命题,而是习近平总书记经过深思熟虑后形成的宏大严密的思想理论体系。

深入分析全面从严治党思想的战略根基、战略重点、战略着力点、战略任务、战略支撑等要素,有助于把握习近平全面从严治党思想的总体框架,加强对全面从严治党思想的整体性认识。

第二,现实意义。首先,有助于新时期中国共产党应对执政中所面临的新课题、新挑战、新考验。中国特色社会主义进入新时代,世情、国情、党情继续发生着深刻变化。在西方敌对势力多样化的意识形态渗透下,中国主流意识形态安全受到严重威胁;中国改革进入攻坚期和深水区,各类棘手难题不断呈现;在全面建成小康社会的决胜阶段,中国共产党面临"四大考验"和"四种危险",党组织的公信力易被削弱,党的执政基础易遭侵蚀。深入研究习近平全面从严治党思想,不仅从理论层面深刻分析全面从严治党的现实依据,清晰澄清新课题、新挑战、新考验深层次的根源及实质,而且从实践层面提出解决突出问题的基本方案,使中国共产党从容应对执政中所面临的新课题、新挑战、新考验。

其次,有利于新形势下提升中国共产党的执政能力和领导水平。党的十八大以来,以习近平同志为核心的党中央在全面从严治党的理论与实践方面不断进行探索,深刻总结中国共产党在全面从严治党中的基本经验,深入探究习近平全面从严治党思想的精神实质和基本理念,以新的管党治党思想来指导新的管党治党实践,共同营造风清气正的政治生态,重塑中国共产党在人民群众心目中的良好形象,进一步提升中国共产党的执政能力和领导水平,为更好地领导全国各族人民实现"四个全面"战略任务、顺利地实现"两个百年"奋斗目标及中华民族伟大复兴"中国梦"提供根本保证。

三、回答问题所需要的支撑材料和延伸材料目录

[1] 中共中央党史和文献研究院.十八大以来重要文献选编(上)[M].北京:中央文献出版社,2014.

[2] 中共中央文献研究室.习近平关于协调推进"四个全面"战略布局论述摘编[M].北京:中央文献出版社,2015.

[3] 中共中央纪律检查委员会,中共中央文献研究室.习近平关于党风廉政建设和反腐败斗争论述摘编[M].北京:中央文献出版社,中国方正出版社,2015.

[4] 中共中央宣传部.习近平总书记系列重要讲话读本(2016年版)[M].北京:学习出版社,人民出版社,2016.

[5] 中共中央党史和文献研究院.十八大以来重要文献选编(中)[M].北京:中央文献出版社,2016.

[6] 中国共产党第十八届中央纪律检查委员会第七次全体会议公报[N].人民日报,2017-01-09.

[7] 中共中央宣传部.习近平新时代中国特色社会主义思想学习纲要[M].北京:学习出版社,人民出版社,2019.

[8] 习近平.决胜全面建成小康社会　夺取新时代中国特色社会主义伟大胜利——在中国共产党第十九次全国代表大会上的报告[N].人民日报,2017-10-28.

第十二章

全面推进国防和军队现代化

38 在和平发展时代背景下如何正确认识我国建设巩固国防和强大军队这一战略任务?

一、问题的不同表述和实质

"兵者,国之大事。"历史经验表明,任何一个国家要真正强大起来,没有巩固的国防和强大的军队作为后盾是决然不行的。党的十八大以来,以习近平同志为核心的党中央从国内外形势发展变化的新特点、新情况出发,提出了一系列关于国防和军队建设的重大战略思想,努力建设与我国国际地位相称、与国家安全和发展利益相适应的巩固国防和强大军队,这是作为有重要国际影响力的发展中大国的必然选择,也是实现中华民族伟大复兴的中国梦的内在要求。

然而,面对中国的日益崛起,西方舆论用自己"国强必霸"的发展史实和逻辑推理鼓噪"中国威胁论"。尽管中国领导人、中国政府一再阐明,中国不赞同更不会走"国强必霸"的老路,在中华文化的基因里没有"国强必霸"的逻辑,但个别国家出于自私狭隘的国家利益,视中国军队发展为眼中钉,称中国军队的发展构成了现实威胁,引起了邻国乃至世界的不安,甚至给中国抹上诸如穷兵黩武、军备竞赛、称霸世界等形象,指使一些国家在涉及中国主权、领土完整的核心利益问题上不断试探中国底线,挑衅中国耐心,威胁中国安全。其实质,就是要打乱中国崛起的发展节奏和发展计划,阻滞中华民族伟大复兴的进程,让中国梦落空。

二、对问题的回答

在我国由大向强发展的关键阶段,"中国威胁论"不绝于耳,国际干扰遏制的压力明显增大,面临的风险挑战明显增多,这是我国实现中国梦、强军梦绕不过去的门槛,也是无法回避的挑战。努力建设与我国国际地位相称、与国家安全和发展利益相适应的巩固国防和强大军队,是作为有重要国际影响力的发展中大国的必然选择,是应对复杂安全形势、为实现中国梦提供重要力量支撑和坚强安全保证的必然选择,是实现社会主义现代化这一中华民族伟大复兴中国梦的题中应有之义。

1."中国威胁论"的缘起与实质

随着中国在经济、军事等方面的快速发展,西方舆论大肆鼓噪"中国威胁论",究其根源,主要有以下几点原因:

第一,中国崛起之迅速,让世界震惊。改革开放 40 多年来,我们创造了经济社会发展的"中国奇迹"乃至"世界奇迹",综合国力显著增强,国际地位和影响力大大提升。今天的中国,前所未有地靠近世界舞台中心,前所未有地接近实现中华民族伟大复兴的目标,前所未有地具有实现这个目标的能力和信心。世界从来没有像今天如此关注中国、重视中国。国际上遏制中国的其他力量也是如鲠在喉,如芒在背,心中很不是滋味。

第二,中国是当今世界上最大的社会主义国家。社会主义中国风景独好使深陷各种危机的西方资本主义国家感到很不自在。苏联解体 30 多年来,某些西方资本主义国家一刻也没有停止对中国实施"西化""分化""弱化"的"三化"战略;他们不惜采取各种卑劣手段加紧对中国意识形态进行渗透,不断策划破坏、分裂活动,甚至制造一些骇人听闻的暴力恐怖事件,企图动摇中国共产党的执政基础。然而,社会主义中国非但始终没有成为"第二个苏联"、没有发生他们所期望的"中国崩溃",反而日益强大起来,显示出强大的生机与活力,并为世界其他发展中国家提供了一条可以借鉴且不同于西方政治、经济制度和价值观念的发展道路和路径选择。但无论是从战略格局上,还是从意识形态上,遏制中国的力量都绝不希望看到中国这样一个社会主义大国日益强大起来,他们的"弱华之心""乱华之心""亡华之心"不死,一直都在想方设法地遏制、阻挠或是打乱中国崛起强大的步伐。"中国威胁论"就这样成了他们的思想武器。

第三,西方用自己"国强必霸"的发展史实和逻辑推理鼓噪"中国威胁论"。翻开资本主义崛起的历史,所有大国的崛起,从荷兰、西班牙、葡萄牙到英国、法国、日本、德国,一直到美苏的崛起,无不伴随强权与战争,无不遵循富国－强兵－战争扩张之规律。由此形成的西方国际关系理论,就认定伴随中国综合国力的提高,中国的崛起必将挑战西方大国主导下的现有传统国际秩序,导致国际格局的不稳定乃至引发战争。应当说,中国正在快速崛起已是一个不争的事实,而在中华文化的基因里没有"国强必霸"的发展逻辑也是不争的事实。可以说,中国在历史上占据世界舞台中心的时间比任何一个国家都长,历来倡导"和而不同"和"己所不欲,勿施于人"。无论是张骞出使西域还是郑和下西洋,都没有军事扩张的意图,从不进行抢劫和杀戮。1405 年至 1433 年间,郑和带领由数百只船和上万人组成的船队,7次下西洋,发现了不少新大陆,将带去的金银、丝绸、瓷器、铁器和布匹等华夏特产送给当地居民,以示我天朝大国"富庶一方",并没有侵占一寸土地就返航了。

　　第四,假借"中国威胁论",大肆发展军工产业。毋庸置疑,我国国防和军队的现代化水平与美国等国的世界先进军事水平相比差距还很大,说中国军队对美国构成威胁,未免有些太牵强。无论是从历史还是从现实看,"中国威胁"是假,假借"中国威胁"大肆发展军工产业谋取利益才是真。众所周知,美国历史上的崛起就是得益于两次世界大战的军火生意,美国今天的军工产业仍然是它的支柱产业。鼓噪"中国威胁论",一是可以大肆发展自己的军工产业,二是可以以此为由动员有关国家和地区尤其是中国的邻国或相邻地区购买其武器装备,真可谓是一箭双雕、一举两得。

　　综上所述,"中国威胁论"实质上是西方大国及周边相关国家,出于自身危机意识,缘于各种各样的利益因素,用以阻滞中国快速崛起的一种政治手段,是"零和"思维的体现和反映。

2.中国建设巩固国防和强大军队战略任务的三重考量

　　历史经验表明,能战方能止战,准备打才可能不必打,越不能打越可能挨打,这就是战争与和平的辩证法。实现"两个百年"奋斗目标和中华民族伟大复兴中国梦,必须要有巩固的国防和强大的军队。正如习近平强调指出:"国防和军队建设是国家安全的坚强后盾。没有一个巩固的国防,没有一支强大的军队,和平发展就没有保障,强国梦就难以真正实现。"[①]强军才能卫国,强国必须强军。富国和强军是实现中华民族伟大复兴中国梦的两大基石。无论是面对当前我国所面临的安全

---

　　①中共中央党史和文献研究院.习近平关于总体国家安全观论述摘编[M].北京:中央文献出版社,2018:52.

形势,还是面向未来中华民族伟大复兴中国梦的实现,无论是回望历史的经验教训,还是展望中国的未来发展,我们都必须建设同我国国际地位相称、同国家安全和发展利益相适应的巩固国防和强大军队,这既是党的十八大以来提出的强军目标的重要内容,也是我国社会主义现代化建设的战略任务。

(1)建设巩固国防和强大军队是维护国家安全的坚强后盾

当前,国际局势正在发生冷战结束以来最为深刻的变化,国际关系进入加速演变和深度调整期,各种国际力量加快分化重组,大国关系进入全面全方位角逐新阶段,各国军费开支始终保持增长态势,霸权主义、强权政治和新干涉主义又呈上升势头,战争危险并未根除。尽管国际力量对比有利于保持世界和平与发展的大环境没有变,但天下还很不安宁,我国面临的安全形势愈发复杂。

一是我国周边安全的复杂性、多变性趋于明显。中国是世界大国中周边安全环境最为复杂的国家。中国是一个同周边多国存在领土主权和海洋权益争端的国家,而且争端中的领土很大一部分实际上并不掌握在中国手中,这不仅对中国维护领土完整和国家安全提出了重大挑战,也为一些外部势力插手干预提供了可乘之机。美国自 2009 年高调提出"重返亚太"后,从奥巴马的"亚太再平衡"到特朗普的"实力促和平",再到拜登的"重建平衡",都表现出了美国对亚太的重视不一般。日本的军国主义者和狂妄政客通过各种途径和方式来渲染中国在东海、南海等方面对日本的"威胁",并假借这种"威胁"来整军备战、架空乃至废除和平宪法,以完成修宪、扩军,使日本重振军国主义化的"伟业";美国在我国周边不断煽风点火、威逼利诱,利用朝韩矛盾搅动半岛局势,趁机在韩部署"萨德"反导系统,严重破坏地区战略平衡,严重损害我国的战略安全利益。

二是我国经济发展安全与网络信息安全面临着严峻挑战。针对我国经济对外依存度强,92%的物资要经过海上通道,西方国家不惜采用各种军事手段对我国出海入洋的战略通道进行围堵,对我国经济发展的安全造成严重威胁;伴随网络日益成为现代经济社会生活的中枢神经,美国等发达国家已经组建了网络战部队,有的在窃取我国核心机密,有的在控制甚至是策划有损我们党、我们国家形象的网上舆论,煽动社会不满情绪,运用各种先进技术手段,在我国关键部位预置木马、后门等破坏程序,企图必要时一举摧毁我国国家和军队的核心关键设施,瘫痪对我国政治经济有重大影响的网络体系,甚至欲通过网络毁坏我国核化等设施。

三是我国意识形态领域的安全形势依然不容乐观。西方敌对势力对于苏联解体 30 多年后,社会主义中国非但没有成为"第二个苏联",反而因走了自己特色的社会主义道路快速崛起,而深感焦虑和不安。他们采取形形色色的手段不断加紧对中国进行意识形态渗透,策划破坏、分裂活动,制造暴力恐怖事件,企图动摇中国共产党执政的政治基础和群众基础。同时,西方敌对势力利用我国民众因贫富差距拉大、环境污染、贪腐等问题引起的不满情绪,趁机加大政治思想文化渗透的力度,并在我国国内物色"骨干"和"代理人",不仅栽培个别公知人物与所谓的"网络大 V",也妄图在我国党政军和"80 后"年轻务工人员中物色"骨干",培植反党反政府势力和所谓的民意领袖,利用网络平台进行蛊惑,使各种危害国家安全的信息大量充斥控制着网络空间,扰乱人们的视听,分裂社会的共识,严重危害我国的政治安全、国家安全。

此外,国际恐怖主义、极端宗教势力与民族分裂势力内外勾结和恐怖袭击活动,目前也已进入新的发展阶段。"台独""东突""藏独""疆独"等分裂势力与境外敌对势力勾结越来越频繁,通过各种分裂活动、恐怖袭击等方式,不断制造安全危机。

由此可见,我国面临的国家安全问题的综合性、复杂性、多变性愈益增强,生存安全问题和发展安全问题、传统安全威胁和非传统安全威胁相互交织。对一个国家而言,安全是保障,没有安全,就谈不上生存,更谈不上发展。在面对错综复杂的国家安全威胁的情况下,尽管随着我国综合国力的增强,我们维护国家安全的手段和选择增多了,可以灵活运用、纵横捭阖,但我们也千万不能忘记,军事手段始终是保底的手段。巩固国防和强大军队建设始终是维护国家安全的坚强后盾。

(2)建设巩固国防和强大军队是实现中华民族伟大复兴中国梦的基本保障

我们要实现的中华民族伟大复兴中国梦,简而言之,一是富国梦,即让曾经饱受列强欺侮、目前尚是发展中国家的中国建成富强民主文明和谐美丽的社会主义现代化国家;二是统一梦,即实现祖国的完全统一,使中华民族屹立于世界先进民族之林;三是强国梦,即不仅要保障我们自身的发展环境,更要维护我们国家的全球利益和世界各地中国人的安全利益。国防和军队现代化建设,既是民族复兴的重要内容,又是实现民族复兴的基本保障。

第一,富国和强军,是实现中华民族伟大复兴的两大基石。一个国家要自立于世界民族之林,既要有雄厚的经济实力,又要有强大的国防力量作为后盾。富国和强军,如车之双轮、鸟之两翼,一个也不可或缺。没有国家的富强,强军就无从谈起;没有强大的军队,国家安全和发展也无法保障。我们要实现中华民族伟大复兴,必须坚持富国和强军相统一,努力建设巩固国防和强大军队。"中国梦"不等于

"富国梦"。在世界政治舞台上,富国不等于强国。科威特富甲全球,但国防虚弱,以至被伊拉克几小时之内占领。回望我国的历史,教训也是极其惨痛的。英国在鸦片战争中打败中国的时候,中国的国民生产总值位居世界之首,高于欧洲的总和;日本在甲午海战中打败中国的时候,中国的国民生产总值是日本的 4 倍。中国近代历史证明了一个道理,落后就要挨打,富而不强也要挨打。发展经济是硬道理,发展军事也是硬道理。GDP 的堆积并不等于综合国力,国家安全要防止"富败"。在丛林法则的世界,和平靠赎买不到,强大靠乞求不来。经济社会愈发展,国家利益愈拓展,安全需求就愈迫切,强军要求就愈紧迫。历史已经并将继续证明,没有巩固的国防,没有强大的军队,中华民族伟大复兴就没有安全保障,富国梦也就是水月镜花。

第二,巩固国防和强大军队是实现祖国完全统一、和平统一的坚强后盾。中国在世界大国中是唯一没有实现国家统一的国家。自蔡英文上台后,台湾当局竭尽所能地搞"去中国化",破坏两岸关系;目前又有一批"新台独"势力在蠢蠢欲动,他们比"老台独"更具活力,并掌握着强大的舆论工具,因而影响力更大。分裂祖国的危险不仅始终存在,甚至越来越复杂严峻,前景令人担忧,我们必须严阵以待。"反独促统",坚决维护并最终实现国家完全统一,既需要有大智慧,又需要有大实力。如果没有强大的军事实力作为后盾,没有武备这一手,和平统一难以实现,国家分裂局面难以弥合。邓小平早在 1979 年 1 月 5 日就对美国记者讲:"在这个问题上,我们不能承担这么一个义务:除了和平方式以外不能用其他方式来实现统一祖国的愿望。我们不能把自己的手捆起来。如果我们把自己的手捆起来,反而会妨碍和平解决台湾问题这个良好愿望的实现。"[1]1984 年 10 月 23 日,在中央顾问委员会第三次全体会议上邓小平明确指出:"我们坚持谋求用和平的方式解决台湾问题,但是始终没有放弃非和平方式的可能性,我们不能做这样的承诺。如果台湾当局永远不同我们谈判,怎么办? ……不能排除使用武力,我们要记住这一点。我们的下一代要记住这一点。这是一种战略考虑。"[2]英国前首相撒切尔夫人在回忆录中说,英国当时同意将香港交还中国,是由英中悬殊的实力对比决定的。

第三,巩固国防和强大军队是维护中国的全球利益和世界各地中国人的安全

①中共中央文献研究室.邓小平关于建设有中国特色社会主义的论述专题摘编[M].北京:中央文献出版社,1992:305.

②邓小平.邓小平文选:第三卷[M].北京:人民出版社,1993:86.

利益的坚强保障。今天的中国,不仅是世界上人口最多的国家,是世界上最大的发展中国家,是联合国安理会常任理事国,中国也正在发挥着世界和平建设者、全球发展贡献者、国际秩序维护者的重要作用。伴随中国不断深度融入世界,中国的国家利益和中国人的安全利益也已经扩展和渗透到全球各个角落。国家利益拓展到哪里,我们的军队就要保护到哪里。"建设与我国国际地位相称、与国家安全和发展利益相适应的巩固国防和强大军队,是我国现代化建设的战略任务"①。因此,军事力量不仅要保障我国内部的发展环境,而且要承担相应的国际义务和责任,同时更要保障我们国家的全球利益和世界各地中国人的安全利益。这是中国军队当前和今后所面临的一个紧迫的现实问题。

总之,中国坚持走和平发展道路,但绝不能放弃我国的正当权益,绝不能牺牲国家核心利益。任何外国不要指望我们会拿自己的核心利益做交易,不要指望我们会吞下损害我国主权、安全、发展利益的苦果。

(3)巩固国防和强大军队是与世界发展大势特别是世界军事发展新趋势密切关联的

习近平在中共中央政治局第十七次集体学习时明确指出,研究军事问题,首先要科学判断世界发展大势,准确把握世界军事发展新趋势。当前,世界正经历百年未有之大变局,各种战略力量加快分化重组,国际体系进入了加速演变和深刻调整期。在这个百年未有之大变局中,军事领域形势发展变化广泛而深刻,是世界大发展、大变革、大调整的重要内容之一。这场军事领域的深刻变革,以信息化为核心,以军事战略、军事技术、作战思想、作战力量、组织体制和军事管理创新为基本内容,以重塑军事体系为主要目标,正在推动新军事革命深入发展,其速度之快、范围之广、程度之深、影响之大,是第二次世界大战结束以来所罕见的。这场世界新军事变革是全方位、深层次的,覆盖了战争和军队建设的各个领域,直接关乎国家的军事实力和综合国力,关乎战略主动权。面对这样的新形势任务,习近平指出:必须以只争朝夕的精神推进国防和军队的现代化建设,努力建立起一整套适应信息化战争和履行使命要求的新的军事理论、体制编制、装备体系、战略战术和管理模式,尽快缩小差距,实现新的跨越。

三、回答问题所需要的支撑材料和延伸材料目录

[1] 蒋乾麟."中国威胁论"用意何在[N].光明日报,2015-07-15(11).

---

① 中共中央文献研究室.十八大以来重要文献选编(上)[M].北京:中央文献出版社,2014:32.

[2] 刘新如."中国梦"也是强军梦[N].解放军报,2013-03-03(10).

[3] 张黎.我国和平发展面临的安全形势[EB/OL].昆仑策网,2015-03-02.

[4] 《求是》评论员.为建设巩固国防和强大军队而不懈奋斗[EB/OL].中国社会科学网,2016-08-01.

[5] 习近平.准确把握世界军事发展新趋势与时俱进大力推进军事创新[EB/OL].新华网,2014-08-30.

[6] 习近平.坚持党在新形势下的强军目标努力建设巩固国防和强大军队[EB/OL].人民日报,2016-07-28(1).

39 | 如何坚持富国和强军相统一？

一、问题的不同表述和实质

习近平总书记在庆祝改革开放 40 周年大会上强调:"坚持富国和强军相统一,建设同我国国际地位相称、同国家安全和发展利益相适应的巩固国防和强大军队,是我国社会主义现代化建设的战略任务。"①富国和强军,任何时候都不能偏废。坚持富国和强军相统一是我们党的一贯主张。毛泽东提出:"中国必须建立强大的国防军,必须建立强大的经济力量,这是两件大事。"②邓小平突出要走军民结合、平战结合、军品优先、以民养军的道路,强调国防和军队建设必须服从服务于经济建设大局的思想;江泽民指出,我国现代化建设的一条重要经验,就是坚持国防建设与经济建设协调发展的方针,在经济发展的基础上推进国防和军队现代化;胡锦涛强调,必须站在国家安全和发展战略全局的高度,统筹经济建设和国防建设,在全面建设小康社会进程中实现富国和强军的统一。党的十八大以来,习近平强调:"我们要实现中华民族伟大复兴,必须坚持富国和强军相统一,努力建设巩固国防和强大军队。"③这体现了发展战略与安全战略相协调、强国进程与强军进程相一致的战略考量,为实现中国梦、强军梦指明了方向。然而,有一部分人认为,富国与

①习近平.在庆祝改革开放 40 周年大会上的讲话[N].人民日报,2018-12-19.
②中共中央文献研究室.毛泽东文集:第六卷[M].北京:人民出版社,1999;95.
③习近平.习近平谈治国理政:第一卷[M].北京:外文出版社,2014;219.

强军是没有必然联系的,无法做到富国与强军的实质性的结合,经济发展主要指生产力,强军建设主要指国防建设,它们二者各司其职,并没有必然的联系。这种说法,显然没有弄清楚富国与强军之间的关系,没有认识到巩固的国防是国家安全之本,强大的军队是民族复兴之盾。越全面深化改革,越接近复兴梦想,越需要强军兴军。没有巩固国防和强大军队,和平发展就没有保障,繁荣兴盛就没有根基,改革开放和民族复兴进程就可能被打断。反之,没有经济的快速稳定高质量的发展,就不会有军队及国防的优化,二者相辅相成,缺一不可。

二、对问题的回答

坚持富国和强军相统一,建设巩固国防和强大军队,要求我军必须全面贯彻习近平新时代中国特色社会主义思想和党的十九大精神,深入贯彻习近平强军思想,坚持党对军队的绝对领导,坚持走中国特色强军之路,推进政治建军、改革强军、科技兴军、依法治军,始终聚焦备战打仗,深入实施军民融合发展战略,为维护国家主权、安全、发展利益,为维护世界和平稳定,为实现中华民族伟大复兴提供坚强后盾。

1.富国与强军的辩证关系

坚持富国和强军相统一是经济建设和国防建设协调发展规律的内在要求。富国才能强军,强军才能卫国。富国与强军,如同车之两轮、鸟之双翼,不可或缺。经济建设是国防建设的基本依托,只有国家经济实力增强了,国防建设才能有更大发展。国防建设是我国现代化建设的战略任务,只有把国防建设搞上去了,经济建设才能有更加坚强的安全保障,同时加强国防建设对经济社会发展也具有重要的拉动作用。国防实力体现着一个国家硬实力的强弱,其中经济是支撑着国防发展的重要因素。一个国家的国防实力,或多或少地受着政治、经济、民族传统等多种因素的影响,然而其中工农业生产、人力和物力资源等经济实力是起着决定性作用的因素。

这就要求我们必须在国家总体战略中兼顾发展和安全,坚持富国和强军相统一,科学统筹好经济建设和国防建设。

强军兴军是富国强国的战略支撑。国家现代化进程在加快,国防和军队现代化进程也必须加快。党的十九大着眼全面建设社会主义现代化国家,对坚持走中国特色强军之路、全面推进国防和军队现代化做出战略部署。新时代我国安全的内涵外延、时空领域、内外因素都在发生深刻变化,实现中华民族伟大复兴的中国梦,既面临前所未有的机遇,也面临前所未有的挑战。国防和军队建设是国家安全的坚强后盾,军事手段是实现伟大梦想的保底手段。全军必须强化使命担当,增强忧患意识和进取意识,加快推进新时代强军事业,努力建设同我国国际地位相称、同国家安全和发展利益相适应的巩固国防和强大军队,担负起党和人民赋予的"四个战略支撑"新时代的使命和任务。

2.富国与强军相统一的战略意义

第一,实现富国与强军的统一,是对历史经验教训的深刻总结。富国与强军是对立统一的关系,富国是强军的基础,强军是富国的保证。对此,早在战国时期商鞅就认为"国富者强","兵不强,不可以摧敌,国不富,不可以养兵"[①];管仲也认为,"国富者兵强,兵强者战胜,战胜者地广。故国富兵强,则诸侯服其政,邻敌畏其威"。《孙子兵法》当中也指出:"举兵十万,日费千金。"[②]由此可见,古人已经认识到经济基础决定了战争能否取得胜利,任何一场战争都必须由一定的经济基础支撑,国富是兵强的基础。这种观点,不仅在中国被认同,在西方也同样被认同。可见,人们早已认识到富国与强军之间的关系,经济在军事战争中发挥着重要的、不可替代的作用,战争的胜负体现着军事实力的高下,更加体现着各军事力量背后经济实力的较量。

第二,实现富国与强军的统一,是最大限度的以人为本。实现富国与强军二者相结合,其出发点和落脚点就是为了保障人民的生存权和发展权。随着我国经济的高速发展,人民的物质文化需求不断提高,满足这种需求的手段也更加丰富多样,从而使得人民的生存权和发展权得到了极大的改善。而要实现人民生存权和发展权的根本前提就是巩固和发展强大的国防。在这个问题上,中国人民有过切肤之痛。从 1840 年到 1949 年间,帝国主义列强先后对中国发动了数百次的侵略战争,签订了 1110 多个不平等条约。列强们肆意侵犯中国的国家主权,并且抢夺掳掠,暴虐地残杀中国人民。当时社会的中国人民,因为政府的腐败,没有任何生存权和发展权可言。当今世界,恐怖主义及强权政治依然存在,国家安全和利益面临着诸多方面的威胁和挑战。在当下这种复杂的国际形势面前,我们必须大力加强国防力量,才能使人民生存权和发展权得到充分保障,才能为我国的发展创造良好的国际国内环境,才能为我国争取有利的国际地位。

---

①中共中央党校.以习近平同志为核心的党中央治国理政新理念新思想新战略[M].北京:人民出版社,2017:146.

②杨杰,李浴日.孙子传[M].北京:东方出版社,2010:149.

第三,实现富国与强军的统一,是统筹协调国防建设与经济建设的根本方法。在经济发展的基础上逐步增加国防投入,保障和促进国防和军队现代化建设,是科学发展观对统筹、协调国防安全与经济发展关系的一个基本要求。一方面,经济是国防的物质技术基础。只有国民经济发展了,才能为国防现代化提供必要的物质技术基础;另一方面,国防现代化是我国社会主义现代化的重要组成部分,加强国防建设是国家安全与经济发展的基本保证。如果经济建设与国防建设这两大战略任务出现失衡,必然危及国家经济社会长远的可持续发展。经济发展和国防建设是国家战略中的两个重要组成部分,经济发展战略与国家安全战略之间必须协调运行,这是现代经济社会发展的内在规律和客观要求。国防和军队现代化建设作为国家现代化建设的一个重要组成部分,必须与国家经济建设协调发展。国防建设与经济建设的资源配置比例必须符合国家战略目标的要求,这既是国家资源分配的重大战略选择,也是国家发展道路的重大战略选择。国防与经济两种资源分配恰当合理,会有利于国家经济的发展以及国家安全;反之,将阻碍经济发展,破坏国家安全。国防建设与经济发展之间有着以下的特征:整体性、协同性、长远性。其中整体性是指,追求国家总体战略目标的实现,使发展与安全二者整体推进,而并不是单一的要求某一方的发展。协同性是指,统筹经济与国防之间协同发展,相互联结,相互推进,形成发展的合力。长远性是指,经济与国防二者持续发展,是要二者协同发展,相互依存,而并不是为了短期效益而单方面发展某一方面。坚持这些特征,就能把国家经济与国防建设有机结合起来,推动二者共同发展,促进国家综合实力的提升。

3.实现富国与强军相统一的战略途径

第一,走军民融合发展路子,实现富国和强军相统一。当今世界正处于大发展大变革大调整时期,只有经济建设与国防二者融合协调发展,才能在全球化框架中取胜。在战略设计中,必须把"军民融合、寓军于民"作为一项基本原则,进而实现富国强军。

我们要实现强军目标,要建设成为世界一流军队,要实现我军的机械化、信息化、全面现代化,成为世界上最强大的军队之一,就需要有非常深厚的物质力量支撑。2016年,国防费达到了九千多个亿,2017年,我们的国防预算支出大概为一万多亿人民币。虽然这个数额已经不算小了,但即使是这样,我们的国防和军队建设对经费的需求量依然很大。我国国防费占 GDP 的比重依然不到 1.5%,而美国的国防费长时间占 GDP 的比重都在 3%以上。这意味着我们增加国防费是一个刚性要求，也就是说在今后若干年之内，我们的国防费总量还要持续增加。

国家财政对国防费的增加是有限的，那么缺的这一块怎么办？很重要的还要依靠社会的力量，要吸纳社会资本、民营资本参与到国防军队建设中来，这就是军民融合的思想。只有这样，我们才能够从物质上、财力上支撑和保证国防和军队现代化建设，才能够支撑和保证我们实现强军目标，把人民军队建设成世界一流军。与此同时，十分重要的是，我们在加强国防和军队建设过程中，还要考虑到成本问题。一直增加国防支出，毫无疑问会增加国家财力负担。社会资本、民营资本等社会力量参与到国防军队建设中来，实现军民融合就在于既能够强军，又能够降低成本，降低消耗，提高效益。

强国往往是经济和军事共同作用的结果。经济建设是国防建设的基本依托，国防建设是我国现代化建设的战略任务，国防实力要同经济实力相匹配，不然就不能为经济社会发展提供有力的安全保障。必须在国家总体战略中兼顾发展和安全，科学统筹经济建设和国防建设，在更广范围、更高层次、更深程度上推进军民融合。这有利于促进经济发展方式转变和经济结构调整，有利于增强国家战争潜力和国防实力。军民融合发展是兴国之举、强军之策，目标是构建一体化的国家战略体系和能力，逐步实现国家各领域战略布局一体融合、战略资源一体整合、战略力量一体运用。要把军民融合搞得更好一些、更快一些，在国家层面建立推动军民融合发展的统一领导、军地协调、需求对接、资源共享机制，完善军民融合组织管理体系、工作运行体系、政策制度体系，形成全要素、多领域、高效益的军民融合深度发展格局。军民融合涉及领域宽、范围广、内容多，必须向重点领域聚焦用力，打造军民融合的龙头工程、精品工程。基础设施建设和国防科技工业、武器装备采购、人才培养、军队保障社会化等领域军民融合潜力巨大，要盘活用好存量资源，优化配置增量资源。

军民融合的深度发展，将为我们实现强军目标，建设世界一流军队带来更强大的支撑，使我们的经济发展更可持续，质量效益更高，人民生活得到更大改善，会使我们中国人民在今后始终处在强大的保护之下，使我们中华民族再也不会遭受过去曾经遭受的那种深切苦难。有了军民融合的支撑，我们能够确保既强军又富国，既富国富民又能实现国防和军队现代化。这两者同步推进，是一个完美的结合，将推动我们的国家成为一个完美的国家，从而实现中华民族伟大复兴中国梦，使中国成为世界强国不再仅仅是梦想，而是一个触手可及，一个离我们不远的美好的目标和正在发生的现实。

第二,提高国防科技工业的自主创新能力,构建国家军工创新体系。提高自主创新能力,是提高综合国力的关键。国防科技工业的一个显著特点,就是要始终坚持自主创新。从根本上提升我国军工自主创新能力,就要逐步改变国家技术基础薄弱的状况。同时,还需要加快推进武器装备采购体制改革,深化军工企业改革,打破军工行业垄断,增强原始创新、集成创新和引进消化吸收再创新的能力,为武器装备自主发展、跨越式发展和可持续发展奠定坚实基础。

国防科技工业需要不断创新,才能保持其优势,否则将会被淘汰。创新能保证优质高效,还能使国防科技工业开辟新的领域、新的事业。过去的历史经验证明,必须提高自主创新能力,才能打造高水平的国防现代化。国防现代化体现在一个国家是否有独立的技术,如果没有独立的技术,那么就不可能实现经济与政治上的独立。如果在关键的核心技术层面依附于人,就很难摆脱受制于人的局面,政治和经济上的独立也不可能完全实现。由此可以看出,要实现强军目标,必须要提高自主创新能力。

要与国家提高国防科技工业自主创新能力的途径相结合,建设国防科技工业自主创新体系。首先要整合资源,大力吸收社会各类资源,实现创新资源的系统有效融合。其次要突出相关企业的主体地位,切实增强企业开展自主创新活动的紧迫感和聚集创新要素、吸纳创新成果的主动意识。最后是努力实现跨越式发展,就是要不断突破制约发展的重大科技问题,这是国防科技工业自主创新的重点。国防科技工业自主创新,要统筹兼顾好政府与市场的关系,建立军民结合的国防科技创新体系,使国家创新体系整体布局能够和国家经济社会发展与安全的需求相适应,并适应世界科技前沿的要求。

第三,提升国防资源战略管理能力,构筑规模适度和结构合理的国防投入机制。首先要形成"适度规模",即根据社会经济的承受力和国家安全需求确定国防建设投入的规模。同时,还要形成"合理结构",即在投入上能够形成基于信息系统的体系作战能力建设所要求的费用结构,把有限的资源投入到最能体现体系作战能力生成的重点方向上去。

国防投入离不开科学发展观的指导,"结构合理"和"规模适度"是解决国防投入的两个核心问题。"规模适度"就是国防建设投入规模要适度,这需要依据一个国家的社会经济的承受力和国家安全需求来决定。在 2016 年中央和地方预算草案的报告中,列出了国防支出预算为 9543.54 亿元,比 2015 年增长了 7.6%。按 2016 年人民币对美元平均汇率 6.6423 计算,约合 1437 亿美元。国防预算占当年全国财政支出预算的 6%。从长远规划上来看,这一预算明显低于西方发达国家,甚至远低于印度军费在 GDP 中的比重。国防投入偏低,是制约国防和军队发展的主要原因。随着我国经济不断的高速发展,在"规模适度"原则的前提下,适度增加国防投入,才可以更好地实现强军的战略目标。当今社会面临的新形势新挑战,已经告诫我们,一成不变的国防投入及国防规模已经无法适应不断变化的新形势,我们应该根据新形势的变化,不断地对国防经费进行适当的调整。

"结构合理"主要是指国防费用的结构最有利于形成最具有战斗力的国防力量。我国是世界上最大的发展中国家,在短时期内,我们的国防投入不可能像美国那样,所以集中发展能够产生战略性影响的作战力量便是国家国防建设以及国家战略的重点。首先,要大力重点发展高技术武器装备。其次,要加强国防人力资源建设。在加速培养适应军队现代化建设和国防需要的高素质军事人才的时候,也要充分认清国防人力资源的重要性,提高军人待遇。国家强大的表征就是要努力建设一支强大的作战力量,同时捍卫国家利益、维护国家安全,而且还是国家担负起维护和促进世界发展与和平的力量基础。

第四,提升军队体制创新能力,建立行之有效的制度保障措施。积极稳妥地推进国防和军队改革,使国防和军队改革与国家改革开放的进程相协调,与世界军事变革的进程相一致,与履行我军历史使命相适应,逐步建立起一整套既有中国特色又符合现代国防和军队建设规律的科学的组织模式、制度安排和运作方式。

推进经济建设与国防和军队建设的协调发展,必须建立一套行之有效的保障制度。制度保障,使得国防和军队建设及经济发展得以顺利执行,而并不是仅仅停留于形式。所以,为经济发展及国防和军队建设提供强有力的制度保障,才能最终实现富国和强军相统一的战略目标。首先,要在国民教育体系中,强化国防意识。在大众的视野中,更加关注影响个体生活的社会经济活动,而对于军事活动及其发展对于个体民众来说就会有疏离感,那么只能依靠教育来提高人民的国防意识,通过教育使民众更多地了解国防与经济协调发展的重要性。其次,建立规范有效的国家决策和政策系统。国家的各种战略需要一个规范的决策和政策系统来制定,国防与经济的协调发展纳入了国家战略,同样也需要有一个规范且行之有效的国家决策和政策系统。

只有在科学合理的制度保障的基础上统筹经济建设和国防建设的协调发展,才能保证富国和强军长远性、根本性和科学性的统一。

制度同法律建设是相辅相成的。没有法律作为保障,就无法建立国防和军队协调发展与经济建设的制度保障体系,或者不容易得到完善和巩固。所以,在建立"两个建设制度"的时候,还应该落实好现有的政策法规,并且应不断完善政策法规体系来适应不断发生变化的新形势和新要求,使有效的制度保障体系得以建立,全方位、多层次、有机、内在地把国防和军队建设与经济建设融合在一起。

总之,我们要在党的带领下,以习近平新时代中国特色社会主义思想为指导,在经济发展的基础上建立巩固的国防,完善国防建设与经济建设协调运行机制,走军民结合和寓军于民的发展道路,实现富国与强军的相统一。

三、回答问题所需要的支撑材料和延伸材料目录

[1] 中共中央宣传部.习近平新时代中国特色社会主义思想学习纲要[M].北京:学习出版社,人民出版社,2019.

[2] 焦玲.民族复兴的战略选择——实现富国与强军的统一[J].河南科技,2011(9):1.

[3] 王守福,范明强,高普照.坚持富国和强军相统一 加快推进国防和军队现代化[N].西安政治学院学报,2012,25(6):4.

[4] 高卫红.加强思想政治工作 履行富国强军使命[J].思想政治工作研究,2017(10):24-26.

[5] 张振东,刘百林.富国和强军相统一,加快推进军民融合发展[J].发展,2018(2):4.

第十三章

中国特色大国外交

40 中国为什么要坚持走和平发展的道路？

一、问题的不同表述和实质

近年来，随着中国在世界舞台上的国际影响力前所未有的提升，中国的快速发展日益引起国际社会的关注与猜测，在国外出现了几种不同的论调，主要表现为"中国威胁论""中国崩溃论"以及"中国责任论"。

"中国威胁论"指的是，西方国家一些人在政治上妄加揣测中国和平发展的宗旨，在经济上肆意捏造中国的对外需求，在环保上过分扭曲夸大存在的问题，在军事上过分恶意夸张中国的军费增长，在对外关系上大肆散布在非洲进行"新殖民主义"，这些言行的目的在于企图抹黑中国的发展；中国崩溃论则是另外一部分人的观点，他们认为，中国目前的发展主要是经济过分扩张和金融泡沫的结果，认为中国经济将受到大量涌入的资产泡沫的影响，这些泡沫将会冲击中国经济，中国未来的发展将会被西方资本主义所征服；"中国责任论"的主要表现是，一些西方人士仅仅因为只言片语就把对中国的批评与指责，不分青红皂白地归结为中国在国际经贸事务中"不负责任"。一时间，国际上出现了各种各样的"中国经济责任论"："汇率责任""顺差国责任""债权国责任""储蓄国责任""能源消费大国责任""二氧化碳排放大国责任"等，这些声音肆意传播，大有把中国搞成各种"责任"代名词的势头。

这些论调使得我们不由得进行思考，中国为什么要坚持不渝地走和平发展道路？中国能够践行和平发展道路的依据是什么？2012 年 11 月，党的十八大报告对此做出回应并表示,"和平发展道路归结起来就是:既通过维护世界和平发展自己,又通过自身发展维护世界和平;在强调依靠自身力量和改革创新实现发展的同时,坚持对外开放,学习借鉴别国长处;顺应经济全球化发展潮流,寻求与各国互利共赢和共同发展;同国际社会一道努力,推动建设持久和平、共同繁荣的和谐世界。"①2017年10月,党的十九大报告旗帜鲜明地指出:"中国将高举和平、发展、合作、共赢的旗帜,恪守维护世界和平、促进共同发展的外交政策宗旨,坚定不移在和平共处五项原则基础上发展同各国的友好合作,推动建设相互尊重、公平正义、合作共赢的新型国际关系。"②

二、对问题的回答

中国为什么不能搞对外扩张,而是要坚持和践行和平共处五项原则,坚持走和平发展道路,我们党和国家做出这种选择,是有着深厚的理论和实践依据的。

关于坚定不移走和平发展道路这一主题,我们可以从四个维度阐述原因。

1.这是基于中华优秀传统文化的发展和弘扬,是近代以来中国人民遭遇深重苦难的必然选择

中华民族自古以来就是爱好和平的民族。儒家提倡"和为贵",道家倡导"不争",墨家主张"兼相爱,交相利",千百年来,这些思想一直深刻贯穿于中华民族的血脉中。鸦片战争爆发以来,从英法联军到八国联军、从日俄战争到北洋军阀混战,中华大地一直处于生灵涂炭、民不聊生的境遇之中。近代中国的百年就是苦难的百年,中国人民对战争带来的苦难有着刻骨铭心的记忆,对和平有着矢志不渝的渴望,非常珍惜和向往和平安定的生活。因而,消除战争、实现和平一直成为近代以后中华民族和中国人民最迫切的追求和最深厚的愿望。

2.这是基于新中国70多年来历史经验总结和未来中国发展需要的

中国特色的社会主义和平发展道路来之不易,是新中国成立以来特别是改革开放新时期以来,在中国共产党人经过长期实践和反复探索的基础上逐步形成的。党的十九大报告旗帜鲜明地指出:"中国坚定奉行独立自主的和平外交政策,尊重

---

① 胡锦涛.坚定不移沿着中国特色社会主义道路前进　为全面建成小康社会而奋斗[EB/OL].新华网,2012-11-17.

② 习近平.决胜全面建成小康社会　夺取新时代中国特色社会主义伟大胜利[EB/OL].新华网,2017-10-27.

各国人民自主选择发展道路的权利,维护国际公平正义,反对把自己的意志强加于人,反对干涉别国内政,反对以强凌弱。"①

在新中国 70 多年的发展史中,中国共产党和中国人民始终奉行和平发展道路的意志,从来都不曾改变。在长期外交实践中,我们坚定了奉行和平共处五项原则的决心,矢志不渝践行独立自主的和平外交政策,向国际社会做出了永远不称霸、永远不搞扩张的庄严承诺,强调中国始终恪守维护世界和平、促进共同发展的外交宗旨。

新中国成立初期,以毛泽东为代表的党的第一代领导集体旗帜鲜明的提出"另起炉灶""打扫干净屋子再请客"和"一边倒"三大外交方针。与此同时,中国共产党率先提出并坚持在和平共处五项原则基础上欢迎同任何国家的友好往来,建立同所有国家的友好合作关系。1953 年 12 月 31 日,周恩来总理接见印度政府代表团时,第一次提出:"新中国成立后就确立了处理中印两国关系的原则,那就是互相尊重领土主权、互不侵犯、互不干涉内政、平等互惠和和平共处的原则。"②后来的中印联合声明中,正式将其表示为和平共处五项原则。这些理念和原则的提出都为新生的人民政权的巩固和发展,为社会主义和平建设争取到了一个稳定有利的国际环境,也是中国特色社会主义和平发展道路的重要体现。

20 世纪 70 年代末以后,邓小平在战争与和平的问题上逐渐形成新的判断,1987 年党的十三大据此提出了和平与发展是当今世界的两大主题这一深刻论断。随着改革开放的深入进行,中国特色社会主义和平发展道路逐步确立了"反对霸权主义,维护世界和平;在和平共处五项原则基础上发展同所有国家的友好合作关系;积极推动建立和平稳定、公正合理的国际政治经济新秩序;坚定不移地实行对外开放政策;确定冷静观察、稳住阵脚、沉着应付、韬光养晦、有所作为、善于守拙、决不当头的战略方针;中国是维护世界和平与稳定的力量"③等一系列符合新的时代要求的外交理念和思想。

冷战结束以后,特别是党的十八大以来,中国共产党根据新的时代要求,进一步深化发展了和平发展道路的理念。2012 年 11 月,党的十八大报告指出:"和平

①习近平.决胜全面建成小康社会 夺取新时代中国特色社会主义伟大胜利[EB/OL].新华网,2017-10-27.
②中华人民共和国外交部,中共中央文献研究室.周恩来外交文选[M].北京:中央文献出版社,1990:63.
③钱其琛.深入学习邓小平外交思想,进一步做好新时期外交工作,1995-12-12. 王泰平.邓小平外交思想研究论文集[M].北京:世界知识出版社,1996.

发展是中国特色社会主义的必然选择。要坚持开放的发展、合作的发展、共赢的发展,通过争取和平国际环境发展自己,又以自身发展维护和促进世界和平,扩大同各方利益汇合点,推动建设持久和平、共同繁荣的和谐世界。"①

2014年6月28日,在和平共处五项原则发表60周年纪念大会上,习近平总书记发表重要讲话,并强调中国人民向来崇尚"己所不欲,勿施于人",不认同"国强必霸论",中国将继续坚定不移走和平发展道路。走和平发展道路是中国顺应当今时代潮流的发展方向和本国核心利益做出的战略抉择。2015年9月,习近平总书记在联合国成立70周年系列峰会上,全面阐述了人类命运共同体这一伟大理念,人类命运共同体成为中国特色社会主义和平发展理论创新的重大成果,体现了人类社会的文明成果,展示了中国在世界舞台上的大国担当。人类命运共同体这一伟大理念的提出和践行进一步说明和平与发展互为依托、互为条件,共同构成中国对外政策的有机整体,同时也展现了中国发展对人类社会未来发展的积极意义,是中国特色社会主义在新的时代条件下,与和平与发展这一时代主题的有机结合。2017年10月,党的十九大报告再次强调指出:"中国决不会以牺牲别国利益为代价来发展自己,也决不放弃自己的正当权益,任何人不要幻想让中国吞下损害自身利益的苦果。中国奉行防御性的国防政策。中国发展不对任何国家构成威胁。中国无论发展到什么程度,永远不称霸,永远不搞扩张。"②

3.这是基于实现中华民族伟大复兴中国梦的必然要求

党的十八大报告明确提出了两个一百年的奋斗目标,明确提出了实现中华民族伟大复兴中国梦的奋斗目标,这是习近平总书记提出的重大战略思想,它的基本要义在于,实现国家富强、民族振兴、人民幸福。中国梦的实现,不能依靠重复历史上西方列强采取对外战争和扩张的方式,而只能通过和平发展道路去达成。

党的十九大报告进一步强调和明确提出了中国特色大国外交要推动构建新型国际关系,推动构建人类命运共同体。2018年6月召开的中央外事工作会议明确指出:"从党的十九大到党的二十大,是实现'两个一百年'奋斗目标的历史交汇期,在中华民族伟大复兴历史进程中具有特殊重大意义。要围绕这一历史交汇期,去

①胡锦涛.坚定不移沿着中国特色社会主义道路前进　为全面建成小康社会而奋斗[EB/OL].新华网,2012-11-17.

②习近平.决胜全面建成小康社会　夺取新时代中国特色社会主义伟大胜利[EB/OL].新华网,2017-10-27.

深入分析世界转型过渡期国际形势的演变规律,准确把握历史交汇期我国外部环境的基本特征,统筹谋划和推进对外工作。"①

从国际安全层面而言,一些地区的不稳定因素时有发展,矛盾斗争跌宕起伏,非传统安全问题日益突出,全球治理依然面临着艰巨的任务,各个经济体之间在规则制定和实施方面的进展比较缓慢;同时,大国之间的力量对比,依然在持续而稳定走向有利于发展中国家的趋势,世界多极化趋势更加明显,可持续发展之必要性与可行性在国际社会的认可度正在不断提高。

从全球经济层面而言,在后金融危机时代,经济全球化"双刃剑"效应依然不容忽视,全球化的"碎片"效应持续发酵,逆全球化的现象开始抬头,各国经济面临的下行压力依然巨大,全球经济复苏依旧处于艰难曲折的进程。另外,相互依存理念获得的认同度越来越高,包括主权国家在内的各经济体积极寻求利益汇合点和共识对接点,推动互利合作。近年来,中国一直积极倡导的人类命运共同体理念被写入联合国安理会等多个机构的决议就是一个非常积极的信号。

从当前面临的国际环境而言,中国在国际与地区事务的走向上,表现出日益增大的影响力和不断增强的话语权,中国的一举一动越来越为国际社会所普遍关注与借重。但旧的国际政治经济秩序依然挥之不去,特别是全球金融秩序的主导权和全球治理的话语权依然掌握在西方发达国家手中。这就对中国的和平发展道路提出了更高的要求,首先要准确判断中国的国际环境。中国所处的国际环境可以用三方面的特征来概括:第一,当今世界是一个变革性和延续性并存的世界。第二,当今世界是一个新机遇和新挑战并存的世界。第三,当今世界是一个国际力量对比不断发生深刻变化、和平与发展的力量逐渐占据主流的世界。

外交是内政的延伸,内政是外交的后盾。全球化在深度和广度上的不断推进使得中国的发展和世界的发展紧密联系在一起,中国的发展需要稳定的国际环境和健康的国际秩序。与此同时,中国梦的践行过程也必将给各国的发展创造更多机遇,更全面、更深入地促进世界和平与发展。由此可见,中国梦与世界各国人民的梦想是相通的、一致的。中国梦的实现关键在于坚持中国和平发展道路,坚持中国特色社会主义道路。实现中华民族伟大复兴与中国和平发展道路有着内在的辩证统一关系。

---

①坚持以新时代中国特色社会主义外交思想为指导　努力开创中国特色大国外交新局面[EB/OL].新华社.

4.这是基于当今世界发展潮流的必然选择,也是世界各国人民的共同呼声

对当今世界发展潮流和趋势的判断应该坚持马克思主义的观点,坚持用历史唯物主义和辩证唯物主义的方法去认清形势,做出选择。习近平总书记在 2018 年中央外事工作会议上指出:"把握国际形势要树立正确的历史观、大局观、角色观。所谓正确历史观,就是不仅要看现在国际形势什么样,而且要端起历史望远镜回顾过去、总结历史规律,展望未来、把握历史前进大势。所谓正确大局观,就是不仅要看到现象和细节怎么样,而且要把握本质和全局,抓住主要矛盾和矛盾的主要方面,避免在林林总总、纷纭多变的国际乱象中迷失方向、舍本逐末。所谓正确角色观,就是不仅要冷静分析各种国际现象,而且要把自己摆进去,在我国同世界的关系中看问题,弄清楚在世界格局演变中我国的地位和作用,科学制定我国对外方针政策。当前,我国处于近代以来最好的发展时期,世界处于百年未有之大变局,两者同步交织、相互激荡。做好当前和今后一个时期对外工作具备很多国际有利条件。"①这些都为我们党和国家分析判断中国未来发展提供了明确的行动指南和清晰的发展路标。

一方面,世界政治的焦点正在由政治、军事等传统安全视角向经济、文化、气候、粮食、卫生等非传统安全的新领域延伸。"世界多极化、经济全球化、社会信息化、文化多样化深入发展,全球治理体系和国际秩序变革加速推进,各国相互联系和依存日益加深,国际力量对比更趋平衡,和平发展大势不可逆转"②。从前,国家的强大靠的是军事扩张,发动战争,全球殖民,而现在则是经济增长,重视科技,国内稳定。因为在经历了 20 世纪的战争灾难和冷战阴影,世界各国都认识到,战争的代价太大,从前是受害者承受不起,现在是发动者也承受不起。以美国为首的北约军队大幅度减小乃至退出之前一意孤行发动的伊拉克和阿富汗战争,其重要原因就在于无法维持地区战争的高额开销。以驻阿美军为例,其一天的开销就是一亿美元以上,到 2021 年上半年为止,已经花费超过八千亿美元,所以,即便像美国这样的"战争贩子"也耗不起。

另一方面,冷战结束 30 年来,国际体系的深刻调整并未使得世界变得更加稳定有序;相反,由 2008 年全球金融危机触发的国际秩序重塑日趋深化和日渐外溢,各类系统性风险挑战层出不穷,既有国际秩序的稳定性正在减弱,各种乱象层出不

---

①坚持以新时代中国特色社会主义外交思想为指导　努力开创中国特色大国外交新局面[EB/OL].新华社,2018-06-24.

②习近平.决胜全面建成小康社会　夺取新时代中国特色社会主义伟大胜利[EB/OL].新华网,2017-10-27.

穷。主要表现为"世界面临的不稳定性不确定性突出,世界经济增长动能不足,贫富分化日益严重,地区热点问题此起彼伏,恐怖主义、网络安全、重大传染性疾病、气候变化等非传统安全威胁持续蔓延,人类面临许多共同挑战"①。面对全球秩序深度重塑所带来的巨大不确定性,世界历史的走向何去何从,始终值得国际社会关注。

从总的发展趋势上看,尽管当前的国际秩序存在着诸多的不确定性,然而,和平与发展仍然是时代主题。只有走出大国之间相互对抗的困境,才能够实现世界的和平,而只有和平,才能实现发展。正如中国共产党十九大报告所指出的,"我们生活的世界充满希望,也充满挑战。我们不能因现实复杂而放弃梦想,不能因理想遥远而放弃追求。没有哪个国家能够独自应对人类面临的各种挑战,也没有哪个国家能够退回到自我封闭的孤岛。"②

在如何把握这一发展趋势上,以习近平同志为核心的党中央做出了重大战略判断。2018 年 6 月召开的中央外事工作会议上明确指出,"既要把握世界多极化加速推进的大势,又要重视大国关系深入调整的态势。既要把握经济全球化持续发展的大势,又要重视世界经济格局深刻演变的动向。既要把握国际环境总体稳定的大势,又要重视国际安全挑战错综复杂的局面。既要把握各种文明交流互鉴的大势,又要重视不同思想文化相互激荡的现实"③。这充分说明,我国发展仍然处于可以大有作为的重要战略机遇期,我们最大的机遇就是坚持中国特色社会主义道路,坚持走和平发展道路,努力使自身不断发展壮大,同时也不能忽视各种潜在的风险与挑战,要坚持以辩证唯物主义的观点看待世界,要善于化危为机、转危为安。

总之,中国始终不渝走和平发展道路,既不是缓兵之计,更不是外交辞令,而是从中国自身的经历、中国当前所处的现实以及世界政治未来的发展趋势等几方面的客观判断中得出的结论,是思想自觉和理论自信的深刻反映,是中国对自身发展现状的客观认识与对人类社会未来发展的主观判断的有机统一。和平发展道路不仅对中国有利,同时对世界也是有利的,中国没有任何理由不坚持这条已经被实践证明了的道路。

---

①习近平.决胜全面建成小康社会 夺取新时代中国特色社会主义伟大胜利[EB/OL].新华网,2017-10-27.
②习近平.决胜全面建成小康社会 夺取新时代中国特色社会主义伟大胜利[EB/OL].新华网,2017-10-27.
③坚持以新时代中国特色社会主义外交思想为指导 努力开创中国特色大国外交新局面[EB/OL].新华社,2018-06-24.

三、回答问题所需要的支撑材料和延伸材料目录

[1] 习近平.决胜全面建成小康社会　夺取新时代中国特色社会主义伟大胜利——在中国共产党第十九次全国代表大会上的报告[M].北京:人民出版社,2017.

[2] 中华人民共和国国务院新闻办公室.中国的和平发展[M].北京:人民出版社,2011.

[3] 中共中央宣传部,中华人民共和国外交部.习近平外交思想[M].北京:人民出版社,学习出版社,2021.

[4] 习近平.论坚持推动构建人类命运共同体[M].北京:中央文献出版社,2018.

41 　如何看待中美贸易摩擦?

一、问题的不同表述和实质

自 2018 年以来,面对美国政府一意孤行地挑起中美贸易摩擦,中国政府为维护本国国家核心权益,及时采取了相应的反制措施。在国内外出现了几种不同的声音:一种声音主张要打"史诗级贸易战",宁为玉碎不为瓦全,小打不如大打,应该与美国全面开战;另一种声音认为中国不可能赢,与美国打贸易战会使得中国改革开放的成果毁于一旦,主张中国应该答应美国提出的全部要求,大幅度对美国做出让步,即"中国投降论"。这些声音不由得使我们去思考,该如何去看待当前的中美贸易摩擦。2017 年 10 月,党的十九大报告旗帜鲜明地指出:"要同舟共济,促进贸易和投资自由化便利化,推动经济全球化朝着更加开放、包容、普惠、平衡、共赢的方向发展。要尊重世界文明多样性,以文明交流超越文明隔阂、文明互鉴超越文明冲突、文明共存超越文明优越。"①

---

①习近平.决胜全面建成小康社会　夺取新时代中国特色社会主义伟大胜利[EB/OL].新华网,2017-10-27.

二、对问题的回答

中美经贸关系一直是中美两个大国双边关系的"压舱石"和"稳定器"。但是2018年以来,美国采取单边主义措施,挑起贸易战,导致中美之间贸易摩擦和争端不断升级。2018年3月,美国炮制出所谓301调查报告。7月6日,美国不顾多方面反对,对中国340亿美元输美产品加征25％关税。2019年8月28日,美国政府再次宣布对中国商品分阶段加征关税。美国再三挑起贸易战,不仅严重威胁中美双边经贸关系,而且对世界经济的发展带来了严重的负面影响。如何认识当前的中美贸易摩擦?中美贸易摩擦的实质是什么?美国挑起贸易摩擦的行为说明了什么?我们可以从以下三个层面去展开分析。

1.中美贸易摩擦的历史、现状及未来走势

中美贸易摩擦的走势所折射出的不仅仅是贸易领域问题,从根源上看,是关于中美两国综合国力、国家战略在贸易领域的深度反映,而且因为中美两国经济在世界经济总量的比重相当巨大,所以中美贸易摩擦不仅事关中美关系,而且关系到世界经济未来走向和人类未来命运。

第一,中美贸易摩擦不是凭空产生的,也不是现在才有的,而是自中美建交后就已经产生,由于美国一厢情愿地认为,中国日益增长的综合国力对其全球霸权构成威胁,而不断单方面破坏双边贸易关系。

1979年中美建交后不久,两国签订了双边贸易协议。20世纪80年代,美国出于对苏冷战的战略需要,中美贸易关系处于相对稳定期。80年代末,随着苏联在冷战对峙中的日趋下风,美国开始改变对华战略,1989年美国政府宣布对华实行经济制裁,中断了两国的高层互访。直到90年代中期,才逐渐恢复。1995年中美知识产权之争出现波澜,1999年美国轰炸中国驻南联盟大使馆,2001年的南海撞机事件则加剧了再度陷入危机的中美关系。直到911事件的发生,因为反恐的需要,中美关系再度趋于稳定,中美贸易关系也相对进入一个稳定发展阶段。总的来说,到2016年之前,尽管美国在不断挑起破坏中美贸易关系的不利因素,但从最近二十年的两国关系来看,从克林顿时期到奥巴马政府,中美经贸关系中互利合作的因素大于单边主义的因素。而2016年之后,次贷危机的影响不断发酵,中美之间综合国力的差距在不断缩小,中美对世界经济增长的贡献比较在不断拉近,美国政府对华战略中,对华友好接触的因素不断下降,围堵、遏制中国的因素不断上升。

这一变化集中体现为此次贸易摩擦由美国单方挑起并步步升级,试图遏制中国崛起之意昭然若揭。

第二,中美贸易摩擦的产生、发展到今天已经充分说明,这场贸易摩擦从一开始就是美国政府单方面挑起,再三言而无信、逆流而动。中国政府做出相应的反制措施,完全是为了捍卫本国的核心利益。

习近平主席在给特朗普上任初始的贺电中就明确提出:"作为最大的发展中国家、最大的发达国家、世界前两大经济体,中美两国在维护世界和平稳定、促进全球发展繁荣方面肩负着特殊的重要责任,拥有广泛的共同利益。发展长期健康稳定的中美关系,符合两国人民根本利益,也是国际社会普遍期待。"①然而,令人非常遗憾的是,特朗普政府上台以来,完全无视中国政府再三表示出的诚意,更枉顾世界经济全球化的潮流,不仅一次次单方面地挑起贸易摩擦,而且屡次言而无信,反复推翻墨迹未干的谈判成果,肆无忌惮地大搞极限施压。从 2018 年 2 月份开始一直到 2019 年的 7 月 30 日,在一年半的时间当中,美国政府不仅多次出尔反尔,而且每一次提出重启中美高级别磋商的都是美国。第一次就是 2018 年 2 月 27 日,美国政府正式提出对中国出口美国的 500 亿美元商品加收 25% 的关税,而在仅仅三个月之前的 2017 年 11 月 8 日到 10 日,特朗普到中国来访问的时候,双方会谈的氛围很融洽,签署了 30 多个合作项目,项目金额达到 2500 多亿美元。仔细看这 500 亿美元商品清单就会发现,绝大多数都是中国制造 2025 几大产业涉及的相关商品,而中国制造 2025 属于本国的产业政策,这是中国的内政。而美国加征关税的依据来自美国 1930 年的关税法案和 1974 年的贸易法等美国国内的相关法律。这种援引国内的法律法规对其他国家进行贸易制裁的案例,在国际法和国际规则上毫无依据;因此为了维护自身合法权益,中国政府不得不做出相应的反制措施,对自美进口的 128 项产品加征 15% 或 25% 的关税。第二次是在 2018 年 5 月 19 日,经过艰难的反复磋商后,两国终于达成了相互取消加征关税的共识,然而仅仅在十天后的 5 月 29 日,美国就撕毁了墨迹未干的共识,悍然宣布对中国出口到美国的 2000 亿美元商品加征 25% 的关税。这种视谈判为儿戏的态度一经出现,不仅让各国瞠目结舌,冒天下之大不韪,而且翻脸比翻书还快的出尔反尔做法对国际法和国际关系基本准则的践踏,堪称空前绝后;面对美国政府的这一行为,中国政府发布公告,决定对原产于美国的 500 亿美元进口商品加征 25% 的关税。第三次是

---

① 习近平致电视贺特朗普当选美国总统[EB/OL].新华社,2016-11-09.

2019 年 7 月 31 日,在第 12 轮谈判中,虽然暂时未取得实质性进展,但双方代表团都表示谈判是具有建设性的,不久之后,特朗普就公然宣称美国政府将从 9 月 1 日起对来自中国的价值 3000 亿美元的商品加征 10% 的关税。针对上述悍然的行为,中国政府只能采取反制措施,对来自美国的约 750 亿美元商品,加征 10%、5% 不等的关税。

由此可见,美国政府加征关税的行为是一种典型的极限施压、出尔反尔的单边主义;而中国政府对美加征关税则是面对美方的无理要求、为了捍卫本国核心利益而不得不做出的反制行为。美国单方面挑起贸易摩擦并未取得特朗普所要达到的目的,也无法影响中美双边经贸发展的大局。正如习近平主席所指出的,当前世界上出现的一些逆全球化动向只不过是全球化潮流中激起的几朵浪花,阻挡不住全球化大潮。全球化出现一些问题并不可怕,不能因噎废食,动辄采取保护主义、单边主义措施,不能采取以邻为壑的自私做法。① 要解决全球化遗留的问题,各国不能因噎废食,也不能采取保护主义。

第三,中美贸易摩擦的走势不会也不可能按照美国政府的意愿来进行。究其原因在于,中美贸易摩擦关系到世界经济格局演化,中美之间的矛盾斗争将是未来百年未有之大变局中最大的变量。

中美经贸关系在本质上是互利共赢的,共同利益远大于分歧,维护共同利益需要双方共同努力。从相关数据同样可以看到中美经贸合作具有全面性、互惠性和互补性的特点。从全面性来说,中美互为重要的货物贸易伙伴。美国是中国最大货物出口市场和第六大进口国。据中国商务部统计,2018 年,中美双边货物贸易总额 6335.2 亿美元,同比增长 8.5%,占同期中国货物进出口总额的 13.7%。截至 2018 年 1 月到 9 月,中美服务贸易总额 948.3 亿美元,同比增长 4.2%。2017 年,中美服务贸易额为 1200.9 亿美元,同比增长 0.3%;从互惠性来说,双边经贸合作为双方企业提供了巨大的市场机会。2018 年,中国新批准设立美资企业 1750 家,同比上升 30%;合同美资金额 104.5 亿美元,同比上升 100.3%;实际使用美资金额 26.9 亿美元,同比上升 1.5%。从互补性来说,"中美两国分别是最大的发展中国家和发达国家,两国的资源禀赋、发展阶段、产业结构和国际分工地位不同。尽管双边经贸关系中竞争性在上升,但以互补性为主的基本格局并没有改变。从产业竞争力看,美国服务业竞争力强,在双边服务贸易领域有大额顺差。中国作为制造业

①习近平出席第二十三届圣彼得堡国际经济论坛全会并致辞.新华社,2019-06-07.

大国,在货物贸易领域有大额顺差。"①。

总之,当前的中美关系,特别是当前中美经贸摩擦的发展态势,实质上已经超出了中美两个国家双边的意义,不仅仅决定中美两国未来的发展,而且决定人类社会的未来,世界格局的变化。2018年11月5日,习近平主席在首届中国国际进口博览会开幕式上,曾形象地用"大海"与"池塘"的比喻来描述中国经济在面对世界经济带来的下行压力加大的挑战时,所展示出的无与伦比的深厚底蕴和非同寻常的意志品格,他指出:"中国是世界第二大经济体,有13亿多人口的大市场,有960多万平方公里的国土,中国经济是一片大海,而不是一个小池塘。大海有风平浪静之时,也有风狂雨骤之时。没有风狂雨骤,那就不是大海了。狂风骤雨可以掀翻小池塘,但不能掀翻大海。经历了无数次狂风骤雨,大海依旧在那儿!经历了5000多年的艰难困苦,中国依旧在这儿!面向未来,中国将永远在这儿!"②

因此,中美贸易摩擦从表面上看,是中美之间的斗争和博弈,实际上则事关世界经济的走向,关乎人类社会的未来。这场围绕贸易摩擦展开的博弈是两种发展道路的博弈,是顺应世界发展潮流和冒天下之大不韪的博弈,是开放、包容、共同发展与封闭、自私、本国优先的博弈,是经济全球化还是逆全球化的博弈。

2.美国政府不断挑起贸易摩擦是肆意破坏国际规则的霸权逻辑

规则意识和契约精神不仅是市场经济的基石,而且是现代国际秩序的重要支撑。遵守规则、信守契约使得个人、群体和国家可以形成广泛合作,是人类进入文明社会的主要特征。但是,自特朗普政府执政以来,美国一些政客完全抛弃了多边主义,固执于美国优先的极端利己主义,根本不肯考虑遵守国际规则,当然也抛弃了美国作为一个大国理当承担的国际义务。以莱特希泽为代表的美国政客甚至认为,遵守国际规则只会妨碍美国国家利益,遵守国际规则就意味着"美国吃亏"。

第一,美国政府不断挑起贸易摩擦的背后在于美方妄图公然绕开世界贸易组织争端解决机制,根据美国国内法挑起国际贸易摩擦。其实质是对国际规则的"合则用、不合则弃"的单边主义。

2018年7月,美国政府出台了所谓的"301报告",其根据不是世界贸易组织的相关规则或各国都认可的国际惯例,而是根据美国自己出台通过的《1974年贸易法》对中国动用"301条款",美国在未经世贸组织授权情况下对中国商品大规模加

---

①隆国强.理性认识当前的中美贸易摩擦[EB/OL].人民网,2018-08-29.
②习近平.共建创新包容的开放型世界经济[EB/OL].人民网—人民日报,2018-11-05.

征关税,是对本国承诺和世贸组织规则的无视,是将单边规则凌驾于国际规则之上的任性妄为。具体手段表现为,一旦现行规则不符合自己的利益,就试图设计新的"规则",具体就是要从多边转为双边,利用美国自身的力量优势去获取最大的利益。特朗普政府已经达成的贸易协定主要是要按照美国的想法去调整和相关方的经贸关系,单方面要求对方做出更大的让步,如美墨加三国协定和新的美韩自由贸易协定。这实际上脱离了现有国际经贸合作的基础,因为其调整主要是依照美国的利益进行的。

由此可见,当前美国政府在贸易摩擦上的做法是一种单边主义主导下的零和博弈,主要逻辑是把相关方的利益拿到美国这边来,为"美国优先"服务,其思路不是与国际社会共同把蛋糕做大,而是要去重新切分蛋糕,并确保美国拿到更大的一块。特朗普政府的所作所为已经对原有的全球经贸规则和秩序构成了较大的挑战。原有的规则和秩序建立在公平贸易和自由贸易的信念之上,特朗普政府将之抛弃,将对全球产业链和国际社会普遍的相互信任构成严重冲击。

第二,对国际规则的认可和执行是国际关系得以维护的最佳轨道。美国政府对国际规则的无视和破坏实质上是一种自作聪明式的零和博弈。

全球化自冷战结束以来进入了一个高速发展阶段,尽管存在着诸多的问题和缺陷,但依然为全球经济持续稳定的增长做出了极为可观的贡献。究其根源,就在于确立了以各国都认可并执行的国际规则为基础的多边贸易体制,因此,以国际规则为核心的多边贸易体制不是一国或少数几个国家的私产。以世界贸易组织为例,接近2/3的成员方是发展中国家和地区,世界贸易组织之所以能够成为目前影响力最大的经济合作组织,其重要原因就在于它对"特殊与差别待遇"这一规则与核心价值的认可,能够在考虑到历史和地理因素的基础上,相对公平地对待发展中国家。进入21世纪以来,随着全球化的深入进行,尽管世界贸易组织接到的贸易争端和上诉越来越多,要求世界贸易组织改革的呼声越来越高,但绝大多数世界贸易组织成员方都主张,世界贸易组织的核心价值和基本原则必须得到维护。任何规则的制定和修订,都必须尊重绝大多数成员方的普遍意愿。

在历史上,美国一度是所谓的自由贸易维护者和多边主义旗手,在具体行为上,首先破坏自由贸易和多边主义的就是美国,仅仅由于现行的制度和规则不能使其利益最大化,就要毁约、退约、另立条约、另起规则。国际法的影响力在于绝大多数国家能够认可并执行相关规定,然而一旦像美国这样一个强大的国家漠视、破坏乃至肆意违反国际规则,国际社会是很难对其进行有效制约或者"制裁"的。回顾美国在国际法和国际规则上的态度与行为就会发现,美国政府对此一贯持之以"合则用、不合则弃"的态度,关于这方面在美国历史和美国法律上均有迹可循。例如,美国宪法就规定,美国对外缔结的条约与美国联邦法律在效力上是"同等的"。1944年布雷顿森林会议本来打算建立国际贸易组织(ITO),就是因为美国国会认为ITO相关多边贸易规则"侵犯美国主权",拒绝批准,从而导致其"流产",最后只形成了一度性的关税与贸易总协定(GATT),即WTO的前身。而在WTO成立之初,美国就此制定的国内立法就专门规定,任何与美国国内法相抵触的WTO规则都是无效的;如果美国认为WTO相关规则及其运作对美国不公平,其甚至有权退出WTO。

与之相对,中国则是多次公开表态支持WTO改革,中国的基本观点主要有三条:一是不能改变WTO现有的最惠国待遇、国民待遇、关税约束、透明度等基本原则以及贸易自由化的总体方向,不能另起炉灶推倒重来;二是以发展为核心,照顾发展中成员方的合理诉求,中国是一个发展中国家是事实,但随着发展程度的提高,中国愿意承担更多的开放义务;三是在相互尊重、平等互利的基础上,循序渐进,优先解决危及WTO生存的问题。可以看到,中国的基本观点是WTO的任何改革都应当符合反对贸易保护主义、推动贸易的增长、促进可持续发展等这些必不可少的前提,可以说,中国的观点代表了广大发展中国家的诉求。

第三,互信是国际关系中最好的黏合剂。美国政府在国际谈判中的所作所为必将毁掉自第二次世界大战以来美国引以为傲的国际形象。

美国政府在中美经贸磋商过程中言而无信、反复无常,将美国一些政客沾沾自喜的所谓"交易艺术"展现得淋漓尽致,已经达到空前绝后的程度。2018年5月19日,中美双方达成了不打贸易战的共识,仅仅10天后,美方就公然违背承诺、挥起关税大棒;2019年5月5日,美国政府再次推翻已经达成的双边协定,又重启关税威胁,使双方磋商遭受严重挫折。究其根源,"恐怕还是一些身居高位的美国政客,错把国家之间的交往当成了一场纯粹的商业投机活动,误以为国与国之间只有零和博弈。这些政客一门心思盘算着如何实现自身利益最大化,国家的道义形象早已弃之如敝履。食言而肥,终会自酿苦果"[1]。从相关数据可以看到,自美国挑起贸易摩擦以来,美国2018年的全年贸易逆差不仅没减少,而且还在持续增多。据美国商务部经济分析局网站在2019年3月6日发布的最新贸易数据报告统计,美

---

① 钟声.信用破产是最大的破产[EB/OL].人民网-人民日报,2019-05-29.

国 2018 年货物贸易逆差总额为 8913 亿美元,创历史新高,较 2017 年逆差扩大了 838 亿美元。

不以规矩,不能成方圆。21 世纪,各国相互依存的程度前所未有地紧密,改善并加强全球治理的需要前所未有地迫切,国际社会成员共同制定的代表各方共同利益的国际规则不容破坏。任何将一己私利凌驾于国际规则之上,大搞单边主义的行径注定失败。

3.以美国为代表的西方式现代化发展道路正在走向终点

美国政府单方面挑起贸易摩擦的背后反映了西方式现代化发展道路不仅不适用于发展中国家,甚至也越来越不适用于西方国家乃至美国自身。今天我们谈论世界秩序时,我们其实说的是第二次世界大战以后尤其是冷战结束以来,推动经济全球化在全世界延伸的、依赖于共同规则和秩序之上的全球贸易和投资体系。自 20 世纪 70 年代初布雷顿森林体系终结,到 2008 年美国金融危机爆发以来,近 40 年的时间,正是这一体系使得欧美国家的消费者能够按时并且廉价地获得各式各样的商品,让发展中国家的数十亿人口摆脱了贫困,促使全球范围内的商品和服务产出翻了两番。

然而,2008 年的金融危机后,美国人逐渐发现,美国企业和政府所钟爱的全球化所带来的并不是只有好处。全球化的收益并没有惠及所有人群。跨国公司和企业为应对残酷的竞争,不断地把业务外包出去乃至把总部也搬迁到海外,发达国家工人阶级就在一波波的搬迁浪潮中失去了工作。其根源正如习近平指出的,"究其根本,世界经济发展到今天,上一轮科技和产业革命所提供的动能已经接近尾声,传统经济体制和发展模式的潜能趋于消退。同时,发展不平衡问题远未解决,现有经济治理机制和架构的缺陷逐渐显现。这些因素导致世界经济整体动力不足,有效需求不振。其表象是增长乏力、失业率上升、债务高企、贸易和投资低迷、实体经济失速、金融杠杆率居高不下、国际金融和大宗商品市场波动等一系列问题。"[①]

由此可见,中美之间的贸易摩擦更多原因在于美国国内深刻的社会危机以及为了摆脱和转移危机所带来的影响而谋求的对华战略的转变。把贸易摩擦的原因归咎于中国不仅是毫无根据,而且相当荒谬。

美国次贷危机和欧债危机的爆发充分说明,芝加哥学派的精英们设计的一整套体系在面对外部冲击时有多么脆弱不堪。美式经济理论就在失业人群一次次的

---

① 习近平.创新增长路径　共享发展成果[EB/OL].人民网,2015-11-16.

冲击华尔街运动下黯然失色,但失败的苦果依旧是由普通劳工大众来承担。特朗普获胜后官方公布的投票地图让媒体和专家们大为惊讶,他们惊讶的不是为什么特朗普在 2016 年胜出,而是为什么特朗普的支持者到今日才显现出来。希拉里的支持者集中于以加利福尼亚为代表的沿海城市,而中西部的广大农村和小城镇地区坚定地投票支持特朗普。在这种泾渭分明的对垒中,最大的亮点是宾夕法尼亚、密歇根和威斯康星这几个州选票形势的逆转。自冷战结束以来的几次选举中,它们都是民主党的主要票仓,它们对民主党的支持程度之高,以至于民主党认为不需要关注它们,也可以拿下这三个州。然而,2008 年次贷危机影响之深远改变了一切。特朗普"让美国再次变得伟大"的口号在此大力得到了那些失业工人的支持,工人们期待在特朗普领导下能夺回他们失去的工作岗位。从英国脱欧到特朗普上台,这一系列事件可能引起的对全球化的负面影响之大,怎么说都不为过。

因此,美国单方面挑起贸易摩擦实际上反映了世界经济未来将遭遇更多的不确定性,要想走出目前的困境,就必须在各个国家的共同努力下,建立国际政治经济新秩序。早在 2016 年 11 月举行的亚太经合组织工商领导人峰会上,习近平主席就曾经意味深长地指出:"面对风险和挑战,各方要发扬同舟共济、合作共赢的伙伴精神,加强宏观政策协调,创新经济增长方式,构建开放型世界经济,推动强劲、可持续、平衡、包容增长。"[1]对各国领导人和跨国公司来说,这意味着他们必须有所作为,敢于担当。

总之,要从根源上解决贸易摩擦,减缓世界经济下行带来的巨大压力,就必须顺应当前各国人民的愿望,让更多的国家参与到经济全球化的进程当中来,正如习近平主席所强调的,"我们要主动作为、适度管理,让经济全球化的正面效应更多释放出来,实现经济全球化进程再平衡;我们要顺应大势、结合国情,正确选择融入经济全球化的路径和节奏;我们要讲求效率、注重公平,让不同国家、不同阶层、不同人群共享经济全球化的好处。这是我们这个时代的领导者应有的担当,更是各国人民对我们的期待。"[2]

三、回答问题所需要的支撑材料和延伸材料目录

[1] 习近平.决胜全面建成小康社会　夺取新时代中国特色社会主义伟大胜

①习近平.深化伙伴关系　增强发展动力[EB/OL].新华网,2016-11-20.
②习近平.共担时代责任　共促全球发展[EB/OL].新华网,2017-01-18.

利——在中国共产党第十九次全国代表大会上的报告[M].北京:人民出版社,2017.

[2] 习近平.论坚持推动构建人类命运共同体[M].北京:中央文献出版社,2018.

[3] 习近平."共担时代责任 共促全球发展——在世界经济论坛 2017 年年会开幕式上的主旨演讲",新华社瑞士 2017 年 1 月 17 日电.

[4] 张宇燕,冯维江.如何理解中美贸易摩擦[N].光明日报,2018-04-24.

[5] 陈文玲.对当前中美经贸关系走势的分析与研判[J].人民论坛·学术前沿,2019(7):62-75.

42 如何理解构建人类命运共同体思想的科学内涵?

一、问题的不同表述和实质

目前,国外理论界对人类命运共同体的内涵阐释存在很多质疑,主要有中国威胁论、中国担忧论、中国责任论等。同时,国内学术界也从不同角度对人类命运共同体的内涵进行了理论探索。有的学者认为,人类命运共同体是利益共同体、责任共同体的统一;有的学者认为,人类命运共同体是权力观、可持续发展观、全球治理观的统一;有的学者认为,人类命运共同体是由共同发展、开放包容、和衷共济共同构成的系统体系。共通之处在于,在共同安全、共同发展、责任共担的内涵上达成了理论共识。问题的本质在于,当前,国际社会日益成为一个你中有我、我中有你的"命运共同体",和平、发展、公平、正义、民主、自由成为全人类的共同价值追求。

二、对问题的回答

新时代中国特色大国外交的宗旨与目标,即构建合作共赢的新型国际关系,打造人类命运共同体,促进中国和世界共同发展进步。党的十八大以来,中国通过推进"一带一路"倡议、推动"亚投行"建设、促进世界减贫事业发展,以及逐步完善和平发展外交政策等,为推动构建人类命运共同体贡献中国力量和中国智慧。深入理解人类命运共同体,必须清晰把握人类命运共同体的提出背景、思想渊源、科学内涵。

1.人类命运共同体的提出背景

2011年《中国的和平发展》白皮书中,中国政府提出要以"命运共同体"的新视角寻求人类共同利益和共同价值的新内涵。2013年3月,习近平主席在莫斯科国际关系学院演讲时,第一次向世界阐述了"你中有我、我中有你的命运共同体"概念。2013年3月,习近平主席在坦桑尼亚达累斯萨拉姆尼雷尔国际会议中心发表演讲时,提到了"中非命运共同体",后又先后提出"中国—东盟命运共同体"和"中拉命运共同体"概念。2015年9月,习近平主席在联合国大会演讲时提出人类命运共同体思想,这标志着人类命运共同体思想的成熟。2015年12月,习近平主席在乌镇出席世界互联网大会时,提出"互联互通、共享共治,共建网络空间命运共同体"理念,"命运共同体"从现实世界延伸到网络虚拟空间。2015年12月,亚洲基础设施投资银行正式成立,标志着"区域间命运共同体"的战略理念再次付诸实践。人类命运共同体概念的提出,是从综合角度对整个人类未来发展提出的一个综合方案,为人类社会描绘了一个美好未来。同时提出具体的可操作路径,它包含从各个角度、各个层面来处理人类共同面临的问题、挑战。马克思在创立历史唯物主义的过程中,明确提出,人的真正本质是人的共同体。人类命运共同体继承了马克思共同体这一本质,深深根植于中国传统文化。它是一种超越了国家、民族、宗教、意识形态的新的全球观、世界观。习近平强调:"倡导构建人类命运共同体,促进全球治理体系变革。"[①]"构建人类命运共同体,关键在行动。国际社会要从伙伴关系、安全格局、经济发展、文明交流、生态建设等方面做出努力。"[②]要"坚持对话协商,建设一个持久和平的世界。坚持共建共享,建设一个普遍安全的世界。坚持合作共赢,建设一个共同繁荣的世界。"[③]因此,只有坚持对话协商、共建共享、合作共赢,不断加强国际经济合作、国际政治互信、国际文化交流和国际生态合作,才能实现世界共同繁荣、和平发展,促进世界各国人民共享发展成果,进而推动构建人类命运共同体。

2.人类命运共同体的思想渊源

人类命运共同体主要源于马克思的"人的自由联合体"思想、中国传统文化"和为贵"思想等。

---

① 习近平.决胜全面建成小康社会　夺取新时代中国特色社会主义伟大胜利[M].北京:人民出版社,2017:7.

② 习近平.共同构建人类命运共同体[N].人民日报,2017-01-20.

③ 习近平.共同构建人类命运共同体[N].人民日报,2017-01-20.

第一，马克思从人类社会发展的历史维度将共同体区分为前资本主义共同体、资本主义市民社会共同体和人道主义的共产主义共同体，并试图探索这三种共同体与自由人联合体的内在关联。马克思认为这三种共同体是"人的自由联合体"的低级形态，他通过论证前资本主义社会共同体的缺陷、市民社会共同体的不足和人道主义共同体中自由、平等和正义的虚假，揭示了资本主义社会终将被合理、普遍和人性化的"人的自由联合体"所取代。在人的自由联合体中，成员具有完全的人身自由，依靠每个人所共有的权威来相互协调和认同，关注人的现实生存境遇，维护全人类的共同利益。"人类命运共同体"的提出，是从维护人类利益的世界视野角度出发，协调社会发展的内在冲突和矛盾，并关注现代个人的生存境遇，这与马克思的"自由人的联合体"在理论上是契合的。

第二，"和为贵"出自《论语·学而》："礼之用，和为贵"，是儒家所倡导的道德实践原则。意思是，礼起作用，贵在和顺，人与人之间的各种关系按照礼的要求调节得当、恰到好处、彼此融合。"和为贵"是中国传统文化很多流派所共有的思想，也是中国的优秀传统文化和重要特征。不管是儒家的"中庸之道"，道家的"清静无为"，还是佛家的众生平等，抑或是墨家的兼爱非攻，他们所追求的就是"和谐"的理想，即人与人之间的和谐，人与自然之间的和谐，人与社会之间的和谐，只有和谐才能拯救人类面临的各种危机，包括战争、自然灾害和经济等各个方面。中国目前正处于从世界大国向世界强国持续迈进的阶段，对内求发展、求变革、求稳定的同时，对外求和平、求合作、求共赢，推动各方朝着打造命运共同体与建设和谐世界的目标迈进，这与中国传统文化"和为贵"思想的追求是一致的。

3.人类命运共同体的科学内涵

构建人类命运共同体思想，是一个科学完整、内涵丰富、意义深远的思想体系，其核心就是"建设持久和平、普遍安全、共同繁荣、开放包容、清洁美丽的世界"。人类命运共同体即命运共同体，是指在追求本国利益时兼顾他国合理利益，在谋求本国发展中促进各国共同发展。当前，国际社会日益成为一个你中有我、我中有你的"命运共同体"，和平、发展、公平、正义、民主、自由成为全人类的共同价值追求。构建以合作共赢为核心的新型国际关系，打造人类命运共同体。

第一，加强国际政治互信。要相互尊重、平等协商，坚决摒弃冷战思维和强权政治，走对话而不对抗、结伴而不结盟的国与国交往新路。当前，国际形势依然严峻，国家之间战争不断，霸权主义和强权政治依然存在，这严重影响了国际秩序稳定。如何应对这种霸权主义的挑战，建立一个公正的国际政治秩序，成为中国和非洲国家在内的发展中国家亟待解决的和需要审慎处理的课题。首先,中国和非洲要对转型期国际结构走势和一些重大国际问题表明立场,反对以任何借口干涉国家内政,坚持世界的多样性原则,各国自主根据国情选择适当的政治制度和发展道路。其次,中非必须协同合作,在当前严峻的国际形势下,中国与非洲要想改善自己的生存环境,必须联合寻找双方利益契合点,共同反对强权政治和霸权主义,促使国际结构朝着有利于中非发展的方向迈进。再次,中国与非洲都要坚持平等互利原则,发挥各自优点,积极参加国际活动和参与国际事务,协同合作拓展国际空间,打造中非利益共同体。

第二,加强国际安全合作。要坚持以对话解决争端、以协商化解分歧,统筹应对传统和非传统安全威胁,反对一切形式的恐怖主义。树立正确的国际安全观,促进共建共享、公道正义。目前,人类面临严峻的全球性问题,如地区冲突、强权政治、恐怖主义、贫富差距、保护主义等。针对古丝绸之路沿线地区的国际冲突动荡和危机挑战的现状,中国树立起"共同、综合、合作、可持续"的安全观,营造共建共享的安全格局。习近平指出:"要着力化解热点,坚持政治解决;要着力斡旋调节,坚持公道正义;要着力推进反恐,标本兼治,消除贫困落后和社会不公。"①与此同时,中国秉承开放精神,推进互帮互助、互惠互利。习近平指出:要"与世界各国共同努力,建立平等相待、互商互谅的伙伴关系,公道正义、共建共享的安全格局。"②

第三,加强国际经济合作。要同舟共济,促进贸易和投资自由化便利化,推动经济全球化朝着更加开放、包容、普惠、平衡、共赢的方向发展。由于全球资源和能源的分布不均,各国资金、技术、市场条件不同,国家经济发展与其他国家息息相关,加强国际经济合作尤为重要。当前,随着全球化的加快,我国在国际经济合作上面临新的机遇和挑战。首先,国际经济处于转型期,一些西方国家正在努力寻找产业转型的大门,我国也要看到产业的转型,促进东中西部共同发展,将劳动指向型工业转向中西部地区,同时将东部发达的高新技术和节能技术以及一些新兴产业引入中西部,促进产业转型,适应国际发展形势。其次,加强国际经济合作,我国要加强同各国贸易往来,科技相互借鉴并不断创新,利用各自优势达到资源优化配置。构建以合作共赢为核心的新型国际经济关系,实现国际贸易友好往来,利益正当竞争与合作,打造人类命运共同体。

---

①中共中央文献研究室.十八大以来重要文献选编(下)[M].北京:中央文献出版社,2018:733.
②习近平.携手构建合作共赢新伙伴　同心打造人类命运共同体[N].人民日报,2015-09-29.

第四,加强国际文化交流。要尊重世界文明多样性,以文明交流超越文明隔阂、文明互鉴超越文明冲突、文明共存超越文明优越。全球化不断发展的今天,各国之间的文化交流作用变得越来越重要,文化可以将一个国家的世界观、价值观以及政治制度等传播给其他的国家,作为一种传播手段实现不同国家之间的交流、沟通和学习,进而促进各国之间在文化上彼此了解,实现共识和共信。人类命运共同体提倡不同文化的交流和融合,提倡各国之间在宗教信仰、生活方式和交流方式上的共通,共同构建国与国之间的和谐文化。加强国际文化交流合作,相互了解文化背景和民族风情,促进全球协同发展,打造人类命运共同体。

第五,加强国际生态合作。要坚持环境友好,合作应对气候变化,保护好人类赖以生存的地球家园。人类命运共同体是人与自然的共同体,它以全人类的共同利益为中心,在保证人类共同向前发展的同时维护全球生态环境,最终实现人与自然的和谐。在国际化大背景下,生态合作呈现多元化,国际生态合作要以减少生态利益冲突为目的,积极关注多元的生态对话。首先,需要建立联合国生态环境组织,解决生态合作碎片化问题。其次,当前生态环境逐步恶化,一个从局部到全球的生态环保链条亟待需要形成,而国际生态合作是这个环保链条的最后一个环节。再次,拓展生态合作的维度和广度,完善国际生态合作机制,各国要以更务实、更理性和更开放的姿态看待生态合作问题,与时俱进,共同实现高效生态合作,打造和谐共生的人类命运共同体。

三、回答问题所需要的支撑材料和延伸材料目录

[1] 习近平.论坚持推动构建人类命运共同体[M].北京:中央文献出版社,2018.

[2] 决胜全面建成小康社会 夺取新时代中国特色社会主义伟大胜利[M].北京:人民出版社,2017.

[3] 习近平谈"一带一路"[M].北京:中央文献出版社,2018.

[4] 习近平总书记系列重要讲话读本[M].北京:学习出版社,人民出版社,2016.

[5] 习近平关于社会主义经济建设论述摘编[M].北京:中央文献出版社,2017.

[6] 中共中央文献研究室.十八大以来重要文献选编(上)[M].北京:中央文献出版社,2014.

[7] 中共中央文献研究室.十八大以来重要文献选编(中)[M].北京:中央文

献出版社,2016.

　　[8] 习近平.习近平谈治国理政:第一卷[M].北京:外文出版社,2014.

　　[9] 习近平.习近平谈治国理政:第二卷[M].北京:外文出版社,2017.

　　[10]柴逸扉.习近平提出正确义利观:中国外交的一面旗帜[N].人民日报:海外版,2016-08-11.

　　[11]刘传春.人类命运共同体内涵的质疑、争鸣与科学认识[J].毛泽东邓小平理论研究,2015(11):85-90.

43 如何正确理解"一带一路"倡议及其重大意义?

一、问题的不同表述和实质

　　自从 2013 年 9 月习近平总书记在哈萨克斯坦访问时提出"新丝绸之路经济带",同年 10 月习近平出访印度尼西亚时又倡议建立"21 世纪海上丝绸之路"以来,"一带一路"就成为国内外学者关注的焦点。大部分学者积极响应"一带一路"倡议,关注"一带一路"背景下对国内外各个方面不同领域的积极影响。但有部分学者,特别是西方学者对"一带一路"倡议表示怀疑,一些人认为"一带一路"倡议是"中国的马歇尔计划";一些人认为"一带一路"就是对古代丝绸之路的复兴;还有一些人认为"一带一路"倡议对中国自身毫无益处,是"吃力不讨好"的工程。

　　由于历史传统、意识形态、政治立场和思维方式的不同,各国对于"一带一路"倡议的解读容易产生误解,甚至带有严重的政治偏见,其实质是对中国特色大国外交和中国负责任的大国形象的诽谤和攻击。

二、对问题的回答

　　要正确把握和有力回应国内外对于"一带一路"倡议的误解和偏见,把"一带一路"建设成为"和平之路、繁荣之路、开放之路、绿色之路、创新之路、文明之路、廉洁之路",我们应该深入剖析其内涵和意义。

(一)"一带一路"倡议源自中国,更属于世界

共建"一带一路"倡议是中国提出的新方案,是解决世界治理难题的重要抓手。2013 年 9 月,中国国家主席习近平在出访哈萨克斯坦时提出共建"丝绸之路经济带",10 月在访问印度尼西亚提出共建"21 世纪海上丝绸之路",在这些倡议提出之后,世界各方积极响应,对于这个倡议充满信心。共建"一带一路"需要公开透明的合作框架与准则,这个提议超越不同地域、不同国别、不同信仰的差异,坚持平等相待的基础,在合作共赢为核心的精神的指引下,通过沟通各国政策、联通带动各国基础设施建设、畅通各国贸易渠道、让资金在各国之间有效流通起来等措施,将理念转化为行动,将倡议落实为实实在在的项目合作单。"一带一路"倡议自提出以来,中国已经与 150 多个国家和国际组织制定了相关项目合作文件,已经开工、投产的"一带一路"项目达 220 多个,中国与"一带一路"参与国家的商品经济往来次数频繁,商品贸易总额已经超过 6 万亿美元。"一带一路"已成为各国经济交往提高效率的助推器,越来越受到更多国家的关注。与此同时,"一带一路"有关合作理念和主张倡议相继写入国际重大组织的成果文件之中,成为推动世界平衡发展的催化剂。

共建"一带一路"倡议源于古丝绸之路的历史传统,是新时期经济全球化的另一条新路。"一带一路"是沿着中国古代的丝绸之路走出的贸易模式,是其在当代的创造型发展。"一带一路"以张骞出使西域和郑和下西洋的历史为基础,以其中蕴含的丝路精神为支撑形成发展起来的。但不同于历史上所意味的具有固定路线和空间限定的丝绸之路,当今的"一带一路"更侧重的是一种抽象的代表着"和平、友谊、交往和繁荣"的思想理念,希望以此为载体拉近世界各国的距离。时间在前进,各国在努力,共建"一带一路"正在一步步地走深走实走细,行稳致远,逐渐向着和平之路、繁荣之路、开放之路、绿色之路、创新之路、文明之路、廉洁之路的目标前进,推动世界经济正常运行。

(二)"一带一路"倡议的性质特征

"一带一路"倡议自提出以来,不断拓展合作区域与领域,在坚持原则的前提下不断创新合作方式。这是正确理解"一带一路"倡议的基点与关键。但是,国内外仍然存在着对"一带一路"倡议的曲解和偏见。所以有必要正面回应国际社会对"一带一路"倡议的质疑,再次明确"一带一路"倡议的性质特征。

1."一带一路"是建立共享性经济发展的倡议,不是建立中国小圈子

中国认为,开放带来进步,机遇在开放中产生,"一带一路"倡议是中国机遇与世界机遇的碰撞联合。在这种认知下,"一带一路"坚守开放的原则,通过增强交通、能

源和互联网等基础设施的互联互通建设成效,推动解决经济增长不平衡问题。这充分体现了"一带一路"倡议区别于其他区域性经济协议的开放包容性,也证明了其并不只是中国的"小圈子",而是世界的"大舞台"。

2."一带一路"是求实合作的倡议,不是地缘政治的工具

在"一带一路"建设中,各国平等交往,沿线国家参与其中、受益其中。因而,"一带一路"具有与生俱来的平等、和平的特点。平等是国之交往的重要准则,也是"一带一路"建设的原始原则。平等基础上的合作才能持久,平等的合作才有互利空间。"一带一路"平等的原则降低了各国间合作的门槛和阻力,提高了共建效率,让国际合作真正落实。而且,"一带一路"建设需要和平稳定的国际环境和地区环境,和平是"一带一路"建设的应有之义,和平推动稳定社会的形成,使各国能够安心发展本国经济,不被战争侵扰。这就表明了"一带一路"不是大国之间进行政治较量的手段。

3."一带一路"是共商共建的倡议,不是"中国版的马歇尔计划"

"一带一路"是建立在双边或多边共商具体项目的合作,畅通国与国之间市场机制,最后形成促进各国经济发展的倡议与规划。"一带一路"倡议的根本属性是实现共同发展,而不是单方面的经济援助。2017年5月《"一带一路"国际合作高峰论坛圆桌峰会联合公报》中强调了"一带一路"倡议严格遵守平等互利原则,尤其是始终坚持相互尊重,互不干涉内政的外交根本原则,而非马歇尔计划利用援助干预他国内政。"一带一路"倡议以务实合作为基础,并非是实体或者是机制,提倡因地制宜、项目主导的务实合作原则。由此看来,"一带一路"倡议与马歇尔计划有着本质的不同,并不是马歇尔计划的翻版。

4."一带一路"是对现有机制的补充和现有机制之间的对接,不是取而代之

参与"一带一路"建设的国家风土人情形态各异,比较优势多样化,互补性很强。"一带一路"通过促进基础设施等方面的建设,对接各国政策和发展战略,通过战略互补,推动联动发展,实现共赢目标。显然,它不是对现有地区合作机制的替代,而是与现有机制互为助力、相互补充。目前,"一带一路"建设已经与俄罗斯欧亚经济联盟建设、印尼全球海洋支点发展规划、哈萨克斯坦光明之路经济发展战略等各国的战略规划实现了有效对接,并签订了一批实质性项目,如中哈(连云港)物流合作基地建设等,这有利于推动沿线各国经济发展,为各国提供更加广阔的发展空间和更多发展机会。

5."一带一路"建设是沟通各国之间文化习俗交流的坚实桥梁,不是引发文明冲突的导火索

"一带一路"覆盖了不同地域、不同文化、不同宗教信仰的国家,但它带来的不是各种文明之间的冲突,而是各种文明之间的平等交流互鉴。"民心相通"是"一带一路"工作重心之一。通过弘扬丝路精神,在文化、体育、医疗、卫生、健康等方面进行沟通合作,在人文交流各领域与沿线各国达成合作意向,推动各国文明之间相互交流相互借鉴,取长补短,使人类文明之树开满鲜花。2019年4月《第二届"一带一路"国际合作高峰论坛圆桌峰会联合公报》中强调了进一步加强"一带一路"沿线国家之间的人文交流,重视加强在人力资源开发、教育和职业培训方面的合作,以增强民众更好适应未来工作的能力,促进就业并提高人民生活水平;也十分期待在科技、文化、艺术、创意经济、农村发展和民间工艺、考古和古生物、文化和自然遗产保护、旅游、卫生、体育等领域进一步开展交流和合作;欢迎各国议会、友好省市、智库、学界、媒体和民间团体加强交往,促进妇女交流和残疾人交流,并在海外劳工方面加强合作。因而,"一带一路"建设坚持平等基础上的文明交流,坚持文明互鉴,尊重各国文明,让世界文明多样性在"一带一路"之中更好地延续下来。

(三)"一带一路"倡议的重大战略意义

随着共建"一带一路"合作范围不断扩大,合作领域、影响力更为广阔,不仅促进了中国各方面的发展,也为解决全球性治理难题贡献出中国方案,为世界的发展提供动力。

对于中国来说,"一带一路"倡议给我国带来了巨大的发展机遇,在加强国际合作、促进区域协调发展以及提高人民生活水平等方面发挥着积极的作用。

1."一带一路"倡议有利于中国与更多国家形成合作伙伴关系,实现互利共赢

"一带一路"旨在积极主动地建立与沿线国家的合作关系,增强资源互补和经济往来。"一带一路"建设可以转移国内过剩产能,转变经济增长方式,推动中国制造走向世界;可以利用我国外汇储备,帮助经济欠发达地区建设基础设施,进一步推进我国人民币国际化。我们可以看到,虽然我国经济总量早已跃居全球第二,但主要还是依靠制造业,高端产业和核心产业还有很大的发展空间,"一带一路"可以加强我国对高端技术的投资与建设,促进产业结构协调平衡发展;"一带一路"有利于继续扩大对外开放,推动与沿线各国人民友好交往,促进中国与不同区域国家和民族的区域合作以及共同发展,同时推动了中国与沿线国家间的文化交流,促进了中华文化与世界文化的交流融合。

2."一带一路"倡议有利于促进我国区域经济协调发展

区域经济发展不均衡是我国经济发展最突出的结构性矛盾之一。"一带一路"

倡议布局涵盖了"两个核心、两个枢纽、七个高地、十五个港口和十八个省份",东西部各个不同的省份都有不同的定位和任务,能够更好地统筹国内外两个市场、两种资源,以开放战略为先导,调动整合国内资源,优化开放整体布局,重点开发西部地区尚未发展的资源,吸收资金与技术,促进西部地区快速发展,为我国经济发展注入新的活力和增长点,使中西部地区成为我国新的经济推动者,缩小中西部地区与东部地区差距,促进区域经济协调发展。

3.有利于促进人民生活水平的提高,更好地满足人民对美好生活的向往

"一带一路"倡议可以促进我国企业与沿线国家企业合作,扩大了中国沿线地区劳动力需求,给当地人提供了更多的国际化机遇,有效减轻国内就业压力,人民的生活水平得到极大提高。"一带一路"增加了中国与"一带一路"沿线国家的人文交流机会,让中华文化与世界文化的交流互鉴,让各国文明更加繁荣,让中国人民精神更加充实。

对世界来说,"一带一路"倡议是顺应时代发展的提议,它是解决全球治理难题的新思路,是全球更加可持续发展的新动力,是中国在新时期为世界走向共赢而提供的方案。

1."一带一路"是推动解决全球治理问题的新钥匙

当今世界,局部冲突不断、贫富差距依然很大等问题频发。这些现象表明全球治理赤字在不断扩大,我们必须找到破解全球治理难题之匙。中国作为新兴经济体国家的一分子,中国有责任也希望为变革全球治理体系提出自己的方案,贡献自己的力量。在新挑战、新问题、新情况面前,中国发出构建人类命运共同体的口号,这是为实现共赢共享找到的新方向。"一带一路"倡议就是在这个口号下成长起来的具体举措。"一带一路"根据各国发展出现的问题和治理难题,建立了亚洲基础设施投资银行、新开发银行、丝路基金等平台,这些平台不仅能缓解当今全球治理危机,在一定程度上增加公共产品的供应,增强国际社会参与全球治理的自信心,而且还有助于解决发展中国家尤其是新兴市场国家在变革全球治理体系之中的利益诉求,为新兴市场国家在国际秩序制定上争得一席之位,提高他们的话语权,使得全球治理体系变得更加公正合理。

2."一带一路"是全球均衡可持续发展的重要动力和新型载体

"一带一路"覆盖到发展中国家与发达国家,真正使得"南南合作"与"南北合作"成为现实,有助于推动全球可持续发展。对于参与"一带一路"建设的发展中国家来说,这次搭中国经济发展"快车""便车"将能够推动自身实现工业化、现代化的目标,是一个很重要的历史性机遇,必须牢牢把握机遇,与各发展中国家开展合作,同时也有助于增进南北对话,促进南北合作的深度发展。不仅如此,"一带一路"倡议的理念和方向,同联合国《2030年可持续发展议程》相统一,有利于推动这项议程的实现。联合国秘书长古特雷斯强调,为了让更多国家能够充分从增加联系产生的潜力中获益,加强"一带一路"倡议与《2030年可持续发展议程》的联系至关重要。

3."一带一路"是中国为新时期世界走向共赢而提出的新方案

不同性质、不同发展阶段的国家,他们的发展路径和优先发展定位不同,但各国都有一个共同的目标,就是希望获得发展与繁荣,这就是各国得以实现合作可能的最大公约数和最可靠的合作基础。如何实现一国的发展规划与他国的战略设计有效对接,优势互补将成为各国实现战略对接以推动共赢发展的首要前提条件。"一带一路"找到各国发展战略的契合点,在尊重各国独立选择发展道路的基础之上,为各国提供交流合作平台和机会,加强各国之间的互联互通,关照各国发展需求与现实,着力推动和各国发展战略对接的友好合作项目落地生根,这些举措使得"一带一路"建设受到越来越多的国家认可和赞誉,也使得"一带一路"的参与国经济更加有活力,成效更加显著,"一带一路"合作项目给相关国家带来了实实在在的利益,增强了人们对世界走向普惠、均衡、可持续繁荣的信心。

三、回答问题所需要的支撑材料和延伸材料目录

[1] 陈积敏.正确认识"一带一路"[J].学习时报,2018-02-26.

[2] 推动共建丝绸之路经济带和21世纪海上丝绸之路的愿景与行动[EB/OL].人民网,2017-4-25.

[3]《共建"一带一路"倡议:进展、贡献与展望》报告[EB/OL].新华社,2019-04-22.

[4] "一带一路"国际合作高峰论坛圆桌峰会联合公报[EB/OL].人民网,2019-04-28.

[5] 共建"一带一路"开创美好未来第二届"一带一路"国际合作高峰论坛圆桌峰会联合公报[N].人民日报,2019-04-28.

[6] 金玲."一带一路":中国的马歇尔计划[J].国际问题研究,2015(1):88-99.

第十四章

坚持和加强党的领导

---

44 如何理解中国共产党的领导是
中国特色社会主义最本质的特征？

一、问题的不同表述和实质

2014 年 9 月,习近平总书记在庆祝全国人民代表大会成立 60 周年大会上的讲话中提出:"中国共产党的领导是中国特色社会主义最本质的特征"[①]。同年党的十八届四中全会通过的《中共中央关于全面推进依法治国若干重大问题的决定》也明确指出,"党的领导是中国特色社会主义最本质的特征"。此后,习近平同志又在主持中央政治局会议时、在发表庆祝中国共产党成立 95 周年的重要讲话等多个场合反复强调了这一结论。这一重要论断是在反思世界社会主义的兴衰成败经验、总结我国自己的社会主义发展得失的基础上形成的,从最本质特征的高度来凸显党的领导在中国特色社会主义事业中的重要性,表明中国共产党对于中国特色社会主义建设以及党在这一建设中的自身领导责任的认识都更加深入了。对中国共产党的领导与中国特色社会主义之间的本质联系的揭示是十八大以来中国共产党推进理论创新的重要成果。

在一个人口众多、基础薄弱、资源相对紧张、地区发展很不平衡的东方大国里建设社会主义,这是一项前无古人的全新事业,是亘古未有的伟大社会实践。党领

---

①习近平.在庆祝全国人民代表大会成立 60 周年大会上的讲话[N].人民日报,2014-09-06.

导的中国特色社会主义建设发展至今,已经取得了举世瞩目的成就。但是随着中国大国崛起并向强国迈进的步伐加快,我国国家实力增强和国际影响力不断提升的同时,国际上长期存在的对中国特色社会主义的排斥和敌视却从未消解,对中国共产党领导核心与执政地位的攻击和否定也从未停止;而国内改革开放全方位深入之际,中国共产党自身建设也在新情势下遭遇了严峻挑战与多重考验。党的建设与执政过程中出现的精神懈怠、能力不足、脱离群众、消极腐败等问题也成为别有用意的人质疑中国共产党领导能力和执政能力,进而抹杀其领导核心地位与执政合法性的借口。敌对势力伺机制造舆论、混淆视听,社会上也因此出现了各种不和谐的声音,一些人对中国共产党的领导产生了模糊认识,党的领导受到怀疑和动摇。对此必须站在历史与现实、国际与国内的时空交汇点上,对企图削弱甚至恶意否定党的领导的行径予以坚决回击,从而彻底廓清人们思想上的认识迷雾,确保党领导的中国特色社会主义事业在复杂变化的国内外形势下始终立于不败之地。

二、对问题的回答

十八大以来,习近平同志多次强调,党的领导是中国特色社会主义最本质的特征。这一重要论断,深刻揭示了中国共产党与中国特色社会主义之间的本质联系。

党的领导,是成就中国特色社会主义的决定性因素,是中国特色社会主义本质特征中最核心、最重要、最关键的特征。没有党的领导,就没有中国特色社会主义。无论是理论还是实践、历史还是现实,都清楚地反映了这一最本质特征。

1.中国共产党引领中国选择了社会主义道路并开辟了中国特色社会主义道路

近代以来,为解决半殖民地半封建的中国日益严重的民族危机与社会危机,中国各阶级的政治力量代表先后领导进行过各种救亡图存的尝试,然而无论是农民阶级追求理想天国的太平天国运动,还是封建统治阶级内部"中体西用"力图扶大厦之将倾的洋务运动,抑或是资产阶级或温和或暴力的维新运动与辛亥革命,这些努力都失败了。直到中国共产党登上中国历史舞台,中国人民的前途和命运、中华民族的发展方向和进程才发生了深刻改变。中国共产党选择以马克思主义作为自己的理论武器,选择社会主义作为自己的奋斗目标,中国共产党克服了党内"左"右倾错误的干扰,成功抵御了帝国主义的侵略,彻底推翻了国民党的独裁专制,消除了"中间道路"的幻想,领导人民完成了新民主主义革命,建立了新中国,进而又领导人民完成了社会主义改造,使中国这样一个落后大国实现了向社会主义的转变。可以说,没有中国共产党,就没有新中国,就没有社会主义制度在中国的确立。

中国的社会主义建设事业任重道远,对中国共产党而言是一项全新的课题。社会主义制度确立后,党对如何建设社会主义进行了艰辛探索,取得了重要成就,也经历过严重曲折和坎坷。实践表明,社会主义没有一成不变的模式,中国社会主义建设亦步亦趋照搬苏联经验会走弯路,脱离实际急躁冒进也会陷入"左"的误区。新中国成立后30年的实践为中国共产党开创中国特色社会主义积累了正反两方面的宝贵经验,提供了重要的理论准备和物质基础,也促使中国共产党对"什么是社会主义,怎样建社会主义"这一重大基本理论问题进行深刻反思。

在此基础上,党的十一届三中全会成为历史的转折点。中国共产党充分借鉴了国外社会主义实践中的经验教训,深刻总结了我国社会主义建设的探索经验,以巨大的政治勇气带领人民开启了改革开放新的伟大革命,踏上了建设中国特色社会主义的新路。改革开放后40多年的时间里,中国共产党始终自觉地把握着我国与众不同的国情、独特的文化传统和历史命运,坚定地走了一条适合中国特点的社会主义发展道路。在这条道路上,中国迅速崛起,中华民族以强劲的势头追赶世界的前进潮流,民族复兴的中国梦展现出前所未有的光明前景。中国特色社会主义发展道路,承载着几代中国共产党人的理想和探索,是党对"什么是社会主义、怎样建设社会主义"进行再思考、再认识取得的重大突破,在中国开创和发展了社会主义的新境界。中国特色社会主义发展道路既不是封闭僵化的老路,也不是改旗易帜的邪路,中国共产党领导走出的是一条立足于基本国情又坚持了改革开放、反映中国特色又遵循了马克思主义基本原则的能够带领世界五分之一的人口走向繁荣和富强的充满生机和活力的社会主义发展道路,它向世界展示了社会主义蓬勃的生命力。党的领导是开辟中国特色社会主义道路的根本保障,没有共产党,就没有中国特色社会主义。

2.中国共产党是开创中国特色社会主义建设新格局的领导核心

改革开放至今,在中国特色社会主义事业建设中,中国共产党始终坚持以人民为中心的发展思想,把实现好、维护好、发展好最广大人民的根本利益作为党和国家一切工作的出发点和落脚点,在新的历史条件下用实际行动诠释了全心全意为人民服务的政党宗旨,一步一个脚印地将中国特色社会主义事业推向前进。

首先,中国共产党领导开创了中国特色社会主义建设新格局。从改革初期,党做出工作中心转移的决定,以经济建设为中心的社会主义现代化建设取代了阶级斗争为纲的群众性政治运动,中国的社会主义建设为之气象一新;其后党中央提出"一手抓精神文明,一手抓物质文明"建设,有中国特色社会主义的实践也更加注重两个文明一起抓,两手都要硬;到 20 世纪 80 年代中期,党的十二届六中全会正式提出"社会主义现代化建设的总体布局"并将之定位于经济体制改革、政治体制改革和精神文明建设,"富强、民主、文明"成为中国特色社会主义经济、政治、文化现代化的战略目标,到 2002 年党的十六大报告强调了经济、政治、文化建设"三位一体",并对建设中国特色社会主义经济、政治、文化做了系统性阐述;到 2007 年党的十七大召开之际,我国社会主义现代化战略目标已经由"三位一体"拓展为经济建设、政治建设、文化建设和社会建设的"四位一体";到 2012 年党的十八大召开时,生态文明建设被纳入进来,与经济建设、政治建设、文化建设、社会建设并列,中国特色社会主义形成了以"五位一体"为支撑的建设新格局。党的领导也体现和落实在以"五位一体"为核心的中国特色社会主义建设中。

党的领导是中国特色社会主义法治之魂,为实现人民当家作主创造了雄厚的基础,是实现人民当家作主与依法治国的根本保证,不断推进我国的政治建设向前发展。党的领导是实现生产力解放和发展,认识经济新常态,引领新常态的最重要的核心力量,保证了我国经济持续健康科学发展。党的领导确保了主流意识形态、舆论宣传在全社会的正确导向,凝练了社会主义核心价值观,使中华优秀传统文化、革命文化和社会主义先进文化交融共进,引领着当代中国文化风尚,使文化产品和服务日益丰富,科学文化事业日渐繁荣,国家文化软实力快速提升,文化整体实力和竞争力进一步增强,实现了文化建设迅速发展。党的领导为社会建设确立了发展的正确方向与目标,在党委领导下,政府负责、社会协同、法治保障,社会治理不断创新,以民生为中心,发展成果更多更公平地惠及了全体人民,社会正义得到维护和弘扬,已经全面建成了小康社会。党的领导开启了我国生态文明建设的新路径,形成的构建生态保护的底线思维、文明系统构建的整体性思维、经济发展与环境保护的辩证思维、治国理政的绿色思维,推动了人与自然相和谐的中华民族永续发展和美丽国家的建设新格局。坚持"五位一体"总体布局全面推进、协调发展,中国才能成为经济富裕、政治民主、文化繁荣、社会和谐、生态良好的社会主义现代化国家。

如今,中国特色社会主义的总体布局还在不断丰富和完善。新形势下,以习近平同志为核心的党中央进一步提出了创新、协调、绿色、开放、共享的发展理念,五大发展理念把握了时代大势,与"五位一体"总体布局相互呼应,在党的领导下,中国特色社会主义事业有条不紊地统筹推进。中国特色社会主义各项建设以创新为驱动力，以协调体现总布局内"五位一体"协同发展的节奏，以绿色凸显持续健康的发展底色和生产发展、生活富裕、生态良好的文明发展效果，以开放展现中国特色社会主义总布局的发展格局，以共享作为"五位一体"总体布局的发展目标，集中体现了中国特色社会主义的本质要求，也与我们党坚持全心全意为人民服务根本宗旨高度统一。

其次，在中国特色社会主义各项事业的建设中，党是决策核心和指挥中枢。中国共产党是执政党，党中央在坚持了民主集中制基础上做出的事关中国特色社会主义建设的决策部署，不仅要在党的各级组织和各部门中贯彻落实，也要在人大、行政机关、政协、法院、检察院等范围内贯彻落实。党要发挥总揽全局、协调各方的领导核心作用，这是党的领导核心地位决定的，也是中国特色社会主义建设的一个突出特点。党的领导核心地位不能保证，中国特色社会主义建设就会变成各自为政、一盘散沙，中国特色社会主义建设的目标不仅不能实现，甚至还会让建设实践产生灾难性后果。坚持党的领导核心地位，是开拓中国特色社会主义事业须臾不可动摇的根基和原则。

再次，中国共产党不仅是中国特色社会主义建设的领导核心，也是中国特色社会主义建设事业的中坚力量。作为拥有9000多万名党员的世界最大政党组织，其所开创的中国特色社会主义建设新格局正在把亿万民众期盼已久的民族复兴的中国梦变成现实。中国共产党拥有中国最广大人民群众的支持，具有的强大凝聚力、战斗力和创造力，在中国特色社会主义建设中所具有的组织力和执行力、治理能力和执政能力，是当今中国任何一种政治力量势力都无法与之相提并论的。正因如此，党才能从容应对各种重大挑战、抵御重大风险、克服重大阻力、解决重大矛盾，成为维护和保持我国政治稳定、经济发展、民族团结、社会稳定的最大压舱石，确保安定团结、和谐有序的中国特色社会主义建设局面历久弥坚。搞好中国特色社会主义建设，关键在党，党的领导核心地位绝对不能有丝毫动摇。

3.党的领导确保了中国特色社会主义有强大的信念和坚定的方向

马克思、恩格斯创立的学说改变了整个世界。他们提出了科学社会主义理论，在对现实资本主义进行深入研究和系统分析的基础上，指明了"每个人的自由发展是一切人的自由发展的条件"的自由人的联合体将取代资本主义是人类发展的未来前景，同时还认识到无产阶级必须组建代表自己阶级利益的先进政党才能完成人类解放的历史重任。中国共产党是马克思主义与中国工人运动相结合的产物，是在马克思主义指导下建立起来的,信仰马克思主义,始终把马克思主义作为自己的行动指南;同时作为中国工人阶级的先锋队,作为中国人民和中华民族的先锋队,又始终代表中国先进生产力的发展要求,代表中国先进文化的前进方向,代表中国最广大人民的根本利益。实现共产主义是中国共产党的最高理想,社会主义自中国共产党成立时起就是其明确的目标追求,也是中国特色社会主义的思想本源。中国共产党与社会主义是高度统一的,没有了共产主义的理想信念和社会主义的目标追求,中国共产党就失去了前进的动力;没有了中国共产党,中国特色社会主义也就没有了逻辑起点,更谈不上中国特色社会主义的发展与完善。党的领导宣示着中国举什么旗、走什么路、以什么样的精神状态、担负什么样的历史使命、实现什么样的奋斗目标,确保了中国特色社会主义有强大的信念和坚定的方向,在思想层面上确保了中国特色社会主义不变色、不变质。

4.党的领导创造性地实现了马克思主义中国化的第二次历史性飞跃,在理论层面系统地提出了中国特色社会主义理论体系

中国共产党是马克思主义政党,也自觉地把马克思主义运用到中国革命、建设和改革中,马克思主义中国化实现了两次历史性飞跃,形成了毛泽东思想和中国特色社会主义理论体系两大理论成果,这也是中国共产党对马克思主义的最大理论贡献。中国特色社会主义理论体系是由多个具体理论形态共同组成的,包含中国共产党几代领导集体持续接力创新的不懈努力。邓小平理论在总结我国和其他社会主义国家社会主义建设的历史经验的基础上,创造性地回答了"什么是社会主义、怎样建设社会主义"这一重大问题,"三个代表"重要思想对"建设什么样的党、怎样建设党"这一重大现实问题进行了深入的阐释,科学发展观则继承和发展马克思主义发展思想,全面回答了"实现什么样的发展、怎样发展"的重大问题。中国特色社会主义理论体系的具体理论形态虽然有所不同,但是在如何建设和发展中国特色社会主义、如何在中国坚持和发展马克思主义这一问题上始终是一致的。中国特色社会主义是改革开放以来党的全部理论和实践的共同主题,党的基本理论、基本路线、基本纲领、基本经验、基本要求,都是围绕建设中国特色社会主义这一核心而展开的。

中国共产党始终把马克思主义看作是发展的理论,始终把马克思主义中国化看作一个与时俱进的动态过程,紧密结合当代中国国情和时代特征,不断推进中国特色社会主义理论体系的发展,致力于理论创新。党的十八大以来,以习近平为核心的党中央牢牢把握住社会主义初级阶段这个最大国情和最大实际,准确回应新形势下党和国家事业发展的重大理论和现实需要,以高度的理论自觉和理论自信,进一步推进中国特色社会主义理论的发展。近年来,包括实现中华民族伟大复兴中国梦的思想,统筹推进"五位一体"总体布局和协调推进"四个全面"战略布局的思想、全面建成小康社会的思想、全面深化改革的思想、全面依法治国的思想、全面从严治党的思想,树立创新、协调、绿色、开放、共享新发展理念的思想、把握和引领经济发展新常态的思想、发展社会主义民主政治的思想、建设社会主义文化强国的思想、改善民生和创新社会治理的思想、大力推进生态文明建设的思想、全面推进国防和军队建设的思想、国家关系和我国外交战略的思想等等,一系列治国理政的新理念新思想新战略,进一步回答了什么是社会主义现代化强国、怎样建设社会主义现代化强国基本问题,是中国特色社会主义理论体系最新成果,也是马克思主义中国化的最新理论成果。在新的历史条件下,党的这些理论建树不仅为我们凝聚力量、攻坚克难提供了强大的思想武器,也成为党治国理政的行动纲领,实现"两个一百年"奋斗目标、实现中华民族伟大复兴中国梦、继续推进中国特色社会主义的行动指南。

无论是从实践上看,还是从思想理论上看,中国共产党始终是中国特色社会主义事业的开拓者和引领者,党的领导始终是中国特色社会主义的最大优势。中国特色社会主义建设任重而道远,中国共产党必须不断加强自身建设,增强理论自信和战略定力,才能以更加饱满的精神状态和奋斗姿态把中国特色社会主义推向前进,党的领导作为中国特色社会主义最本质的特征才能得到更加充分的印证。

三、回答问题所需要的支撑材料和延伸材料目录

[1] 习近平.在庆祝全国人民代表大会成立 60 周年大会上的讲话[N].人民日报,2014-09-16.

[2] 中共中央关于全面推进依法治国若干重大问题的决定[N].人民日报,2014-10-29.

[3] 辛向阳.中国共产党的领导是中国特色社会主义最本质特征[N].光明日报,2014-10-14.

[4] 闻言.党的领导是中国特色社会主义最本质的特征——纪念中国共产党成立 95 周年[N].人民日报,2016-06-23.

[5] 马拥军.党的领导是中国特色社会主义的根本特征[J].毛泽东邓小平理论研究,2016(10):12-17.

[6] 王香平.中国共产党的领导是中国的最大国情、最本质特征[J].红旗文稿,2016(23).

[7] 丁俊萍.党的领导是中国特色社会主义最本质的特征和最大优势[J].红旗文稿,2017(1):15-17.

45　如何理解中国共产党的领导是中国特色社会主义制度的最大优势？

一、问题的实质

习近平总书记在党的十九大报告中指出："中国特色社会主义最本质的特征是中国共产党领导,中国特色社会主义制度的最大优势是中国共产党领导。"[①]可以说,中国共产党作为中国特色社会主义制度的设计者和制定者,党的性质、宗旨、基本路线、基本纲领和奋斗目标,必然决定着中国特色社会主义制度的价值追求,而中国社会的发展要想发挥制度优势也必然离不开中国共产党的领导。中国特色社会主义最明显的优势就在于中国共产党的领导,在中国共产党的领导下发展社会主义,这是必须一以贯之的永恒主题。

二、对问题的回答

中国特色社会主义制度比其他社会制度的优越性就体现在中国共产党的领导,党的领导是中国特色社会主义制度的最大特点和优势。在中国特色社会主义发展的过程中,中国共产党始终是领导者、开创者和建构者,中国特色社会主义制度的产生和发展离不开中国共产党,这不仅因为我们党开创和设计了中国特色社会主义制度,最重要的是党的领导是确保中国特色社会主义制度始终发挥优越性的根本保证。

[①]习近平.决胜全面建成小康社会　夺取新时代中国特色社会主义伟大胜利[N].人民日报,2017-10-28.

1.中国共产党是中国特色社会主义制度的建构者

我们党带领中国人民先后完成新民主主义革命和社会主义改造,实现了几千年来的伟大变革,确立社会主义制度,这为当代中国的发展奠定了制度政治基础。以人民民主专政的国体为中心,中国共产党构建了一系列完整的政治制度,确立了社会主义基本经济制度,为中国特色社会主义制度的形成奠定了基础。在社会主义建设初步探索时期,在借鉴苏联模式经验教训的基础上,党对社会主义各项体制进行初步改革,探索出一条适合中国国情的社会主义道路,为中国特色社会主义制度的发展积累了宝贵经验。

改革开放后,中国共产党根据我国处于社会主义初级阶段的基本国情,对经济、政治、文化和社会体制进行深化改革,确立了我国的基本经济制度,以人民代表大会制度为根本的政治制度,中国特色社会主义法律体系,以及建立在基本经济制度、根本政治制度、基本政治制度等基础上的各项具体制度,它们顺应时代潮流、符合我国国情,形成了一整套相互衔接、相互联系、相互制约、相互促进的制度体系,为中国特色社会主义道路的发展和理论的创新提供了厚实的制度保障。

十八大以来,以习近平同志为核心的党中央进一步注重加强国家的顶层设计建设,推进中国特色社会主义制度创新,推动制度建设实践的深入发展。在实践中我们党进一步突出市场在资源配置中的决定性地位,完善公有制为主体、多种所有制经济共同发展的基本经济制度,推进民主政治制度建设、文化体制和社会治理体制改革创新。不仅如此,党中央极为重视生态文明制度建设,为生态环境保护提供制度保障。仅就脱贫攻坚战而言,在40多年的改革开放过程中,中国快速发展正惠及亿万民众,对全球减贫的贡献率超过70%。可以认为,脱贫攻坚之所以取得如此伟大的成就,离不开中国共产党的领导,离不开我们党所建立的脱贫攻坚责任、政策、投入、动员、监督、考核六大制度体系,这是打赢脱贫攻坚战的根本保障。十八大以来,全国贫困人口规模大幅减少,2012年至2016年,我国现行标准下的贫困人口由9899万人减少至4335万人,累计减少5564万人,2017年摘掉贫困帽子的人数预计也在1000万人以上,5年年均减贫1300多万人。此外,多个贫困县率先脱贫摘帽,贫困地区路、水、电等基础设施建设,以及教育、医疗、卫生、文化等公共服务,取得了长足进步。通电话比重达到98.2%,道路硬化达到7.9%,在自然村上幼儿园和上小学的农户分别达到79.7%和84.9%,均较2012年有明显提升。可以认为,中国共产党是中国特色社会主义制度的建构者,中国特色社会主义发展的力量源泉就在于中国共产党。

2021 年 2 月 25 日，在全国脱贫攻坚总结表彰大会上，习近平总书记庄严宣告："经过全党全国各族人民共同努力，在迎来中国共产党成立一百周年的重要时刻，我国脱贫攻坚战取得了全面胜利，现行标准下 9899 万农村贫困人口全部脱贫，832 个贫困县全部摘帽，12.8 万个贫困村全部出列，区域性整体贫困得到解决，完成了消除绝对贫困的艰巨任务，创造了又一个彪炳史册的人间奇迹！"

党的十八大以来，平均每年 1000 多万人脱贫，相当于一个中等国家的人口脱贫。贫困人口收入水平显著提高，全部实现"两不愁三保障"，脱贫群众不愁吃、不愁穿，义务教育、基本医疗、住房安全有保障，饮水安全也都有了保障。2000 多万贫困患者得到分类救治，曾经被病魔困扰的家庭挺起了生活的脊梁。近 2000 万贫困群众享受低保和特困救助供养，2400 多万困难和重度残疾人拿到了生活和护理补贴。110 多万贫困群众当上护林员，守护绿水青山，换来了金山银山。无论是雪域高原、戈壁沙漠，还是悬崖绝壁、大石山区，脱贫攻坚的阳光照耀到了每一个角落，无数人的命运因此而改变，无数人的梦想因此而实现，无数人的幸福因此而成就！

贫困地区发展步伐显著加快，经济实力不断增强，基础设施建设突飞猛进，社会事业长足进步，行路难、吃水难、用电难、通信难、上学难、就医难等问题得到历史性解决。义务教育阶段建档立卡贫困家庭辍学学生实现动态清零。具备条件的乡镇和建制村全部通硬化路、通客车、通邮路。新改建农村公路 110 万公里，新增铁路里程 3.5 万公里。贫困地区农网供电可靠率达到 99%，大电网覆盖范围内贫困村通动力电比例达到 100%，贫困村通光纤和 4G 比例均超过 98%。790 万户、2568 万贫困群众的危房得到改造，累计建成集中安置区 3.5 万个、安置住房 266 万套，960 多万人"挪穷窝"，摆脱了闭塞和落后，搬入了新家园。许多乡亲告别溜索桥，天堑变成了通途；告别苦咸水，喝上了清洁水；告别四面漏风的泥草屋，住上了宽敞明亮的砖瓦房。千百万贫困家庭的孩子享受到更公平的教育机会，孩子们告别了天天跋山涉水上学，实现了住学校、吃食堂。28 个人口较少的民族全部整族脱贫，一些新中国成立后"一步跨千年"进入社会主义社会的"直过民族"，又实现了从贫穷落后到全面小康的第二次历史性跨越。所有深度贫困地区的最后堡垒全部被攻克。脱贫地区处处呈现山乡巨变、山河锦绣的时代画卷！

2.党的领导有力彰显中国特色社会主义制度的价值理念

中国特色社会主义制度是中国特色社会主义的重要内容，是当代中国发展进步的根本制度保障，其价值追求是要维护社会公平正义、实现共同富裕、切实维护最广大人民根本利益和实现人的自由全面发展。中国特色社会主义的实践彰显着党的性质和宗旨，以及党在领导人民建设的过程中进一步证明了中国共产党是中国特色社会主义的特征。这就是说，党的领导是中国特色社会主义制度的优势，中国特色社会主义制度的优势发挥离不开党的领导。

第一，党的领导同中国特色社会主义制度是内在统一的。中国特色社会主义制度是以维护社会公平正义、实现共同富裕、切实维护最广大人民根本利益和实现人的自由全面发展为目标的，而党的性质、宗旨、基本路线、基本纲领和奋斗目标彰显着中国特色社会主义制度的价值理念。可以说，党的领导和中国特色社会主义制度两者是内在统一的。其一，党的性质也体现在党的制度理念上。中国共产党是先进生产力、先进文化和最广大人民群众的根本利益的代表，是中国特色社会主义事业的领导核心。以人民为中心的价值理念体现的就是党的性质，也体现了党的根本宗旨。其二，制度的价值理念体现党的基本路线、基本纲领和奋斗目标。党的基本路线、基本纲领、奋斗目标是党坚持最高纲领和阶段性纲领相统一的结果，而中国特色社会主义所要实践的、想要实现的正是从经济、政治、文化、社会、生态五个方面着手，努力把我国建设成为社会主义现代化强国，实现中华民族的伟大复兴。由此而言，中国特色社会主义制度价值理念深刻体现和反映了党的基本路线、基本纲领和奋斗目标。

第二，中国特色社会主义制度优势发挥离不开党的领导。理念侧重应然，实效侧重实然，而党的领导是实现制度应然状态和中国特色社会主义实然状态的中介。其一，我们党在促进生产力发展方面也发挥重要作用。新中国成立以及之后的社会主义制度的建立为社会主义生产力的发展营造了稳定环境，奠定了制度基础。改革开放以来，我们党始终坚持以经济建设为中心，发展作为第一要务，促进了生产力的进步，增强了综合实力，提高了人民生活质量。其二，党的领导是维护社会公平正义的基石。习近平总书记在党的十八届五中全会上强调，必须以人民群众关心的小事为切入点，增强政府在维护社会公平正义事务中的职责，努力提升公共服务对于人民的共建和共享水平。其三，党的领导是保证最广大人民群众利益的根本屏障。习近平总书记指出，中国共产党的领导就是支持和保证人民实现当家作主，这进一步阐释了中国共产党与人民的关系。其四，党的领导是实现人自由全面发展的重要途径。党从成立以来就坚持追求人的自由而全面的发展，为此，党的历代领导人也曾经在多次场合强调这一点。中华人民共和国的成立为中国人民实现自由全面发展奠定了前提；邓小平将是否有利于人的发展作为工作标准之一；

江泽民再次强调党的建设离不开人民；胡锦涛指出要共享发展成果；习近平则提出，中国梦是人民的梦。综上而言，党的领导是中国特色社会主义制度价值理念实现的根本保证，其制度优势能否发挥、发挥效能的高低都取决于党的领导是否坚强有力。

3.党的自身优势是中国特色社会主义制度优势的重要来源

中国特色社会主义以基本经济制度、根本政治制度等制度体系为表征，具有自身的基本特征和制度优势，而其中贯穿始终并最大限度发挥优势的就是中国共产党的领导。

第一，党的强大政治领导力为中国特色社会主义制度优势提供政治保证。共产党作为中国最高政治领导力量，必须加强自身政治建设，强化党的全面领导地位。2019年1月，中共中央印发的《关于加强党的政治建设的意见》中明确指出，必须坚持党的政治领导，"完善党的领导体制，改进党的领导方式，承担起执政兴国的政治责任。"可以说，加强党的政治建设最根本的就是要坚定政治立场、严明政治纪律政治规矩、坚守政治信仰，这就决定了党的政治建设根本要落脚于党的政治立场，即维护最广大人民的根本利益。因此，国家政策、方针必须符合人民意志，人民意志、人民利益是党的意志和国家意志的根本遵循。纵观党的发展史可以知道，自成立以来，我们党就以马克思主义世界观和方法论为指导，结合中国具体实际，提出了党的最高纲领，并在不同的历史时期设定阶段性发展目标，制定具体的路线、方针、政策，从最大最广方面切实维护了广大人民的根本利益，而后，党将正确的、符合人民群众根本利益的路线、方针、政策上升为国家法律和规定，促进社会发展进步。在产生强大号召力的同时，把人民群众凝聚在党的周围和中国特色社会主义的旗帜之下，党和人民在政治上实现了高度一致，而且还有效避免了西方多党制条件下为竞选"假意"讨好民众、为了金钱只顾眼前利益的行为，确保国家政策实施的连贯性和持久性，为中国特色社会主义制度优势发挥提供强有力的政治保证。

第二，党的强大思想领导力中国特色社会主义制度优势提供精神动力。制度优势的发挥必然离不开科学的思想方法和精神动力，即中国特色社会主义理论体系的科学指引。中国共产党在马克思主义的指导下，在实践中不断研究新情况，积累新经验，解决新问题，将思想建设贯穿始终，形成了毛泽东思想和中国特色社会主义理论体系，促进马克思主义中国化的发展。党的十八大以来，形成了习近平新时代中国特色社会主义思想，这是马克思主义中国化的最新理论成果，从多个方面对新时代中国特色社会主义思想进行总体概述，为"两个一百年"奋斗目标和中国梦的实现提供了思想指引。

第三,党的强大组织领导力为中国特色社会主义制度优势提供组织基础。为政之要,莫先于用人。中国特色社会主义实践之中处处贯穿着党的政治原则、政治立场、指导思想和意识形态建设,其中党的干部队伍建设是落实党的政治领导和思想领导的组织保证。因此,必须加强党的组织建设和干部队伍建设,提高党员干部政治觉悟、思想道德水平和实践技能,保证中国特色社会主义制度在组织领导方面具有一定的优势。党的基层组织是党在社会基层组织中的战斗堡垒,同时也是党全局工作和保持战斗力的基石,是党的"神经末梢",加强基层党组织建设为发挥党的组织领导作用奠定坚实基础。截至 2018 年,中央组织部最新党内统计数据显示,中国共产党党员数量已突破 9000 万,基层党组织已达 461 万个,在领导社会和群众组织方面具有重要作用。不仅如此,党继续加强民主集中制建设,举办各式主题教育活动等加强党的领导。十八大以来,我们党先后进行党的群众路线教育实践活动,进一步提升党的执政能力和水平、增强党的建设质量,提升了党员干部特别是青年对党和祖国的认同感,进一步提升党组织的创造力、凝聚力和战斗力。

第四,党的强大社会领导力为中国特色社会主义制度优势提供巨大能量。马克思主义认为,社会的发展是历史合力的结果。中国共产党是中国工人阶级的先锋队,是中华民族和中国人民的先锋队,它坚持以人民为中心,始终代表最广大人民群众的根本利益,党的性质、宗旨和价值归旨是彰显其强大社会公信力和凝聚力的重要体现。习近平总书记在党的十九大报告中指出,领导十三亿多人的社会主义大国,必须政治过硬,也要本领高强。由此而言,在当代中国,只有中国共产党才能将亿万中国人民凝聚起来,发挥强大的群众组织力和社会凝聚力。概言之,党的领导有利于凝聚社会力量,形成强大的社会领导优势。纵观 21 世纪的中国,北京奥运会和上海世博会的成功举办、经济不断转型升级、大型基础设施的投入和建设,反腐败斗争形成压倒性态势等,中国特色社会主义制度显现出令世人赞叹的巨大能量,这些都凸显了党的领导力和向心力。正如习近平总书记指出的那样,只有中国特色社会主义制度才能"增强民族凝聚力,形成安定团结的政治局面;能够集中力量办大事"。因此,只有坚持党的领导,才能充分发挥中国特色社会主义制度"集中力量办大事"的独特优势,谱写中国叙事的新篇章。

总之,中国特色社会主义制度的优势就在于它有利于永葆党和国家的生机活力,激发社会各方面的积极性和创造性,推动当代中国社会的发展进步。而它之所以能够具备这一优势,根本原因就在于坚持中国共产党的领导。

三、回答问题所需要的支撑材料和延伸材料目录

[1] 辛向阳.中国共产党的领导是中国特色社会主义最本质特征[N].光明日报,2014-10-14(7).

[2] 丁俊萍.党的领导是中国特色社会主义最本质的特征和最大优势[J].红旗文稿,2017(1):15-17.

[3] 王韶兴.政党政治论[M].济南:山东人民出版社,2011.

[4] 杨彧.党的领导是中国特色社会主义制度的最大优势[J].求知,2017(9):9-11.

[5] [英]戴维·皮林.西方希望"中国崩溃"是一厢情愿[J].参考消息,2015-12-18(14).

[6] [美]卡特.美民主已死是属于少数人的寡头政治[N].环球时报,2015-09-25(2).

46 我们为什么必须毫不动摇坚持党对一切工作的领导?

一、问题的不同表述和实质

自"坚持党对一切工作的领导"概念提出以来,学界就开始对其理论依据、主要内容及现实价值等方面进行深入研究,并取得较好的研究成效,但社会上却充斥着对"党对一切工作的领导"的偏见和误读,如有人认为"既然是党领导一切,那么所有事情都是党的,其他人不用管了";有人将"党对一切工作的领导"等同于党包揽一切,党在具体工作中大包大揽;还有人将"党对一切工作的领导"同"党领导一切事情"混为一谈。可以说,以上观点都是对"坚持党对一切工作的领导"的质疑与误解,我们必须及时回应和澄清这些模糊乃至错误的认识。我们认为,党对一切工作的领导秉持了坚持中国共产党的领导是中国特色社会主义的最本质特征、坚持中国共产党的领导是中国特色社会主义制度最大优势的原则,强调党是国家最高政治领导力量,必须明确党在中国特色社会主义事业中居于领导地位,发挥总揽全局、协调各方的核心作用。

二、对问题的回答

毫不动摇坚持党对一切工作的领导,首先必须明确党对一切工作领导的科学内涵,其次要深入考察坚持党对一切工作的领导所提出的理论逻辑、历史逻辑和现实逻辑,最后必须深刻阐释新时代坚持党对一切工作的领导的实践路径及其重大意义。

1."坚持党对一切工作的领导"的科学内涵

坚持党对一切工作的领导内涵是极为丰富的,不仅深刻揭示了党是中国特色社会主义事业中最高政治领导力量这一根本前提,还对党在领导一切工作过程中的原则做了充分阐述。

第一,党是最高政治领导力量。"六合同风,九州共贯",党的十九大报告明确指出,"党政军民学,东西南北中,党是领导一切的""党是最高政治领导力量"。可以说,深刻理解了党是最高政治领导力量这一问题,也就找到了理解党对一切工作领导的"金钥匙"。中国共产党作为唯一执政党,是国家政治生活的核心政治力量,也是实施政治领导唯一合法主体。党依照党章和宪法赋予的各项权力,确立并落实一系列路线、方针、政策,使党的路线在国家政治生活中得以贯彻落实,从而影响社会生活,发挥总揽全局、协调各方的作用,确保对一切工作的领导地位。回顾历史可以知晓,中国共产党自成立以来,就把实现共产主义作为党的最高理想和最终目标,并把这一目标同中国具体实际相结合,团结和带领中国人民进行了艰苦卓绝的斗争,历经新民主主义革命、社会主义革命、社会主义建设和改革时期,爬高山、涉险滩,攻克了一个又一个看似不可攻克的难关,创造了一个又一个彪炳史册的人间奇迹,使新时代的中国比历史上任何时期都更接近中华民族伟大复兴的目标。可以说,中国共产党深得民众拥护和信赖,其最高领导力量的地位是历史和人民的选择。也正因如此,党的十九大报告强调指出,党是最高政治领导力量。需要指出的是,党作为国家最高政治领导力量,其中央委员会、中央政治局、中央政治局常委会是党的领导决策核心,党的各级组织必须严格贯彻落实以习近平同志为核心的党中央的战略决策部署。

第二,党的领导全覆盖。党的十九大报告把"坚持党对一切工作的领导"作为新时代坚持和发展中国特色社会主义基本方略中的第一条。由此可见,党政军民学、东西南北中,党是领导一切的,必须发挥党对一切工作的总纲总揽,对一切工作的全覆盖。习近平总书记明确指出,"我们党的执政是全面执政,从立法、执法到司法,从中央部委到地方、基层,各领域、各层级都在党的统一领导之下。"①这就表明,党对一切工作的领导指的是领导范围和领域的横向、纵向概念,意味着是领导的全覆盖、全方位、无死角。如党领导经济体制改革,不断完善社会主义市场经济体制;党领导政治体制改革,坚持和完善人民代表大会制度、党领导下的多党合作和政治协商制度、民族区域自治制度、基层群众自治制度,保证人民当家作主的主人翁地位;党领导文化艺术,创建人民喜闻乐见的社会主义文化事业,以及党领导立法、司法、政法、教育、卫生,等等。可以说,中国特色社会主义各条战线、各个领域,改革发展稳定、内政外交国防、治党治国治军等党和国家事业的各个方面,国家治理体系的各个层级,都要毫不动摇地坚持党的领导,党是"众星捧月"中的"月",党中央是棋局中的"帅",党的领导必须体现在中国特色社会主义的全方位和整个过程。

2."坚持党对一切工作的领导"的逻辑必然

党对一切工作的领导是历史和人民的选择。政党是人类社会进入阶级社会并且发展到高度组织化阶段的产物,无产阶级政党代表最广大人民群众的根本利益,中国共产党作为马克思主义政党,坚持对一切工作的领导有其深刻的理论逻辑、历史逻辑和现实逻辑。

第一,理论逻辑:党对一切工作的领导是马克思主义政党的本质要求。无产阶级政党区别任何其他非无产阶级政党的重要标志就在于,无产阶级政党是以马克思主义为指导、以解放全人类为任务的先进政党,它的历史使命就是要"推翻资产阶级,建立无产阶级统治,消灭旧的以阶级对立为基础的资产阶级社会和建立无阶级、无私有制的新社会",这就决定着无产阶级政党必须成为进步政治力量的领导核心。马克思恩格斯在《共产党宣言》中详细阐述了共产党人的最近目的,就是要"使无产阶级形成为阶级,推翻资产阶级的统治,由无产阶级夺取政权"②。他们在《共产主义者同盟中央委员会告同盟书》中强调:"应该使自己的每一个支部都成为工人协会的中心和核心。"③明确指出了党是政治领导的核心力量。恩格斯在1873年写作的《论权威》中进一步指出了加强中央权威的重要性。不仅如此,马克思恩格斯在建党管党的实践过程中,确立了民主集中的组织原则和纪律规范,在上下级工作关系上,下级组织必须定期向上级组织联系和报告,增强党的领导核心力量。

①中共中央文献研究室.习近平关于全面从严治党论述摘编[M].北京:中央文献出版社,2016:208.
②马克思,恩格斯.马克思恩格斯选集:第1卷[M].北京:人民出版社,2012:413.
③马克思,恩格斯.马克思恩格斯选集:第1卷[M].北京:人民出版社,2012:558.

列宁在此基础上,用民主集中制的原则系统阐述并成功践行了维护党中央权威和党的集中统一领导,强调必须实行彻底的集中制和扩大党内民主制,以实现党的集中统一领导。综上可见,坚持党对一切工作的领导,是马克思主义政党的本质要求,是中国共产党必须一以贯之的根本要求。

第二,历史逻辑:党对一切工作的领导是党的优良传统和政治优势。坚持党对一切工作的领导,是深刻总结中国共产党领导革命、建设和改革实践经验和镜鉴世界社会主义运动教训的必然结论。1937 年,毛泽东在《中国共产党在抗日时期的任务》中指出,无产阶级"要经过它的政党实现对于全国各革命阶级的政治领导"①,系统阐述了加强党的领导对实现新民主主义革命胜利的重要意义。新中国成立后,毛泽东进一步提出了"党领导一切"的思想。1954 年,毛泽东在第一届全国人大一次会议开幕式上讲话中明确指出,领导我们事业的核心力量是中国共产党。1962 年他在扩大的中央工作会议上强调,工、农、商、学、兵、政、党这七个方面党是领导一切的。20 世纪 70 年代,毛泽东再次提出:"党政军民学,东西南北中,党是领导一切的。"②改革开放后,邓小平也多次强调党的领导的极端重要性。他认为,"在中国这样的大国,要把几亿人口的思想和力量统一起来建设社会主义,没有一个由具有高度觉悟性、纪律性和自我牺牲精神的党员组成的能够真正代表和团结人民群众的党,没有这样一个党的统一领导,是不可能设想的,那就只会四分五裂,一事无成。"③不仅如此,他还提出了"为了坚持党的领导,必须努力改善党的领导"的时代课题。1982 年通过的十二大党章第一次完整地对党的领导做出深刻阐述,"党的领导主要是政治、思想和组织的领导"④,"党必须制定和执行正确的路线、方针和政策,做好党的组织工作和宣传教育工作,发挥全体党员在一切工作和社会生活中的先锋模范作用。"⑤2002 年,十六大通过的党章在坚持"党的领导主要是政治、思想和组织的领导"的同时,提出了"加强和改善党的领导"和"党必须按照总揽全局、协调各方的原则,在同级各种组织中发挥领导核心作用",第一次提出了"总揽全局、协调各方"概念。由此而言,坚持党对一切工作的领导是我们党的优良传统和政治优势。而反观苏联,复杂的历史原因和现实矛盾导致苏共执政基础、领

①毛泽东.毛泽东选集:第一卷[M].北京:人民出版社,1991:262.
②中共中央文献研究室.毛泽东思想年编:1921—1975[M].北京:中央文献出版社,2011:949.
③邓小平.邓小平文选:第二卷[M].北京:人民出版社,1994:341.
④中国共产党章程[M].北京:人民出版社,1987:7.
⑤中国共产党章程[M].北京:人民出版社,1987:7.

导地位日渐动摇,这本应使苏共高层意识到坚持党的领导、改善党的领导的必要性,但苏共领导人戈尔巴乔夫反其道而行之,实行多党制和议会政治,放弃党的领导执政地位,最终导致苏共亡党亡国,教训深刻,发人深省。

第三,现实逻辑:党对一切工作的领导是坚持和发展中国特色社会主义的必然要求。当前,坚持党对一切工作的领导是党中央面对社会大转型、利益大调整、矛盾问题集中暴露等风险挑战的必然之举,这不仅是对党治国理政成功经验的深刻总结,更是新时代党团结带领人民进行伟大斗争、建设伟大工程、推进伟大事业、实现伟大梦想,坚持和发展中国特色社会主义的必然要求。十八大以来,以习近平同志为核心的党中央推进全面从严治党走向深入,坚决改变管党治党宽松软状况,党中央权威得到切实维护,党的领导能力不断提升,创造力、凝聚力、战斗力显著增强。十八大以来,党之所以能统筹推进"五位一体"总体布局、协调推进"四个全面"战略布局,带领人民在市场经济、民主法治、思想文化、社会生活、生态文明等建设领域取得重大成就和显著成效,解决许多长期想解决而没有解决的难题,办成许多过去想办而没有办成的大事,都是因为坚持了党对一切工作的领导,这些成就的取得显然离不开党坚强且有力的领导作用。一言以蔽之,党要继续带领人民坚持和发展中国特色社会主义,就必须增强进行伟大斗争的战斗力、建设伟大工程的执行力、推进伟大事业的号召力,就必须毫不动摇地坚持党对一切工作的领导。

3.坚持党对一切工作的领导的实践路径

在新时代,坚持党对一切工作的领导,必须推进全面从严治党向纵深发展,维护党中央权威和集中统一领导,全面提升党的执政本领,增强党的战斗力、凝聚力和向心力,为发挥党在中国特色社会主义事业中的领导核心地位奠定坚实基础。

第一,坚定不移全面从严治党。十八大以来,党面临着"四大考验"和"四种危险"的严峻挑战,党的肌体不纯、党内政治生活不正常、党的组织涣散无力等问题凸显,这些矛盾问题时刻都在困扰着党,给党的事业发展带来严重阻碍。以习近平同志为核心的党中央坚持全面从严治党,全面加强党的建设,坚持铁腕反腐、打虎拍蝇,坚持问题导向,以自我革命的政治勇气,着力解决党的建设中存在的突出矛盾和问题,坚决同一切弱化党的先进性和纯洁性的问题做斗争,刮骨疗毒、激浊扬清,有力地净化了党内政治生态,强化了党的自身建设,使党在中国特色社会主义伟大事业中的领导地位日益稳固。习近平总书记在党的十九大报告中指出了新时代党的建设的总要求,首要一条就是要坚持和加强党的全面领导,其中他强调,全面从严治党必须把政治建设摆在党的建设的首要地位,全面推进思想建设、组织建设、作风建设、纪律建设，把制度建设贯穿其中，深入推进反腐败斗争，不断提高党的建设质量，确保党能够始终成为中国特色社会主义事业的坚强领导核心。

第二，坚决做到"两个维护"。"事在四方，要在中央"。毫不动摇地坚持党对一切工作的领导，最重要的是坚决维护党中央权威和集中统一领导，坚决维护习近平总书记在全党的核心地位。首先，维护党中央权威。维护党中央权威要求全党坚决服从党中央的统一领导、听从党中央的决策部署、同党中央保持高度一致，就是指维护以习近平同志为核心的党中央所形成的新时代中国特色社会主义思想及其路线方针政策，统一全党思想和行动。其次，树立"四个意识"。全体党员干部必须自觉增强政治意识、看齐意识、核心意识、大局意识，牢固党性修养、坚定政治立场、杜绝两面派，在政治上、思想上、行动上同以习近平同志为核心的党中央保持高度一致，做到党中央提倡的坚决响应、党中央决定的坚决照办、党中央禁止的坚决杜绝。最后，严格遵守党的政治纪律和政治规矩。针对党内出现的对中央决策部署采取阳奉阴违、上有政策下有对策，搞团团伙伙、拉帮结派、小圈子、山头主义的问题，必须时刻绷紧政治纪律这根弦，坚持党的纪律不动摇，保证党的集中统一领导，实现全党思想和行动的统一。

第三，提升党的执政本领。党员干部是党的领导力量发挥作用的直接参与者和实践者，提升党的执政本领，从微观层面而言就是要加强党员干部政治觉悟和政治能力，这是提升党的执政本领的必然要求。习近平总书记在党的十九大报告中强调，领导 13 亿中国人民建设中国特色社会主义事业，必须增强党的执政本领，其中包括学习本领、政治领导本领、改革创新本领、科学发展本领、依法执政本领、群众工作本领、狠抓落实本领、驾驭风险本领等八个方面。可以说，理论上的清晰透彻是政治坚定的基础，因此，提升政治觉悟和政治能力必须要系统学习和掌握马克思主义理论，强化对共产主义的远大理想和中国特色社会主义的共同理想的自觉，以马克思主义中国化的最新理论成果教育自己、武装自己、充实自己。不仅如此，党员干部还应在社会实践中磨炼自己，百炼成钢。面对复杂多变的国际局势和国内问题，挑战与风险同在，机遇和考验并存，这就要求党员干部要善于用政治的眼光看问题。遇事，党员干部要勇于直面问题，尽职尽责，有政治担当；做事，党员干部要遵守党的政治纪律和政治规矩，永葆政治本色；成事，要考虑政治影响，坚定党性立场。对于社会上和党内出现的各种错误思潮和歪风邪气，党员干部要敢于亮剑，在考验和磨炼中提升自身政治觉悟和政治能力，把讲政治作为实践的基本坐标和指南。

"坚持党对一切工作的领导"具有深刻的时代价值,为推动党的建设这一新的伟大工程指明了方向,是党对社会主要矛盾发生变化,人民群众在经济、政治、文化、民生、生态等方面有了许多新期待新要求的战略思考,体现了以习近平同志为核心的党中央对人民高度负责的担当精神,进一步丰富马克思主义执政党建设理论宝库。

三、回答问题所需要的支撑材料和延伸材料目录

[1] 习近平.决胜全面建成小康社会 夺取新时代中国特色社会主义伟大胜利——在中国共产党第十九次全国代表大会上的报告.

[2] 王浦劬.政治学基础[M].北京:北京大学出版社,2006.

[3] 张荣臣.推进伟大事业必须加强党的领导[J].人民论坛,2017(12):22-24.

[4] 秋实.坚持党对一切工作的领导[J].求是,2018(1).

[5] 光明日报评论员.坚持党对一切工作的领导——论深入学习贯彻党的十九大精神[N].光明日报,2017-10-28.

[6] 黄一兵.坚持党对一切工作的领导[J].求是,2018(2).

后　记

　　《毛泽东思想和中国特色社会主义理论体系概论课重点难点热点疑点问题解析》是教育部示范优秀教学科研团队建设项目重点选题、国家高等学校本科教学改革与教学质量工程建设项目、大连理工大学全国重点马克思主义学院建设项目研究成果之一。

　　本书由方玉梅、陈晓晖确定选题,方玉梅、魏晓文、陈晓晖确定总体编写方案,项目组全体成员参与了问题设置的讨论与审定。具体分工如下:问题1、2、4由徐成芳撰写;问题3、12、13、23、24、38由方玉梅撰写;问题5、7、37由魏晓文撰写;问题6由葛丽君撰写;问题8、10、44由朱琳琳撰写;问题9由荆蕙兰撰写;问题11、14、26、27由陈晓晖撰写;问题15、21、28、35由刘志礼撰写;问题16、19、20由肖唤元撰写;问题17、18由张晗撰写;问题22、33、43由张存达撰写;问题25由张新奎撰写;问题29、30由屈宏撰写;问题31由刘洁、陈肖东撰写;问题32由陈肖东撰写;问题34、39由王冠文撰写;问题36、42由李东杨撰写;问题40、41由马轶伦撰写;问题45、46由张灿撰写。全书由肖唤元进行书稿汇总、校对,由方玉梅统稿、定稿。

　　本书在前期问题征集、整理过程中,2017—2018学年的"毛泽东思想和中国特色社会主义理论体系概论"27名同学做了大量工作,其中陈美同学对27个教学班的问题进行了综合汇总;在书稿撰写、修改和完善的过程中,大连理工大学马克思主义学院院长洪晓楠教授提出许多建设性意见和有见地的观点;在本书写作的过程中,国内外理论学术界同仁们的著作和文章使我们受益匪浅,我们吸收和借鉴了他们不少的观点和见解,在此一并表示由衷的感谢!

本书立足于理论联系实际,强化问题意识,回应学生关切,努力探索攻克教学难关,为提升"毛泽东思想和中国特色社会主义理论体系概论"课教学的思想性、理论性和亲和力、针对性提供有力支撑。但囿于作者水平,难免存在诸多不足之处,敬请专家同行及读者批评指正。

方玉梅